Über dieses Buch

Der Autor, einer der führenden britischen Experimentalpsychologen, erlitt vor einigen Jahren einen seelischen Zusammenbruch. In dem vorliegenden Band beschreibt er, wie es dazu kam und was mit ihm geschah, bevor er einen Weg aus der Krise fand. Mit diesem mutigen Erfahrungsbericht läßt es Sutherland jedoch nicht bewenden. Er fügt in einem ausführlichen zweiten Teil eine Analyse der Behandlungsmethoden psychischer Krankheiten hinzu, die zu einer der besten Einführungen geriet: Knapp, präzise und für den suchenden Laien verständlich geschrieben.

Der Autor

Stuart Sutherland, geboren 1927 in London, ist Professor für experimentelle Psychologie an der Universität Sussex und Direktor des ›Centre for Research on Perception and Cognition‹. Nach dem Studium der klassischen Philologie, Philosophie und Psychologie Lehrtätigkeit an der Universität Oxford und am Massachusetts Institute of Technology. Seine Hauptarbeitsgebiete sind Theorie der Lernprozesse und visuelle Kommunikationsforschung. Neben zahlreichen Buchveröffentlichungen Mitarbeit in namhaften Fachzeitschriften und regelmäßige Beiträge in wichtigen Tages- und Wochenzeitungen, unter anderen ›Observer‹, ›Sunday Times‹ und ›Times Literary Supplement‹. Stuart Sutherland lebt in Brighton, Sussex.

Stuart Sutherland

Die seelische Krise

Vom Zusammenbruch zur Heilung

Mit einem Vorwort von Hans Jürgen Eysenck

Deutsch von Margarethe Venjakob

Fischer
Taschenbuch
Verlag

Fischer Taschenbuch Verlag
August 1980
Ungekürzte Ausgabe
Umschlagentwurf: Jan Buchholz/Reni Hinsch
Die englische Originalausgabe erschien unter dem Titel
›Breakdown‹ bei Weidenfeld and Nicolson, London

Fischer Taschenbuch Verlag GmbH, Frankfurt am Main
Lizenzausgabe mit freundlicher Genehmigung
der Europa Verlag GesmbH, Wien

Gesamtherstellung: Hanseatische Druckanstalt GmbH, Hamburg
Printed in Germany
1080-ISBN-3-596-26720-X

Inhalt

Posttherapeutische Bekenntnisse, die unter intensivem abreaktivem Druck und mit nicht neutralisiertem Exhibitionismus geschrieben wurden, verraten oft die ihnen zugrunde liegenden Motive subtiler Rache an der enttäuschenden Behandlung.

J. KAVKA

(Mitglied des Chicago Institute for Psychoanalysis),
aus *Contemporary Psychology*, 1975

Für Gay und Julia

Vorwort

Es gibt sehr wenige Bücher psychologischen Inhalts, die man dem Leser, der kein Fachmann ist, empfehlen kann. Die meisten sind hochspezialisiert, voll mit Ausdrücken eines obskuren Fachjargons, statistischen Analysen und Details, die nur der Fachmann versteht. Bücher über Psychoanalyse oder Psychotherapie sind gewöhnlich leichter zu lesen, da sie keine Statistiken und Berichte über Experimente enthalten; aber auch für sie ist das Fachchinesisch charakteristisch, und – was noch schlimmer ist – sie quellen gewöhnlich über von nutzlosen Spekulationen ohne jede reale Basis.

Stuart Sutherland, der Autor dieses Buchs, ist einer von Großbritanniens führenden Experimentalpsychologen; die meisten seiner Arbeiten befassen sich mit dem Sehvermögen und mit Lernprozessen, und in zahlreichen detaillierten Untersuchungen beschäftigte er sich mit der Elektrophysiologie neuronaler Prozesse im Gehirn des Tintenfischs. Das klingt nicht gerade nach einem geeigneten Background für ein lebendiges, intelligentes, gut geschriebenes und ungeheuer interessantes Buch über die Behandlung der Neurose und die Wirksamkeit verschiedener Behandlungsmethoden. Nichtsdestoweniger ist dieses Buch eines der wenigen, von denen man sagen kann, daß es eingehendes Fachwissen mit Allgemeinverständlichkeit verbindet und daß es, statt sich im Fachjargon zu verlieren, auf sehr scharfsinnige und analytische Weise die bestehende Lage in dieser Beziehung prüft.

Stuart Sutherland erlitt vor einigen Jahren einen seelischen Zusammenbruch, und er stellt seine eigene persönliche Erfahrung in den Mittelpunkt seines Berichts. Er schildert, was der plötzlichen Erkrankung vorausgegangen war; seine Versuche, Hilfe bei Psychoanalytikern und anderen Psychotherapeuten zu finden; seine Aufnahme in eine Klinik und die Behandlung, die er dort erhielt; und schließlich die allmähliche Besserung seines Zustands, die es ihm ermöglichte, zu seiner Lehrtätigkeit als Professor für Psychologie an der Sussex University zurückzukehren. Es ist, abgesehen von seinem wissenschaftlichen Wert, ein ungemein interessantes menschliches Dokument.

Viele Menschen glauben, daß Neurotiker Hypochonder und Simulanten sind. Wer dieses Buch liest, wird eines Besseren belehrt.

Ich möchte betonen, daß Sutherlands Entschluß, die Geschichte seines Zusammenbruchs mit allen Einzelheiten zu erzählen, meines Erachtens eine unerhört mutige Tat ist. Er wollte eine Botschaft der Hoffnung und des Trostes für seine Leidensgenossen schreiben, wollte zeigen, daß, wie schrecklich ihr Leiden auch sein mag, am Ende des Tunnels Licht ist. Das ist eine äußerst wichtige Botschaft, und sie ist um so überzeugender, als sie von einem Menschen stammt, der durch die gleiche Hölle gegangen ist.

Wäre das alles, dann hätte Sutherland eine exzellente und wirklich bedeutende Arbeit geleistet. Das ist aber keineswegs alles. Das Buch ist so angelegt, daß es den Bericht von persönlichem Leid und Genesung mit einer objektiven Analyse der Behandlungsmethoden psychischer Krankheiten verbindet, und die Verflechtung dieser beiden ziemlich verschiedenartigen Themenstellungen verleiht dem Buch einen eigenen Charakter, den meines Wissens bis jetzt keine andere psychologische Arbeit aufweist. Schließlich ist Stuart Sutherland einer der hervorragendsten Experimentalpsychologen, ein erstklassiger analytischer Kopf, ein gründlicher Kenner der Literatur über das Gefühl, über das Lernen, über Konditionierung und Persönlichkeit. Für jeden, der sich für das weite Feld der Psychiatrie interessiert und kein Fachwissen besitzt, gibt es keine bessere Einführung als Sutherlands Buch; es wird ihm sowohl Einsicht in die subjektiven Gefühle des Patienten gewähren wie objektives Wissen über die Behandlung, Zahl der Heilungen usw. vermitteln. Sutherland hat viel zu kritisieren und nur wenig zu loben, und es erhebt sich die Frage nach der Richtigkeit und Verläßlichkeit seines Urteils. Die Antwort darauf ist sehr einfach: Sutherland hat seine bedeutenden Gaben vorteilhaft eingesetzt, indem er die unglaublich verworrene Literatur über dieses Thema gründlich studiert hat. Er konzentrierte sich auf die einfache Frage: Was weiß man über die tatsächliche Wirksamkeit jeder der üblichen Behandlungsweisen? Er präsentiert uns – in verschwenderischer Fülle – eine Vielfalt von Behandlungsarten, beginnend mit der Freudschen Theorie und Praxis über andere Spielarten der Analyse bis hin zu individueller Psychotherapie, Gruppentherapie, Verhaltenstherapie, psychotropen Medikamenten usw. Ich möchte hier feststellen, daß seine Beurteilung alles dessen, was über diese wichtige Frage bekannt ist, gerechtfertigt und richtig ist, und daß er einen besseren und sichereren Leitfaden dafür bietet als fast jedes andere Buch, an das ich in diesem Zusammenhang denken kann. Dies vielleicht gerade deshalb, weil er als Außenstehender mehr Überblick hat und jede der erörterten Behandlungsmethoden weniger leidenschaftlich zu beurteilen vermag als jene, die aktiv in der gegebenen Behandlung engagiert sind.

Der seelische Zusammenbruch war ein schreckliches und tragisches Erlebnis für den Autor; er besaß die Intelligenz und den Mut, das Beste daraus zu machen. Dafür verdient er unseren Dank.

H. J. Eysenck

Einleitung

Vor ein paar Jahren erlitt ich plötzlich einen seelischen Zusammenbruch. Obwohl meine Erlebnisse damals qualvoll waren, fand ich mit der Zeit – rückblickend – ihren überraschenden Charakter faszinierend. Interesse für meine eigene Situation und für die anderer in ähnlicher Notlage veranlaßte mich, den Fachpsychologen, mein Denken zwei Jahre lang auf die Betreuung und Behandlung der geistig oder seelisch Gestörten zu konzentrieren.

Im ersten Teil dieses Buches gebe ich, so ehrlich ich kann, meine eigenen Erfahrungen mit der Geisteskrankheit wieder. Im zweiten lege ich gegenwärtig gebräuchliche Behandlungsmethoden und die Folgerungen dar, die auf meinen eigenen Erfahrungen, meinem beruflichen Wissen und auf der Literatur beruhen, die ich seit meinem Zusammenbruch gelesen habe. Geistige und seelische Krankheit ist etwas so Alltägliches, daß jeder, der diese Zeilen liest, wohl irgendwann einmal in dieser oder jener Form mit dem Problem konfrontiert wird – entweder selbst oder im Zusammenhang mit jemandem ihm Nahestehenden. Jedermann sollte über dieses Thema wohlinformiert sein. Hat man es mit einem Nervenzusammenbruch zu tun, so genügt es nicht, zum nächstbesten Spezialisten zu laufen: Die Spezialisten unterscheiden sich dermaßen untereinander, daß man als Betroffener erst einmal die Behandlung auswählen muß, die man anstrebt.

Dieses Buch möchte Informationen liefern, die dem einzelnen bei der Wahl dessen helfen soll, was richtig für ihn ist; es ist für den Nichtfachmann geschrieben und erfordert keine Sachkenntnis. Gewiß, es gibt eine Menge populärer Bücher über geistige Gesundheit, aber die meisten davon legen nur einen einzigen Standpunkt dar und ziehen keine Vergleiche zwischen den gegenwärtig üblichen Behandlungsmethoden. Das Buch behandelt ein umfangreiches Gebiet, das teilweise weit über mein Fach hinausgeht. Ich war um Genauigkeit bemüht, dennoch können sich Fehler eingeschlichen haben, vor allem im Bereich der Psychiatrie: Da man kaum zwei Psychiater – oder auch zwei Psychotherapeuten – findet, die einer Meinung sind, darf mit

Sicherheit angenommen werden, daß keiner mir zustimmen wird.

Das Thema der geistigen und seelischen Krankheiten ist deshalb so schwierig, weil es darüber so viele widersprüchliche Meinungen gibt. Alle Argumente anzuführen und jede dieser Fragen detailliert zu untersuchen würde Bände füllen. Um der Klarheit willen – aber auf die Gefahr hin, dogmatisch zu wirken – habe ich den Text nicht mit Hinweisen auf wissenschaftliche Werke befrachtet. Der interessierte Leser findet solche Hinweise auf die Quellen meiner Informationen in den Anmerkungen am Ende des Buchs.

Viele Freunde, Laien wie Fachleute, haben mir bei den Vorarbeiten zu diesem Buch große Hilfe geleistet. Besonders danken möchte ich R. M. Cawley, R. A. Farrand, F. W. Finger, P. N. Johnson-Laird, N. J. Mackintosh, Sonia Melchett, M. W. Shapiro und J. P. Thorne. Obwohl sie mir alle auf verschiedene Weise geholfen haben, würde keiner von ihnen allen hier vorgebrachten Meinungen zustimmen.

Zuletzt möchte ich den vielen Ärzten, Analytikern, Psychiatern, Psychologen, Beschäftigungstherapeuten, dem Pflegepersonal und den Sozialarbeitern danken, die sich während der verschiedenen Phasen meiner Krankheit in Ausübung ihrer Berufe um mich kümmerten oder mich behandelten. Ich habe ihre Anonymität gewahrt, aber wo ich es für notwendig hielt, ein bestimmtes Ereignis festzuhalten, nahm ich weder auf ihre noch auf meine eigenen Gefühle Rücksicht. In mehr als einer Hinsicht kann ich sagen, daß dieses Buch ohne sie nicht hätte geschrieben werden können. Ungeachtet dessen, wie weit jeder von ihnen mir zu helfen vermochte, bin ich allen aufrichtig dankbar, die es versuchten.

Stuart Sutherland

1 Ausbruch

Ungefähr vor drei Jahren, als ich Mitte der Vierzig war, erlitt ich einen plötzlichen und ernsten Nervenzusammenbruch. An dem Zusammenbruch selbst war nichts Ungewöhnliches, auch nicht an den Ereignissen in meinem Leben, die dazu geführt haben. Die einzige wirkliche Besonderheit bestand darin, daß ich Psychologe bin und daher imstande sein sollte, die Umstände meiner Krankheit von zwei Blickwinkeln aus – dem subjektiven des Patienten und dem objektiven eines unvoreingenommenen professionellen Beobachters – zu sehen.

Bis zum Ausbruch meiner Krankheit hatte ich mich stets als leidlich ausgeglichen betrachtet. Wenn ich auch manchmal wegen physischer Krankheiten beunruhigt war, so wäre es mir nie eingefallen, daß ich der Tortur und Demütigung einer ernsthaften Geisteskrankheit ausgesetzt sein könnte. Viele Jahre lang war ich extravertiert, leistungsfähig, beständig aktiv und ziemlich heiter gewesen: Ich hielt mich für wohlmeinend, wenn auch möglicherweise ein wenig unempfindlich sowohl meinen eigenen als auch den Gefühlen anderer gegenüber. Es kam mir nie der Gedanke, daß sich eines Tages, innerhalb weniger Stunden, meine Existenz desintegrieren könnte. Ein halbes Jahr lang lebte ich in Seelenangst, eine Beute von Zwangsvorstellungen und qualvollen Gedanken. Ich hatte weder das Interesse noch die Fähigkeit, mit der Außenwelt fertigzuwerden, die ich früher so faszinierend gefunden hatte. Ich haßte mich selbst und haßte andere, und meine Gedanken waren so beharrlich und schmerzlich, daß ich praktisch außerstande war zu lesen. Ich konnte mich nicht einmal auf die tägliche Lektüre der Zeitung konzentrieren. Alles, was ich in fünf Monaten las, waren ein Dutzend Krankengeschichten von psychischen Zusammenbrüchen, die meinem eigenen so ähnlich waren, daß sie mein Interesse fesselten. Für jemanden, der es gewohnt war, den größten Teil des Tages schreibend oder lesend zuzubringen, war die vollständige Unfähigkeit, das eine oder das andere zu tun, eine besonders ausgeklügelte Folter.

Zwei Aspekte des Zusammenbruchs waren außerordentlich

quälend und überraschten mich, da ich nie zuvor etwas Ähnliches erlebt hatte. Der Ausbruch meiner Neurose war von einem Grad körperlicher Angst gekennzeichnet, den ich nie für möglich gehalten hätte. Wenn jemand soeben einem Verkehrsunfall entgangen ist, verrinnt zunächst eine Frist von einer oder zwei Sekunden, dann wird ihm flau im Magen, und die Knie werden ihm weich wie Marmelade. Dieses Gefühl – verhundertfacht – ließ mich Tag und Nacht nicht los. Meine Träume waren oft angenehm, aber sobald ich aufwachte, wurde ich von Panik erfaßt, und es dauerte ein paar Momente, bis ich begriff, was los war. Die Erkenntnis verursachte mir wiederum Angst: Etwas Unwiderrufliches und Katastrophales war geschehen, und ich sah keine Möglichkeit der Genesung. Ich hatte Schwierigkeiten beim Einschlafen, selbst mit Schlafmitteln, zu denen ich bald griff. Ich wachte in der Nacht zwanzig- bis dreißigmal voll Entsetzen auf. Manchmal nickte ich bei Tag ein und träumte angenehme Träume – scheinbar eine ganze Ewigkeit lang; dann aber schreckte ich wieder angsterfüllt auf und entdeckte, daß ich höchstens einige Minuten geschlafen hatte.

Die zweite unerwartete Folge meines Zusammenbruchs war äußerste Langeweile. Ich konnte mich mit nichts anderem eingehend beschäftigen als mit meinem eigenen Schmerz. Zunächst versuchte ich, ins Theater oder ins Kino zu gehen, doch unweigerlich mußte ich nach ein paar Minuten den Saal verlassen. Früher hatte es in meinem Leben stets etwas gegeben, auf das ich mich freuen konnte: Jetzt war da nichts, nur die launische Gnade des Schlafs. Ich verbrachte den Tag, indem ich sehnsüchtig auf die Nacht wartete.

Es ist mir bewußt, daß es jemandem, der kein Dichter ist, schwerfallen muß zu schildern, welcher Art der Schmerz und die Langeweile waren, die mir zusetzten. Tatsächlich habe ich sogar in meiner gegenwärtigen Stimmung Schwierigkeiten, mir die Bitterkeit meiner Erfahrung in Erinnerung zu rufen: Vielleicht ist die Natur gnädig, wenn sie es einem so schwer macht, sich an den Schmerz zu erinnern, und es heißt, daß keine Frau ein zweites Kind austragen würde, wäre ihr die Qual der ersten Geburt noch gegenwärtig. Ein Freund machte mich neulich darauf aufmerksam, daß ich zum Dramatisieren neige. Er sagte: »Wenn du einen Zusammenbruch erleidest, dann muß er der größte und schönste aller Zeiten sein; so, als hättest du in Port Said einen Esel und ein Mädchen gesehen, kämst zurück und erklärtest, dies sei das einzige, das wert sei, auf der Bühne gezeigt zu werden.« Mein Zusammenbruch war nicht der größte und nicht der schönste, aber er war ernst genug, und ich glaube, daß meine Erfahrungen auch für diejenigen meiner Leidensgenossen charakteristisch sind.

Der Leser fragt sich vielleicht, welch schreckliches Mißgeschick es gewesen sein mag, das jemanden in ein solches Elend stürzen konnte; jemand, der von sich glaubte, glücklich verheiratet zu sein, viele Freunde zu haben, der auf eine interessante und recht erfolgreiche Karriere zurückblickte und viele andere Interessen hatte. Der Zusammenbruch wurde tatsächlich von einer banalen, ja sogar etwas altmodischen Gefühlsregung ausgelöst – von sexueller Eifersucht. Seit einigen Jahren hatte ich gewußt, daß meine Frau – Josie – ein Liebesverhältnis mit einem anderen Mann hatte. Ich war bestürzt, als sie zum erstenmal davon erzählte, tolerierte es dann aber, da ich sexuelle Eifersucht immer für ein besonders verächtliches und selbstsüchtiges Gefühl gehalten hatte. Darüber hinaus hatte ich selbst eine Anzahl von flüchtigen Affären gehabt, wenn ich auch stets acht gab, jede Art von tieferer Bindung zu vermeiden. Ich hatte also kein Recht, der anderen Seite Vorwürfe zu machen. Josie hatte mir viele Einzelheiten ihrer Affäre anvertraut, und ich bewunderte sogar einige der großzügigen Geschenke, die sie in deren Verlauf erhalten hatte. Sie hatte mir jedoch erzählt, daß ich den betreffenden Mann nicht kannte. Als ich schließlich die Wahrheit entdeckte, reagierte ich darauf ganz anders.

Ungefähr drei Jahre, nachdem diese Affäre begonnen hatte, kam ich von einer Auslandsreise zurück, und fand Josie ungewöhnlich kühl. In tiefster Nacht verriet sie den Namen des Mannes. Obwohl seither weitere drei Jahre vergangen sind, bringe ich es immer noch nicht über mich, das Wort »Geliebter« niederzuschreiben. Es stellte sich heraus, daß es sich um einen ziemlich nahen Freund von mir handelte, den ich viele Jahre kannte. Diese Entdeckung brachte mich stark aus der Fassung, möglicherweise deswegen, weil meine Haltung diesem Mann gegenüber stets ambivalent gewesen war. Rückblickend sieht es so aus, als hätte er sich mir gegenüber immer in einem Geiste kleinlicher Rivalität verhalten und als hätte ich dieses Verhalten toleriert, da ich es eher Ungeschicklichkeit als Feindseligkeit zuschrieb. Er war in vieler Hinsicht das Gegenteil des Bildes, das ich mir von mir selbst machte: Er schien in emotioneller Hinsicht eher verschlossen zu sein, mittelmäßig und humorlos; aber neben diesen weniger wünschenswerten Eigenschaften besaß er eine, die ich bewunderte – er hatte sehr viel Selbstvertrauen und brauchte niemandes Mitgefühl. Zu diesem Selbstvertrauen gesellte sich selbstgefällige Blasiertheit, die einige unserer gemeinsamen Bekannten und ich selbst schwer erträglich fanden; manche nannten ihn einen Lümmel, und manchmal kam es vor, daß ich sein Benehmen verteidigte, weil ich meinte, es rühre eher von Unbeholfenheit her als von Bosheit. Angesichts dessen, was später geschah, kann ich natürlich nicht vorgeben, ein faires oder sympathisches Bild von ihm gezeichnet zu haben; die Schilderung soll in erster Linie dazu dienen, meine eigenen Gefühle aufzudecken. Nur wenige bringen es fertig, in solchen Dingen völlig objektiv zu sein.

Während die Affäre noch andauerte, besuchten Josie und ich diesen Freund und seine Frau ziemlich oft. Es passierte mir manchmal, daß ich Leute durch meine Offenheit schockierte, und mehr als einmal sprach ich tatsächlich während dieser Zusammenkünfte zu viert über das Liebesverhältnis meiner Frau. Gelegentlich steuerte ich Details aus meiner eigenen Phantasie bei, und ich erinnere mich, daß ich eines Tages, nachdem ich darüber gesprochen hatte, wie sehr ihr Liebhaber an ihr hing, hinzufügte: »Anscheinend hat er nur einen Fehler: er ist viel zu rasch und hat keinen Sinn für Rhythmus.« Er saß gerade am Steuer seines Wagens und wäre fast mit einem Bus zusammengestoßen, doch erst später erkannte ich die Ursache dieses Verhaltens.

Als ich die Wahrheit entdeckte, erschütterte mich zunächst vor allem die Doppelzüngigkeit des Ganzen und die Tatsache, daß dieser Mann jemand war, demgegenüber ich bereits gemischte Gefühle hegte und wahrscheinlich starke, aber uneingestandene Rivalität empfand. Im Laufe der Jahre hatte mir meine Frau eine Menge sexueller Details ihres Liebesverhältnisses anvertraut, und nun begann sie mir noch viel mehr mitzuteilen, in einer vertrauensvollen Art, wie mir damals schien, obwohl es mir rückblickend vorkommt, als hätte sie mich damit für meine eigenen Missetaten bestrafen wollen. Ich ärgerte und schämte mich über mich selbst; ich hätte doch erkennen müssen, was sich da abspielte – die Sache lag auf der Hand. Ich erinnerte mich, wie meine Frau diesem Mann im Restaurant Leckerbissen von ihrem Teller gab, und noch an viele andere solcher Anzeichen.

Der Leser könnte sehr wohl einiges von dem, was ich hier berichtet habe, einer Rationalisierung zuschreiben. Wie auch immer – wenn ich von meinen Gefühlen berichte, so versuche ich in keiner Weise, meinen Zusammenbruch, meine Eifersucht zu rechtfertigen. Tatsächlich schämte ich mich vor allem deshalb, weil ich mich vom abscheulichen Gefühl der Eifersucht übermannen ließ. Dennoch brachte ich es fertig, mich noch zwei Monate so schlecht und recht zu beherrschen. Meine natürliche Regung war, den Lümmel niederzuschlagen, aber die Vernunft sagte mir, daß ein solches Benehmen unzivilisiert sei. Ich war so närrisch entschlossen, zivilisiert zu sein, daß ich schließlich anläßlich einer Durchreise durch London mit ihm auf einen Drink ging, als ich zufällig bei ihm vorbeikam. Er versuchte, sich mit dem Argument reinzuwaschen, daß meine Frau selbst sich ihm an den Hals geworfen habe – eine Behauptung, die weder galant war noch wahr. Unmittelbar danach kam es zu meinem Zusammenbruch. In heller Aufregung fuhr ich die hundert Kilometer nach Hause. Ich hatte noch Glück, daß ich mich nicht umbrachte. Natürlich hatte ich schon früher Eifersucht verspürt, aber es ist eine Sache, an Schmerzen zu leiden, die durch andere Interessen unterdrückt werden können; von dieser Emotion aber so überwältigt zu werden, daß man an nichts anderes mehr denken kann, ist etwas anderes.

Mein Verstand arbeitete auf zwei Ebenen. Ich versuchte, mich mit dem Gedanken zu trösten, daß es Elemente der Unschuld in dieser Affäre gab. Es schmeichelte dem Mann maßlos, daß eine attraktive Frau ihn mochte, während sie – und das war durchaus verständlich – Freude an seinen Aufmerksamkeiten hatte und an so extravaganten Zeichen der Zuneigung wie die Worte: »Ich habe immer gewußt, daß es noch was Besseres im Leben gibt.« Obwohl solche Bemerkungen charakteristisch sind für den erfolgreichen Frauenhelden, so glaube ich doch, daß sie in diesem Fall von Herzen kamen und daß beide von einer Flut romantischer Gefühle hinweggeschwemmt wurden. Ich glaubte sogar daran, daß er ehrlich war, und da dieses Verhältnis Josie gutzutun schien, glaubte ich, daß ich ihretwegen darüber froh sein und die Sache akzeptieren müßte. Ich möchte den Leser nochmals bitten, im Auge zu behalten, daß ich die Sache so beschreibe, wie ich sie sah, als ich versuchte, mich zu trösten. Es kann sein, daß meine Schilderung nicht die tatsächliche Stimmung eingefangen hat; sie soll aber nur klarmachen, wie mir zumute war.

Obwohl mir selbst in meinen schlimmsten Zeiten solche Gedanken durch den Kopf schossen, konnten sie doch nicht die anderen, stärkeren, von schwarzer Eifersucht, Haß und panischer Furcht beherrschten Gedanken lindern. Meine Ängste waren mit der Unfähigkeit verbunden, mir selbst zu verzeihen, daß ich mich nicht vernünftig verhalten konnte.

Es fällt mir schwer, mich daran zu erinnern, wie ich diese ersten Tage meines Zusammenbruchs verbrachte. Ich konnte es nicht ertragen, von meiner Frau getrennt zu sein, und die meiste Zeit verbrachte ich in ihrer Gesellschaft. Ich folgte ihr durch das ganze Haus und begleitete sie, wenn sie einkaufen ging; wenn ich sie im Supermarkt aus den Augen verlor, verfiel ich in Panik und dachte, ich würde sie nie wieder sehen. Ich spielte Tennis mit ihr, bis der Anblick ihrer nackten Beine meine Eifersucht so aufstachelte, daß ich aufhören mußte. Es war, als würde nur ein einziger Strang in meinem Gehirn arbeiten – was immer ich in Angriff nahm, brachte mich wieder auf die gleiche, tiefe, qualvolle Eifersucht zurück. Ich war besessen von Phantasien über Josies Affäre, und stundenlang jagten abscheuliche sexuelle Einzelheiten, die sie mir so lebendig geschildert hatte, durch mein Hirn.

Manchmal kämpfte ich darum, ein gewisses Maß an Kontrolle wiederzugewinnen. Ich schleppte mich für zwei oder drei Stunden in mein Arbeitszimmer und dachte dabei, daß ich sehr mutig sei. Ich konnte nicht arbeiten: statt dessen langweilte ich meine Kollegen mit meinen Sorgen und rief alle halbe Stunde zu Hause an. Ich sollte eine Doktorarbeit durchsehen, und vierzehn Tage lang schlug ich mich, in meinem Garten sitzend, morgens und nachmittags damit herum. Ich versuchte, mir Notizen über den Inhalt zu machen, aber es gelang mir nie, auch nur einen Absatz zu verstehen. Meine mit zitternder Hand gekritzelten Anmerkungen waren, wie sich herausstellte, dummes Geschwätz. Vom Ausbruch meiner Krankheit an versuchte ich von Zeit zu Zeit, meine normale Tätigkeit wiederaufzunehmen. Es gab da ein Buch über Psychologie, das ich mit kläglichem Erfolg mit mir herumschleppte; mehrmals am Tag mühte ich mich mit dem Versuch ab, es zu lesen. In den folgenden fünf Monaten muß ich es wohl mehrere hundertmal geöffnet haben, aber nie kam ich über die erste Seite hinaus.

Drei Arten von Tätigkeiten verschafften mir ein wenig Erleichterung. Zwei davon hätte ich in normalem Zustand als Zeitvergeudung getadelt: Autofahren und das Kreuzworträtsel in der *Times* lösen. Vielleicht konnte ich mich deswegen auf diese Aufgaben konzentrieren, weil sie beide nicht die Fähigkeit erfordern, eine Sache länger als einen Moment im Gedächtnis zu behalten. Ich konnte nicht lesen, weil ich mich nie an den Sinn dessen zu erinnern vermochte, was ich soeben gelesen hatte; wenn man ein Kreuzworträtsel löst, braucht man sich nicht an das eben gefundene Wort zu erinnern, um mit dem nächsten fertigzuwerden, und meine Zwangsgedanken ließen mir gerade soviel Zeit, daß ich ein Rätsel Wort für Wort mühselig ausfüllen konnte.

Die dritte Quelle der Erleichterung war das Reden. Wenn meine Freunde zuhörten – und zunächst waren viele bereit dazu –, langweilte ich sie mit meiner Leidensgeschichte. Unter der Voraussetzung, daß diese das einzige Thema der Unterhaltung bildete, vermochte ich mich auf das Gespräch zu konzentrieren und vernünftige Antworten zu geben. Die Erleichterung hielt zugegebenermaßen nur kurz an, denn sobald das Gespräch zu Ende war, befiel mich wieder Langeweile. Darüber hinaus weckten meine Klagen immer schwächere Reaktionen, auch meine Freunde wurden mir schließlich beinahe ebenso langweilig wie ich ihnen. Seelische Zusammenbrüche nehmen die verschiedensten Formen an, und allgemein ist man ja der Meinung, daß jemand, der über seine Probleme zu sprechen imstande ist, nicht allzu schlecht daran sein kann. Mir aber brachte das »Sich-etwas-von-der-Seele-Reden« keine lang anhaltende Erleichterung.

Die ersten Tage meiner Krankheit weisen noch einen weiteren merkwürdigen Zug auf. Ein Zwang trieb mich, meiner Frau nicht nur von jedem Akt der Untreue zu erzählen, den ich mir je zuschulden hatte kommen lassen, sondern überhaupt von jedem schändlichen Gedanken, der mir je in den Sinn gekommen war. Ich wußte, daß ich dies nicht tun sollte, aber plötzlich fiel mir irgendein Vorkommnis ein, und ich zitterte vor Angst, wenn ich gegen den Drang ankämpfte, es für mich zu behalten. Ich zwang mich sogar hinauszugehen und allein umherzuspazieren, in der Hoffnung, der Zwang würde nachlassen, aber das war niemals der Fall. Während ich den Gedanken zu verschweigen suchte, nahm meine Angst immer mehr zu, bis sie mich zwang, mit allem herauszuplatzen, was ich im Kopf hin- und herwälzte.

Mein seltsames Benehmen brachte natürlich meine Frau aus der Fassung, und sie verhielt sich mir gegenüber abwechselnd mit zärtlicher Fürsorge und leidenschaftlichem Haß. Ich wußte nie, in welcher Laune ich sie von einem Augenblick zum anderen antreffen würde. Sie bewahrte anderen gegenüber Vernunft und ihren üblichen Charme und Gleichmut, aber ihr Verhalten mir gegenüber war fast ebenso unkontrolliert wie das meine.

Der folgende Vorfall zeigt drastisch, wie weit es mit uns gekommen war. Er ist für keinen von uns typisch – unter normalen Umständen neigt Josie weder zu Groll noch zu Bosheit –, aber ich möchte hier davon berichten, weil er charakteristisch ist für die Dinge, die geschehen können, wenn zwischen zwei Menschen, die eine starke Bindung verknüpft, etwas falsch läuft. Als Josie einmal wütend war, bestand sie darauf, daß ich den drei Mädchen schreibe, mit denen ich ein Verhältnis gehabt hatte. Als ich die Briefe schrieb, kamen sie mir sehr unfreundlich vor. Rückblickend wirken sie zwar ziemlich milde, aber damals befand ich mich, trotz oder vielleicht wegen meines Zusammenbruchs, in einer idealistischen Stimmung. Selbst im Zustand höchster Pein hoffte ich, daß unsere Ehe standhalten und sogar gefestigt werden würde durch die Geständnisse, die wir einander gemacht hatten – Geständnisse nicht allein unserer Seitensprünge, sondern auch unserer innersten Gedanken und Sehnsüchte. Es erschien mir falsch, unser eigenes Glück auf unfreundliche Briefe an andere aufzubauen. Dennoch hatte ich keine Wahl, ich mußte es tun, da Josie darauf bestand. Als ich fertig war, nahm sie mir die Briefe weg. Ich war in einem verzweifelten Zustand und goß eine halbe Flasche Whisky in mich hinein. Mit der Verschlagenheit des in die Enge Getriebenen ging ich in ein anderes Zimmer und versah dreimal je zwei gleiche Briefumschläge mit Adressen und Marken. Je ein Kuvert von diesen drei Paaren steckte ich in die Tasche und gab die anderen Josie. Sie verschloß die Briefe und lief aus dem Haus. Ich folgte ihr. Als wir zum Postkasten kamen, nahm ich ihr die Briefe weg und erklärte: »Du kannst die hier nicht aufgeben.« Sie brauste ärgerlich auf, ich griff in die Tasche, holte die leeren Kuverts hervor und gab sie ihr. Sie warf sie in den Kasten. Später zerriß ich die Briefe und spülte sie in der Toilette hinunter. Während der folgenden zwölf Stunden erreichte meine Angst, Josie betrogen zu haben, ein unerträgliches Ausmaß. Ohne ihr etwas davon zu sagen, schrieb ich Briefe, die, soweit ich mich erinnern konnte, mit den ursprünglichen beinahe identisch waren, und schickte sie ab. Als ich nach Hause kam, erzählte ich Josie haarklein, was ich getan hatte.

Während dieser Anfangsphase meiner Krankheit bekam der Ausdruck *»folie à deux«* eine neue Bedeutung für mich. Ich konnte nicht anders, ich dachte selbst damals, daß die extremen Schwankungen in Josies Verhalten mir gegenüber an manche Techniken der Gehirnwäsche erinnerten, mit deren Hilfe man Gefangene mürbe zu machen pflegt und die meinen Zustand der Abhängigkeit, Panik und des Elends anscheinend für immer aufrechterhalten würden.

Nach zehn Tagen in dieser Verfassung suchte ich einen praktischen Arzt auf, der mich an einen Psychoanalytiker weiterleitete.

2 Hintergrund

Bevor ich die bizarren Einzelheiten meines Scharmützels mit der Psychoanalyse beschreibe, halte ich es für notwendig, einige Angaben über die Vorgeschichte – sowohl über meine eigene als auch über jene des Buches – zu machen. Ich schreibe diese Zeilen in mehrfacher Absicht.

Zunächst möchte ich über meine persönlichen Erfahrungen mit einem seelischen Zusammenbruch berichten. In Großbritannien verbringen eine von sechs Frauen und einer von neun Männern einen Teil ihres Lebens in psychiatrischen Kliniken; in Amerika nimmt mehr als die Hälfte der Bevölkerung unter sechzig psychiatrische Hilfe in Anspruch. Obwohl die Zahl der geistig oder psychisch Kranken immer mehr zunimmt, ist der Grad der Unwissenheit und der Vorurteile, was sie und ihre Behandlung betrifft, noch immer furchterregend hoch. Indem ich von meinen eigenen schmerzlichen Erfahrungen berichte, hoffe ich einerseits, jenen, die niemals Derartiges durchgemacht haben, eine Vorstellung davon zu vermitteln, und anderseits jene, die sich gegenwärtig oder künftig einmal in einer Situation wie der meinen befinden, ein wenig Trost zusprechen zu können. Sie sind nicht allein in ihrem Leid. Noch mehr: psychische Krankheiten sind nicht unheilbar, gleichgültig, wie hoffnungslos sie manchmal aussehen mögen. Bis zu dem Zeitpunkt, da ich selbst einen Zusammenbruch erlitt, fand ich es schwierig, mich in Freunde, die mehr oder weniger neurotisch waren, wirklich hineindenken zu können. Fünfundvierzig Jahre lang hatte ich nicht gewußt, was es heißt, von Depressionen oder Ängsten geplagt zu werden, und obwohl ich, der ich selbst leicht zu Hypochondrie neige, für körperlich kranke Freunde Mitgefühl aufzubringen vermochte, war ich außerstande, mich in jemandes rein seelisches Leiden einzufühlen – und dies ungeachtet des Umstandes, daß ich selbst Psychologe bin und daher eine ganze Menge über seelische Krankheiten gelesen hatte.

Meine zweite Absicht besteht darin, einige Informationen über die Fallgruben und die Vorteile der vielen verschiedenen Behandlungsmethoden beizusteuern. Die meisten Menschen, bei denen es zu seelischen Störungen kommt, geraten beinahe wie zufällig an eine bestimmte Art der Therapie. Obwohl ich mit der Sache vertraut war, passierte das auch mir, aber mein Berufswissen half mir gerade noch, einer Behandlungsmethode zu entgehen, die für meinen Fall völlig ungeeignet war und meinen Zustand eher verschlechterte als verbesserte. Wenige Laien wissen über andere Möglichkeiten Bescheid. Selbst wenn jemand zu krank ist, um eine vernünftige Behandlung für sich zu wählen, ist es wichtig, daß seine Freunde und Verwandten genügend informiert sind, um ihn von Behandlungsformen wegzulotsen, die im besten Fall nutzlos, im schlimmsten Fall schädlich sind. Auf dem Gebiet der geistigen Gesundheit gibt es viele Unbekannte und viel Unsicherheit; ich hoffe jedoch, etwas Licht in einige der strittigen Fragen, die mit dem Problem verbunden sind, bringen zu können.

Und schließlich waren so viele Dinge, die im Lauf meiner Krankheit geschahen, derart seltsam und unerwartet, daß ich sie aufzeichnen muß. Obwohl mir damals keineswegs zum Lachen zumute war, erscheinen mir manche Zwischenfälle, die sich während meiner Behandlung ereigneten, rückblickend äußerst komisch; aus anderen kann man eine Lehre ziehen.

Bald nach der ernstesten Phase meiner Krankheit veröffentlichte ich darüber zwei kurze Artikel in der *Sunday Times:* die Art, wie sie aufgenommen wurden, ermutigte mich zu einer ausführlicheren Schilderung. Ich erhielt zahlreiche Briefe über diese Artikel von Psychoanalytikern, Psychiatern, Kurpfuschern und Patienten, und ich werde in der Folge Auszüge aus dieser Korrespondenz zitieren.

Um zu meiner eigenen Geschichte zurückzukehren – der Leser mag sich vielleicht wundern, wieso eher alltägliche Ereignisse, über die ich im vorhergehenden Kapitel berichtet habe, einen seelischen Zusammenbruch bewirken konnten bei jemandem, der allem äußeren Anschein nach sein Leben lang vom Schicksal begünstigt worden war. Ich kann dazu nur sagen, daß diese Ereignisse, die ich als einen doppelten Verrat an meinem ziemlich naiven Vertrauen empfand, so wie ich es jetzt sehe, doch dazu angetan waren, meine innere Unsicherheit zum Durchbruch kommen zu lassen. Ich habe mich stets vor unheilbaren Krankheiten und Tod gefürchtet, aber ich war der Meinung, daß außer solchen Aussichten nichts meine geistige Gesundheit beeinträchtigen könnte. Die Welt schien mir so voll zu sein von faszinierenden Dingen, die es zu tun und zu beobachten gab, daß mir der Gedanke, ein Trauma in jemandes persönlichen Beziehungen könnte dessen Interesse von allem anderen ablenken, lächerlich erschienen wäre. Ich konnte verstehen, daß Tod, Krankheit, Hunger oder körperlicher Schmerz – ob dies nun mich selbst oder jemanden mir Nahestehenden betraf – mich unglücklich machen könnten, aber niemals hätte ich gedacht, daß Ereignisse, die nichts mit diesen Leiden zu tun hatten, mich in einen erbärmlichen Zustand versetzen und nutzlos machen würden. Sydney Smith sprach nur für die geistig Gesunden, als er schrieb: »Wenn ich mit einer netten Frau, einem schönen Haus, vielen Büchern und vielen mir wohlgesinnten Freunden nicht glücklich sein kann, dann bin ich ein verrückter, dummer Kerl, und was aus mir wird, ist ziemlich unwichtig.«

Wahrscheinlich haben wir alle Grenzen, wenn auch die Ereignisse, die den einen zugrunde richten, einem anderen vielleicht gerade nur ein bißchen unter die Haut gehen. Wir alle haben Wünsche, Konflikte, Unsicherheiten, die uns nicht bewußt sind, aber was es ist, das bei dem einen nach diesem Unglücksfall den Zusammenbruch herbeiführt, bei dem anderen nach jenem – darüber wissen wir recht wenig. Erbliche Faktoren mögen bis zu einem gewissen Grad jemanden für Neurose prädisponieren, aber meine eigenen Vorfahren und Verwandten scheinen eine außergewöhnlich unneurotische, um nicht zu sagen phlegmatische Gesellschaft gewesen zu sein. Wie in jedem einzelnen Fall kann man darüber spekulieren, was an meinem Background mich für einen seelischen Zusammenbruch im mittleren Alter anfällig machte.

Ich wurde in einer Zeit geboren, als Eltern im bürgerlichen Milieu dazu neigten, der gerade von den Ärzten empfohlenen Erziehung zu folgen. Es war zum Beispiel ein Dogma, daß Babys nicht aus dem Bett genommen werden sollten, wenn sie schrien, und zu feststehenden Zeiten gefüttert werden mußten. Als ich zwei Jahre alt war und mein Bruder geboren wurde, empfahl die Nurse meiner Mutter, mich nun zwei Wochen lang nicht zu sehen. Meine Mutter gehorchte lieber der Nurse als ihren eigenen Instinkten, und wie man mir erzählte (denn ich habe keine Erinnerung an diese Zeit), saß ich vor der versperrten Tür ihres Schlafzimmers und heulte zwei Wochen lang. Ein solches Erlebnis kann schädlich sein oder auch nicht.

Meine Eltern lebten in bescheidenen, kleinstädtischen Verhältnissen und liebten einander sehr. Sie waren rechtschaffen, aber nicht allzu streng, pflichtbewußt und in vieler Hinsicht aufopfernd in der Art, wie sie ihre Söhne aufzogen. Sie waren ausgeprägt calvinistisch in ihrer Einstellung zu Alkohol, Glücksspiel, sexueller Ausschweifung und all den anderen Vergnügungen, die heute als selbstverständlich gelten. Mein Vater war freundlich, vernünftig und gelassen und hatte keinen Ehrgeiz: er machte aus der Not eine Tugend und hätte sich mit jeder Art von Schicksal zufriedengegeben. Er war intelligent und belesen und vermittelte seinen beiden Söhnen das Interesse für Literatur und geistige Dinge. Meine Mutter war vielleicht ehrgeiziger. Sie ermunterte uns, hart zu arbeiten, und war ziemlich stolz auf unsere Leistungen. Keines von beiden neigte zu Selbstquälerei oder moralischen Zweifeln. Sie glaubten an die Tugenden harter Arbeit und strikter Ehrenhaftigkeit und waren vielleicht ein wenig erstaunt darüber, daß sich nicht jeder an dieselben Normen hielt, geschweige denn danach lebte. Meine Beziehungen zu meinem jüngeren Bruder waren eng und, soweit ich mich erinnere, frei von Rivalität. Die dunklen Leidenschaften, die, wie Freud meinte, innerhalb der Familie lauern, waren mir unbekannt, obwohl es mir vielleicht gelungen sein mag, sie zu verdrängen. Man könnte sagen, daß ich eine für die damalige Zeit außergewöhnlich normale und konventionelle Erziehung genossen hatte.

Bis in meine Jugendzeit war ich fröhlich, extravertiert, gesellig und erfolgreich. In den folgenden fünf Jahren verlor ich beträchtlich an Selbstsicherheit und zog mich mehr in mich selbst zurück. In den späteren Teen-Jahren war ich ein gescheiter, aber eher scheuer Schuljunge. War ich einmal auf dem Rugbyfeld, spielte ich sehr gern, aber ich fürchtete die Zugfahrten zu Spielen gegen andere Schulen. Weder mochte ich die derben Zoten und ordinären Scherze meiner Teamkameraden, noch billigte ich den Sport, Waggons zu verwüsten. Ich war ein Musterknabe. Mädchen gegenüber war ich besonders schüchtern – bis zu meinem neunzehnten Lebensjahr, glaube ich, habe ich mich nie allein in der Gesellschaft eines Mädchens befunden. Meine Unbeholfenheit und das Fehlen von engen Kontakten mit Mädchen sollten mich später einige Jahre lang quälen.

In den folgenden paar Jahren machte mein Charakter eine weitere Wandlung durch. Halb bewußt legte ich mir eine Technik zu, mit der ich mich zwang, mich selbstsicher und aufgeschlossen zu benehmen, gleichgültig, was in meinem Inneren vorging. Was die ordinären Witze betraf, die ich weiterhin verabscheute, so gewöhnte ich mir an, bessere zu erzählen als diejenigen, die ich zu hören bekam. Ich lernte meine Empfindsamkeit zu verbergen, und bald vermochten oder wagten nur mehr wenige, meine Gefühle zu verletzen. Und wie es so oft geschieht – die Maske wurde zur Wirklichkeit, und später fühlte ich mich so kühn und extravertiert, wie ich mich gab. Ungefähr zu dieser Zeit hörte ich vollständig auf, mich mit Musik oder Dichtung zu beschäftigen, da beides, wie ich feststellte, meine Emotionen allzusehr durcheinanderbrachte.

Meinen ersten akademischen Posten trat ich mit sechsundzwanzig an, und kurz darauf heiratete ich. Während der folgenden zwölf Jahre lehrte und forschte ich an der Universität von Oxford, ausgenommen zwei Jahre, in denen ich in den Vereinigten Staaten arbeitete. Ich paßte nie in das Leben der Herren Professoren, und die Erfahrungen, die ich unter ihnen sammelte, mögen einige meiner etwas intoleranteren Züge gefördert haben. Ich begann bald Anmaßung, Vornehmtuerei und Heuchelei zu verabscheuen, Eigenschaften, durch die sich – zusammen mit Falschheit – die Gespräche in Professorenkreisen auszeichneten. Als Junior Fellow an einem College hätte ich mehr Mut gebraucht und weniger Wert auf meine Karriere legen dürfen, um offen gegen das System zu rebellieren. Deshalb saß ich still da, während der eine oder andere der Senior Fellows sich darüber verbreitete, wie und wo das Markenzeichen seines Rolls-Royce gestohlen worden war, oder das Dinner von gestern abend beschrieb, bei dem er der einzige Geladene gewesen war, der sich nicht zumindest Earl nennen konnte. Immerhin war ich niemals imstande, meine Langeweile zu verbergen. In der Folge ließ ich meiner Abneigung gegen Snobismus und Anmaßung immer freieren Lauf und begrüßte sogar die Gelegenheit, Leuten zu begegnen, die diese Eigenschaften aufwiesen, weil ich es schließlich genoß, ihnen eins auszuwischen. Ich betrachtete meine Grobheit als eine Form fahrenden Rittertums.

Mit siebenunddreißig wurde ich Professor für Psychologie an der University of Sussex. Ich habe stets hart gearbeitet, aber jetzt geriet ich in einen Strudel unaufhörlicher Aktivität, der in den Jahren vor meinem Zusammenbruch immer heftiger wurde. Möglicherweise war es dieser Strudel, der mich schließlich mit sich hinabzog.

Das volkstümliche Klischee von der müßigen Existenz der Universitätsprofessoren hat mich immer ein wenig geärgert. Alle Akademiker haben viel zu tun, und Professoren bilden da keine Ausnahme. In den erbärmlich knappen Stunden des Tages mühte ich mich ab, um Zeit zum Unterrichten zu finden; Zeit für Prüfungen; Zeit für Übungen; Zeit, um an Sitzungen von Universitäts- und Regierungskomitees teilzunehmen, um zu Konferenzen zu reisen, um Berichte abzufassen, Herausgeber zu beraten, gelehrte Zeitschriften herauszugeben; Zeit für Unterredungen mit Studenten und künftigen Studenten; Zeit, um Lektoren, Sekretärinnen und Fachleute anzustellen; Empfehlungen für Studenten und ehemalige und gegenwärtige Mitarbeiter zu schreiben, und um Finanzmittel für die Abteilung zu finden, die ich leite. Zwischen diesen und anderen Aktivitäten versuchte ich fortzusetzen, was ich für meine wirkliche Berufung hielt – meine wissenschaftlichen Forschungen und Schriften. Beinahe alles, was ich tat, machte mir Spaß, und natürlich hatte ich manche der Tätigkeiten freiwillig auf mich genommen, wenngleich ich mir einredete, daß es meine Pflicht wäre, sie auszuführen. Ich erwähne diesen hektischen Lebensstil, weil er vielleicht zu meinem Zusammenbruch beigetragen hat. Das Tempo meines Alltagslebens hatte drei weitere bedeutsame Auswirkungen.

Zunächst einmal nahm ich mir niemals Zeit, um über mich selbst nachzudenken. Die meisten Menschen, glaube ich, grübeln gelegentlich in der Badewanne oder beim Rasieren. Ich badete selten und in Eile; ich rasierte mich nur in meinem Auto, und wenn ich Glück hatte und mehrere Tage auf grüner Welle fuhr, wuchsen mir dichte Stoppeln. Eine ehemalige Sekretärin erzählte mir vor kurzem ohne böse Hintergedanken, daß ich Briefe zu diktieren pflegte, während ich auf der Toilette saß. Obwohl ich mich an derlei nicht erinnere, klingt das plausibel. Ich steuerte also durch das Leben, ohne nach rechts oder links zu blicken, am wenigsten in mein Inneres. Einer oder zwei der zahlreichen Analytiker und Psychiater, die mich später behandelten, sagten mir: »Glauben Sie nicht, daß Sie mit all dieser Aktivität vor irgend etwas davonliefen – vielleicht vor sich selbst?« Das kann stimmen, aber damals empfand ich es nicht so. Mir war, als rannte ich auf etwas zu, was sowohl nützlich als auch erfreulich war.

Zweitens: Wenngleich Organisieren und Verwalten mir Spaß machten, verachtete ich mich dafür, daß ich so viel Zeit darauf verwandte. Es fiel mir leicht, Entscheidungen zu treffen, und alles in allem denke ich, daß ich gutes Urteilsvermögen bewies in bezug auf das Personal, das ich auswählte, und die Richtung, in die ich meine Abteilung steuerte. Innerhalb weniger Jahre baute ich ein psychologisches Laboratorium auf, das eines der besten in Europa war. Nichtsdestoweniger kam mir das alles zu leicht vor, und ich konnte nicht umhin, all die Fähigkeiten, die dabei eingesetzt wurden, irgendwie geringzuschätzen. Ich hielt mich weiterhin in erster Linie für einen Forscher, der einen schöpferischen Beitrag zum Thema leistete; was ich bei anderen am meisten bewunderte, war die Fähigkeit, gute, kreative Forschung zu betreiben. In dem Wirrwarr von anderen Tätigkeiten fand ich immer weniger Zeit für meine eigene Forschungsarbeit und wurde weniger produktiv. Ich verdächtigte mich damals, daß ich all die zusätzlichen Verpflichtungen nur deshalb auf mich nahm, um vor mir selbst meine Unfähigkeit zu befriedigender Forschungsarbeit zu verbergen. So konnte ich mir immer einreden, daß meine wissenschaftliche Arbeit nicht deshalb dürftiger wurde, weil meine Schaffenskraft versiegte, sondern weil ich zu sehr mit anderen Dingen beschäftigt war. Große Wissenschaftler sind nicht notwendig klüger als alle andern – sie sind nur besessen von dem Problem, an dem sie arbeiten, und denken unaufhörlich daran. Der große Wissenschaftler – sogar der gute Wissenschaftler – muß sich dazu zwingen, sein Denken bis zum Äußersten zu treiben, bis an die Grenzen seiner Möglichkeiten. Das verlangt sowohl lange Perioden intensiver Konzentration als auch genügend freie Zeit, damit er, halb unbewußt, wochenlang Gedanken wälzen kann. Die wenigen guten Wissenschaftler, die ich kannte, mußten sich nicht zwingen, an ihre Arbeit zu denken – sie konnten nur wenig anderes im Kopf behalten, so stark beschäftigte sie ihre Aufgabe. Ich war so sehr in andere Tätigkeiten verwickelt, daß ich auch in meiner äußerst spärlichen Freizeit selten an meine Forschung dachte, und folglich litt sie darunter. Das Nachlassen meiner Produktivität hatte mich im tiefsten Innern schon lange vor meinem Zusammenbruch nicht in Ruhe gelassen. Wenn es einem in einem Aspekt des Lebens wirklich gut geht, so kann das helfen, Mißgeschicke in den übrigen Bereichen zu ertragen. In meinem Fall nun trat gerade dann eine Ehekrise ein, als ich mir mehr und mehr Sorgen wegen meiner Arbeit machte.

Die dritte Konsequenz aller meiner Aktivitäten waren eben ihre Auswirkungen auf die Ehe. Ich widmete meiner Familie zuwenig Zeit und Gedanken. Tatsächlich arbeitete ich die meisten Wochenenden durch und verbrachte gewöhnlich sogar auch am ersten Weihnachtstag einige Zeit im Büro oder im Laboratorium. Aus irgendwelchen Gründen habe ich es immer verabscheut, auf Befehl zu feiern, und hatte stets Schwierigkeiten, bei Anlässen wie Geburtstagen, Jahrestagen und offiziellen Feiertagen mich entsprechend zu verhalten. Meine Gewohnheit, zu solchen Zeiten zu arbeiten, enthob mich der Pflicht, mich in eine besondere Stimmung zu versetzen – nach der mir nicht zumute war –, und die erwartete Fröhlichkeit vorzutäuschen; es war eine rein egoistische Gewohnheit. Ich dachte, daß es allen nützen würde, wenn sie in bezug auf ihre Wünsche offener wären. Wie viele langweilige Empfänge schleppen sich in diesem Moment dahin, weil die Gastgeber glauben, es wäre unhöflich zu sagen, daß sie zu Bett gehen wollen, und weil die Gäste Angst haben, es wäre eine Beleidigung, wenn sie sich zu früh verabschieden. Ich habe Kneipen immer viel angenehmer gefunden als Privatwohnungen. Dr. Johnson faßte das so zusammen:

»Es gibt keine Privatwohnung, in der sich die Leute so vergnügen können wie in einer Stadtkneipe. Mögen in irgend jemandes Haus noch so viele gute Dinge sein, und mag der Wunsch, daß jeder sich wohlfühle, noch so groß sein – es liegt im Wesen der Sache, daß es nicht so sein kann; notwendigerweise herrscht da stets eine gewisse Sorge und Ängstlichkeit; der Hausherr ist ängstlich bemüht, seine Gäste zu unterhalten, die Gäste versuchen, ihm angenehm zu sein; und kein Mensch, höchstens ein sehr unverschämter Hund, kann sich so frei in einem fremden Haus benehmen, als wäre es sein eigenes. In einer Kneipe dagegen gibt es im allgemeinen keine Ängstlichkeit.«

Meine Vorliebe für Pubs, meine geringe Toleranz gegenüber Langeweile und meine Rastlosigkeit machten mich nicht gerade zu einem idealen Ehemann und Vater. Ich bewundere Leute, die zu Hause herumsitzen und über nichts Besonderes plaudern können, aber bis zum heutigen Tag bin ich außerstande, es ihnen gleichzutun, und es fällt mir schwer, das würgende Gefühl zu beschreiben, in einem Käfig zu sitzen – ein Gefühl, bei dem sich sämtliche Muskel meines Körpers zusammenzogen, wann immer ich mich in solche Situationen begab. Ich versuchte, meine Angewohnheit, Abendgesellschaften zu verlassen (meine eigenen miteingeschlossen) und mich in den nächsten Pub zu begeben, als exzentrisch auszulachen und herunterzuspielen, aber meine Rastlosigkeit muß oft beleidigend gewirkt haben. Obwohl mein Benehmen selbstsüchtig war, kann ich mir dennoch nicht vorstellen, wie es anders hätte sein können. Es war mir unmöglich, interessiert dreinzusehen, wenn ich mich langweilte.

Nicht nur, daß ich dem konventionellen Tagesablauf, der die meisten Ehen zusammenhält, nicht genügend Zeit widmete – ich dachte auch zu wenig an die Bedürfnisse meiner Frau. Wenn ich auch immer, so glaube ich, meine Abhängigkeit von und meine Liebe zu ihr anerkannt hatte, so war sie doch zu sehr eine Selbstverständlichkeit für mich und ich überlegte niemals, ob ich ihre tieferen Bedürfnisse befriedigte, oder auch nur, welches diese Bedürfnisse waren. Trotz unserer tiefen Verbundenheit war vieles an unserem Zusammenleben oberflächlich.

Es ist möglich, daß ich an einem Punkt in meinem Leben angelangt war, wo ernsthafte emotionelle Erschütterungen für mich nur schwer zu ertragen waren. Viele Psychiater sind der Ansicht, daß Männer in mittleren Jahren empfindlich sind und daß sie – in gemilderter Form – etwas Ähnliches durchmachen wie die Frau in den Wechseljahren. Diese Erfahrung nennt man manchmal *Midlife crisis.* Elliot Jacques zufolge tritt diese Krise besonders häufig bei schöpferisch Tätigen auf, und wenn sie sie überstehen, wird ihre Arbeit oft (noch) besser. Er behauptet, daß die Sterblichkeitsrate unter kreativen Künstlern, vor allem in den späten Dreißigern, sehr hoch ist, und führt als Beispiele Baudelaire, Chopin, Mozart, Purcell, Raffael, Rimbaud und Watteau an. Die Statistik stützt diese Behauptung allerdings nicht. Die Zahl jener, die im Alter zwischen fünfunddreißig und fünfundvierzig zum erstenmal in psychiatrischen Kliniken interniert werden, liegt nicht höher als andere vergleichbare Zahlen.

Mein Zusammenbruch erfolgte plötzlich und vollständig, wenn es vielleicht auch vorher Anzeichen in Form von Reizbarkeit, Schlaflosigkeit, starkem Rauchen und Ängstlichkeit um die körperliche Gesundheit gegeben hatte. Mein Gesundheitszustand war in den zwei Jahren davor nicht so gut wie sonst gewesen. Ich hatte eine Virus-Lungenentzündung erwischt, war danach einige Monate hindurch leicht depressiv gewesen und hatte während dieser Zeit auch an anderen, weniger ernsten, aber hartnäckigen Unpäßlichkeiten gelitten. Es kann sein, daß ich – auf einer gewissen Bewußtseinsebene – mehr von der Liebesaffäre meiner Frau gewußt hatte, als ich mir selbst eingestand. Es ist ja wohlbekannt, daß Leute, die starken Emotionen ausgesetzt sind, sei es großes Glück oder tiefe Trauer, für ansteckende Krankheiten besonders anfällig sind.

Kurz, wie bei allen Zusammenbrüchen, so gab es auch in meinem eigenen Fall mehr als eine Ursache. Josies Untreue und die darauf folgende Ehekrise allein reichten nicht aus, die Heftigkeit meiner Reaktion zu erklären, und ich könnte nicht sagen, wie weit der Zusammenbruch durch Kindheitstraumata herbeigeführt worden war – durch meinen halb unbewußten Entschluß, viele meiner eigenen Gefühle nicht wahrzuhaben, durch meinen Arbeitsrhythmus oder durch die Angst vor dem Schwinden der Kreativität, dem Tod und dem Nachlassen der Potenz, das sich im mittleren Alter bemerkbar macht.

3 Psychoanalyse

Als ich ungefähr eine Woche nach meinem Zusammenbruch meinen Arzt aufsuchte, bestand ich darauf, meine Frau mitzunehmen. Ich war überzeugt, daß ich hinter ihrem Rücken nichts würde sagen können. Der Arzt schien über meinen aufgeregten Zustand ziemlich erschrocken zu sein. Ich flehte um die Zusicherung, daß ich wieder gesund werden würde, aber er gab sie mir nicht. Er riet uns, beide einen Psychoanalytiker aufzusuchen, der auf die Behandlung von Eheproblemen spezialisiert war. Ich fragte den Arzt mit rührender Naivität, ob er glaube, daß Josie und ich weiterhin würden zusammenleben können, oder ob die entfesselten Leidenschaften uns auseinandertreiben würden. So sah es damals nämlich aus, und sollte noch viele Monate so aussehen. Ich wollte nichts als in Frieden und Glück mit meiner Frau leben, aber da schienen unheimliche Kräfte am Werk zu sein, die uns unerbittlich auseinanderrissen. Der Arzt antwortete ziemlich vernünftig: »Niemand kann garantieren, daß Sie imstande sein werden, zusammenzuleben. Was immer geschieht, wird zu Ihrem Besten sein.« Ich interpretierte diese unschuldige Bemerkung als die Verkündung von etwas viel Schlimmerem als das Todesurteil.

Den Rat des Doktors, einen Psychoanalytiker aufzusuchen, nahm ich nur mit einem bangen Vorgefühl an. Meine Erfahrung als Psychologe* hatte mich bezüglich des Werts der Analyse skeptisch gemacht, aber in meiner Verzweiflung schien mir alles einen Versuch wert. Ich erklärte mich einverstanden, den Analytiker aufzusuchen. In den nächsten sechs Wochen ging ich einoder zweimal pro Woche zu ihm. Er wohnte fünfundsechzig Kilometer weit entfernt, und ich pflegte mit hoffnungsvollem

* Psychoanalytiker sind der Ansicht, daß die Neurose durch einen Konflikt zwischen unbewußten Kindheitswünschen verursacht wird; sie könne nur dadurch geheilt werden, daß man dem Patienten hilft, sich solcher Wünsche bewußt zu werden und sie auf emotioneller Ebene zu akzeptieren. In Großbritannien hat die Mehrzahl der Analytiker keine medizinische Ausbildung. Psychologen studieren sowohl normale wie abnormale Verhaltensweisen und wenden meist eklektischere und empirisch erprobte Methoden an. Diese Unterscheidungen werden im weiteren noch ausführlicher behandelt.

Herzen hinzufahren. Trotz meiner intellektuellen Zweifel an der Analyse hatte ich auf emotioneller Ebene das Gefühl, daß er mir vielleicht helfen könne, und all meine Hoffnung klammerte sich an ihn.

Der Psychoanalytiker bewohnte ein ruhiges Haus in der Vorstadt. Er war ein großer, dünner, etwas schüchterner und freundlicher Mann in den Vierzigern. Er warnte mich, daß er sechs Guineen pro Sitzung berechne – das war der Preis, wie er in London verlangt wurde –, aber er hatte stets mehr Patienten, als er empfangen konnte. Er gestattete mir, ziemlich zusammenhanglos über meine Probleme und meine Vergangenheit draufloszureden, und gelegentlich interpretierte er dies und jenes. Ich hatte den Eindruck, daß ihn die ganze Geschichte ein wenig langweilte: Die meiste Zeit über schien er auf seine Armbanduhr zu blicken, oder in den sonnenbeschienenen Garten zu starren, aus dem der Lärm spielender Kinder drang. Und gerade das Normale an einem solchen Anblick wie der von spielenden Kindern erinnerte mich schmerzlich an die Zeiten, da ich ebenfalls normal gewesen war.

Zu mehreren Sitzungen empfing er mich zusammen mit meiner Frau, um uns dazu zu bewegen, wie er sagte, »etwas Dampf abzulassen«. Er tat sein Bestes, mein Elend zu lindern, indem er auf die Vorteile hinwies, die aus einem Zusammenbruch entstehen könnten (»besseres Verständnis Ihrer selbst und anderer«), und das magische Wort »Kollusion« gebrauchte, wann immer ich mich selbst beschuldigte, andere schlecht behandelt zu haben. »Kollusion« ist ein Top-Hit vieler Richtungen der modernen Psychotherapie: Wenn man es zuläßt, daß jemand scheußlich zu einem ist, »kolludiert« man, handelt in geheimem Einverständnis mit ihm und macht sich ebenso schuldig. Im allgemeinen versuchte der Analytiker stets, irgend etwas Gutes über unsere Situation zu sagen. »Die Kommunikation zwischen Ihnen scheint gut zu klappen«, meinte er, und wies darauf hin, daß die Aufregungen unserer erzwungenen sexuellen Beziehungen auch ihre Vorteile hätten. Er bewirkte dadurch, daß mein Schuldgefühl ein wenig leichter wurde, aber meine Langeweile und meine Ängste blieben genauso extrem wie zuvor.

Er war ein wirklich netter und rücksichtsvoller Mensch, und obwohl er sich einiger Freudscher Interpretationen bediente, setzte er auch seinen gesunden Menschenverstand ein. Ich erzählte ihm, daß ich daran dächte, nach London zu fahren, und »den Lümmel« ordentlich zu verdreschen, den ich am liebsten ermordet hätte. Zu meiner Überraschung sagte er: »Das wäre viel vernünftiger als das, was Sie im Moment tun – es wäre besser, Sie lassen Ihre Wut an ihm aus als an sich selbst.« Ich antwortete: »Ich hätte nie gedacht, daß ein Analytiker mir rät, physische Gewalt anzuwenden«, worauf er erwiderte: »Natürlich müßte die Gewalt dem Verbrechen angemessen sein, und Sie müssen darauf achten, ihm keinen dauernden Schaden zuzufügen.«

Einige seiner Aussprüche waren bizarrer. Es stellte sich heraus, daß ich trotz meiner Seelenpein seit dem Ausbruch meiner Krankheit nicht geweint hatte. Er gab zu verstehen, daß dies bedauerlich sei: »Das heißt, daß da eine unterschwellige, Ihnen unbewußte emotionelle Störung vorliegt; die müssen wir an die Oberfläche bringen.« Ich fuhr heim und übte mich dann ungefähr eine Woche im Weinen, aber es wollten keine Tränen kommen. Immerhin machte ich genügend Lärm, so daß mich die anderen im Haus hörten, und meine Kinder erklärten ihren Gästen: »Keine Angst, das ist bloß Daddy bei seiner Wein-Übung.« Als ich dem Analytiker eine Woche später von meinen Versuchen erzählte, bemerkte er: »Ich habe gefürchtet, daß Sie das tun werden.« Ich faßte ernsthaftere Aktionen ins Auge als Weinen, öffnete das Schlafzimmerfenster und kletterte hinaus; ich wünschte mir so halb und halb, mich auf dem Beton zwei Stock tiefer zu Tode zu schmettern; gewöhnlich aber tat ich das, wenn Leute in der Nähe waren. Meine selbstmörderischen Gebärden waren eher ein Schrei nach Hilfe als ernsthaft gemeint, obwohl einige davon genügend realistisch waren, um mein Leben zu gefährden, wäre ich ausgerutscht.

Ein anderes Thema, das der Analytiker immer wieder aufs Tapet brachte, war: »Etwas in Ihrem Fall ist verwirrend – Sie scheinen keine Besserung zu wünschen. Wir müssen dieser Sache auf den Grund gehen.« Unnötig zu sagen, daß wir es nie taten. Natürlich wünschte ein Teil meiner selbst verzweifelt die Heilung, aber anderseits war ich so beschäftigt mit meinen Zwangsgedanken, daß ich mir nicht vorstellen konnte, wie sie verschwinden sollten. Die Tendenz, Einsichten zu versprechen, die nie gewährt wurden, war allen Therapeuten, mit denen ich zu tun hatte, gemeinsam, und ich fand das irritierend. Im Lauf einer Sitzung macht einem der Therapeut Hoffnung, indem er andeutet, daß man bald versuchen werde, an die Wurzel eines bestimmten Problems zu gelangen, und man ist am Boden zerstört, wenn weitere Sondierungen ohne neue Erkenntnisse und ohne Erleichterung im Sand verlaufen. Es stimmt, ich bin besonders ungeduldig, aber andere Patienten, denen ich später begegnete, hatten ebenfalls das Gefühl, daß man ihnen falsche Hoffnungen machte.

Ich hätte es besser wissen müssen als die meisten anderen, daß der Therapeut über keinerlei Zaubermittel verfügt, um eine sofortige Heilung zu bewirken. Der Analytiker selbst nützte meine Ungeduld ein wenig aus. Er meinte, das von meinem Zusammenbruch verursachte Leiden könnte mir zu einer etwas stoischeren Haltung verhelfen.

Meine Zweifel an der Analyse und meine psychologischen Kenntnisse machten mich wahrscheinlich zu einem besonders schwierigen Patienten. Ich neigte dazu, über jeden Ansatz zu einer Interpretation zu streiten, und versuchte, den Analytiker bei Widersprüchen zu ertappen. Die Sitzungen verwandelten sich in Streitereien über den Wert der Psychoanalyse und anderer Behandlungsarten.

Nach vier oder fünf Konsultationen verkündete der Analytiker, daß meine Probleme zu kompliziert seien, als daß sie in einer gemeinsamen Therapie zusammen mit meiner Frau behandelt werden könnten, und er schlug mir vor, mich einer individuellen Analyse zu unterziehen. Er habe mich – als einen akuten Fall – zur Behandlung angenommen, weil er hoffte, mir innerhalb weniger Sitzungen etwas Erleichterung zu verschaffen, aber das erwies sich als unmöglich. Er habe Verpflichtungen gegenüber vielen anderen Patienten, die mehrere Jahre lang vier- bis fünfmal pro Woche zu ihm kamen, und es sei nicht sicher, ob er mich als Langzeit-Patienten würde einschieben können. Er erklärte sich bereit, mich auf meine eigene Verantwortung noch ein paarmal zu empfangen, aber dann fuhr er auf Urlaub und verwies mich an einen anderen Analytiker in London. Ich setzte einer Fortsetzung der Analyse nur schwachen Widerstand entgegen. Ich fragte, ob es nicht besser wäre, irgendeine Art medikamentöser Behandlung zu versuchen, aber er spottete: »Alles, was Sie damit erreichen würden, wäre eine Änderung Ihrer Stimmung.« Für alle, die nie eine wirkliche Depression oder einen Angstzustand erlebt haben, ist eine Stimmungsänderung vielleicht etwas Triviales, aber für viele, die an seelischen Störungen leiden, kann das eine Angelegenheit von Leben oder Tod sein.

Der Kollege, den der Analytiker ursprünglich empfohlen hatte, konnte mich nicht nehmen, denn auch er hatte zuviel zu tun. Er nannte mir einen anderen, der, so sagte er, »vielleicht ein bißchen zu jung für Sie, aber außerordentlich gut ist. Ich denke, daß Sie seine Intelligenz schätzen werden.«

Mein neuer Analytiker wohnte in London. Um zu ihm zu gelangen, mußte ich eine Stunde lang mit dem Zug über dieselbe

Strecke fahren, die einst auch meine Frau zu dem Bahnhofshotel in London gefahren war, wo sie ihren Liebhaber traf. Die Eisenbahnfahrt und der Anblick des Hotels nach der Ankunft in London lösten bei mir totale Panik aus, und ich erschien zitternd vor Angst und Schrecken bei dem Psychoanalytiker. Er lebte in einer kleinen, von Speisengeruch durchzogenen Wohnung. Bei meinem ersten Besuch kam er zu spät, und seine Frau führte mich in ein schäbiges Behandlungszimmer, wo ich mich auf eine schmuddelige Couch legte und, zum erstenmal seit dreißig oder vierzig Jahren, meinen Tränen wirklich freien Lauf ließ. Ich glaube, daß der Analytiker davon ziemlich befriedigt war – die Übertragung hatte bereits begonnen, bevor ich ihn gesehen hatte. Er sagte: »Glaubten Sie, daß ich Sie im Stich gelassen hätte?« Es stellte sich heraus, daß er ein junger Mann war, gekleidet wie ein ausgeflippter Student. Seine Jugend bestürzte mich, denn es fiel mir schwer zu glauben, daß jemand so junger die Gefühle verstehen würde, die mich, der ich in mittlerem Alter stand, befallen hatten.

Obwohl es in allen Fragen der geistigen Gesundheit schwierig ist, Ursache und Wirkung zu erkennen, glaube ich doch, daß die sieben oder acht Sitzungen bei ihm mein Elend noch verstärkten, da sie mich ängstlicher machten als je zuvor. Als ich meinem Hausarzt, der selbst ein Anhänger der Psychoanalyse war, erzählte, daß die Analyse meinen Zustand verschlimmere, sagte er, wie vorauszusehen war: »Vielleicht muß er erst schlechter werden, bevor er besser wird« – ein weiteres gängiges Schlagwort der Branche.

Ich bin sicher, daß es dem jungen Analytiker aufrichtig darum zu tun war, mir zu helfen, aber manchmal machte er das sehr ungeschickt. Möglich, daß er sich von mir bedroht fühlte, weil ich ein Psychologe mit einem gewissen Ruf war und wenig Zutrauen zur Psychoanalyse hatte. Mein Arzt hatte sich sehr bemüht, mir zu erklären, daß ich vollkommen aufrichtig sein müsse mit dem Analytiker. Dementsprechend teilte ich diesem meine Ansichten über den Wert der Analyse mit und über die Tatsache, daß er erst kurze Zeit zuvor seine eigene psychoanalytische Ausbildung beendet haben dürfte, die, nach der Ärmlichkeit zu schließen, in der er zu leben schien, ihm wohl nicht sehr viel Erfolg gebracht hatte. Er konterte diesen Angriff, indem er mir erzählte, daß er in einem anderen Teil Londons ein Haus besitze und daß sich mehr Patienten um eine Behandlung bei ihm bemühten, als er aufnehmen könne.

Obwohl er versuchte, ein wenig von der Schuld, die ich mit

mir herumtrug, von mir zu nehmen, machte er eine Reihe von Bemerkungen, die ich ziemlich bedrohlich fand. Er erklärte: »Es scheint, als hätten Sie die besten Dinge im Leben versäumt.« Einmal diagnostizierte er bei mir verdrängte Homosexualität, und während ich ihm von einem Kindheitserlebnis erzählte, beugte er sich vor und sagte etwas zutiefst Schockierendes. Ich bitte den Leser um Verzeihung, aber um die Art meiner Reaktionen zu verstehen, ist es notwendig, den Wortlaut wiederzugeben, nämlich: »Hatten Sie damals nicht den Wunsch, Ihr Vater sollte Sie ficken, bis die Scheiße herausrinnt?« Wenn ich jemals einen solchen Wunsch gehabt haben sollte, so habe ich ihn seither lang vergessen, jedenfalls aber fand ich diese Idee höchst bestürzend.

Etwa zu dieser Zeit las ich in einem hellen Moment die Krankengeschichte eines Mannes, der ziemlich genau dem Bild entsprach, das ich mir von mir selbst machte. Der Patient litt an ähnlichen qualvollen Zwangsvorstellungen wie ich, hatte wie ich eine taube Mutter und war zwanghaft hinter Frauen hergewesen. Er war zwanzig Jahre lang psychoanalytisch behandelt worden, ohne irgendwelche Anzeichen einer Besserung zu zeigen. Seine Diagnose lautete auf verdrängte passive Homosexualität; die Schürzenjägerei war natürlich nur seine Art, die Homosexualität vor sich selbst zu verbergen. Es schien keine Hoffnung für mich zu geben. Wäre mein Urteil nicht durch die Krankheit getrübt gewesen, hätte ich erkennen müssen, daß nach der Freudschen Lehre alle Männer, die nicht latent passive Homosexuelle sind, offen passive Homosexuelle sind. Ich erzählte diese Krankengeschichte einem meiner Kollegen, der zufällig auch Mediziner war, und sagte, daß ich anscheinend ein hoffnungsloser Fall sei. Er antwortete: »Als ich noch studierte, glaubte ich an jeder nur erdenklichen Krankheit unter der Sonne zu leiden. Du kannst sehr leicht daran glauben, sämtliche Aspekte eines Syndroms zu haben, aber ich nehme doch nicht an, daß du sie alle hast. Warst du zum Beispiel zwanghaft hinter Frauen her?« Ich sagte, daß ich dächte, es einmal gewesen zu sein, und er fragte: »Mit wie vielen Frauen hast du geschlafen?« Ich erwiderte im Spaß: »Ich weiß es nicht mehr – ein paar hundert.« Er antwortete völlig ernst: »Guter Gott, das nennst du doch nicht zwanghafte Schürzenjägerei, oder?«

Es ist charakteristisch für Analytiker und viele andere Psychotherapeuten, daß sie alles umdrehen. Mit den Wünschen anderer Leute übereinstimmen ist nicht länger eine Tugend, die das Leben erleichtert, es wird zur Kollusion; wenn man hinter

Mädchen herläuft, so ist das ein Zeichen von Homosexualität. Als ich versuchte, den kläglichen Rest an Selbstachtung, der mir noch geblieben war, ein bißchen aufzumöbeln, indem ich von einigen Fällen sprach, bei denen ich nicht getan hatte, was ich gerne getan hätte – aus Angst, anderen wehzutun –, sagte der junge Analytiker: »Sie könnten das eher als Schwäche auslegen denn als Anstandsgefühl.«

Ich möchte nicht den Eindruck erwecken, als hätte er keine Anstrengungen unternommen, mich zu trösten: Er tat es, aber manchmal in seltsamer Weise. So erklärte er zum Beispiel: »Wissen Sie, ich bewundere Sie wirklich dafür, daß Sie zusammengebrochen sind.« Als ich ihn bat, diese rätselhafte Bemerkung zu erläutern, wies er darauf hin, daß viele Leute durchs Leben stürmen, ohne über ihr eigenes Verhalten nachzudenken und ohne ihre Missetaten zu bereuen. Aus Bösem könne Gutes entstehen: Meine Krankheit habe mir die Möglichkeit eröffnet, mich zu ändern. Ich war damals weit entfernt von einem solchen Gefühl, denn der Zusammenbruch schien aus gänzlich selbstsüchtigen Gründen eingetreten zu sein und war als solcher erniedrigend. Es ist eine Sache, deprimiert und ängstlich zu sein, weil die Welt voller Menschen ist, die qualvoll sterben oder verhungern oder ein kümmerliches, einsames Leben fristen, aber es ist wirklich beschämend, wegen einer Verletzung der Eigenliebe zusammenzubrechen.

Abgesehen von den Bemühungen, mich zu trösten, gab mir der Analytiker auch einige vernünftige Ratschläge. Ich erzählte ihm von meinem Verhalten zu Hause, das häufig demjenigen eines Kleinkindes ähnelte. So saß ich etwa jammernd herum und hielt mir den Kopf, und obwohl ich anscheinend unfähig war, damit aufzuhören, merkte ich, daß es meine Frau und die Kinder aufregte. Er sagte: »Ihre Frau wird so etwas gerade noch ertragen können, aber wenn Sie so weitertun, wird sie in Versuchung kommen, Sie zu verlassen. Könnten Sie nicht einfach auf einem Stuhl sitzen und sich wie ein Baby fühlen, ohne Ihren Gefühlen Ausdruck zu geben?«

Ich fuhr heim und bemühte mich, seinen Rat zu befolgen, aber es gelang mir nicht. Ich jammerte und stöhnte weiterhin laut vor mich hin. Dabei hatte ich sehr gemischte Gefühle. Ich spürte, daß an der Art, wie ich mein Elend zeigte, etwas Unechtes war. Anscheinend spielte ich da zum Teil, um Mitleid und Aufmerksamkeit zu erregen. Und doch, obwohl ich einsah, daß mein Benehmen teilweise geheuchelt war, konnte ich nicht damit aufhören. Zu meinen anderen quälenden Gedanken gesellte sich nun noch der Gedanke, daß sogar mein Zusammenbruch gespielt war. Gab es denn überhaupt nichts Echtes an mir?

Der Analytiker bat mich, meine Frau zu einer gemeinsamen Sitzung mitzubringen, und deutete danach an, daß sie eifersüchtig sei, weil ich analysiert würde, und daß das beste Mittel, sie von dieser Eifersucht zu heilen, wäre, wenn sie ebenfalls zu ihm in Behandlung käme. Da sie eine vernünftige Frau ist, wollte sie nichts davon hören. Sie machte darauf aufmerksam, daß er, obwohl selbst Psychoanalytiker, während der Sitzung in seinem Sessel herumzapple und nicht wisse, was er mit den Händen tun sollte. Seither pflegte sie ihn ziemlich unfreundlich »armes Würstchen« zu nennen.

Ein Thema, das in meinen Sitzungen bei beiden Analytikern ständig wiederkehrte, war die Gefahr, daß ich die Analyse vor der Zeit aufgeben könnte. Von Anfang an warnten mich beide, daß ich versucht sein würde, die Behandlung zu früh abzubrechen. Es bräuchte viele Monate oder möglicherweise Jahre, bevor meine tiefverwurzelten Probleme durch die Analyse wirklich gemindert werden könnten. Tatsächlich waren es diese Erklärungen – sie erschienen mir damals plausibel genug –, die mich bewogen, an einer Behandlungsmethode festzuhalten, von der ich nun glaube, daß sie für meinen Zustand völlig ungeeignet war. Nach sieben oder acht Sitzungen war ich so verstört von der Strafe, die mir der zweite Analytiker allem Anschein nach zuteilte, daß ich ernsthaft mit dem Gedanken zu spielen begann, einen Psychiater aufzusuchen und mich in eine Klinik einweisen zu lassen, um mich physikalischen Behandlungsmethoden zu unterziehen. Als ich dies dem Analytiker gegenüber erwähnte, war er entsetzt; er sagte: »Was immer Sie noch tun, Sie dürfen sich niemals an einem dieser Orte aufnehmen lassen.« In der Tat schien er gegenüber psychiatrischen Kliniken ebenso voreingenommen zu sein wie so manche andere, gewöhnliche Leute.

Mein Zustand verschlechterte sich weiter, aber der Entschluß, mit der Analyse aufzuhören, war mir vorläufig abgenommen worden, da mir der zweite Analytiker ankündigte, er werde auf Urlaub gehen. Ich sah ihn nie mehr wieder, obwohl ich den Netzen der Psychoanalyse noch nicht entkommen war.

Ich war so verärgert über seine Behandlung, die ich als äußerst nutzlos betrachtete, daß ich sein Honorar nicht bezahlte. Als ich viele Monate später ein Mahnschreiben von seinen Anwälten bekam, ging ich selbst zu einem Rechtsanwalt und schrieb meinem Analytiker, daß ich nicht die Absicht hätte, zu bezahlen. Ich bestritt seine Forderung mit dem Argument, daß die Behandlung nichts getaugt hätte. In dem Zustand verzweifelter Angst, in dem ich mich damals befand, hätten seine drohenden Bemerkungen meine Probleme nur vermehrt. Um Behauptungen wie diejenige, daß man auf einer bestimmten Stufe des Unbewußten homosexuelle Neigungen habe oder daß jemandes gute Eigenschaften Schwächen entstammten oder daß man die besten Dinge im Leben versäumt hätte, akzeptieren zu können, müsse der seelische Zustand des Patienten viel robuster sein als es meiner damals gewesen sei. Ebenso brachte ich vor, daß er sich selbst von meinen Kenntnissen in diesem Fachgebiet und meinen Zweifeln bezüglich der Wirksamkeit der Psychoanalyse bedroht gefühlt hätte und bewußt oder unbewußt versucht habe, mich zu bestrafen. Zum Schluß schrieb ich, er habe behauptet, meinen Zustand innerhalb von sechs Monaten vom Beginn der Therapie an sehr verbessern zu können, daß diese Behauptung trügerisch gewesen sei und daß ich mich auf die Behandlung nur aufgrund von Vorspiegelung falscher Tatsachen seinerseits eingelassen hätte. Meine Wut war, glaube ich, so groß, daß ich vor Gericht gegangen wäre, aber es kam nie dazu. Der Analytiker rief mich ein paar Tage nach meinem Brief an und gab sich äußerst besorgt und erfreut über meine Genesung. Es ist kaum verwunderlich, daß viele Analytiker darauf bestehen, am Ende jeder Sitzung bezahlt zu werden – häufig in bar.

Da nun beide Analytiker und mein Hausarzt gleichzeitig auf Urlaub waren, hing ich, was meine Behandlung betraf, in der Luft. Meine Frau wollte mit den Kindern Ferien in Neapel verbringen. Ich pflegte dort in jedem Sommer Forschungsarbeiten über das Sehvermögen des Octopus zu machen; meine Kinder liebten diesen Ort über alles und sehnten sich danach. Sie hatten wichtige Prüfungen in der Schule hinter sich, und meine Krankheit war ebenfalls eine harte Prüfung für sie gewesen. Sie verdienten eine Belohnung. Außerdem waren meine Frau und ich der Ansicht, daß es mir vielleicht helfen würde, meine Angstpsychose zu überwinden, wenn ich aus meiner gewohnten Umgebung herauskäme.

Zu dieser Zeit machte ich mir rasende Sorgen wegen des Geldes. Wir hatten Mieter in unserem Haus; mein Zustand war so schrecklich, daß ich kaum die Miete einsammeln konnte, und wenn ich es tat, vergaß ich, es einzutragen oder das Geld auf die Bank zu bringen. Das Dach war undicht, und das Problem, jemanden zu finden, der es reparierte, schien mir unlösbar. Ich erinnerte mich nicht mehr, wer mir Geld schuldete, und wenn ich mit zitternder Hand einen Scheck ausstellte, unterlief mir unfehlbar irgendein Irrtum. Ich verkaufte ein Auto für zwei Pfund Sterling – zugegeben, es war kein sehr gutes, aber es funktionierte. Es war mir unmöglich, eine Anzeige in der Zeitung aufzugeben; daher nahm ich das erste Angebot eines Händlers an, und fühlte mich erleichtert bei dem Gedanken, daß ich nicht länger die Betriebskosten für das Auto zahlen mußte. Die Kinder weinten, als sie sahen, wie der Wagen abgeholt wurde. Ich war überzeugt, daß ich meinen Posten verlieren und meine Familie ins Elend stürzen würde. Neapel sollte unsere letzte Verschwendung sein, bevor wir hoffnungsloser Armut anheimfielen.

Als Universitätslehrer hatte ich bei ausländischen Eisenbahnen Anrecht auf verbilligte Fahrkarten. Daher buchte ich über ein Studentenreisebüro Fahrkarten für eine Zwölf-Tage-Reise nach Neapel. Wir konnten uns diese Fahrt nur leisten, weil wir sehr gute Freunde in Neapel hatten, die sich bereit erklärten, unsere Kinder aufzunehmen und ein Privatzimmer für mich und Josie zu suchen. Ich konsultierte einen weiteren Arzt, ob ich imstande sein würde, die Reise zu unternehmen, und er antwortete positiv. Er hatte beträchtlich mehr Vertrauen in Medikamente als der andere und verschrieb mir ein Antidepressivum, Schlafmittel und Beruhigungstabletten. Ich war überzeugt, daß ich im Begriff sei, an Lungenkrebs zu sterben, und fragte ihn, ob ich Keulenfinger hätte. Er untersuchte sie und antwortete, wie ich glaube, sehr vorsichtig: »Sie sind innerhalb normaler Grenzen.« Ich fand dies nicht gerade ermutigend.

Ich fürchtete die Reise – sechsunddreißig Stunden in Zug und Schiff, ohne Möglichkeit, die Langeweile durch Lesen zu bekämpfen, da dies weit über meine Konzentrationsfähigkeit hinausging. Alles, womit ich mich beschäftigen würde können, waren meine Zwangsvorstellungen.

Ich erwog, von der Kanalfähre zu springen, aber die Zugfahrt verlief viel besser, als ich erwartet hatte. Durch einen Glücksfall bekamen wir ein leeres Abteil für die Nacht, und ich nahm eine ordentliche Dosis Schlaftabletten und schlief solide zwölf Stunden durch. Wir fuhren in Neapel bei den Eisenwerken mit ihren feuerspeienden Schornsteinen am Stadtrand ein, und wurden an der Ferrovia Centrale von meinen Freunden abgeholt. Sie hatten mich seit meinem Zusammenbruch nicht gesehen und waren bestürzt über meinen Zustand, gleichzeitig fühlten sie, wie wenig sie imstande waren, mir zu helfen. Der Mann selbst war Mediziner und bestärkte mich in meinem Entschluß, mit Psychoanalyse

Schluß zu machen und psychiatrische Hilfe in Anspruch zu nehmen.

Ich erinnere mich, daß wir am ersten Abend in ein hellerleuchtetes Café gingen, wo wir im Freien sitzend einen Drink nahmen, umhüllt vom sehnsüchtigen Klang neapolitanischer Lieder, und dem bunten Straßenleben zusahen. Ich hatte so starke Dosen von Beruhigungsmitteln genommen, daß ich praktisch keinen Tropfen Alkohol trinken konnte. Das Café befand sich in einem Park an der Strandpromenade, und während die anderen bei Tisch saßen, wälzte ich mich stöhnend im Staub herum. Ein solches Benehmen ist zunächst beunruhigend für die andern, aber sie erkennen schnell, daß es am besten ist, es zu ignorieren, da sie nur wenig tun können, um zu helfen. Zu meinen anderen Kümmernissen kam nun auch noch fast totale Impotenz – zum Teil war das auf meine Stimmung zurückzuführen, die immer depressiver wurde, und zum Teil auf den Einfluß der Medikamente. Sie verhalfen mir zu gesegneten neun bis zehn Stunden Schlaf pro Nacht, aber wenn ich erwachte, kam der Schmerz wieder zurück.

Ich suchte viele Orte auf, die ich einst geliebt hatte: Das Museo Nazionale mit seinen prächtigen, aus Pompei geraubten Mosaiken, Pompei selbst und Capri. Nichts davon erweckte auch nur einen Funken Interesse in mir – ich glotzte teilnahms- und verständnislos auf die Bilder im Museum, während qualvolle Gedanken durch mein Gehirn rasten. Ich war nicht imstande, die Kinder durch Pompei zu führen, da ich mich nicht genügend darauf konzentrieren konnte, dem Plan zu folgen. Capri hatte seine Schönheit und seinen Zauber verloren. Ich war nicht einmal mehr fähig, über die Geschmacklosigkeit der Inneneinrichtung von Axel Munthes Villa zu kichern, aber die Schönheit des Ziergartens und der herrliche Ausblick auf die Insel und das Meer vom Belvedere aus verfehlten dennoch nicht einen gewissen Eindruck auf mich. Der Satz »Neapel sehen und sterben« tönte wie ein Echo durch meine Gedanken: Ich war überzeugt, daß ich niemals lebend nach England zurückkehren, geschweige denn Neapel wieder besuchen würde.

Ich war ein armseliger Gesellschafter. Meine Freunde wohnten in einem Apartment in der vierzehnten Etage eines modernen Wohnblocks. Während sie zu Abend aßen, ging ich hinaus auf den Balkon und spielte mit dem Gedanken, mich hinunterzustürzen. Ich versteckte mich sogar eine halbe Stunde lang in einer Ecke des Balkons, in der Hoffnung, sie würden glauben, ich sei hinuntergesprungen – ein schmählicher Trick, doch als sie kamen, um nachzusehen, hatte ich doch noch genügend Verstand, mich ihnen ziemlich schnell zu zeigen.

Nach meiner Rückkehr aus Neapel wandte ich mich wieder an meinen Hausarzt, um ihm zu sagen, daß ich einen Psychiater konsultieren und meine Depression und die Angstzustände medikamentös bekämpfen wollte. Er war selbst in Behandlung bei einem Psychoanalytiker und war sehr gegen eine solche Vorgangsweise. Er sagte: »Sie machen eine schlimme emotionelle Krise durch, und Medikamente sind keine Lösung. Sie sind es sich selbst schuldig, sich einer längeren Analyse zu unterziehen. Wenn notwendig, müssen Sie alles versetzen, was Sie haben, um die Behandlung zu bezahlen.« Er glaubte so fest an die Analyse, daß er, als ich erklärte, ich würde das Rauchen aufgeben und mehr Gymnastik betreiben, um meinen Zustand zu verbessern, sagte: »Es gibt keine Beweise, daß Turnen sich auf den Geisteszustand je positiv ausgewirkt hätte« – eine Bemerkung, die er später, als ich ihn daran erinnerte, bedauerte.

Am Ende stimmte ich halbherzig zu, nochmals zu dem ersten Analytiker zu gehen, zwecks »Neueinschätzung«. Diese Neueinschätzung führte zu dem Ratschlag, daß ich die Analyse fortsetzen sollte, um ein paar neue emotionelle Reaktionen zu lernen: Ich war vom Gedanken besessen, daß ich niemals jemanden richtig lieben könnte, und ich fragte den Analytiker bedrückt, ob er mir zu der Fähigkeit zu lieben verhelfen könne, wenn ich wieder sein Patient würde. Er antwortete, daß es dauern werde, er sei aber sicher, daß dieses Ziel zu erreichen sei. Ich fragte, ob ich imstande sein würde, meine Frau zu lieben, und er sagte: »Das kann ich nicht garantieren; aber ich bin überzeugt, daß Sie fähig sein werden, jemanden zu lieben.« Da ich nur meine Frau lieben wollte, wurde ich verstörter als je zuvor. Ich wies darauf hin, daß es immer schwerer werde, etwas Neues zu lernen, je älter man würde, und bezweifelte meine Fähigkeiten dazu. Der Analytiker entgegnete, daß er vor kurzem eine 55jährige Patientin besucht hätte, die nach einjähriger Analyse »zum erstenmal eine Blume richtig gesehen hatte und in Tränen ausgebrochen war«. Ich glaubte, es war die totale Idiotie dieser Geschichte, die mich schließlich veranlaßte, die Psychoanalyse aufzugeben und mich nach einer anderen Art der Behandlung umzusehen.

4 Die Klinik

Nachdem ich mich einmal entschlossen hatte, bei einem Psychiater* Hilfe zu suchen, war ich natürlich bestrebt, einen guten zu finden. Ich hatte berufliche Kontakte mit mehreren Psychiatern und rief einige von ihnen an, um sie um Rat zu fragen. Natürlich wollte ich nicht von einem Freund behandelt werden, und übereinstimmend empfahlen mir die Kollegen einen mir unbekannten Psychiater, einen ausgezeichneten Mann. Als ich telefonisch bei ihm anfragte, stimmte er zu, mich ohne offizielle Überweisung durch einen Arzt zu untersuchen, obwohl mein praktischer Arzt, als ich ihm von dieser Abmachung berichtete, sich bereit erklärte, einen Brief mit einer Zusammenfassung meiner Krankengeschichte zu schreiben.

Mein erster Besuch bei dem Psychiater gestaltete sich ganz anders als das Geschwätz während der Antrittsbesuche bei den beiden Analytikern. Drei Stunden lang machte der Arzt sich systematische Notizen über mein Leben – Laufbahn, frühere Familienverhältnisse, Ehe und Beziehungen zu Freunden. Dann sagte er: »Sie leiden an Unruhezuständen und Depression. Das ist nichts Ungewöhnliches bei Männern Ihres Alters, die nach viel harter Arbeit berufliche Erfolge errungen haben. Ihre Depression ist eine Krankheit und muß als solche behandelt werden.« Er empfahl mir, mich freiwillig als Patient in eine psychiatrische Klinik aufnehmen zu lassen, und sei es nur, um das schlimme System der Interaktionen mit meinen nächsten Angehörigen zu durchbrechen, in das ich mich verstrickt hatte. Er verschrieb mir auch eine viel höhere Dosis eines Antidepressivums und warnte mich, daß es, abgesehen von lästigen Nebenwirkungen, zumindest drei Wochen lang keine Wirkung zeitigen würde. Er erklärte, daß ich noch etwa einen Monat lang die Hölle durchmachen, schließlich aber endgültig gesund werden würde –

* Ein Psychiater ist Mediziner und auf die Behandlung von Geisteskranken spezialisiert. In Großbritannien bedienen sich sehr wenige Psychiater der Analyse: Sie wenden andere Formen der Psychotherapie und auch physikalische Behandlungsmethoden an. Die Unterscheidung zwischen den verschiedenen Behandlungsarten wird weiter unten ausführlicher besprochen.

eine Zusicherung, die mir weder der Hausarzt noch die Analytiker hatten geben wollen.

Meine Frau hatte mich zur Klinik begleitet, und der Psychiater sprach zwanzig Minuten lang mit ihr. Er sagte ihr, daß ich mich in einem Zustand befände, in dem ich alles verzerrt sähe, so, als betrachtete ich die Welt durch ein geschwärztes und gekrümmtes Glas. Er versicherte ihr, daß ich genesen würde.

Der Psychiater untersuchte mich an einem Freitag, und ich sollte am Montag in die Klinik aufgenommen werden. Obwohl ich der Internierung mehr oder weniger zugestimmt hatte, quälte mich der Gedanke daran das ganze Wochenende über. Ich bin nicht von Natur aus tapfer. Ich fühlte mich noch immer gänzlich von meiner Frau abhängig, und wenn ich auch erkannte, daß es keinem von uns guttat, spürte ich, daß ich sie an meiner Seite haben mußte. Ich dachte damals und ich denke es heute noch, daß der Entschluß, mich in Spitalspflege zu begeben, der mutigste war, den ich je gefaßt habe.

Meine Frau fuhr mich hin. Wie alle neuaufgenommenen Patienten des staatlichen Gesundheitsdienstes bekam ich ein eigenes Zimmer – es sah aus wie eine Zelle, war aber komfortabel. Die Tür hatte kein Schloß, dafür aber ein Fenster mit einer Gardine an der Außenseite, so daß das Pflegepersonal den Insassen nach Belieben beobachten konnte. Der junge Pfleger, der mich aufnahm, war freundlich und rücksichtsvoll. Er überzeugte sich, daß ich weder Medikamente noch Alkohol bei mir hatte, und aus Gründen, die mir stets rätselhaft bleiben sollten, nahm er mir meinen elektrischen Rasierapparat weg; am nächsten Tag bekam ich ihn wieder. Warum man gewöhnliche Rasierapparate abnimmt, ist klar; sie wurden jeden Morgen vor dem Frühstück ausgegeben und dann wieder verwahrt. Nur flüchtig wurde mir der Tagesablauf auf der Station erklärt, ausgenommen die Essenszeiten. Ich brauchte fast drei Wochen, bis ich herausfand, wo und wann ich saubere Laken bekommen konnte – wenn es auch mein Fehler gewesen war, daß ich nicht früher danach fragte.

Während Josie auf der Station wartete, wurde ich von einem Arzt, den ich dann nie mehr wiedersah, rasch auf meinen körperlichen Zustand untersucht. Er führte ein paar neurologische Tests durch, horchte mich ab und prüfte Blutdruck und Rectum. Die Medikamente hatten so starke Verstopfung verursacht, daß mein Stuhl blutig war, und der Arzt versicherte mir, daß ich weder Darmkrebs noch Hämorrhoiden hätte. Ich ging wieder zu meiner Frau auf der Station zurück. Nach dem Lunch sah ich ihr traurig nach, als sie wegfuhr, in den Sonnenschein hinein, und mich in meiner kleinen Zelle zurückließ, wo ich bedrückt und einsam saß und mich sehr ängstlich fühlte.

Die Station bestand aus zwei großen Flügeln, mit einem Gemeinschaftsraum und einem Speisesaal in der Mitte. In dem einen Flügel waren Männer, im anderen Frauen untergebracht. Insgesamt befanden sich hier ungefähr sechzig Patienten, davon etwas mehr als die Hälfte Frauen. In jedem Flügel gab es einen Korridor mit Privatzimmern und an dessen Ende einen Schlafsaal mit etwa einem Dutzend Betten. Patienten, die zu genesen begannen, wurden aus den Einzelzimmern in den gemeinsamen Schlafsaal verlegt. Alle waren auf freiwilliger Basis aufgenommen worden und wurden als »Kurzzeit-Patienten« eingestuft – das heißt, man erwartete, daß sie nicht länger als anderthalb Jahre hierbleiben würden.

Die psychiatrische Klinik war eine der am besten ausgestatteten Englands. Sie lag inmitten eines ausgedehnten, gut gepflegten Geländes und besaß Anlagen für fast alle Sportarten, Turnhalle und ein Schwimmbecken inbegriffen. Es gab in dieser Klinik nur wenige der strengen Vorschriften, wie sie in den meisten gewöhnlichen Krankenhäusern üblich sind. Die Patienten, vollständig angekleidet, konnten tagsüber überall herumgehen. Besuche durften fast zu jeder Zeit empfangen werden. Die Kranken wurden ermuntert, an der Beschäftigungstherapie (O.T. – occupational therapy – genannt) – Schneidern, Maschineschreiben, Tischlerei, Yoga usw. – teilzunehmen, aber niemand wurde dazu gezwungen. Frühstück war um 8 Uhr und Abendessen um 17 Uhr 30.

Interessanter für die meisten Patienten war die »Medikamentenausgabe«. Der Ruf »Tabletten« hallte um 9, 13 und 18 Uhr durch die Station, und eine vierte Dosis konnte man vor dem Schlafengehen von der Nachtschwester bekommen. Die meisten von uns, die Medikamente einnahmen, warteten sehnlich auf die Ausgabezeiten und stellten sich eifrig um die verschiedenen Mittel an. Wir schluckten sie gierig mit etwas Wasser aus einem Plastikbecher, den jeder Patient für den nächsten auszuspülen und abzutrocknen hatte. Dies war die einzige Hausarbeit, die man von den Patienten erwartete, abgesehen davon, daß jeder sein Bett machen mußte.

Während wir unsere Pillen einnahmen, wurden wir von einer Schwester scharf beobachtet. Obwohl es wohlbekannt ist, daß etwa dreißig Prozent der Medikamente nicht geschluckt werden, wenn die Einnahme nicht unter Aufsicht erfolgt, ist es doch eine bemerkenswerte Tatsache, daß viele Krankenhäuser ihren Patienten hinsichtlich der Medikamenteneinnahme dennoch vertrauen.

Fast allen Patienten, die sich ernsthaft krank fühlten, erschienen die unausgefüllten sechs Stunden zwischen Abendessen und Schlafenszeit sehr schwer erträglich. Die Pfleger und Schwestern versuchten, so gut sie konnten, zu helfen. Sie organisierten Bingo-Spiele, sie versuchten, jeden Patienten, der besonders unglücklich dreinschaute, zu diesem oder jenem der ungefähr zwanzig Spiele zu locken, mit denen die Abteilung ausgerüstet war – wie Tischtennis, Billard, Scrabble, Monopoly oder Dame. Sie gaben sich auch jede Mühe, alle diejenigen zu trösten, die vor Angst von Sinnen waren. Aber trotz der Versuche, sich die Zeit zu vertreiben, wurden viele Patienten mit diesen Stunden nicht fertig und zogen sich in ihr eigenes Elend zurück. Allgemein herrschte das Gefühl, daß nicht genug getan wurde, um uns zu helfen.

Die Station beherbergte drei verschiedene Gruppen von Patienten, von denen eine jede einem anderen Psychiater unterstand. Da waren Alkoholiker, die eine Entziehungskur machten, eine Gruppe von Kranken, die an Phobien litten, und die dritte, die hauptsächlich aus Depressiven bestand und der auch ich angehörte.

Die Ärzte traten selten in Erscheinung. Wie es so oft im Leben kommt: Sobald sie sich in ihrem Beruf bewährt haben, nehmen zeitraubende andere Beschäftigungen zu; sie praktizierten die Psychiatrie immer weniger und weniger, und widmeten sich statt dessen der Verwaltung, der Lehre und saßen in unzähligen Komitees. Jedem Primararzt unterstand ein Oberarzt – in meiner Gruppe ein Singhalese, der ständig fröhlich lächelte. Auch ein Assistenzarzt war jeder Gruppe zugeteilt, dessen Aufgabe die direkte Betreuung der Patienten war. Ferner gehörten einer oder mehrere klinische Psychologen* dazu. Alle Ärzte und Psychologen hatten Patienten auch auf anderen Stationen, und die meisten arbeiteten auch an anderen Spitälern.

Im Lauf einer Woche verbrachten die Patienten im Durchschnitt zweimal eine Stunde oder eineinhalb Stunden allein mit einem Arzt oder einem Psychologen. Die Zeit zwischen solchen Sitzungen konnte schrecklich lang und leer sein, und viele Kranke hatten das Gefühl, in einem luftleeren Raum zu leben, wobei wenig getan wurde, um ihnen zu helfen. Jeder Patient, der einen Termin bei einem Arzt oder einem Psychologen hatte, wurde

* Klinische Psychologen haben ein Psychologiestudium an der Klink hinter sich.

von den anderen gewissermaßen als bedeutende Persönlichkeit betrachtet. Wenn der oder die Betreffende von einer Sitzung zurückkam, wurden sie begierig ausgefragt; im Grunde richtete sich der Rang eines Patienten innerhalb der Gruppe seiner Leidensgenossen direkt danach, wie oft er von den Ärzten allein empfangen worden war.

Die Aufregung in der Zeit der Medikamentenausgabe war zweifellos auch auf das Gefühl zurückzuführen, daß hier tatsächlich etwas getan wurde, um uns zu helfen.

Einige der Ärzte nahmen die Einhaltung der Termine mit ihren Patienten nicht genau: Sie sagten etwa, sie wollten einen der Kranken am nächsten Tag besuchen, und taten es dann nicht. Das war schlimm für die Moral des Patienten, und manche der jüngeren Ärzte waren sich ganz offensichtlich nicht bewußt, bis zu welchem Grad Kranke sich von ihnen abhängig fühlen. Die Standardantwort des medizinischen Personals auf den Vorwurf, es werde wenig für die Patienten getan, lautete, daß alles, was in der Klinik geschehe, Therapie sei – Beschäftigungstherapie; das Leben in einem neuen Milieu, und der Verkehr mit dem Pflegepersonal und anderen Patienten seien gleichfalls therapeutisch.

Wir, die Patienten, nahmen den Ärzten den Mangel an Aufmerksamkeit übel, neigten aber gleichermaßen zu dem Verdacht, daß uns das Pflegepersonal nachspionierte, wenn es uns zuviel Aufmerksamkeit widmete. Es gehörte zu seinen Pflichten, Bericht über den Geisteszustand der Patienten zu erstatten. Die Schwestern wirkten manchmal ein wenig taktlos bei ihren Bemühungen, die Patienten auszuhorchen – zum Beispiel darüber, wie es ihnen während eines Wochenendes zu Hause ergangen war. Obwohl sie sich bemühten, nett und verständnisvoll zu sein, hatten viele Patienten den Eindruck, daß solche Nachforschungen zu dem Zweck angestellt wurden, Material für ihre täglichen Berichte zu bekommen. Berichte wurden auch von Beschäftigungstherapeuten und Ärzten verfaßt, und wir hatten das Gefühl, daß alles, was wir taten, bekannt war und fast die ganze Zeit über registriert wurde. Wann immer ich mich in meinem Zimmer aufhielt, ob bei Tag oder bei Nacht, wurde etwa alle zwei Stunden die Gardine vor dem Türfenster zurückgezogen; eine Schwester schaute herein, schob die Gardine wieder vor und ging dann weg. Wie oft ich mir auch sagte, daß eine solche Überwachung zu meinem Besten sei – es fiel mir schwer, sie nicht irgendwie als unheimlich zu empfinden.

Noch etwas gab es im Krankenhausleben, dem sich viele Insassen nur mit Mühe anpassen konnten. Die jüngeren Ärzte,

Schwestern und Pfleger neigten dazu, die Patienten so zu behandeln, als wären sie wahnsinnig, und das konnte einen wütend machen und aus der Fassung bringen. Da alle Patienten bis zu einem gewissen Grad geisteskrank waren, mag es vielleicht seltsam erscheinen, daß sie aus der Fassung gerieten, wenn sie als solche behandelt wurden. Das Entscheidende ist, daß keiner der Kranken den Kontakt zur Wirklichkeit völlig verloren hatte, und die Krankheit zog nur einen Teil ihres Lebens in Mitleidenschaft. So wußten zum Beispiel viele besser als die Schwestern, welche Medikamente sie nehmen sollten. Die Ärzte verschrieben diese jedoch manchmal in solcher Hast, daß die Schwestern sich leicht irren konnten. Es mag schon sehr wichtig erscheinen, die richtigen Pillen zu erhalten, aber wenn die falschen ausgehändigt wurden, so behandelte man jeden Versuch des Patienten, mit der Schwester darüber zu diskutieren, als Krankheitssymptom und machte eine entsprechende Anmerkung im Tagesbericht. Weil Ärzte und Pflegepersonal stets die Überzeugung vorschützen konnten, daß die Patienten verrückt seien, befanden sie sich in einer unangreifbaren Position, und es war kein Wunder, daß Kranke sich den Spitalbehörden völlig ausgeliefert fühlten. Einer der Alkoholiker hatte mehrere Jahre im Gefängnis von Dartmoor verbracht; er faßte seine Eindrücke so zusammen: »Ich würde lieber ein Jahr in Dartmoor sitzen als eine Woche hier.« Als ich fragte, warum, antwortete er: »Dort kommst du wenigstens an die Aufpasser heran; hier kriegst du keinen zu fassen.«

Ich möchte hervorheben, daß ich, wenn ich die üblichen Beschwerden der Patienten schildere, nicht das Krankenhauspersonal beschuldigen möchte. Ich versuche bloß, einen Eindruck davon zu vermitteln, wie es ist, in einer Nervenklinik interniert zu sein. Der Kernpunkt dabei ist, daß selbst in einem psychiatrischen Krankenhaus, das eines der Paradestücke des Landes ist, in einem aufgeklärten Geist und mit großen Kosten für den Steuerzahler geführt wird, die Patienten apathisch wurden und sich gekränkt fühlten. In den meisten Nervenkliniken, die mit weniger und weniger erfahrenem Personal geführt werden, ist die Situation viel schlimmer. Bei Langzeit-Patienten ist es fraglich, inwieweit ihre Unfähigkeit, mit dem Leben fertig zu werden, auf ihre ursprüngliche Krankheit zurückzuführen ist und inwieweit auf den Anstaltsaufenthalt.

Ich kann mich nicht erinnern, wie ich den ersten Nachmittag in der Klinik verbrachte. Ich glaube, daß ich mit einigen der anderen Patienten sprach und um 17 Uhr 30 mein Abendbrot aß. Das Essen war einfach, aber in Anbetracht dessen, daß es aus einer Anstaltsküche stammte, gut und reichlich. Am Abend des ersten Tages in der Klinik nahm meine Angst zu. Mehr als die Hälfte der Schwestern bestand aus Farbigen. Ich weiß noch, wie ich mich darüber wunderte, daß Schwestern, die aus Jamaica, Indien, Pakistan, Ceylon und verschiedenen afrikanischen Ländern stammten, so viel Verständnis für die absurden Neurosen des britischen Mittelstandes und der Arbeiterklasse aufbringen konnten. An meinem ersten Abend war eine attraktive und lebhafte afrikanische Schwester außergewöhnlich nett zu mir. Sie schwatzte mit mir über meine Probleme und verleitete mich dazu, mit ihr Tischtennis und Billard zu spielen, und diese Ablenkung von meinen Ängsten war äußerst hilfreich. Viele Patienten verbrachten die Abende vor dem Fernseher, aber ich war während meines gesamten Spitalaufenthalts viel zu unruhig, um mich auf irgendein Programm konzentrieren zu können, und obwohl ich ein- oder zweimal das Fernsehzimmer betrat, war ich nie imstande, dort mehr als fünf Minuten lang sitzenzubleiben.

Dieselbe Schwester brachte mich später durch gut gemeinte, aber ungeschickte Versuche, meinen Zustand zu analysieren, ziemlich arg aus der Fassung. Ich erklärte einmal, daß ich nicht mit den anderen Patienten Tennis spielen könne, weil meine Bewegungskoordination durch die Medikamenteneinnahme stark beeinträchtigt sei. Was ich sagte, stimmte: Ich war tatsächlich so zittrig, daß ich mich sehr konzentrieren mußte, wenn ich eine Straße überquerte. Die Schwester sagte: »Oh, Sie machen immer irgend etwas anderes für Ihre Beschwerden verantwortlich; wenn nicht andere Leute, dann die Medikamente.« Zu dieser Zeit wirkte das sehr beunruhigend auf mich, und ich war mehrere Stunden lang gekränkt. Leute, die sich in einem ähnlichen Zustand befinden wie ich damals, reagieren empfindlich auf die leiseste Andeutung von Kritik.

Um 10 Uhr 30 durften sich die Patienten selbst Limonade machen, und dazu wurden süße Kekse beigesteuert. Das allnächtliche Glas Limonade, das mich an die behütete Kindheit erinnerte, bedeutete einen großen Trost für mich. Das einzige andere Getränk, das auf der Station gereicht wurde, war starker Tee; allerdings bewahrten viele Patienten in der Küche ihre eigenen Vorräte an Kaffee oder Kakao auf. Obwohl ich Kaffee viel lieber hatte, brachte ich es nie über mich, mir einen Topf anzuschaffen: Ich war entschlossen, so wenig Geld wie möglich auszugeben, teils deshalb, weil ich glaubte, niemals mehr etwas verdienen zu können, und teils, weil ich mich in keiner Weise gehen lassen wollte.

Um 11 Uhr an diesem ersten Abend ging ich zum Nachtpfleger, um meine letzte Medikamentendosis zu holen, bevor ich mich schlafen legte. Mit Entsetzen merkte ich, daß der Arzt, der mit meinem Fall befaßt war, mir keine Schlaftabletten verschrieben hatte. Ich hatte die vergangenen sechs Wochen regelmäßig Schlafmittel genommen, und ich war überzeugt, daß ich ohne sie nicht würde schlafen können. Ich befand mich nun in einem Zustand verzweifelter Angst, und die Aussicht, ohne Schlaf auskommen zu müssen – das einzige, worauf ich mich noch freute –, erschreckte mich. Der Nachtpfleger fühlte zwar mit mir, konnte aber keinen diensthabenden Arzt finden und hatte natürlich keine Lust, einen aus dem Bett zu holen. Nun durfte er mir wohl keine Schlaftabletten geben, doch war mein Rezept für Beruhigungsmittel so abgefaßt, daß es ihm möglich war, die Dosis zu erhöhen, ohne gegen die Anordnung zu verstoßen – das Pflegepersonal hat nicht das Recht, andere Medikamente auszufolgen als die verschriebenen.

Dieser Pfleger war bereits in Pension, versah aber noch gelegentlich Nachtdienst als Teilzeitbeschäftigung. Er war stämmig und von einer dämonischen Willenskraft besessen. Ich sprach mit ihm von ungefähr Mitternacht bis ein oder zwei Uhr morgens, und er erzählte mir, wie sein einziger Sohn Kinderlähmung bekommen hatte. Die Ärzte hatten alle Hoffnung aufgegeben, daß der Junge wieder würde gehen können, und wollten, daß er ständig in einer Anstalt bleiben sollte. Der Vater berichtete mir, wie er beschlossen habe, »es den Ärzten zu zeigen«. Er bestand darauf, daß der Junge zu Hause wohnte, und durch schiere Willenskraft gab er ihm die Kraft zu leben und gesund zu werden. Ich sprach davon, daß ich am nächsten Tag entlassen werden wollte, da ich in meiner Depression und Nervosität nun den Glauben an das Spital und sein Personal verloren hätte. Der Pfleger sagte mir, er habe schon »viele solche wie Sie gesehen, wenn sie zum ersten Mal herkommen. Diejenigen, die zu früh davonrennen, kommen immer zurück.« Er meinte, daß ich mit meiner Krankheit fertigwerden könnte, daß ich aber Hilfe bräuchte: Er selbst behauptete, imstande zu sein, mein Schlafproblem zu lösen, und zwang mich gewaltsam schlafen zu gehen, indem er mich mit stählernem Griff am Arm packte. Sein Glaube und Wille brachten mich irgendwie dazu, einzuschlafen, und als ich um vier Uhr früh wieder aufwachte und in sein Büro stolperte, um Trost zu suchen, gelang es ihm wiederum, mich zum Schlafen zu zwingen. Er war ein höchst bemerkenswerter Mensch, und es tat mir leid, daß ich ihn nie wiedersah.

Am folgenden Morgen nahm meine Angst im Lauf des Vormittags Schritt für Schritt zu. Nach dem Mittagessen fand ein Gruppenmeeting der ganzen Station statt. Diese Versammlungen wurden wöchentlich abgehalten, und Pfleger, Schwestern, Beschäftigungstherapeuten, Psychologen und Ärzte nahmen ebenso daran teil wie Patienten. Ich war unfähig, während des Meetings ruhig sitzenzubleiben – ich begann die Hände zu ringen, zu jammern, und schließlich wälzte ich mich auf dem Boden. Der Pfleger, der mich hereingelassen hatte, führte mich hinaus, und gemeinsam machten wir Runde um Runde durch das Gelände. Er versuchte, mich gewissermaßen niederzureden, indem er mir gestattete, ihm mein Herz auszuschütten. Den Rest des Nachmittags wechselten sich Pfleger und Schwestern ab und spazierten mit mir durch den schönen Park der Klinik.

Ich hätte nicht geglaubt, daß es möglich wäre, so extreme Angst zu verspüren. Mein Herz pochte, mein Körper zitterte, ich hatte ein Gefühl im Magen, als wäre alles Blut daraus gewichen, und meine Beine schienen zu schwach zu sein, um mich zu tragen. Mein Hirn beschäftigte sich ausschließlich mit meinen Eifersuchtsgedanken: grausam detaillierte und schmerzliche Visionen jagten einander ohne Unterbrechung, ohne Ende.

Der singhalesische Arzt wurde geholt, um nach mir zu sehen, und am späten Nachmittag verbrachte ich eine halbe Stunde mit ihm. Er bemühte sich, mich zu beruhigen, sagte mir, daß ich mich in vierzehn Tagen ganz anders fühlen würde, und er verschrieb mir ein stärkeres Beruhigungsmittel – Chlorpromazin. Er schilderte sehr exakt, wie das Medikament wirken würde: »Der Effekt wird innerhalb einer halben Stunde nach Einnahme zu spüren sein. Sie werden bemerken, daß es das physische Gefühl der Angst nimmt, so daß Ihr Körper ruhig sein wird. Die Zwangsvorstellungen wird es nicht beseitigen, ihnen aber die Spitze nehmen und sie weniger qualvoll machen, so daß Sie sie leichter ertragen können.« Es wirkte dann genauso, wie er vorausgesagt hatte.

Obwohl mir das neue Medikament das Leben gerade erträglich machte, litt ich weiterhin an Seelenqualen. In einem hatte ich allerdings Glück – ich bekam nun eine so starke Dosis von verschiedenen Drogen, daß ich fast ausnahmslos gut schlief, und die Hoffnung auf Schlaf gab mir immer die Kraft, die Ängste und Langeweile des Tages zu ertragen.

In der folgenden Woche begann ich mich an das Medikament zu gewöhnen, und das Gefühl der Erleichterung ließ nach. Der Arzt verdreifachte daraufhin die Dosis, aber auch an diese größere Menge paßte ich mich während des restlichen Aufenthalts an. Die Nebenwirkungen der Medikamente, die ich einnahm, waren höchst unangenehm. Abgesehen von der starken Beeinträchtigung der Bewegungskoordination war ich nun völlig impotent. Darüber hinaus litt ich an schwerer Verstopfung und hatte große Schmerzen beim Stuhlgang: der Stuhl war infolge der Anstrengung bei der Defäkation mit frischem Blut gemischt. Diese Schmerzen plagten mich ganz unnötigerweise, denn ich erfuhr nach vierzehntägigem Aufenthalt in der Klinik durch einen anderen Patienten, daß die Pfleger am Abend auf Verlangen Abführmittel ausgaben. Aber nicht einmal das löste mein Problem, da ich in meiner Zerstreuung gewöhnlich vergaß, darum zu bitten. Der Leser wundert sich vielleicht, warum ich die Verstopfung nicht einem Arzt gegenüber erwähnte, aber während der ersten zwei Wochen im Krankenhaus sah ich, glaube ich, den Arzt nur ein- oder zweimal, und es schien mir damals Wichtigeres zu besprechen zu geben als Konstipation. Die schlimmste Nebenwirkung der Drogen war allerdings die Trockenheit im Mund. Gleichgültig, wieviel Wasser ich trank, ich konnte das Gefühl, Zunge und Kehle seien verdorrt, nicht loswerden.

Wie die meisten anderen Patienten, fuhr ich zum Wochenende nach Hause. Ich verließ das Spital am Freitagabend und kehrte am Montag morgens zurück. Die Vorstellung, das Weekend in der Klinik zu verbringen, erschreckte mich. Die Langeweile während der Woche war schlimm genug, trotz der Tatsache, daß man immer mit anderen Patienten und Pflegern sprechen und an der Beschäftigungstherapie und an den verschiedensten Spielen teilnehmen konnte. Es bestand auch die Möglichkeit, daß einen ein Arzt oder ein Psychologe zu einer Sprechstunde rufen ließ, etwas, worauf ich mich, wie meine Mitpatienten, immer freute. Eine solche Sitzung unterbrach nicht nur das Einerlei, sondern ich glaubte auch, daß sie wirklich nützlich sein könnte. Mich befiel mit der Zeit eine schreckliche Furcht, daß mir die Ärzte den Wochenendausgang streichen würden, und keinerlei Versicherung konnte mich davon überzeugen, daß sie dies nicht beabsichtigten. Wenn ich die Klinik am Freitagnachmittag verließ, fühlte ich mich häufig für ein paar Augenblicke frei und heiter. Aber ich schleppte mein Elend mit mir, und die Weekends waren genauso mit Angst und Langeweile erfüllt wie die Wochentage. Ich versuchte, mir dies nicht einzugestehen, und stieg am Montagmorgen traurig in den Zug, der mich ins Spital zurückbrachte.

Bei meiner Rückkunft begegnete ich stets einer Schwester, die mit mir plauderte. Ich hütete mich ängstlich zu verraten, daß die Beziehungen zwischen meiner Frau und mir an den Wochenenden genauso schlimm waren wie zuvor, da ich ja glaubte, die Ärzte würden mich am Wochenende dabehalten, wenn sie wüßten, wie ich mich zu Haus benahm. Ich antwortete deshalb sehr vorsichtig auf die Fragen der Schwester, und ich erinnere mich, einmal ziemlich ungnädig gesagt zu haben: »Zumindest ist es da nicht so arg wie hier.« In Wirklichkeit wurden die meisten Patienten tatkräftig ermuntert, an den Wochenenden nach Hause zu fahren. Nur wenige blieben hier – entweder, weil sie kein Zuhause hatten oder weil sie die Aussicht, ihre Familie und Freunde zu treffen, nicht verkraften konnten und die Langweiligkeit eines Wochenendes in der Klinik vorzogen.

Viele Patienten hatten gute Gründe, das Vorurteil »normaler« Leute gegenüber der Geisteskrankheit zu fürchten. Wenn sich ihr Zustand besserte, bemühte man sich, gewisse Teilzeitbeschäftigungen für sie in der Umgebung zu finden. Dies erwies sich gewöhnlich als schwierig, denn sobald es bekannt wurde, daß jemand Patient in einer Nervenklinik gewesen war, verloren potentielle Arbeitgeber das Interesse. Es gibt nach wie vor viele Vorurteile gegenüber Geisteskranken, und ich erkannte, daß ich unter anderem in einer Hinsicht besser dran war als die meisten Patienten: Ich konnte am Weekend nach Hause fahren und mit Freunden sprechen, die normalerweise mitfühlend und sehr verständnisvoll und nicht der Meinung waren, daß es ein arges Stigma sei, Patient einer psychiatrischen Klinik zu sein. Bei vielen anderen Kranken war das ganz anders. Ihre Freunde versuchten entweder, nett zu sein, während sie ihre Verlegenheit verbargen, oder sie waren offen feindselig oder gingen ihnen ganz aus dem Weg.

Eine der Patientinnen – eine Frau in mittleren Jahren, die in einem wohlhabenden Außenbezirk lebte – besuchte eines Sonntags einen Gottesdienst in ihrer Pfarrkirche, der dem Problem der Heilung gewidmet war. Sie ging nach Hause zurück in Begleitung einer Frau, die gegenüber von ihr wohnte. Die Nachbarin sagte: »Ich nehme an, daß Sie von hier wegziehen werden, wenn Sie von dort wieder herauskommen.« Als die Patientin verblüfft dreinsah, fuhr die Frau fort: »Nun, es wäre besser für jeden, der in dieser Straße wohnt, wenn Sie das täten – es wäre sehr peinlich, falls Sie weiterhin hierblieben.« Das war die Haltung einer Person, die regelmäßig die Kirche besuchte; nach den

Erfahrungen anderer Patienten zu urteilen, ist eine solche Einstellung allgemein verbreitet.

Die Kranken hatten oft das Gefühl, daß sie ihren Freunden und Verwandten großen Kummer bereiteten und diese nicht mit ihren Sorgen beunruhigen sollten. Manche waren so verschlossen, daß sie Schwierigkeiten hatten, mit irgend jemandem zu sprechen. Viele – insbesondere wenn sie zum erstenmal in die Klinik kamen – empfanden es als Erleichterung, unter Leidensgenossen zu sein, denen sie sich anvertrauen konnten, als Gegenleistung dafür, daß sie deren Bekenntnissen zuhörten: Es fiel ihnen leichter, ihr Herz völlig Fremden auszuschütten, die sie nach der Entlassung wahrscheinlich nie wiedersehen würden, als jenen, die ihnen nahestanden. Einige Erleichterung verschaffte ihnen auch – zumindest am Anfang – die Möglichkeit, ihre Kümmernisse Ärzten, Psychologen und Schwestern anzuvertrauen, obwohl das ziemlich rasch den Reiz des Neuen verlor, und die Patienten fanden es bald langweilig, ihre Geschichten immer zu wiederholen, wenn neue Ärzte kamen.

Obwohl ich Glück hatte mit meinen Freunden, konnten auch sie taktlos sein. Ich erinnere mich, daß ich sehr gekränkt war, als ich, voller Selbstvorwürfe, einen meiner Kollegen, mit dem ich eng befreundet war, fragte, was er denn je in mir Bewundernswertes gesehen hatte. Nach kurzer Überlegung antwortete er: »Das frage ich mich manchmal auch.« Nachdem ich aus der Klinik entlassen worden war und mit ihm vor einigen anderen Leuten über eine intellektuelle Streitfrage diskutierte, sagte ich zu ihm: »Dieses Argument ist sinnlos, du bist verrückt«, und er entgegnete: »Immerhin war ich nie Patient in einer Nervenklinik.« Ich war zutiefst getroffen, und dies mag als weiteres Beispiel dafür dienen, wie leicht sich jemand, der sich in einem neurotischen Zustand befindet, beleidigt fühlen kann. Ich erfuhr später, daß sein albernes Benehmen auf seine Teilnahme an Gruppendynamik zurückzuführen war, wo man ihn zu der Überzeugung gebracht hatte, daß er seinen »wahren Gefühlen« stets freien Lauf lassen müsse.

Besucher im Spital konnten in gewisser Weise ähnliche Reaktionen auslösen. Strahlend lächelnd gaben sie da häufig ihrer Überraschung Ausdruck, was für ein netter Ort diese Klinik anscheinend doch sei, und fügten hinzu, daß es ihnen nichts ausmachen würde, selbst ein paar erholsame Wochen hier zu verbringen. Vielleicht hatten sie erwartet, kreischende Patienten in Ketten zu sehen. Nachdem sie anderen Patienten begegnet waren, pflegten diese Leute zu sagen: »Ich verstehe nicht, was mit ihm (oder ihr) nicht stimmt, er sieht doch recht normal aus«, womit sie das Vorurteil zum Ausdruck brachten, wonach jemand, der gestört ist, sich die ganze Zeit über wie ein Verrückter benehmen müsse. Sie erkannten nicht, daß das Mädchen, das behauptete, das Krankenhaus wolle sie Hungers sterben lassen, und ständig um Essen bettelte, in Wirklichkeit an nervöser Anorexie litt und die Gewohnheit hatte, Essen in ihrem Zimmer zu horten, während sie so wenig zu sich nahm, daß sie in Gefahr war, sich zu Tode zu hungern. Wenn man nicht selbst an akuten Angstzuständen oder Depressionen gelitten hat, dann erfaßt man nur mit Mühe, daß jemand, der äußerlich gesund und gut genährt wirkt, in behaglicher Umgebung lebt, mit scheinbar vielen angenehmen Freizeitbeschäftigungen, und imstande ist, die meiste Zeit über recht vernünftig zu sprechen, von Seelenqualen gepeinigt sein kann.

Die Frage, wie man jemanden mit einem geistig-seelischen Zusammenbruch behandeln soll, ist schwierig. Das Gefühl der Freunde und Angehörigen, nicht helfen zu können, muß sehr frustrierend sein. Was meinen eigenen Fall betrifft, so bin ich sicher, daß Mitgefühl mir half, zumindest zeitweise. Gesagt zu bekommen – wie ich es von einem meiner Freunde zu hören bekam –, daß mein Zusammenbruch eine Form von Nemesis sei, oder, wie andere Freunde meinten, mir guttun und helfen würde, mich zu ändern, war ausgesprochen nutzlos. Auch die Analytiker hatten die Gewohnheit zu erklären, daß der Zusammenbruch eine Chance sei, anders zu werden, und ich geriet in große Sorge, ob ich mich jemals würde ändern können. Immer werde ich jenen drei Freunden dankbar sein, die erklärten: »Bemüh dich nicht, dich zu ändern – du warst in Ordnung, so wie du warst.« Wenn ich meine eigenen Vorstellungen darüber zusammenfassen sollte, wie Freunde und Angehörige einen Geistes- oder seelisch Kranken behandeln sollen, würde ich sagen: »Sei mitfühlend, ohne herablassend zu sein, und sei niemals moralisierend. Versuche etwas zu finden, worüber du mit dem Leidenden reden kannst, um ihn abzulenken.« Die Besucher, die mir am meisten halfen, waren jene, die sich mit mir über etwas in der Außenwelt unterhalten konnten, das meine Aufmerksamkeit von mir selbst weglenkte.

Im Gegensatz zu manchen Besuchern waren die Patienten fast ausnahmslos freundlich zueinander. Sie bemühten sich sehr, einen von ihnen, der in besonderen Schwierigkeiten war, zu beruhigen oder zu trösten, und der Satz: »Schließlich sitzen wir ja alle in demselben Boot« war häufig zu hören.

Während beinahe der gesamten Zeit meines Aufenthalts in der Klinik stieg meine Angst ab und zu auf ein geradezu unkontrollierbares Niveau an. Wenn ich nachts auf der Station war, pflegte ich von einem Ende des Korridors zum andern zu marschieren; ich blieb dann von Zeit zu Zeit stehen, verrenkte meinen Körper oder bemühte mich, eine Wand hochzuklettern oder rannte sogar absichtlich mit dem Kopf dagegen. Dieses Verhalten rief bei den anderen Insassen der Station ein Gemisch aus Konsternation und Belustigung hervor. Eines Abends ging ich zusammen mit drei anderen Patienten aus, darunter Jimmy, einem Alkoholiker aus Glasgow, der an einer Baustelle arbeitete und, obwohl er selbst an schrecklichen Angstzuständen litt, mir gegenüber die Rolle des Beschützers übernommen hatte und mich stets folgendermaßen begrüßte: »Och, du wirrst schon in Ordnung kommen, Stuart, du kommst schon in Orrdnung!« An diesem Abend war ich weit entfernt von dieser »Orrdnung«. Ich kletterte auf Laternenpfähle und drohte, mit dem Kopf Schaufensterscheiben einzurennen, in dem Bemühen, die qualvolle Gespanntheit in meinem Körper loszuwerden. Irgendwie brachten es die anderen fertig, mich in einen Bus zu setzen und mich zurück in die Klinik zu bringen.

Einer der Gedanken, der mich während meiner gesamten Krankheit verfolgte, war der Neid gegenüber normalen Leuten, die ihrer täglichen Arbeit nachgingen. Wenn ich das Krankenhaus verließ, um eine Zeitung oder ein paar Äpfel zu kaufen, dachte ich mir gewöhnlich, wie glücklich der Zeitungsverkäufer und der Grünzeughändler waren, die ein beschauliches, von keinerlei Zwangsvorstellungen gepeinigtes Dasein führen konnten. Besonders beneidete ich die Krankenhausangestellten, wenn ich zusah, wie sie von der Klinik wegfuhren, hinaus in ein normales Leben.

Da die Ärzte und Psychologen der Klinik für den einzelnen Patienten höchstens zwei bis fünf Stunden pro Woche aufwenden konnten, bestand eines der größten Probleme für die Leitung der Klinik darin, wie sie die Patienten beschäftigen sollten. Allgemein stimmte man dahingehend überein, daß nichts schlimmer sein könne, als die Patienten herumsitzen und vor sich hinbrüten zu lassen. Die hauptsächlichen Zerstreuungen waren Spiele und Beschäftigungstherapie, und das Pflegepersonal munterte die Patienten ständig auf, tagsüber die Station zu verlassen und sich durch Tennis und Badminton, Schwimmen oder Beschäftigungstherapie abzulenken; diese wurde zwischen 9 Uhr 30 und 12 Uhr 30 und zwischen 14 Uhr und 16 Uhr abgehalten.

Leiterin der Beschäftigungstherapie-Abteilung war eine Dame mit viel Energie und starkem Glauben. Sie bemühte sich, die Patienten kennenzulernen und ihre Interessen und Talente zu ergründen. Sie plagte sich fortwährend, sie zum Lesen von Theaterstücken oder Gedichten zu überreden, sie dazu zu bringen, daß sie Lesungen veranstalteten oder anhörten, musikalischen Darbietungen lauschten, Kurse für Schneiderei, Töpfern, Holzarbeiten, Kochen und Maschineschreiben besuchten. Sie organisierte auch Ausflüge in das örtliche Amateurtheater und zu Kunstausstellungen. Ihre Aufgabe war undankbar. So etwa willigten manche Patienten ein, vor anderen eine Rede zu halten, und drückten sich dann im letzten Moment davor; manchmal vergaßen sie einfach, zur Lesung eines Stückes zu kommen; oder der Mann, der die Hauptrolle in einem sorgfältig geprobten Drama spielen sollte, kam nicht zur Premiere, weil er gerade Elektroschocktherapie erhalten hatte. Sie ging über solche Mißgeschicke mit ungeminderter guter Laune hinweg und wurde nicht müde, die Patienten mit ihrer Liebe zur Kunst anzustecken.

Wenn die Reihe an sie kam, Joga- oder Entspannungskurse abzuhalten, brachte sie öfters Abwechslung in die Routine, indem sie Berührungs- oder Vertrauensübungen einführte. Dabei legt sich ein Patient auf den Boden und entspannt sich, und dann rollen ihn andere auf Matratzen sanft von einem Ende des Zimmers zum anderen. Ich konnte mich immer so weit entspannen, daß ich denen, die mich wälzten, keinen Widerstand entgegensetzte, und ich empfand das als ziemlich angenehm. Eine andere Übung bestand darin, die Patienten in Paare aufzuteilen und einem Partner jedes Paares die Augen zu verbinden; der andere führte ihn dann im Raum herum. Mündliche Anleitungen waren nicht gestattet: Das Führen erfolgte ausschließlich durch Druck an Händen und Armen. Auch das fand ich eine recht angenehme Zerstreuung, bis sie mich zu langweilen begann.

Da ich nichts von dem tun konnte, was ich zu tun gewohnt war, schien mir der Aufenthalt im Spital eine gute Gelegenheit zu bieten, etwas Neues zu lernen, und ich besuchte fast jeden Vormittag zwei Stunden lang den Töpfer-Kurs. Ich machte zunächst einen Teller in einer Form, dann einen Krug, den ich rund um eine Bierflasche modellierte, und schließlich eine Schüssel aus übereinandergelegten Tonstreifen. Ich war verblüfft über die komplizierten Vorgänge, die notwendig waren, um so einfache Gegenstände herzustellen – und darüber, wie schwierig es war, Ton in gleichmäßiger Dicke auszurollen, die Blasen darin zu entfernen oder ihn mittels der verschiedenen Werkzeuge mit irgendeinem Muster zu versehen, das kein unordentliches Wirrwarr war, oder eine Lage Ton glatt in eine Form zu pressen. Eine ebenmäßige Glasur zu erhalten erforderte ein Maß an Geschicklichkeit, das weit über meine Möglichkeiten hinausging. Ungünstig war auch, daß es oft eine Woche dauerte, bis man einen Topf, den man angefertig hatte, brennen lassen konnte, und eine weitere, bis die Glasur gebrannt war: Hätten wir das Endprodukt unserer Mühen rascher zu Gesicht bekommen, so wäre das ermutigender gewesen.

So unförmig meine Erzeugnisse auch waren, ich war doch ein wenig stolz darauf, daß ich sie selbst hergestellt hatte. Mit keinem maschinellen Vorgang hätte man derart unregelmäßige Gegenstände herstellen können. Die Leiterin des Töpfer-Kurses brachte schier unglaubliche Geduld auf, sowohl für ihre Schüler als auch für deren Töpfe: Wie grob auch jemandes Versuche ausfielen, sie bemühte sich, etwas Lobenswertes daran zu finden, und sie war freigebig mit der Zeit, die sie aufwandte, um Fehler auszubessern. Ich zweifle allerdings, ob Töpfern mich Geduld gelehrt hat, und gewiß setzte es meinen Zwangsgedanken kein Ende, da ich den feuchten Ton auch glätten konnte, während mir die qualvollsten Dinge durch den Kopf schossen. Obwohl ich mich stundenlang abmühte, lernte ich nicht, mit der Töpferscheibe umzugehen. Der Trick, wie man den Ton durch Zentrieren formt, kann nicht durch Worte vermittelt werden.

Die Patienten wurden ermuntert, wenn auch niemals gezwungen, das, was sie früher erlernt hatten, dem Krankenhaus nutzbar zu machen. Ein Berufsgärtner von unserer Station verwandelte das Aussehen der Strauchbeete, mit denen sie umgeben war. Da meine eigene Begabung größtenteils im Schreiben und Lehren lag, und ich außerstande war, das eine oder das andere zu tun, fiel es mir äußerst schwer, irgendeine nützliche Arbeit zu finden. Schließlich teilte man mir die Aufgabe zu, eine Kartei für eine Sammlung von mehreren hundert wissenschaftlichen Schriften, die einem der an der Klinik arbeitenden Psychologen gehörten, anzulegen. Da diese Unterlagen aufs Geratewohl in Pappschachteln gestapelt worden waren, und der Psychologe, ihr Besitzer, ohnehin in Kürze in Pension gehen wollte, wußte ich, daß diese Arbeit unnütz war, und das enttäuschte mich. Nichtsdestoweniger war ich entschlossen, mir selbst zu beweisen, daß ich etwas zu tun imstande war, was ein wenig Konzentration verlangte, und ich verbrachte ein oder zwei Stunden pro Tag allein in einem Büroraum, den man mir zur Verfügung gestellt hatte, und schrieb mit zitternder Hand Karteikarten. Manche der Artikel bezogen sich auf Fälle, die meinem eigenen glichen, und gelegentlich gelang es mir, diese zu lesen oder halb zu lesen, während ich sie katalogisierte.

Tagsüber versuchte ich also meine Zeit mit Beschäftigungstherapie, Kursen für allmähliche Entspannung und der eher sinnlosen Karteiarbeit auszufüllen. Ich löste eine noch größere Menge Kreuzworträtsel und spazierte mit anderen Patienten im Anstaltsgelände herum. Viele schienen mir in einem viel schlimmeren Zustand zu sein als ich. Sie huschten durch die Station wie traurige Gespenster an den Pforten der Hölle: Manche konnten nur murmeln, und einige hatten völlig den Bezug zur realen Welt verloren und waren ausschließlich mit ihrem inneren Elend befaßt. Nur die Pfleger und Ärzte und einige wenige Alkoholiker, die bereits eine Entziehungskur hinter sich hatten, schienen aus Fleisch und Blut zu sein. Bei der Beschäftigungstherapie begegnete ich Langzeit-Patienten von anderen Stationen. Einige hatten mehrere Jahre im Krankenhaus verbracht, andere waren während des größten Teils ihres Lebens immer wieder ins Spital gekommen und entlassen worden. Es waren oft traurig dahinwatschelnde Geschöpfe mit undeutlicher Aussprache, und angesichts ihres Zustands schämte ich mich, überhaupt in der Klinik zu sein.

In den folgenden Kapiteln werde ich genauer beschreiben, wie einige der anderen Patienten sich verhielten und fühlten. Ich war damals häufig berührt von ihrer ergreifenden Situation, und trotz meiner eigenen Ängste kam ich mir unter ihnen wie ein Schwindler vor. Ihre Leiden schienen oft aus nichts entstanden zu sein und außerhalb ihrer Kontrollmöglichkeiten zu liegen; ich dagegen spürte, daß ich direkt verantwortlich war für meine Krankheit, und ich gab mir selbst die Schuld dafür, daß ich zusammengebrochen war und gegen meine verabscheuenswerte Eifersucht nicht angekämpft hatte. Gleichzeitig hatte ich ein direkt entgegengesetztes Gefühl. Viele Patienten hatten Sorgen, die völlig unrealistisch waren: Sie wurden starr vor Entsetzen, wenn sie Spinnen sahen, oder hatten paranoide Zwangsvorstellungen, daß die Welt sich gegen sie verschwor. Im Gegensatz dazu bezogen sich meine Obsessionen auf etwas, das sich wirklich ereignet hatte. Wenn einige der anderen Patienten nur dazu gebracht werden konnten, die Welt so zu sehen, wie sie wirklich war, würden ihre Probleme verschwinden; da meine Zwangsgedanken sich mit einem schmerzlich realen Geschehen befaßten, glaubte ich, daß es keine Hoffnung gebe, sie jemals zu überwinden.

Am Anfang meines Aufenthalts pflegte ich mit einem jungen Patienten Schach zu spielen. Wie Kreuzworträtsellösen erfordert dieses Spiel nur geringe Gedächtnisleistung, und zwischen den einzelnen qualvollen Gedanken fand ich gerade genügend Zeit, mich auf den nächsten Zug zu konzentrieren. Mein Schachpartner wurde bald nach meiner Aufnahme entlassen, und diese Methode, meine Abende zu verbringen, fiel daher weg. Da ich nur vier Nächte pro Woche in der Klinik verbrachte, erschienen meine Furcht vor diesen Abenden und meine verzweifelten Anstrengungen, mir die Zeit zu vertreiben, vielleicht unvernünftig, aber so war auch mein übriges Benehmen. Ich löste das Problem, indem ich meine Frau überredete, mich an zwei Abenden in der Woche zu besuchen und Freunde zu bitten, an den anderen zwei Abenden so oft wie möglich zu mir zu kommen. Gewöhnlich traf ich sie im Ort, nicht in der Klinik. So saß ich mit meiner Frau traurig in einem Pub, trank ein paar Schluck Ingwerbier, da schon der kleinste Tropfen Alkohol sich nicht mit meinen Medikamenten vertrug und mir Übelkeit und Schwindel verursachte. Unser gegenseitiges Verhältnis war noch immer schlecht. Aber gleichgültig, wie sehr Josie am frühen Abend auch mit mir geschimpft hatte – wenn es an der Zeit war, uns zu verabschieden, war sie gewöhnlich zerknirscht und liebevoll. Wir gingen so früh zu dem Bahnhof, von dem ihr Zug abfuhr, daß wir noch Zeit hatten, wäßrige heiße Schokolade in dem verwahrlosten, überfüllten Bahnhofsbuffet zu trinken. Dieses Buffet kam mir schließlich wie ein Paradies vor, aus dem ich jeden Abend vertrieben wurde, um mich auf meinen einsamen Weg zurück zu den Schrecken der Klinik zu machen.

Ich habe nun den Alltag im Krankenhaus skizziert, einige meiner Erfahrungen dort und die Empfindungen, welche den meisten Patienten gemeinsam waren. Wir alle waren enttäuscht darüber, daß wir nicht mehr Psychotherapie bekamen und öfter mit Ärzten und Psychologen zusammentrafen. Alle neuen Patienten fühlten sich im Stich gelassen, weil sie den Primararzt, der sie aufgenommen hatte, nicht mehr zu Gesicht bekamen. Häufig hatten sie sich nur deshalb in Spitalspflege begeben, weil sie Vertrauen zu einem bestimmten Mann hatten, und nach ihrer Aufnahme war die Entdeckung, wie beschäftigt er war, ein Schock für sie; er hatte so wenig Zeit, daß er seine Patienten nur alle drei bis vier Wochen sehen konnte, und dann nicht einzeln, sondern bloß bei einer Fallbesprechung. Die Langeweile an den Abenden machte fast jedem zu schaffen, und die Wochenenden waren für jene, die nicht nach Hause fahren konnten, eine Qual. Wir alle hatten das Gefühl, daß wir den Spitalsbehörden fast gänzlich ausgeliefert waren. Obwohl es uns jederzeit freistand, die Klinik zu verlassen, waren nur wenige in der Verfassung, das zu tun, und solange man sich im Spital befand, mußte man sich den bestehenden Anordnungen fügen. Einer Frau war verboten worden, mit ihrem Mann in Verbindung zu treten, weder schriftlich noch telefonisch. Das mag eine gute Therapie für sie gewesen sein – ich kam nie darauf, warum diese Maßnahme ergriffen worden war –, aber uns anderen verursachte sie Unbehagen; wir fürchteten ein ähnliches Schicksal. Keiner von uns mochte die ständige Überwachung, und viele fühlten sich bedrückt, weil sie mit Pflegern oder Ärzten nicht wie gleich zu gleich verkehren konnten: Wir waren verrückt, und sie brauchten uns nicht ernst zu nehmen.

Diese Bemerkungen sollen nicht als Kritik an den Spitalsbehörden oder am Personal aufgefaßt werden. Sie sind Menschen – genauso wie die Patienten, und das Maß an Takt, das notwendig ist, um die Gefühle von Kranken in unserem Zustand nicht zu verletzen, überschreitet wohl die Fähigkeit der meisten Menschen. Außerdem waren sie äußerst beschäftigt – häufig zu beschäftigt, um zu erfassen, wie abhängig manche Kranke von ihnen wurden. Und schließlich sind dem, was getan werden kann, um Geisteskranken zu helfen, Grenzen gesetzt. Unser Unwissen bezüglich der besten Behandlungsmethoden ist erschreckend. Es kann sogar sein, daß in manchen Fällen verletzte Gefühle auf lange Sicht therapeutischen Wert haben, obgleich ich gerne hieb- und stichfeste Beweise dafür haben möchte, bevor ich dies als Behandlungsmethode befürworte.

Wir Patienten hatten zwar vieles gemeinsam, aber unser Verhalten war dennoch sehr unterschiedlich. Die Alkoholiker neigten nach einer ersten Entzugsperiode dazu, fröhlich und gesellig zu sein, wenngleich einige verzweifelt unglücklich blieben und heimlich wieder zu trinken anfingen. Das Spitalsgelände war voll von vergrabenen Flaschen, die abends gekauft wurden, um tagsüber geleert zu werden. Manche Patienten waren still, nicht kommunikativ und beschäftigten sich mit Stricken oder Lesen. Ein Mädchen, eine Medizinstudentin, die über ein Jahr in der Klinik gewesen war, behauptete, mehrere hundert Bücher gelesen, aber keinerlei Erinnerung an eines davon zu haben. Manche Patienten rannten wie wild durch das Gelände oder saßen in einer Ecke und schluchzten. Andere schienen, oberflächlich besehen, völlig normal zu sein, aber außerhalb des Spitals konnten sie nicht funktionieren. Ich bewunderte oft die Seelenstärke mancher Patienten, vor allem von Frauen, die geduldig dasaßen und strickten oder ins Leere starrten, ohne äußerlich auch nur eine Spur von Langeweile oder Erschütterung zu zeigen, die meine Existenz beherrschten.

Nur gelegentlich gab es Krawall – gewöhnlich wurde er von einem der Alkoholiker verursacht, der total betrunken auf die Station zurückkehrte und lauthals Patienten, Pfleger und Ärzte beschimpfte. Solche Missetäter wurden häufig auf der Stelle entlassen, selbst wenn sich der Zwischenfall spät nachts ereignete. Sie konnten aus dem Spital ein für allemal entfernt werden, die Möglichkeit erhalten, auf eine andere Station zu übersiedeln, oder, wenn ihr Zustand sehr schlecht war, in einer anderen Abteilung zwangsinterniert werden. Die Tore der Station waren gewöhnlich unversperrt. Fand man sie versperrt vor, ging ein Schauer durch die ganze Station: Entweder war ein Patient hinausgeworfen worden und man hatte die Tore geschlossen, um seine unerwünschte Rückkehr zu verhindern, oder ein Patient war in einer zu schlechten Verfassung, als daß er hätte hinausgelassen werden können.

Ich habe während meines Aufenthalts keinerlei Art von physischer Gewaltanwendung gesehen, obwohl mehrere Patienten vor ihrer Einlieferung Gewaltverbrechen verübt hatten. Die traumatischsten Episoden waren Selbstmordversuche – gewöhnlich durch das Schlucken von fünfzig oder hundert Tabletten Aspirin, eine schrecklich qualvolle Todesart. Keiner dieser Versuche gelang, während ich in der Klinik war, aber einem Mädchen mußte zweimal der Magen ausgepumpt werden; sehr zum Ärger des diensthabenden Arztes wählte sie immer die frühen Morgenstunden, und er wurde aus dem Bett geholt, um seine unerquickliche Pflicht zu tun. Sie verschwand dann für ein oder zwei Tage in ein gewöhnliches Krankenhaus, und nachdem sie sich genügend erholt hatte, kehrte sie wieder auf die Station zurück, ruhiger als zuvor.

Ein Leiden schließlich, das uns allen gemeinsam war – ausgenommen jenen, die sich auf dem Wege der Genesung befanden –, bestand darin, daß wir ohne Hoffnung lebten. Wenige von uns glaubten, daß es ihnen jemals besser gehen werde, und es gab nichts im Leben, auf das sie sich freuten.

Mir ist bewußt, daß ich (vielleicht weil ich unfähig bin, mich in meinen damaligen Zustand einzufühlen) das Ergreifende der Situation, in der ich mich und viele andere Patienten sich befanden, nicht vermitteln konnte. Unsere Nöte drückt ein Brief einer

Patientin, die meine Artikel in der *Sunday Times* gelesen hatte, besser aus, obwohl sie bestimmt in einer weniger aufgeklärten Klinik gewesen war.

»Verzweifelt und meines Zustands bewußt, entdeckte ich, daß mein eigener Arzt auf Urlaub war, und sein Assistent, der andauernd auf seine Uhr blickte, nicht die leiseste Idee hatte, was er mit mir anfangen sollte ... Ich bat eine Schwester inständig nur darum, mit mir zu sprechen. *›Gehen Sie zurück ins Bett, wir sollen nicht mit euch sprechen, sondern nur darauf sehen, daß ihr im Bett seid‹*, waren ihre Worte, und für diese Worte habe ich einen Zeugen. Ach!! Ich lag da und weinte eine Stunde, zwei Stunden, bis das Licht angedreht wurde und es Tag war. ›Darf ich meinen Mann anrufen?‹ – *›Nein, warten Sie, bis die Tagschwestern kommen!‹* ... Frau Dr. Brown sagte, sie würde mich um vier Uhr empfangen, daher saß ich in der Halle von Station 4 und schlief ein. Können Sie sich vorstellen, wie mir zumute war, als eine Schwester sagte, ich wäre nicht dort gewesen, sei überhaupt nie dort gewesen, mich also wirklich eine Lügnerin nannte? ... Der Tag schleppte sich dahin, und ich bat immer wieder, den mit meinem Fall betrauten Arzt sehen zu dürfen ... Ich habe in der Klinik an Zusammenkünften teilgenommen, die lächerlich waren, und ich sagte dem Arzt, er möge aufhören, auf seine Uhr zu schauen, und wenn er zuviel Arbeit hätte, wozu dann das Getue ... Eines Nachts wachte ich um zwei Uhr früh auf und rief und rief nach meinem Mann. Sie verständigten ihn nicht. Also bettelte ich um Schlafpillen, aber nein, es war gegen die Vorschrift. Also rief die Schwester den diensthabenden Pfleger, der sich ebenfalls weigerte, meinen Mann anzurufen. Ich schrieb den Namen meines Mannes wieder und wieder auf, zweiundzwanzig Seiten. So wartete ich, und als um sieben Uhr das Tagdienstpersonal auftauchte, fragte ich wieder, ob ich telefonieren dürfe. ›Nein. Keine Telefonate.‹ – ›Nur eines.‹ – ›Nein. Keine Telefonate.‹ Also bat ich um acht Uhr jemanden, mit mir zu kommen, damit ich irgendwo draußen anrufe, da ich wußte, daß ich das Spital nicht verlassen sollte. Nein – Vorschrift ist Vorschrift. Als ich nun meine gesamte Kraft verbraucht hatte, verlor ich wieder das Vertrauen und mußte allein telefonieren gehen, ohne zu wissen, daß ich, wie ein Alkoholiker, den ersten Schluck gemacht hatte – ich konnte die verblödeten Vorschriften und Regeln nicht länger ertragen, die dazu da sind, um den Willen zu brechen, ich konnte mich über all die Dummheit hier nicht mehr einfach mit einem Lachen hinwegsetzen.«

5 Behandlung

Für den größten Teil meiner psychotherapeutischen Behandlung in der Klinik war ein Psychologe verantwortlich. Tatsächlich hatte ich meinen Primar teilweise deshalb gewählt, weil er mit eben diesem Psychologen eng zusammenarbeitete. Obwohl ich ihm nie zuvor begegnet war, hatte ich beruflich mit ihm korrespondiert, und er hatte einen ausgezeichneten Ruf sowohl als Therapeut wie auch als Wissenschaftler. Er war ungefähr zehn Jahre älter als ich, und die Behandlungstechniken, die er anwandte, leiteten sich weitgehend von Entdeckungen aus meinem eigenen Fach, der Experimentalpsychologie, her. Aus all diesen Gründen war ich im voraus geneigt, ihm zu vertrauen und ihn zu mögen. Er war groß, sanft, auf unbestimmte Art gutaussehend, hatte einen Schopf grauer Haare, und überraschend kleine Füße für seine Größe. Er lächelte oft und hatte die bemerkenswerte Fähigkeit, sich in die albernen Ängste und Wünsche seiner Patienten ebenso einzufühlen wie in deren qualvolle Furcht. Er behandelte alle seine Patienten mit ernstem Respekt und war allgemein beliebt. Es war ein harter Schlag für viele seiner Patienten, wenn sie zu einem anderen Therapeuten überwiesen wurden.

Ich sah ihn zum erstenmal ein paar Tage nach meiner Aufnahme. Ich machte bereits wirre Andeutungen, daß ich wieder weggehen wollte, und er bemerkte, daß es mir zwar freistünde, dies zu tun, ich aber der Klinik eine faire Chance geben sollte. Wenn ich eine Zeit hierbliebe, so könnte mir das helfen, Distanz zu meinen Problemen zu gewinnen und sie daher in einem richtigeren Verhältnis zu sehen. Ich sollte das Krankenhaus als einen Ort der Zuflucht vor den Sorgen der Außenwelt betrachten. Ich fragte ziemlich kläglich, ob, falls ich wegginge, sie aller Verantwortung für mich entsagen würden, und er sagte, ich sollte mit den Leuten hier in der Klinik nicht herumspielen – eine weitere Bemerkung, die ich, wenngleich ziemlich harmlos, höchst beunruhigend fand.

Während der ersten paar Wochen meines Aufenthalts focht ich einen ständigen Kampf mit mir selbst aus, ob ich in der Klinik bleiben sollte. Obwohl meine Wochenenden bedrückend verliefen, sagte ich mir, daß sie nicht so schlimm wären wie Weekends im Spital. Ich dachte sogar daran, mich wieder in Psychoanalyse zu begeben. Trotz meiner intellektuellen Zweifel sehnte ich mich rein emotionell noch immer irgendwie danach zurück, und ich glaubte, ich hätte zu früh damit aufgehört. Die auf gesundem Menschenverstand beruhende Verachtung meiner Frau für Psychoanalytiker hatte viel zu meinem Entschluß beigetragen. Vier Dinge hielten mich nun davon ab, die Klinik vorzeitig zu verlassen: der Rat des Nachtpflegers; die Freundlichkeit des Psychologen; der Gedanke, daß ich, wenn ich fern von meiner Familie und meinen Freunden war, ihnen nicht unnötig Kummer bereiten konnte, und, vielleicht vor allem anderen, das Gefühl, daß ich bis zum Ende durchhalten müßte.

Der Anstaltspsychologe erklärte, daß seine Therapiemethoden pragmatischer seien und sich mehr auf die Erfahrung gründeten als jene der Psychoanalyse, fügte aber hinzu, daß keine Methode volle objektive Gültigkeit erlangt habe, wobei er es als selbstverständlich voraussetzte, daß ich dies als Psychologe bereits wüßte. Von meinem Beruf her wußte ich es auch, aber gefühlsmäßig hatte ich auf irgendein Zaubermittel gehofft, das mich von meinen Sorgen befreien würde, und die Aufrichtigkeit des Psychologen in diesem Punkt wirkte wie ein Schock. Er erklärte auch, daß zwar manche meiner Probleme von meiner Vorgeschichte herrühren könnten, doch wollte er da nicht tiefer forschen. Trotz der Lehren der Psychoanalyse bestehe kein Grund zu der Annahme, daß das Wissen um die Ursachen eines Problems bereits direkt zu dessen Lösung beiträgt. Er beabsichtige, meine gegenwärtigen Probleme zu erkunden, und sobald sie zutage kämen, wolle er mir vorschlagen, wie ich lernen könnte, mein Verhalten zu ändern. Er glaubte, daß die Gefühle der Menschen, wenn diese lernten, sich richtig zu verhalten, sich auch entsprechend ändern würden. Dieses direkte Anpacken der Probleme des Kranken ist charakteristisch für die als »Verhaltenstherapie« bekannte Behandlungsmethode von psychisch Kranken. Der Psychologe fügte hinzu, daß jede von ihm vorgeschlagene Behandlung nur mit meiner vollen Zustimmung durchgeführt werden könnte, sowohl, was das Ziel betraf als auch hinsichtlich der anzuwendenden Methoden.

Vieles in dieser Behandlung basiert im Grunde auf dem gesunden Menschenverstand, obwohl dieser sich erst nach jahrelangen Erfahrungen durchsetzen konnte. Der Psychologe sagte: »Es wird uns nicht möglich sein, gleichsam über Nacht bis zur

Wurzel Ihrer Probleme vorzudringen, aber wir können zumindest versuchen, Ihnen im kleinen zu helfen.« Er redete mir zu, meinen physischen Gesundheitszustand zu verbessern: durch Abnehmen, Einschränkung des Rauchens und mehr Bewegung. Was das letztere anlangte, besuchte ich Joga-Kurse und machte Spaziergänge: Meine Bewegungskoordination war zu sehr gestört, als daß ich an Ballspielen hätte teilnehmen können. Eine größere Hilfe erwies mir sein Rat, mit den Übungen der kanadischen Luftstreitkräfte zu beginnen: Das sind abgestufte Übungsreihen, die täglich soundsoviel Liegestütze, Rumpfbeugen und so weiter vorsehen und mit Auf-der-Stelle-Hüpfen mit einer bestimmten Anzahl von Schritten enden. Die Übungen nahmen nur elf Minuten in Anspruch, und obwohl ich sie höchst unangenehm fand, führte ich sie aus und habe sie seither fortgesetzt.

Eines meiner Symptome war Konzentrationsunfähigkeit. Mein Psychologe versuchte dieses Problem durch einfache und direkte Verhaltenstherapie zu behandeln. Er leitete mich an, jedes Buch, dessen Inhalt ich mir aneignen wollte, zur Hand zu nehmen und täglich, zur gleichen Stunde und am selben Ort, systematisch folgendermaßen vorzugehen: Zunächst sollte ich eine Zeitlang lesen – so lange, wie ich glaubte, mich konzentrieren zu können –, zum Beispiel eine Minute hindurch – dann ebenso lang Notizen über das Gelesene machen, und schließlich, ebenfalls in dieser Zeitdauer, überprüfen, ob die Notizen mit dem eben gelesenen Text übereinstimmten. Wenn ich eine Zeitspanne gefunden hätte, die meiner Konzentrationsfähigkeit entsprach, sollte ich jede der Perioden in diesem Zyklus jeweils um eine Minute verlängern. Auf diese Weise hoffte der Psychologe, meine Konzentrationsfähigkeit schrittweise aufzubauen.

Die Methode gründete sich auf eine bei Tieren erprobte Technik, die als »Shaping« (Gestalten) bekannt ist. Tiere können dazu abgerichtet werden, sehr komplexe Handlungen auszuführen, indem man sie zu Beginn für eine Reaktion belohnt, die der erwünschten entfernt ähnlich ist; wenn sie die anfängliche Reaktion immer öfter zeigen, engt der Experimentator das Feld der Verhaltensweisen, die belohnt werden, ein, und so nähert sich die Leistung des Tiers schrittweise dem gewünschten Verhalten an. So lehrte man Tauben mit dieser Methode Pingpong-Spielen; überhaupt ist sie die Grundtechnik vieler Arten der Tierdressur. Allgemeiner ausgedrückt: Wenn jemand außerstande ist, sich zu konzentrieren, wirkt es frustrierend, wenn er sich lang zu konzentrieren versucht und dann versagt. Wenn solche Leute sich für kurze Zeitspannen erfolgreich konzentrieren können, werden sie (durch den Erfolg) für ihre Bemühung belohnt, und das ermutigt sie, die Konzentrationsübungen fortzusetzen.

Die Methode scheint bei einigen Patienten Erfolg zu haben. Außerdem ist sie manchmal, wie der Psychologe betonte, mit einem »Halo«-Effekt* verbunden: Wenn sich der Patient wieder konzentrieren kann, werden seine anderen Symptome, wie zum Beispiel Depression und Zwangsgedanken, ebenfalls abgebaut. In meinem Fall versagte diese Methode. Am Anfang meines Spitalsaufenthalts war ich zu deprimiert und hatte zuwenig Vertrauen in die Ratschläge, die man mir gab, als daß ich mich hinsetzen und regelmäßige Konzentrationsübungen hätte ausführen können; ich versuchte es von Zeit zu Zeit, allerdings erfolglos.

Der Psychologe bemühte sich herauszufinden, ob ich stark widerstreitende Wünsche hätte, um mir zu helfen, diese aufeinander abzustimmen; er versuchte auch, mir dabei zu helfen, Ereignisse in einem anderen Licht zu sehen, als ich es tat, und besonders hob er hervor, was gut war in meinem Leben. Er erwies sich als ebenso gewiegter Dialektiker wie die Analytiker, wenngleich er die Dialektik dazu zu nützen suchte, mir Erleichterung zu verschaffen. So sagte er zum Beispiel, als ich meinen Schuldgefühlen wegen einer Anzahl flüchtiger Seitensprünge Ausdruck gab: »Man kann die Dinge immer auf mehrere Arten sehen. Manche Leute könnten sagen, daß jeder, der nicht dann und wann ein Liebesverhältnis hat, falsch handelt und die animalische Seite der Natur verleugnet.« Er bemühte sich auch, mich zu überzeugen, daß es in meiner Situation nicht unnatürlich sei, Eifersucht oder sogar Mordgelüste zu verspüren, aber er riet mir stets davon ab, physische Gewalt anzuwenden.

Er erstellte ein Persönlichkeits-Inventar auf der Grundlage einer Selbsteinschätzung, das nicht zeigt, was jemand ist, sondern wie sich jemand selbst sieht. Ich gab mir sehr hohe Werte für drei Eigenschaften – unabhängiges Denken, Aggression und Bedürfnis nach Unterstützung, gewöhnlicher ausgedrückt für den Wunsch, geliebt und akzeptiert zu werden. Der Psychologe wies darauf hin, daß, wenn ich mich so sah, wie ich wirklich war, mein Wunsch, geliebt zu werden, in direktem Konflikt mit meiner Aggressivität und meiner Weigerung stand, von anderen beeinflußt zu werden; und da andere Leute so seien, wie sie sind, dürfte ich meist nicht erwarten, geliebt zu werden, wenn ich

* Halo – wörtlich Heiligenschein, Hof um den Mond; hier als Persönlichkeit zur Gänze, im Unterschied zu einzelnen Zügen, zu verstehen.

mich zu aggressiv und unabhängig verhielte. Dieses Dilemma – falls es ein reales war – ist nie gelöst worden.

Das schmerzlichste meiner Symptome war natürlich meine zwanghafte Eifersucht. Im Zusammenhang damit ging er ebenso vor wie meine beiden Psychoanalytiker. Er versprach mir eine besondere Methode zur Behandlung dieses Symptoms, ein Versprechen, das er allerdings viele Monate lang nicht erfüllte. Er sagte mir, daß es vielleicht möglich sei, meinen Zwangsvorstellungen mittels Verhaltenstherapie beizukommen, und zwar mit der sogenannten Desensibilisierungsmethode. Mehr als ein Jahr lang sehnte ich mich danach, daß er endlich mit dieser Desensibilisierung beginnen möge. Zuerst war das Bewußtsein, daß es da noch eine mächtige Waffe im therapeutischen Arsenal gebe, einigermaßen beruhigend, aber als die Zeit verstrich und die Waffe niemals eingesetzt wurde, wuchs meine Enttäuschung. Ich weiß nicht, warum es so lange dauerte, bis der Psychologe mit der Desensibilisierung begann; vielleicht fürchtete er, daß es nicht klappen würde, und er wollte sie mir in Aussicht stellen und mir so Hoffnung geben, während die Krankheit ihren natürlichen Verlauf nahm. Es ist möglich, daß ich in meiner Ungeduld, gesund zu werden, unvernünftig war. Der Psychotherapeut muß einen schwierigen Kurs steuern, denn einerseits macht er dem Patienten etwas Hoffnung auf Hilfe, anderseits ruft er in ihm Erwartungen wach, die von der Psychotherapie nicht erfüllt werden können.

Bei der Desensibilisierung von Zwangsvorstellungen oder obsessiven Denkvorgängen wiederholt der Kranke in entspanntem Zustand die betreffenden Gedanken. Der Psychologe empfahl mir, in der Klinik Kurse für Entspannung zu besuchen, wobei ich eben diese Technik anwenden sollte. Er machte mich auch darauf aufmerksam, daß das Erlernen von intensiver Entspannung an sich nützlich sei; hätte ich einmal die Fähigkeit dazu erworben, könnte ich sie selbst einsetzen, um in Streßzeiten Spannung und Angst zu reduzieren.

Ich besuchte eifrig die Entspannungskurse zusammen mit anderen Patienten, deren Zahl zwischen zwei und einem Dutzend schwankte. Jeden Morgen nach dem Frühstück ging ich von der Station zum Beschäftigungstherapiegebäude, wo die Kurse abgehalten wurden. Wir lagen auf Matratzen in einer Reihe auf dem Boden eines verdunkelten Raums, und die Kursleiterin zeigte uns, wie man systematisch alle Muskeln anspannt und entspannt, während man so tief und regelmäßig wie möglich atmet. Der Unterricht erfolgte in hypnotisierendem Tonfall:

»Wenn ich sage ›jetzt‹, will ich, daß Sie Ihre linke Faust ballen, so fest Sie nur können. Jetzt. Schließen Sie Ihre Faust fester und fester, spüren Sie, wie sich die Nägel in Ihre Handfläche graben. Es ist ein sehr unangenehmes Gefühl; schließen Sie die Faust fester und fester, bis es weh tut. Als nächstes will ich, daß Sie sämtliche Muskeln Ihrer Faust entspannen – strecken Sie die Finger langsam. Fühlen Sie, wie die Spannung aus Ihren Fingern weicht, was ein angenehmes Gefühl hinterläßt. Bewegen Sie die Finger sehr sanft, und fühlen Sie, wie Ihre Hand wärmer und wärmer wird; fühlen Sie, wie sie prickelt und fühlen Sie, wie sie schwerer und schwerer wird, je entspannter sie ist.« Wenn ich alle Muskeln des Körpers – Hände, Arme, Füße, Beine, Schenkel, Magen, Oberkörper, Hals und Gesicht – systematisch angespannt und entspannt hatte, fühlte ich mich schlaff wie ein Sack, und ein oder zwei Kursteilnehmer fielen in tiefen Schlaf.

Zusätzlich zu diesen Kursen besuchte ich ein- oder zweimal in der Woche ein spezielles und individuelles Entspannungstraining, das von angehenden Psychologen geleitet wurde. Sicherlich lernte ich, meinen Körper zu entspannen, aber gleichgültig, wie entspannt ich war – es linderte meine Seelenqualen auch nicht für einen Augenblick.

Obwohl – wie mir schien – keine der von dem Anstaltspsychologen entwickelten Behandlungsmethoden meinen Zustand tatsächlich besserten, hatte ich weiterhin Vertrauen zu ihm. Ich glaube, daß der Ernst, mit dem er die Beschwerden über meine qualvollen Ängste aufnahm, mein Elend zeitweise linderte, aber wie sehr ich mich auch auf das Zusammentreffen mit ihm freute, meine Ängste kamen danach innerhalb weniger Stunden mit voller Stärke wieder zurück. Er machte mir nie Vorwürfe oder tadelte mich, selbst wenn ich es versäumte, mich an eine bestimmte Vorgangsweise zu halten, auf die wir uns geeinigt hatten. Seine Anregung hatte mich bewogen, die Katalogisierung gewisser Schriftstücke zu übernehmen, und ich glaube, daß ich aus Angst, ihn zu enttäuschen, daran festhielt, ebenso wie aus Angst, selbst Charakterschwäche zu beweisen. Das ist im übrigen ein weiteres Beispiel dafür, wie abhängig neurotische Patienten von ihren Therapeuten und Ärzten werden.

Ich ertrug es nur schwer, als der Psychologe etwa eine Woche nach meiner Aufnahme in die Klinik für vierzehn Tage auf Urlaub ging. Ich fühlte mich verlassen und grämte mich, daß die Unterbrechung in meiner Behandlung die Heilung unendlich verzögern würde. Obwohl ich nicht zugab, daß die Behandlung mir bis dahin irgendwie geholfen hätte, klammerte ich mich verzweifelt an den Glauben, daß der Psychologe mit der Zeit imstande sein würde, irgendein Wunder zu wirken und mich wiederherstellen könnte: Ich sehnte mich nach dem Tag, an dem er bereit wäre, mit der Desensibilisierung zu beginnen.

Außer den Sprechstunden beim Psychologen zweimal pro Woche hatte ich gelegentlich Sitzungen mit Ärzten. Jeden Dienstag morgens erschien der Primararzt zu einer Fallbesprechung mit dem gesamten Personal, das mit seinen Patienten befaßt war, Oberarzt, Assistenzarzt, Psychologe, die Oberschwestern und -pfleger sowie die Beschäftigungstherapeuten inbegriffen. Bei diesen Besprechungen wurden die Krankengeschichten von Patienten der Gruppe, der ich angehörte, erörtert, und anhand der Berichte der verschiedenen Mitarbeiter wurde dann festgelegt, wie man weiter vorgehen solle. Jede Woche wurden vier oder fünf Patienten eingeladen, an der Besprechung teilzunehmen. Der Primararzt hörte sich alles an, was sie zu sagen hatten, stellte ein paar höfliche Fragen, gab ein paar ermunternde Worte von sich und regte eventuell ein paar Änderungen in der Behandlung an. Es war rührend, wie wir den Aufforderungen zur Teilnahme an diesen Besprechungen entgegenfieberten und wie wir diejenigen beneideten, die dann einmal das Privileg genossen, hinzugehen. Ich erinnere mich, daß ich Woche für Woche herumlungerte und auf eine Einladung lauerte, die gewöhnlich nicht kam. Da die Besprechungen in einem der Gemeinschaftsräume abgehalten wurden, waren die Teilnehmer durch die Glaswände deutlich sichtbar. Die Ärzte und das Pflegepersonal sahen so gelassen aus, wie sie so bequem herumsaßen und die Beine übereinanderschlugen, während sie über unser Schicksal berieten.

Als neuer Patient nahm ich in der Woche nach meiner Aufnahme in der Klinik für ein paar Minuten an der Besprechung teil. Ich sprach von meinen Ängsten und erzählte dem Facharzt von meinem dringenden Wunsch, das Spital wieder zu verlassen. Er versuchte, mich sanft davon abzubringen, fügte jedoch hinzu, daß die Klinik, sollte ich mich zum Weggehen entschließen, mir zur Seite stehen und mir als ambulantem Patienten jede nur mögliche Hilfe angedeihen lassen würde. Er wiederholte, was er bei unserer ersten Begegnung gesagt hatte: Die Antidepressiva würden mit der Zeit zu wirken beginnen und eine Änderung meiner Stimmung herbeiführen. Er sagte: »Sie haben kein Vertrauen zur Klinik, zu mir oder zu sich selbst«, aber er legte mir dringend ans Herz, nichts zu überstürzen. Er versuchte auch, mich bezüglich der Angst zu beruhigen, daß mir der Wochenendausgang entzogen würde. Ich klagte über meine Langeweile und wie schwierig es sei, die Abende zu verbringen, und er erklärte fürsorglich, daß man für mich etwas zu tun finden müsse. Ich dachte, daß ich vielleicht imstande wäre, etwas zu schreiben, und erhielt seine Erlaubnis, eine riesige elektrische Schreibmaschine in mein Zimmer zu stellen. Ich holte sie pünktlich am folgenden Wochenende von zu Hause, in der Absicht, einige meiner Erfahrungen festzuhalten. Sie stand dann für den Rest meines Aufenthalts ungenützt da, ein klägliches Sinnbild meiner Unfähigkeit, mein früheres Leben wiederaufzunehmen. Der Arzt wies auch darauf hin, daß die Klinik viele Möglichkeiten zur Freizeitbeschäftigung biete, und ich sagte ihm ziemlich unfreundlich, daß die Aktivitäten eines Pfadfinder-Ferienlagers selbst dann nicht verlockend für mich wären, wenn es mir gutginge. Erst nach weiteren vier oder fünf Wochen nahm ich wieder an der wöchentlichen Besprechung teil. Obwohl ich es nicht eingestehen wollte, war mein Zustand zu dieser Zeit leicht gebessert, und der Arzt sagte vorsichtig, daß ich vielleicht bald nach Hause gehen könnte.

Auch mit dem für meinen Fall zuständigen Assistenzarzt kam ich ab und zu zusammen. Als ich ins Krankenhaus kam, war das ein höchst liebenswürdiger junger Mann, der etwas gedankenverloren wirkte. Er machte sich sorgfältig Notizen über alles, was ich sagte, und tröstete mich ein bißchen; dabei ließ er es bewenden. Ich erinnere mich, daß ich sehr bestürzt war, als er fragte: »Würden Sie also sagen, daß Sie immer ein eher schwieriger Mensch waren?« Wie konnte er auf einen so unsinnigen Gedanken kommen? Als ich ihn über meine künftige Behandlung befragte, stellte er fest: »Im Moment wenden wir die implosive Therapie an. Später wird sie explosiv sein.« Ich bin nie daraufgekommen, was diese kryptischen Bemerkungen bedeuteten. Ich beklagte mich von Zeit zu Zeit, daß die Antidepressiva keine Wirkung zeigten, und er gab mir stets die gleiche Antwort: »Nicht alle Antidepressiva wirken bei allen Leuten gleich. Wenn es mit diesem nicht geht, werden wir andere ausprobieren und die Versuche fortsetzen, bis wir das richtige Mittel gefunden haben. Unterdessen müssen wir warten, um zu sehen, ob Ihnen das Medikament, das Sie gerade einnehmen, guttut.« Rückblikkend glaube ich, daß er mich nur besuchte, um an mir die Wirkung der Medikamente auszuprobieren.

Ab und zu sah ich auch den kleinen Singhalesen, den Oberarzt. Ich mochte ihn gut leiden, und pflegte ihm auf seinem Weg zur oder von der Station aufzulauern. Eine Zeitlang nahm ich gleichzeitig zwei Tranquilizer (Chlorpromazin und Valium), ein Antidepressivum (Amitriptylin) und Schlaftabletten. Ich fragte ihn, ob dies nicht zuviel Medikamente auf einmal wären; ich fürchtete nämlich, süchtig zu werden. Er meinte: »Es ist uns voll bewußt, wie abhängig von Menschen und Dingen Sie werden« (eine weitere bedrohliche Bemerkung), »aber seien Sie unbesorgt, keines dieser Mittel macht süchtig, und wir werden sie Ihnen schrittweise entziehen, wenn Sie in dem geeigneten Zustand dafür sind.« Gegen Ende meines Aufenthalts hörte ich tatsächlich auf, Valium zu nehmen, und da ich mich daraufhin keineswegs schlechter fühlte, stärkte das mein Vertrauen beträchtlich.

Bei einer anderen Gelegenheit ging ich gerade auf und ab und versuchte mich zurückzuhalten, meine Frau anzurufen. Ich weiß nicht sicher, warum ich so ängstlich darauf bedacht war, nicht zu telefonieren: Ich glaube, ich hatte das Gefühl, daß ich sie nicht zu sehr belästigen sollte. Der Singhalese riet mir, alles aufzuschreiben, was ich im Zusammenhang mit ihr empfand, und das Ergebnis dem Psychologen, der mich behandelte, zu zeigen. Das tat ich auch, aber obwohl viele Psychotherapeuten glauben, daß das Niederschreiben von Dingen eine kathartische Wirkung hat, brachte es mir niemals Erleichterung. Einige der anderen Patienten empfanden es als nützlich.

Zusätzlich zur individuellen Therapie gab es zweimal in der Woche Gruppentherapie. Sie wurde vom Assistenzarzt geleitet, und auch ein Oberpfleger nahm daran teil – ein flotter, aber freundlicher Inder, der immer adrett gekleidet war. Er hatte stets ein Lächeln bereit, dem es vielleicht manchmal an Wärme fehlte, aber er brachte beträchtliche Geduld auf und war selten verärgert, obwohl er widerborstigen Patienten gegenüber entschieden auftreten konnte. Jede Gruppensitzung dauerte eine Stunde. Ungefähr die Hälfte davon verstrich in totalem Stillschweigen, und den Rest verbrachten wir mit sporadischen Diskussionen darüber, was wir besprechen sollten. Weder der Arzt noch irgend jemand vom anwesenden Pflegepersonal gab diesbezüglich Anleitungen.

Die Gruppensitzungen waren langweilig und erschienen mir schließlich zwecklos. Da keine Pflicht zur Teilnahme bestand, nahm normalerweise nur ein halbes Dutzend von den fünfzehn Patienten meiner Gruppe daran teil, und ein und derselbe Kranke kam selten zu zwei aufeinanderfolgenden Sitzungen. Darüber hinaus änderte sich die Zusammensetzung der Gruppe ständig, da »alte« Patienten entlassen wurden und neue hinzukamen.

Folglich lernten die Mitglieder der Gruppe einander niemals wirklich kennen. Tatsächlich sträubten sich die meisten dagegen, vor anderen über ihre persönlichen Probleme zu sprechen, und die Gruppe war ziemlich gespalten. So bildeten drei Frauen eine Clique, in die einzudringen mir niemals gelang. Gewöhnlich saßen sie sowohl bei den Mahlzeiten wie auch im Gemeinschaftsraum beisammen, verfielen aber in Stillschweigen, wenn jemand in ihre Nähe kam. Da wir alle an Depressionen litten, waren viele in sich abgekapselt und legten keinen Wert darauf, anderen Gruppenmitgliedern zu begegnen; ich selbst gehörte allerdings nicht in diese Kategorie. In unserer Gruppe war ein ziemlich extravertiertes Mädchen, das sagte, sie fände es »zu deprimierend«, mit Depressiven zu reden. Sie verkehrte lieber mit den Alkoholikern, von denen viele weitaus heiterer waren als wir; aus diesem Grund nahm sie selten an den Gruppenzusammenkünften teil.

Ich bin bis heute nicht sicher, welches die erklärten Ziele der Gruppentherapie waren oder ob sie überhaupt welche hatte, außer Zeitvertreib. Gewöhnlich meint man, daß sie, um erfolgreich zu sein, in etwa zweistündigen Sitzungen abgehalten werden sollte, wobei die Zusammensetzung der Gruppe nicht verändert werden dürfte. Keine dieser Bedingungen wurde erfüllt. Die Alkoholkranken hatten an fast jedem Wochentag eine zweistündige Therapie, der gewöhnlich sowohl der Primar- wie auch der behandelnde Arzt beiwohnten, und viele dieser Patienten hielten sie für sehr nützlich. Durch diese Zusammenkünfte lernten die Alkoholiker einander gewiß besser kennen, als wir einander kennenlernten, und die Diskussionen über die Methoden, wie sie mit dem ihnen allen gemeinsamen Problem fertig werden konnten, waren bestimmt eine Hilfe für sie.

Als ich ungefähr drei Wochen in der Klinik gewesen war, kündigte der Assistenzarzt bei einer Gruppentherapiesitzung an, daß er wegginge und eine Ärztin seine Nachfolgerin sein werde. Das letzte Gruppenmeeting vor der Ankunft der Dame war einer Diskussion darüber gewidmet, was wir davon hielten, von einem neuen Arzt, einer Frau, behandelt zu werden. Die meisten Patienten waren von der Diskontinuität, die dieser Wechsel bedeutete, beunruhigt. Gerade, als sie dachten, ein Arzt kenne nun ihre Probleme, ging dieser weg, und sie mußten von neuem beginnen, mit jemand Fremden. Darüber hinaus fanden es beinahe alle anwesenden Frauen schwierig, einer Ärztin zu vertrauen.

Als die neue Ärztin eintraf, gerieten die Patienten ziemlich aus der Fassung. Obwohl dies eine charakteristische Reaktion ist, schien einiges an ihrem Verhalten das Problem zu verschärfen. Die Ärztin war klein und dunkelhaarig, und sie bewegte sich und sprach auf geschäftige, sachliche Art. Obwohl etwas maskulin, war sie nicht unattraktiv. Wie sie mit Patienten umging, wirkte oft autoritär und provokant. Möglicherweise glaubte sie, daß eine solche Haltung therapeutischen Wert hatte. Als ich einmal Zweifel an meinen Medikamenten ausdrückte, brachte sie mich zum Schweigen: »Ich verschreibe hier die Pillen, ich bin der Arzt und voll verantwortlich für Ihre Medikamente.« Als ich ein andermal etwas zitierte, was der Psychologe über die Möglichkeit meiner Entlassung gesagt hatte, antwortete sie: »Ich bin mit Ihrem Fall betraut, und ich treffe alle Entscheidungen bezüglich Ihrer Entlassung.«

Sie gab mir zu verstehen, daß ich mich wie ein siebenjähriges Kind benahm, führte aus meiner Krankengeschichte Beispiele für kindisches Verhalten an und fragte, ob ich nicht fände, daß dies »für jemanden in Ihrer Stellung unpassend« sei. Wie richtig ihre Feststellungen auch gewesen sein mögen, damals erschienen sie mir sehr bedrohlich. Sie machte auch viele andere Patienten unruhig. Einer Kranken kündigte sie an, daß sie sie nicht mit Glacéhandschuhen anfassen würde, und verhielt sich dem neurotischen Benehmen anderer gegenüber kritisch. Mehrere Patientinnen kamen tränenüberströmt aus der ersten Sprechstunde bei ihr. Eine behauptete, die Ärztin habe ihr die Tür vor der Nase zugeschlagen; als dies bei einer Gruppensitzung vorgebracht wurde, erwiderte diese, daß sie nichts dergleichen getan hätte, die Tür wäre, da frisch gestrichen, schwer zu schließen gewesen.

Obwohl mich die Gespräche gewöhnlich aufregten, sehnte ich mich doch danach, in ihr Sprechzimmer gerufen zu werden. Wenn ich eine Schwester fragte: »Hat Frau Dr. Bloggs heute Zeit für mich?«, und diese mir antwortete, daß die Ärztin zu beschäftigt sei, war ich enttäuscht. Ich erinnere mich, daß ich von einem Akt der Freundlichkeit ihrerseits gerührt war. Als ich die Klinik verließ, um über das Wochenende nach Hause zu fahren, kam sie gerade mit dem Auto durch das Tor, blieb stehen, fragte mich, wie ich mich fühlte und wünschte mir ein angenehmes Wochenende.

Ihre Ankunft veränderte die Atmosphäre bei den Gruppenzusammenkünften. Die Ärztin griff die Patienten an, und die Patienten attackierten einander. Bei jeder Sitzung brach eine oder mehrere Frauen in Tränen aus und flüchtete aus dem Zimmer.

Als dies das erstemal passierte, achtete niemand sehr darauf, und die Ärztin fiel über die Patienten her und sagte: »Warum geht niemand von Ihnen zu Sue, wenn sie so verzweifelt ist?« Sues zwei engste Freundinnen erklärten, daß sie die Gruppentreffen öfters verlasse und daß sie in ihrer gegenwärtigen Stimmung nicht ansprechbar sei. Eine neue Patientin, die bei der Zusammenkunft fast allein gesprochen hatte, sagte, sie wolle nach Sue sehen, worauf deren Freundinnen sie drängten, es bleiben zu lassen; sie sagten, es würde Sue nur noch mehr aufregen. Die neue Patientin verließ den Raum und kam zehn Minuten später weinend zurück, nachdem sie von Sue eine schroffe Abfuhr erhalten hatte. Böse Gefühle entstanden zwischen Sues Freundinnen und der neuen Patientin, die in ihren Augen sich unverantwortlicherweise in etwas eingemischt hatte, wovon sie nichts verstand; die Sache wurde nicht besser, als die Ärztin die Arme um die neue Patientin legte und sagte: »Ich bin sehr stolz auf Sie; Sie sind ein tapferes Mädchen.«

Dieser Zwischenfall war typisch für die Art, wie in den folgenden Gruppenversammlungen wegen trivialer Vorkommnisse Emotionen hochkamen. Ein weiteres Beispiel war eine lange Diskussion über eine Patientin in einer anderen Gruppe, die angeblich klatschte und andere unerwünschte, aber nicht näher bekannte Gewohnheiten hatte. Die Ärztin wollte, daß die Patientin, die die andere Frau kritisiert hatte, diese vor einer Vollversammlung der gesamten Station anklage, aber die Beschwerdeführerin sträubte sich begreiflicherweise dagegen.

Obwohl ich und andere Patienten vom Verhalten dieser Ärztin aus dem Gleichgewicht gebracht wurden, ist es leicht möglich, daß sie glaubte, einigen Patienten helfen zu können, indem sie sie provozierte, und tatsächlich ist es vorstellbar, daß einigen von uns, mich eingeschlossen, wirklich geholfen wurde.

Zusätzlich zur Gruppentherapie, welche die drei getrennten Krankengruppen enthielten, versammelte sich die gesamte Station einmal in der Woche zu einer Sitzung, an der auch Ärzte, Pfleger, Beschäftigungstherapeuten und die hier arbeitenden Psychologen teilnahmen. Wiederum zerbrachen sich alle den Kopf über die Funktion dieses Meetings; wenn nämlich einmal über die Qualität des Essens diskutiert worden war, man einige Bemerkungen darüber gemacht hatte, welche Spiele verschwunden waren und warum der Swimming-pool Freitag nachmittags nicht geöffnet war, schien kein Gesprächsstoff mehr vorhanden zu sein, und ein großer Teil der Sitzung verging in totalem Schweigen. Einige der Schwestern und Pfleger benützten diese

Sitzungen als eine Gelegenheit, Patienten anzuprangern, die sich ungehörig benommen hatten. So war zum Beispiel ein Mädchen, das selbst keine Alkoholikerin war, an mehreren Abenden sehr betrunken auf die Station zurückgekehrt. Dieses Betragen wirkte sehr beunruhigend auf die Alkoholiker. Die diensthabende Stationsschwester war eine dralle Afrikanerin mit schönen weißen Zähnen und einer Haut wie aus reinstem Ebenholz. Obwohl sie häufig lächelte, fürchteten wir alle ihre spitze Zunge. Sie schimpfte die schuldtragende Patientin bei einer Stationssitzung öffentlich aus, und das tränenüberströmte Mädchen versprach, sich künftig ordentlicher zu verhalten. Eine Kranke, die erfolglos versucht hatte, Selbstmord zu begehen, wurde wegen ihres asozialen Benehmens ausgezankt, das dem ärztlichen Personal mitten in der Nacht beträchtliche Unannehmlichkeiten verursacht und andere Patienten in Unruhe versetzt hatte.

Obwohl ein paar Kranke gewöhnlich jeden, der eine solche öffentliche Herabsetzung erdulden mußte, verteidigten, ist es doch unwahrscheinlich, daß den solchermaßen Gedemütigten diese Erfahrung nützte. Die meisten Patienten, und besonders jene mit Suizidneigungen, hatten ohnehin bereits eine geringe Meinung von sich selbst. Öffentlich beschämt zu werden, konnte ihr Selbstgefühl nur noch weiter herabsetzen und ihre Heilung verzögern. Einmal war ich selbst ebenfalls in Gefahr, bei der Stationssitzung gerügt zu werden. Eine Patientin trat an mich heran und sagte, sie wolle ein eher heikles Problem zur Sprache bringen. Es kommt unglücklicherweise vor, daß ich aufstoßen muß: Gewöhnlich tue ich es ziemlich unbewußt, wenn ich auch vermutlich diese Methode gelegentlich bei formellen Einladungen anwende, um meinen Abscheu vor Snobismus, Schwülstigkeit und Heuchelei auszudrücken. Mein Rülpsen war einigen der weiblichen Patienten nicht entgangen, und die erwähnte Frau machte mich freundlich darauf aufmerksam, daß ein paar von ihnen beabsichtigten, bei der nächsten Gruppensitzung dieses Thema anzuschneiden. Ich dankte ihr dafür, daß sie mich gewarnt hatte, und versprach zu versuchen, das Aufstoßen besser unter Kontrolle zu halten. Es gelang mir, glaube ich; in der Folge war nie mehr die Rede davon.

Ich fürchte, daß das Bild, das ich von der Behandlung in der Klinik gezeichnet habe, etwas düster ausgefallen ist. Im weiteren werde ich die allgemeine Frage der Ziele und der Wirksamkeit der Psychotherapie detaillierter behandeln. Aufgrund meines beruflichen Wissens und meiner Skepsis bezüglich des Wertes der meisten Behandlungsmethoden war ich wahrscheinlich ein besonders schwieriger Patient. Darüber hinaus befand ich mich fast während der gesamten Zeit meines Aufenthalts in der Klinik in einer solchen Panik, daß es zweifelhaft ist, ob irgendeine Art der Psychotherapie eine heilsame Wirkung gezeitigt hätte. In Wirklichkeit schien die Behandlungsmethode, die man bei mir anwandte, wahrscheinlich weniger auf eine Heilung abzuzielen, als darauf, mir etwas Erleichterung zu verschaffen, bis die schlimmste Angst entweder von selbst oder durch die Wirkung der Antidepressiva abflaute; einer von den Ärzten sagte mir etwas in der Art.

Das Pflegepersonal verhielt sich gewöhnlich sehr freundlich und geduldig, der Anstaltspsychologe tröstete mich und regte Möglichkeiten zur Selbsthilfe an, die im Rahmen meiner sehr begrenzten Kräfte lagen. Wenn ich die Ärzte weniger häufig sah, als es mir angenehm gewesen wäre, dann deshalb, weil sie alle überarbeitet waren. Möglich, daß es manchen der jüngeren Ärzte an Einfühlungsvermögen in die Empfindungen und Bedürfnisse ihrer Patienten fehlte, aber vielleicht erfordert es mehr Erfahrung, als sie sie hatten, um ein solches Einfühlungsvermögen zu entwickeln, wenn man mit Patienten zu tun hat, die so leicht erregbar waren wie die meisten von uns. Die Gruppentherapie war möglicherweise der schwächste Punkt der Behandlung. Ich hatte den Eindruck, daß sie eher deshalb eingeführt worden war, weil sie als modern galt, und nicht, weil man an sie glaubte, und ich bezweifle, daß irgend jemand vom Personal in dieser Behandlungsmethode überhaupt ausgebildet war.

Tatsächlich war es ein großes Glück für mich, daß ich, gestützt auf mein Berufswissen, die Klinik auswählen konnte, in die ich dann aufgenommen wurde. Es war eines der Paradestücke des öffentlichen Gesundheitsdienstes, und sein Betrieb kostet den Steuerzahler viel Geld. Die meisten geisteskranken Patienten sowohl in Großbritannien wie auch in Amerika befinden sich in unvergleichlich schlimmerer Umgebung; häufig werden sie in häßlichen, baufälligen Gebäuden untergebracht und in überfüllten Schlafsälen zusammengepfercht. Die Zahl der Pfleger und Ärzte entspricht oft in keiner Weise der Zahl der Patienten. Unter solchen Umständen ist es schwieriger, die Kranken ohne strenge Vorschriften zu kontrollieren, und ihre Freiheit ist dementsprechend eingeschränkt. Wäre nicht die Schwermut der Patienten gewesen, hätte die Atmosphäre, in der ich mich befand, eher an ein Ferienlager als an eine Klinik erinnert. Außerdem bewirkte der ausgezeichnete Ruf meines Spitals, daß es Pfleger und Ärzte, die zu den am besten ausgebildeten im Land gehörten, anzog. Das Personal war ganz gewiß überzeugt, daß etwas getan werden konnte, um den Patienten zu helfen, und sein Optimismus teilte sich uns mit. Um wieviel schrecklicher ist das Elend jener, die in Langzeit-Abteilungen mit ungenügenden Einrichtungen eingesperrt sind, wo Ärzte und Pfleger ebensowenig Hoffnung haben, daß das Los ihrer Schutzbefohlenen gebessert werden könnte wie diese selbst.

6 Genesung

Als ich in die Klinik kam, war es Hochsommer. Es war ein für England ungewöhnlicher Sommer mit lang anhaltendem Schönwetter, und viele meiner Erinnerungen an das Krankenhaus sind vom Glanz dieses so ganz ungewöhnlichen Sonnenscheins umstrahlt. Selbst an dem erwähnten zweiten Nachmittag, als mich, auf dem Höhepunkt meiner Ängste, ein Pfleger nach dem andern durch das Gelände führte, nahm ich die Schönheit des Krankenhausparks wahr: die majestätischen Bäume, die blühenden Sträucher, der duftende Rasen, alles war in dieselbe Sommerstille gehüllt und bildete einen vollständigen Gegensatz zu meiner qualvollen Stimmung. Ich weiß noch, wie überrascht ich war, als ich plötzlich zu einem frischgemähten Kricketfeld gelangte und mich fragte, wer hier wohl jemals spielte. Während der letzten vierzehn Tage meines Aufenthalts ging der Sommer in den Herbst über, und die ersten Phasen meiner Genesung assoziiere ich mit einer blasseren Sonne, der frischen Luft und dem üppigen Tau, durch den ich jeden Morgen zu meinen rituellen Entspannungsübungen wanderte.

Als der mich behandelnde Psychologe von seinem Urlaub zurückkehrte, widmete er eine ganze Sitzung der Frage, wie er mir helfen könnte, das Rauchen aufzugeben. Zu meinen Ängsten während meines Klinikaufenthaltes zählte nämlich auch jene, daß ich mich mittels Zigaretten umbrachte; ich war zwanzig Jahre lang ein starker Raucher gewesen, und in der Klinik rauchte ich etwa fünfzig Zigaretten pro Tag. Ich war in einem derart elenden Zustand, daß ich dachte, das Aufgeben des Rauchens könnte meine Verfassung kaum mehr verschlimmern. Die Zeit schien mir daher günstig für einen Versuch. Ich hatte früher schon viele vergebliche Anstrengungen unternommen, das Rauchen aufzugeben, und die einschlägige Literatur über das Problem ziemlich gründlich studiert. Ich wußte, es gab keinen objektiven Beweis, daß irgendeine Methode wirkte, aber ich war so verzweifelt, daß ich bereit war, nach einem Strohhalm zu greifen. Sollte ich Erfolg haben, so meinte ich, dann würde meine Selbstachtung vielleicht um ein Quentchen anwachsen.

Wir diskutierten und verwarfen viele Methoden. Der Psychologe riet mir, das durch das Nichtrauchen eingesparte Geld beiseitezulegen und es dazu zu verwenden, mich mit irgendeinem Luxus zu belohnen, zum Beispiel mit teurem Essen. Unglücklicherweise war ich so deprimiert, daß mir kein Genuß einfiel, der mich hätte erfreuen können. Der Psychologe lehnte die Möglichkeit, mich für das Rauchen durch Elektroschocks zu bestrafen, als ebenso unethisch wie wirkungslos ab: Raucher, die solcherart behandelt werden, hören bald auf, in der Situation zu rauchen, in der ihnen ein Schock droht, aber zu anderen Zeiten rauchen sie genausoviel. Die Anwendung von Ersatzdrogen, welche die Wirkung von Nikotin im Blut simulieren, hat sich als nutzlos erwiesen. Die Deponierung einer größeren Geldsumme, die nur nach einer Periode zurückgezahlt wird, in der man nicht geraucht hat, mag kurzfristig helfen; ich aber glaubte so wenig an meine Fähigkeit, das Rauchen einzustellen, daß ich nicht bereit war, Geld dafür vorzustrecken. Die Methode, Rauchern Angst einzujagen, indem man ihnen Filme von Lungenkrebsoperationen zeigt oder ganze Krankenhausabteilungen mit Patienten, die an Emphysem oder chronischer Bronchitis leiden, ist ebenfalls unwirksam. Ein Raucher sagte dazu treffend, als die Zeitungen voll waren mit Berichten über die schädlichen Effekte des Rauchens: »Es hat mich so erschreckt, daß ich aufgehört habe, Zeitung zu lesen.« Ich war auch nicht bereit, mich vierzehn Tage lang ohne Zigaretten in mein Zimmer sperren zu lassen; dadurch hätte ich mir vielleicht abgewöhnt, in meinem Zimmer zu rauchen, aber sobald ich es verlassen und mich in anderer Umgebung befunden hätte, wäre ich, glaube ich, sofort wieder schwach geworden. Auch hatte es keinen Sinn, Beruhigungspillen zu nehmen, um mir über die ersten Phasen des Nikotinentzugs hinwegzuhelfen – ich schluckte bereits starke Dosen solcher Mittel.

Schließlich entschieden wir, daß ich an einem festgesetzten Datum einfach mit dem Rauchen aufhören sollte. Der Psychologe würde mir dabei so weit helfen, wie er nur konnte. Der Wunsch des Menschen, gelobt zu werden, ist so stark, daß mündliche Unterstützung – Lob für Nichtrauchen eine gewisse Zeit hindurch und Mitgefühl bei Mißerfolgen, dazu eine Ermunterung, sich durch ein einmaliges Schwachwerden nicht entmutigen zu lassen, sondern weiterhin zu versuchen, das Rauchen einzustellen – sehr gut als wirksamste Form der Belohnung eingesetzt werden könnte. Darüber hinaus kann es auch helfen, auszuharren, anstatt die Bemühung nach dem ersten Versagen einzustellen. Der Anstaltspsychologe fügte etwas hinzu, was ich für sehr nützlich hielt: Er sagte, daß Rauchen eine physiologisch bedingte Sucht sei und ich es nur dann aufgeben könnte, wenn ich bereit wäre, mich für einen Zeitraum von der Dauer bis zu einem Jahr elend zu fühlen. Wenn ich mit dem Rauchen aufhörte, sollte ich mich einfach als einen Kranken betrachten, und während der Rekonvaleszenz müßte ich mich damit abfinden, daß ich außerstande sei, ordentlich zu arbeiten und völlig funktionsfähig oder wirklich glücklich zu sein. Jede gut ausgeführte Arbeit, oder jedes Glücksgefühl, das sich nach dem Entwöhnen eventuell bei mir einstellen würde, sollte ich als eine unerwartete Vergünstigung betrachten; aber wenn ich mir das Rauchen auf Dauer abgewöhnen wollte, sollte ich auf das Schlimmste gefaßt sein. Der Psychologe regte ferner an, ich sollte unter meinen Freunden und Verwandten ein Schreiben zirkulieren lassen mit der Bitte, mich während der Marter der Entwöhnung freundlich zu behandeln, aber dieser Plan wurde nie ausgeführt.

Wir kamen überein, daß ich mir, wenn ich am folgenden Wochenende nach Hause führe, die Lungen röntgen lassen sollte, um festzustellen, daß diese in Ordnung seien. Ich hatte einen äußerst verständnisvollen Lungenarzt in meiner Heimatstadt, der mich röntgen ließ. Während der wenigen Minuten, die ich auf die Ergebnisse wartete, fühlte ich wie immer qualvolle Angst, aber ich fuhr mit dem Wissen in die Klinik zurück, daß auf dem Röntgenbild nichts Beunruhigendes zu sehen war.

Am nächsten Tag suchte ich meinen Psychologen auf und stimmte zu, an Ort und Stelle mit dem Rauchen aufzuhören. Während der nächsten paar Tage kämpfte ich ständig dagegen an, von anderen Patienten Zigaretten zu schnorren, und ungefähr fünfmal wurde ich schwach. Ich rauchte auch einmal eines Abends außerhalb der Klinik, als ich mit einem Freund, der auf Besuch war, einem starken Raucher, zum Essen ausging. Nichtsdestoweniger hielt ich an meinem Versuch fest. Statt zu rauchen aß ich große Mengen Äpfel – ungefähr dreißig pro Tag. Als ich am darauffolgenden Wochenende nach Hause fuhr, wußte ich, daß ich nicht rauchen würde können; es bestand keine Möglichkeit dazu, ohne daß meine Frau mich sah, und sie trat entschlossen dafür ein, daß ich aufhören sollte. Als ich dann ins Krankenhaus zurückkehrte, war ich überzeugt, daß ich nie wieder rauchen würde.

Obwohl es mir also gelungen war, mir das Rauchen abzugewöhnen, fühlte ich mich genauso deprimiert wie zuvor, wenn ich es auch zustande brachte, in dieser Woche einen ganzen Roman auszulesen und sogar ein wenig Freude daran fand – ich glaube, es war Peter de Vries' *The Cat's Pyjamas.* Dennoch gestand ich weder mir selbst noch irgend jemand anderem ein, daß es mir besser ging, obgleich sowohl der Psychologe wie auch meine Freunde mir sagten, daß ich mich normaler verhielte. Der Psychologe erklärte, daß es seiner Erfahrung nach bei der Genesung von Depression drei Phasen gebe. Zunächst bessere sich das Benehmen nach außen hin, und zwar wahrnehmlich für andere Leute; hierauf erkenne der Patient selbst, daß sich sein Verhalten gebessert habe. Als letztes Symptom verschwänden gewöhnlich die Angstgefühle des Patienten – ein weiteres Beispiel dafür, daß die Änderung der Empfindungen von einer Änderung im Verhalten abhängig ist.

Meine eigentliche Genesung – wenn es eine Genesung war – erfolgte so plötzlich und dramatisch wie der Zusammenbruch selbst. Nachdem ich eine Woche ohne Zigaretten hinter mich gebracht hatte, fuhr ich zum Wochenende nach Hause. Freitagabend, den ganzen Samstag und den größten Teil des Sonntags über verbrachte ich wie gewöhnlich in einem Zustand der Angst und Depression. Am Morgen lag ich im Bett und versuchte so lange wie möglich zu schlafen, denn nur im Schlaf konnte ich völlig vergessen. Tagsüber lungerte ich im Haus herum, löste gelegentlich Kreuzworträtsel und begleitete meine Frau beim Einkaufen. An den Abenden traf ich Freunde in einem Pub, obwohl ich selbst höchstens einen einzigen Schoppen Ingwerbier trinken konnte.

Um 6 Uhr 30 am Sonntagabend änderte sich meine Stimmung in spektakulärer Weise. Ich war oben im Haus und beendete gerade das Kreuzworträtsel in der *Sunday Times*, als ich hörte, wie im Wohnzimmer unter mir eine Schallplatte gespielt wurde. Das Lied rangierte damals an der Spitze der Hitparaden, und ich hatte es in der Klinik immer wieder gehört. Es hieß »Eye Level« und war ein Instrumentalstück mit einem guten Rhythmus, das sanft verklang. Banal wie es war, schien es Freude und Traurigkeit zu vereinen. Plötzlich spürte ich, daß es mir Freude machte, ich rannte eilig zur Treppe hinunter und drehte es zu voller Lautstärke auf. Ich bin nun in der Lage abzuschätzen, daß es nicht wirklich ein bedeutendes Musikstück ist, aber damals war ich der Meinung, daß es das anregendste musikalische Werk war, das ich je gehört hatte. Es erfüllte mich mit Glück und Hoffnung. An diesem Abend las ich nicht nur die Sonntagszeitungen mit einigem Interesse, sondern zum erstenmal in fünf Monaten tat ich etwas, das zukunftsorientiert war: Ich notierte mir die

Titel mehrerer rezensierter Bücher, die ich lesen wollte.

Am nächsten Tag nahm ich nicht den Zug zurück zur Klinik, sondern überredete meine Frau, mich mit dem Auto hinzubringen. Ich war überzeugt, daß es mir besser ging und daß die behandelnde Ärztin dies sehen und meiner Entlassung zustimmen würde. Ich würde meine Sachen ins Auto laden, nach Hause fahren und danach für ewige Zeiten glücklich sein. Ich hatte an diesem Tag einen Termin bei meinem Psychologen und sagte ihm, daß ich mich viel besser fühlte, wobei ich ihm überschwenglich für all seine Hilfe dankte. Er meinte, daß es keinen Zweck hätte, wenn ich bliebe, falls ich die Klinik verlassen wollte, aber da die Ärztin (unter Leitung des Primararztes) mit meinem Fall betraut sei, müßte ich auch sie aufsuchen. Ich erzählte allen Schwestern und Pflegern aufgeregt, daß es mir besser ginge, aber vor den anderen Patienten führte ich mich weniger übermütig auf, da ich mein eigenes Glück nicht mit ihrem traurigen Los vergleichen wollte.

Nach dem Lunch nahm ich an einer Gruppentherapie teil, in deren Verlauf ich mit der Ärztin darüber zu streiten begann, wie taktvoll sich jemand benehmen solle, der andere auf Fehler aufmerksam macht. Ich glaube, sie trat für Ehrlichkeit ein, ich für Takt. Nach der Sitzung trat ich zu ihr und erklärte ihr, daß ich mich besser fühlte und das Spital verlassen wolle. Sie versprach, sich später am Nachmittag um mich zu kümmern, und ich lungerte auf der Station herum und wartete auf sie. Nach dem Abendessen erfuhr ich von den Pflegern, daß sie nach Hause gegangen war. Ich war niedergeschmettert. Der Gedanke, die Klinik zu verlassen, war mir nun zur Besessenheit geworden. Es stand mir selbstverständlich frei, meine Siebensachen zu packen und wegzufahren, aber es war mir wie allen anderen Patienten eingeschärft worden, daß ich meine Medikamente genau nach Vorschrift nehmen müßte, und wenn ich die Nacht zu Hause verbrächte, würde mir meine Abend- und Morgendosis entgehen: Dem Pflegepersonal war es nicht erlaubt, Medikamente für zu Hause auszugeben, ausgenommen auf Anordnung eines Arztes.

Ich erfuhr von den Pflegern, daß es noch einen Arzt gab, der sich auf der Station aufhielt. Er hatte eben erst seinen Posten in der Klinik angetreten und war für eine andere Patientengruppe zuständig. Ich trat an ihn heran, als er gerade sein Sprechzimmer verließ, erklärte ihm, daß ich mich besser fühlte und daß ich, ohne mein Verschulden, von meiner eigenen Ärztin nicht untersucht worden sei. Er war ein wohlwollend aussehender junger

Mann, und sehr zu meiner Überraschung stimmte er zu, mir die Medikamente zu verschreiben, damit ich die Nacht überbrückte. Ich fuhr freudig mit meiner Frau nach Hause und kehrte am nächsten Tag in die Klinik zurück. Die Pfleger sagten mir, daß der Oberarzt, die Ärztin und der Psychologe eine Fallbesprechung abhielten, und da der Psychologe gesagt hatte, er wolle mit der Ärztin über mich reden, nahm ich an, daß eines der zu beratenden Themen meine Entlassung sein würde. Zu Mittag hatte ich die Ärztin noch immer nicht gesehen, aber ich wurde ihrer habhaft, als sie mit dem Psychologen aus dem Büro kam. Ich trat auf sie zu und sagte: »Geht es in Ordnung? Darf ich nach Hause?« Sie antwortete: »Ich kann Ihrer Entlassung nicht zustimmen.« Als ich sie fragte, ob sie mir Medikamente verschreiben würde, gab sie eine ausweichende Antwort.

Wieder einmal waren meine Hoffnungen zunichte, und beim Lunch war mir elend zumute. Es schien mir wahrscheinlich, daß mein Stimmungsumschwung zum Teil auf das Antidepressivum zurückzuführen gewesen war, und ich fühlte mich nicht dem Risiko gewachsen, nach Hause zurückzukehren und abrupt alle Medikamente abzusetzen.

Als ich nach dem Lunch ins Sprechzimmer der Ärztin gerufen wurde, sagte sie: »Sie waren immer zu impulsiv – jetzt wollen Sie Ihre Chancen verderben, indem Sie wiederum impulsiv handeln und vorzeitig die Klinik verlassen.« Ich versuchte zu erklären, daß ich mich besser fühlte, und daß es keinen Sinn hätte, im Spital zu bleiben. Ich wies auch darauf hin, daß der Anstaltspsychologe mit mir einer Meinung war. Sie sagte: »Sie sollten ihn nicht gegen mich ausspielen. Es liegt an mir, ob ich Medikamente verschreibe.« Sie nahm eine Notiz von ihrem Schreibtisch und erklärte dann: »Ich habe mich entschlossen, Ihnen die Pillen nicht vorzuenthalten, wenn Sie meinem Rat nicht folgen. Ich rate Ihnen, in der Klinik zu bleiben, aber wenn Sie sie verlassen, werde ich Ihnen Medikamente verschreiben. Ich möchte, daß Sie versprechen, an der nächsten Besprechung mit dem Primararzt teilzunehmen: Er ist ja im Grunde für Ihren Fall verantwortlich. Sie sollten ferner weiterhin tagsüber in die Klinik und zur Gruppentherapie kommen.« Ich stimmte diesen Bedingungen bereitwillig zu und packte am Nachmittag meine Habseligkeiten ins Auto, darunter die elektrische Schreibmaschine, die fünf Wochen unbenützt in meinem Zimmer gestanden war.

Zwei Tage später nahm ich an der Fallbesprechung teil. Der Primararzt war äußerst leutselig. Er stimmte zu, daß ich zu Hause wohnte, gab zu verstehen, daß ich bald beginnen sollte, mit der Medikamenteneinnahme aufzuhören, und wünschte mir Erfolg für meine Ehe und eine rasche Rückkehr zu meiner Arbeit. Er empfahl mir, weiterhin ein- oder zweimal pro Woche in die Klinik zu kommen, um den Psychologen und die Ärztin aufzusuchen; er war der Ansicht, daß ich nur dann an der Gruppentherapie teilnehmen sollte, wenn ich sie nützlich fände. Tatsächlich verzichtete ich auf der Stelle auf die Gruppentherapie.

Bei meinem nächsten Besuch bei der Ärztin fragte ich sie, wann ich mit der Herabsetzung der Dosis meiner Medikamente beginnen sollte. Sie sagte, es wäre eine gute Idee, bald damit anzufangen, und fälschlicherweise gewann ich den Eindruck, daß sie wollte, ich würde aus eigenem Antrieb die Medikamente einschränken. Ich verringerte die Dosis der Beruhigungsmittel. Obwohl ich zu dieser Zeit heiter war, litt ich doch von Zeit zu Zeit an Angstanfällen, war überaktiv und schlief weniger als gewöhnlich, und es kostete mich beachtliche Selbstbeherrschung, den Drogenkonsum herabzusetzen. Als ich die Ärztin das nächstemal aufsuchte, erzählte ich ihr stolz, daß es mir gelungen sei, die Dosis an Beruhigungsmitteln zu reduzieren; anstatt nun aber das erwartete Lob zu spenden, sagte sie: »Sie haben kein Recht, sich selbst ärztlich zu behandeln. Sie müssen die Medikamente, die ich Ihnen verschrieben habe, in genau den angegebenen Dosen einnehmen.«

Meine Besuche bei ihr endeten nun mit hitzigen Streitereien, die oft in keinem Zusammenhang mit meiner Verfassung standen. So verbrachten wir zum Beispiel eine halbe Stunde mit einer heftigen Debatte über Charakter und Sitten der Amerikaner. Unsere Gespräche waren schmerzlich für mich und aufreizend für sie. Sie sagte: »Sie behandeln mich nicht wie eine Ärztin, sondern wie eine Frau.« Als ich mit einem Pfleger über sie diskutierte, sagte dieser: »Ah, ich nehme an, Sie sind verliebt in Dr. Bloggs.« Zum Bruch unserer Beziehung kam es, als ich ein Tonbandgerät in ihr Sprechzimmer schmuggelte und eine ganze Sitzung aufnahm. In meinem Überschwang betrachtete ich das damals als einen harmlosen Unfug, aber leider hatte ich die Situation falsch beurteilt. Als ich erzählte, was ich angestellt hatte, schlug Dr. Bloggs mir vor, das Band dem Primararzt vorzuspielen, aber ich hielt es für besser, es zu löschen. Es wurde beschlossen, daß ich mich in Zukunft nicht mehr von ihr, sondern vom Primararzt selbst behandeln lassen sollte. Ihn und den Psychologen suchte ich während des folgenden Jahres alle paar Wochen auf.

Man kann bezüglich meiner Genesung zweierlei fragen. Erstens, wodurch wurde diese Heilung zustande gebracht? Wie meist in solchen Fällen, ist es unmöglich, diese Frage eindeutig zu beantworten. War es das Antidepressivum? Die Hilfe des Anstaltspsychologen? Die Tatsache, daß ich das Rauchen aufgegeben hatte? Die Erkenntnis, daß es vielen anderen wesentlich schlechter ging als mir? War die Genesung durch die Ärztin ausgelöst worden, die ein wenig Kampfgeist in mir erweckte? Oder lag es einfach daran, daß die meisten Depressionen von selbst aufhören und Wiederherstellungsprozesse gewöhnlich auch ohne ärztliches Eingreifen einsetzen? Diese Fragen illustrieren die Schwierigkeit, Behandlungsmethoden zu testen. Alle Fälle sind verschieden, und im Einzelfall kann man nie vollständige Gewißheit erlangen über die Faktoren, die die Heilung bewirken.

Was immer der Grund gewesen sein mag – meine Stimmung änderte sich drastisch, und innerhalb von vierundzwanzig Stunden schlug sie von hoffnungsloser Düsterkeit, in der ich keinerlei Zukunft für mich sehen konnte, in Optimismus und Faszination an der Welt rund um mich um. Auch meine äußere Situation hatte sich völlig verändert. Ich war wieder bei meiner Familie und kehrte auch sofort wieder an die Arbeit zurück. Ein Psychologe sagte mir einmal, daß eine gute Nachricht das sicherste Mittel für den Patienten sei, einen Zusammenbruch zu überwinden. Als Beispiel führte er jemanden an, der zwei Jahre lang wegen einer Zwangsneurose, die ihn total außer Gefecht setzte, im Krankenhaus gewesen war. Dieser Patient erbte 30 000 Pfund, und seine Obsessionen verschwanden über Nacht. Er wurde heiter und verließ sofort das Spital. Ob mein eigener Stimmungsumschwung teilweise durch die Änderung meiner Situation gefördert worden war und anhielt, weiß ich nicht. Ich dachte damals über die Worte nach, die mein erster Psychoanalytiker gesagt hatte: »Alles, was medikamentöse Behandlung und ein Spitalsaufenthalt bei Ihnen bewirken können, ist eine Stimmungsänderung.«

Die zweite Frage, die gestellt werden könnte, ist die, ob ich wirklich geheilt war. Obwohl ich mir damals dessen nicht bewußt war, ist die Antwort darauf nein. Ich war plötzlich von tiefer Depression zu höchster Euphorie umgeschwenkt, und wenngleich mir das Spaß machte, war es für meine nähere Umgebung ebenso beunruhigend wie es meine Depression gewesen war.

7 Nachwirkungen

Kurz nachdem ich die Klink verlassen hatte, rief ich einen befreundeten Psychiater an, um ihm zu erzählen, daß ich vollständig geheilt und dankbar sei für seinen Rat, mich in psychiatrische Behandlung zu begeben und dafür, daß er mir den Namen eines ausgezeichneten Arztes genannt hatte. Ich war voll des Lobes für die ärztliche Behandlung, die ich durchgemacht hatte und teilte meinem Freund glückstrahlend mit, daß der Zusammenbruch eines der besten Dinge gewesen sei, die mir je zugestoßen waren, daß ich nun wieder zu Kräften gekommen sei und mit großer Energie und Leistungsfähigkeit arbeitete. Er dankte mir für den Anruf und sagte, daß Leute, die solche Ratschläge empfangen hätten, selten ihren Dank ausdrückten. Er fragte auch, ob ich weiterhin den Arzt aufsuchte, und fügte hinzu: »Depressionen sind etwas Komisches. Selten verschwinden sie plötzlich, ohne Nachwirkungen.« Seine Sorge, ob ich weiter in Behandlung sei, kam mir damals ein wenig unheimlich vor, aber ich war in so gehobener Stimmung, daß ich diesen Gedanken weit von mir schob.

Während ungefähr der nächsten drei Monate führte ich mich in einer Art auf, die beinahe ebenso verrückt war wie mein Verhalten zur Zeit der Depression. Meine Stimmung war gekennzeichnet durch einen vollständigen Mangel an Schamgefühl oder Zurückhaltung und einen wilden Optimismus bezüglich der Zukunft, verbunden mit unbekümmerten Geldausgaben; die Außenwelt – Menschen, Dinge und Bücher – übte eine faszinierende Wirkung auf mich aus; ich war unfähig, mit dem Reden aufzuhören und zeigte eine Vorliebe für plumpe Scherze.

Ein typisches Beispiel für einen dieser Streiche war das folgende. In einem Sexshop auf der Tottenham Court Road kaufte ich einen Gegenstand, der im Handel als »Kitzler« bekannt ist und, glaube ich, von den Arabern erfunden wurde. Es handelt sich um einen Ring aus Ziegenfell. Die Beteuerung des Verkäufers, daß dieses Ding meine Frau »in Ekstase« versetzen würde, bewahrheitete sich dann allerdings nicht. Als ich mich das nächstemal in London aufhielt, richtete ich es so ein, daß ich mit Josie an dem

Laden vorbeiging, und ich zog sie hinein, bevor sie begriff, welcher Art dieses Etablissement war. Ich sprach den Verkäufer an, zog den »Kitzler« aus der Tasche und sagte: »Da, sehen Sie, ich hab das hier vor einer Woche bei Ihnen gekauft, und es ist praktisch nutzlos.«

Er antwortete höflich: »Worin besteht das Problem, Sir?«

»Sie sagten, es würde meine Frau wirklich auf Touren bringen, und es hat nicht gewirkt. Oder, Liebling?«

Josie bestätigte meine Aussage, und ich fuhr fort: »Nicht nur das, es ist viel zu klein – es hat praktisch meinen Penis entzweigeschnitten.«

»Das tut mir leid, Sir, wir könnten eine passende Größe für Sie heraussuchen.«

»Selbst wenn Sie einen auf Lager haben, der groß genug ist, so wird er doch meiner Frau nicht helfen, oder?«

»Wir legen Wert darauf, unsere Kunden zufriedenzustellen, Sir. Wenn Sie sich bitte umsehen wollen – vielleicht können wir ihn gegen etwas anderes austauschen.«

Ich nahm das Angebot an und wählte zum Spaß einen anderen Gegenstand, der aussah, als würde er nützlicher sein als der erste. Als ich das Ding dem Verkäufer zeigte, sagte er: »Sir, dies hier kostet leider vier Pfund, der Kitzler kostete nur zwei. Vielleicht macht es Ihnen nichts aus, die zwei Pfund dazuzulegen.«

Ich schlug ihm auf die Schulter und sagte prahlerisch: »Ich bin einer Ihrer besten Kunden – Sie werden doch nicht wegen lächerlicher zwei Pfund zu feilschen anfangen.«

Er sagte hilflos: »Nehmen Sie es.«

Zu diesem Zeitpunkt hatte sich bereits eine beträchtliche Zuhörerschaft um mich versammelt. Sexshops werden zumeist von verstohlen dreinblickenden Männern in Regenmänteln aufgesucht, die die Hände in den Taschen halten und so tun, als wären sie nicht wirklich interessiert an den Artikeln, während sie die ausgestellten Objekte aus den Augenwinkeln mustern. Ich wandte mich nun an den Verkäufer und fragte in der Absicht, zu ergründen, wie weit dieses Geschäft jeden Geschmack befriedigen konnte, mit Donnerstimme: »Übrigens haben Sie vielleicht zufällig Rohrstöcke oder Peitschen?«

In diesem Augenblick flüchtete meine Frau hinaus auf die Straße. Der Verkäufer antwortete: »Tut mir leid, Sir, wir hatten sie auf Lager, aber jetzt haben wir sie nicht mehr. Wenn Sie mit mir in die Buchhandlung nebenan kommen wollen – dort werden sie gelegentlich unter dem Ladentisch verkauft.«

Ich folgte dem Verkäufer in einen Sexbücherladen. Bis dahin

hatte er eher wie ein Verkäufer bei einem Herrenschneider der Savile Row gesprochen, aber als er seinen Freund hinter dem Ladentisch der Buchhandlung begrüßte, verfiel er in sein angestammtes Cockney.

»Hast du vielleicht ein paar Rohrstöcke da, George?« fragte er.

»Tut mir leid, Fred, wir sind ausverkauft. Bekamen eine ganz dicke Lieferung herein erst letzte Woche, aber sie sind weggegangen wie die warmen Semmeln, und jetzt sind sie wieder alle.«

Ich sagte vorwurfsvoll: »Ich weiß wirklich nicht, was aus diesem Land werden soll. In der einen Woche ist kein Zucker zu haben, in der nächsten gibt es nirgendwo Klosettpapier, und jetzt bekommt man doch in ganz London keinen Rohrstock zu kaufen.«

Normalerweise gebe ich mich nicht mit solchen Scherzen ab, und die Geschichte illustriert, wie weit Hypomanie jede Zurückhaltung aufheben kann. Abgesehen davon, daß ich meine Witze für lustiger hielt als sie tatsächlich waren, war mein Urteilsvermögen derart unterminiert, daß die Sache gefährlicher hätte werden können. Nachdem ich meine Frau in einen Sexshop geschleppt hatte, kaufte ich ihr später einen Pelzmantel, der besser zur Geliebten eines Industriemagnaten gepaßt hätte als zur Ehefrau eines vergleichsweise armen Professors. Ich bestellte auch ein Auto, das groß und teuer genug war, um mich zu ruinieren, aber glücklicherweise war das Modell nicht prompt lieferbar, und als ich es dann hätte haben können, war ich so weit zur Besinnung gekommen, daß ich, obgleich mit einigen finanziellen Verlusten, die Bestellung stornierte.

Ich war überzeugt davon, ein Vermögen machen zu können, indem ich ein höchst erfolgreiches Lehrbuch der Psychologie verfaßte; ein Manuskript dieser Art kann dem Autor einen Reingewinn von mehreren hunderttausend Dollar an Tantiemen einbringen, wenn es von vielen amerikanischen Universitäten übernommen wird. Es schien mir, gerade ich sei der Mann, ein solches Buch zu schreiben, nur daß ich so unbedeutende Einzelheiten übersah wie die, wann ich Zeit finden würde, das Buch zu schreiben, und wie ich es eigentlich anstellen sollte, es den Interessen der Lehrer in einigen der weniger renommierten amerikanischen Universitäten anzupassen, mit denen ich keine Erfahrung hatte. Ich ließ Briefe an sechs amerikanische Verleger los, in denen ich meine hervorragenden Qualifikationen für die Abfassung eines Werkes dieser Art darlegte und um einen Vorschuß von 25 000 Dollar ersuchte. Ich hatte keine Bedenken, sie zu informieren, daß dieses Buch nicht nur in hohem Maß für Einführungsvorlesungen für Psychologiestudenten geeignet sei, sondern unzweifelhaft auch »die beste und populärste Darstellung moderner Psychologie für einen breiten Leserkreis« sein würde.

Trotz meiner Euphorie war ich über die Reaktion der Verleger ein wenig enttäuscht. Einer von ihnen lehnte mein Angebot höflich ab mit der Begründung, daß sein Verlag zu klein sei, um sich mich leisten zu können, wünschte mir aber jeden erdenklichen Erfolg bei meinen Verhandlungen mit anderen Verlegern. Andere verwendeten Phrasen wie »die Finanzmittel des Verlagsgeschäfts sind nun eher begrenzt« und »die verstärkte Konkurrenz plus die größere Aussplitterung des Marktes machen es schwieriger, Verkaufszahlen der Größenordnung zu erreichen, die Ihnen vorschweben«. Einer ging so weit, um eine Synopsis und ein Probekapitel zu ersuchen, wonach wir über einen Kontrakt verhandeln könnten, aber ich war so ruhelos und aufgeregt, daß ich es nicht lang genug an meinem Schreibtisch aushielt, um mich mit so faden Nebensächlichkeiten abzugeben. Ich war überzeugt, daß sich das Buch, wenn einmal der Vertrag unterzeichnet war und ein Vorschuß sicher auf der Bank lag, irgendwie, mit einem Minimum an Anstrengung meinerseits, von allein schreiben würde.

In meiner gehobenen Stimmung war ich aufgeschlossen für neue Ideen, vorausgesetzt, sie konnten ohne lange Konzentration verstanden werden. Ich knüpfte eine freundschaftliche Beziehung zu einem Verkäufer in einem Herrenmodengeschäft an, der unverkennbar schwul war und bereit, meine Redseligkeit hinzunehmen. Früher war ich, milde ausgedrückt, sorglos gewesen, was meine Erscheinung betraf, aber jetzt war ich ängstlich darauf bedacht, elegantere Kleidung zu erwerben, wie es einem angehenden Millionär geziemt. Der Verkäufer suchte neue Kleider für mich aus, darunter auch solche Stücke wie ein Samtjakkett, das ich mir kaum leisten konnte, obwohl mich das damals nicht abschreckte. Er lehrte mich auch, meine Krawatten mit einem Windsor-Knoten zu knüpfen und meine Schuhbänder mit einem »Tennis«-Knoten. In der Vergangenheit hatte ich sowohl Krawatten wie Schuhriemen eher nachlässig gebunden, und oft band sich der Knoten wieder auf. Es ist merkwürdig, daß jemand so lange Jahre hindurch von so nützlichen Tricks wie diesen nichts weiß. Mein neuer Freund legte mir auch nahe, meine Frisur zu ändern, mir Koteletten wachsen zu lassen, und er empfahl mir einen guten Friseur – »Vergessen Sie nicht, nach

Lennie zu fragen. Ich würde niemand anderem erlauben, mein Haar anzurühren«, sagte er, über seinen Kopf streichelnd.

Ich war redselig, ohne jede Scheu oder Zurückhaltung. Ich entdeckte, daß ich fähig war, in Pubs Lieder anzustimmen und beim allgemeinen Gesang den Ton anzugeben, wildfremde Leute zum Zuhören zu zwingen und ihnen meine Lebensgeschichte zu erzählen, ob sie das nun wollten oder nicht. Jedes Buch, das ich las, jeder Film, jedes Theaterstück oder Bild, das ich sah, war das bedeutendste seiner Art, und bei meinen Versuchen, meine Begeisterung anderen mitzuteilen, war ich oft verblüfft darüber, wie selten sie diese teilten.

Ich entdeckte auch eine Fähigkeit, die ich bis dahin nicht bei mir vermutet hatte; ich machte von Zeit zu Zeit Schein-Annäherungsversuche sowohl an homo- wie auch an heterosexuelle Männer, sehr zu beider Beunruhigung. Mein Verhalten in dieser Hinsicht hätte meine Psychoanalytiker sicherlich entzückt, und ich hatte den Eindruck, ihnen Ehre zu machen, aber ob ich meinen latenten homosexuellen Neigungen freien Lauf ließ oder aus reiner guter Laune so handelte, kann weder ich noch jemand anderer wissen. Wie eine Figur bei Peter de Vries sagt: »Mein Unbewußtes vollführte eine großartige Doppelsicherung. Ich wehrte mich dagegen, daß ich mich gegen meine latente Homosexualität wehrte, indem ich so tat, als wäre ich homosexuell.«

In meinem früheren Leben hatte ich stets Geschmack am Bizarren gefunden und war froh, wenn ich, was manchmal vorkam, in eine merkwürdige Situation geraten war. In dem Zustand äußerster Vertrauensseligkeit, in dem ich mich nun befand, entdeckte ich eine Möglichkeit, das Bizarre zu etwas Alltäglichem zu machen. Ein Beispiel soll genügen. Es stammt aus der Zeit, in der ich eine zweite euphorische Phase durchlief – ungefähr ein Jahr nach der ersten. Damals hatte ich wieder zu rauchen begonnen. Ich fuhr mit einem späten Nachtzug von London nach Hause zurück, als ich entdeckte, daß mir die Zigaretten ausgegangen waren. Ich trat hinaus in den Gang, um zu sehen, ob jemand rauchte, und die ersten Raucher, denen ich begegnete, hatten es sich in einem Nichtraucher-Abteil erster Klasse bequem gemacht. Es waren zwei Mädchen und ein Mann. Ich trat ein und sagte: »Geben Sie mir eine Zigarette oder ich rufe den Schaffner.« Sie boten mir freundlich Zigaretten an, und ich blieb stehen und plauderte.

Es stellte sich heraus, daß eines der Mädchen in einem Massagesalon in meiner Heimatstadt arbeitete. Die Massage war ausschließlich für Männer und versprach, wie die einschlägige Bezeichnung lautete, »Erleichterung«. Das Mädchen bekam zwei Pfund für eine halbstündige Behandlung, und der Besitzer des Salons erhielt ebenfalls zwei Pfund. Wenn sie freiwillige Dienstleistungen anbot, die über die erwartete Massage und händische Masturbation hinausgingen, durfte sie einen Preis nach eigenem Gutdünken festsetzen. Sie hatte viele Jahre hindurch in diesem Beruf gut verdient, konnte für ihre kleine Tochter zwei Ponys halten und sich selbst und ihren Eltern ein ganz angenehmes Leben auf dem Land sichern. Sie erzählte mir, wie sehr manche ihrer Kunden, von denen viele alt und einsam waren, sie mochten, und von den Geschenken, die sie ihr brachten. Eine Variante ihrer Tätigkeit bestand darin, daß sie abends in den Zügen arbeitete, die von London abfuhren. Sie fand da viele Geschäftsleute, die mit Freuden ihre Dienste in den Toiletten des Zugs für zehn Pfund in Anspruch nahmen. Sie machte sich nur an Erste-Klasse-Reisende heran und suchte sich stets schüchtern aussehende Männer aus, denn ihrer Erfahrung nach waren dies die wahrscheinlichsten Kunden.

Als wir ungefähr dreißig Kilometer von unserem Bestimmungsort entfernt waren, stand sie plötzlich auf, schlug mir auf die Schulter und sagte: »Ich hab einen Narren an dir gefressen. Komm mit ins Klo, und ich mach's dir gratis.« Ich stellte einen höflichen Antrag auf Einstellung des Verfahrens mit der Begründung, daß meine Frau im nächsten Waggon fest schlief und daß ich, wenn sie erwachen sollte, einige Schwierigkeiten haben würde, ihr eine gemeinschaftliche Inanspruchnahme der Zugtoilette zu erklären.

Wenngleich man berechtigt ist, Einzelheiten aus seinem Leben breitzutreten, so kann man das doch selten tun, ohne andere zu kränken, und ich machte meine Familie unglücklich durch meine Hemmungslosigkeit. Nachdem mein Versuch, einen Vertrag für ein Lehrbuch der Psychologie abzuschließen, gescheitert war, packte mich der Gedanke, einen detaillierten Bericht über meinen Zusammenbruch an eine Sonntagszeitung zu schicken. Ich hatte gelesen, daß eine Zeitung kürzlich jemandem eine große Summe für Auszüge aus einem außerordentlich offenherzigen Buch über dessen Mutter bezahlt hatte. Ich erzählte nun jedermann, daß ich ein Vermögen machen würde, indem ich sensationelle Fakten enthüllen wollte – und zwar nicht über Tote, sondern über Lebende.

Mehrere der Lebenden teilten meinen Enthusiasmus über diesen Plan nicht. Ich erhielt sogar einen strengen Brief von einem befreundeten Arzt, der demselben Ärzteteam angehörte wie der Mediziner, der mich zur Psychoanalyse überredet hatte. Das Schreiben begann mit der Feststellung, daß es, wenngleich ich es vielleicht nicht begrüßen würde, in erster Linie aus Sorge um mich verfaßt worden sei, und konstatierte dann richtig, daß ich mich in einem hypomanischen Zustand befände. Der Arzt warnte mich davor, einen Bericht über meine medizinische Behandlung zu veröffentlichen, solange ich in dieser Verfassung sei, und schloß mit der Drohung, sich an die *Medical Defence Union* (Rechtsschutzvereinigung der Ärzte) zu wenden, sollten seine Fachkenntnisse oder die seiner Kollegen in irgendeiner Weise angegriffen werden. Dieser Arzt war auch ein Anhänger der Psychoanalyse, und seine Behauptung, der Brief sei in erster Linie aus Sorge um mich geschrieben worden, legt die Vermutung nahe, daß der Einblick, den die Psychoanalyse in die eigenen Motive gewährt, nicht notwendig ein sehr tiefer ist.

Etliche meiner Freunde waren ebenfalls besorgt bei dem Gedanken, daß ich einen Bericht über meine Krankheit veröffentlichte. Sie fürchteten, ich würde mir damit selbst schaden – so stark ist das Tabu gegenüber dem Eingeständnis, daß man eine Zeitlang aus dem seelischen Gleichgewicht geraten war. Als ich einen Freund fragte, welchen Schaden ich damit anrichten könnte, dachte er kurz nach und antwortete: »Nehmen wir an, du möchtest irgendwann in den Athenaeum-Club aufgenommen werden; man würde dich nie zulassen, nachdem du so etwas publiziert hast.« Trotz meiner Euphorie war ich mir meines Zustandes genügend bewußt, um zu erkennen, daß ich nicht mein normales Selbst war; ich hatte daher bereits beschlossen, daß, was immer ich schreiben würde, sorgfältig überlegt werden müßte, um nicht etwas zu schreiben, was mir oder anderen schaden könnte.

Mein Erregungszustand könnte als ein Mittel zur Tarnung meiner weiterbestehenden ursprünglichen Angstzustände und Depressionen gedeutet werden. Ich schlief wenig und wachte sehr früh am Morgen auf. Dann war mir, als erleuchtete ein Scheinwerfer meinen Verstand, und ich begann aufregende Pläne für die Zukunft zu schmieden, was ein neuerliches Einschlafen völlig ausschloß. Darüber hinaus war ich, obwohl ich nun eine Menge las und schrieb, nicht fähig, mich so zu konzentrieren, wie ich es getan hatte, als ich normal war. Meine Gedanken wanderten, wenn ich an Gesprächen über Psychologie teilnahm, und wenn ich auch sehr schnell schrieb, fiel es mir schwer, mich an den langweiligeren und mühseligen Vorgang der Überarbeitung und Systematisierung des Geschriebenen zu machen. Dazu wurde ich noch von plötzlichen Ängsten befallen, die aus keinem ersichtlichen Grund auftauchten und mich mit klopfendem Herzen und weichen Knien zurückließen. Schließlich wurde ich mehrmals am Tag von qualvollen Zwangsvorstellungen heimgesucht, deren ich nur dadurch Herr werden konnte, daß ich mich in Arbeit vergrub.

Selbstverständlich ist es ein Standardlehrsatz der Psychoanalyse, daß Hochstimmung eine Abwehr ist, durch die man ungelöste Konflikte und Ängste vor sich selbst verbergen will. Trotz der unterschwelligen Ängste freute ich mich, wenn schon nicht die anderen glücklich darüber waren, meistens über meine gehobene Stimmung. Ich hatte die Furcht vor dem Tod vollständig verloren, die mich früher von Zeit zu Zeit in Momenten der Untätigkeit befallen hatte. Ich erinnere mich, wie ich zum erstenmal entdeckte, daß jeder sterben müsse: Ich war ungefähr acht Jahre alt damals, und fuhr mit einem Freund meines Vaters in einem alten Rover einen Hügel hinauf. Der Freund meines Vaters teilte mir die schreckliche Neuigkeit mit, daß alles im Tod endet; zuerst glaubte ich ihm nicht, dann aber erkannte ich, daß er wohl recht haben mußte. Während ich mich in Hochstimmung befand, vermochte ich mich damit abzufinden, daß wir alle sterben müssen, aber dies beunruhigte mich nicht mehr. Der Satz »Das Schicksal kann mir nichts anhaben« hallte in meinem Gehirn wider.

Ich hatte noch verhältnismäßig Glück mit meiner Hypomanie. Ich faßte keine unwiderruflichen, übereilten Entschlüsse, wenn ich auch nach Abklingen meiner Euphorie weniger Geld besaß als an ihrem Beginn. Da Hypomane gewöhnlich wenig oder gar keinen Einblick in ihren Zustand haben, benehmen sich manche leichtsinnig und verschwenderisch, was zum Bankrott oder zur Entfremdung aller Freunde und Verwandten führen kann. Wir wissen über die Ursachen der Hochstimmung genauso wenig wie über jene der Depression. Mein Psychiater erzählte mir, daß meine eigene Hochstimmung eine Rückwirkung der Depression gewesen sei und keine Folgeerscheinung der von mir eingenommenen Medikamente. Tatsächlich gelang es mir, sämtliche Pillen innerhalb eines Monats nach dem Verlassen der Klinik abzusetzen. Abnormale Zustände von Euphorie treten manchmal ohne vorhergehende Depression auf, und derjenige, der daran leidet, weigert sich möglicherweise, psychiatrische Hilfe in Anspruch zu nehmen, außer er wird von Verwandten oder Freunden dazu gedrängt.

Meine Hypomanie hielt drei oder vier Monate an, und dann

verfiel ich allmählich in eine weitere, längere Depression. Sie war sehr unangenehm, obwohl nicht so qualvoll wie jene, die meinen Zusammenbruch begleitet und mich meiner gesamten Konzentrationsfähigkeit beraubt hatte. Nun versuchte ich der Realität zu entfliehen, indem ich im Bett liegenblieb und bis Mittag oder ein Uhr mit Unterbrechungen döste; wiederum war ich außerstande, mich für die Außenwelt zu interessieren. Sowohl der Psychologe als auch der Psychiater sagten mir, daß ich mich zwingen müßte, morgens aufzustehen und meinen Tag mit normalen Aktivitäten auszufüllen. Mit großer Mühe schaffte ich es, meine Lehrtätigkeit auszuüben, zu lesen und zu schreiben, wenn auch das, was ich schrieb, mich nicht befriedigte und ohne Schwung war. Wieder wurde ich von Angst und zwanghaften Assoziationen geplagt. Nach sieben Monaten des Nichtrauchens betrat ich plötzlich einen Tabakladen und kaufte ein Päckchen Zigaretten, und zu meinen anderen Sorgen kam noch die beschämende Tatsache hinzu, daß ich wieder rauchte.

Während dieser Zeit gelang es mir, die Überarbeitung der Artikel über meinen Zusammenbruch zu beenden. Ich strich allzu Persönliches heraus, und wo immer mich auch nur der leiseste Zweifel an der Wahrhaftigkeit dessen befiel, was ich geschrieben hatte, ließ ich es weg. Nach einer weiteren Verzögerung wurden die Artikel veröffentlicht: Neun Monate waren seit meiner neuerlichen Depression vergangen, und ich hatte mich seit mehr als anderthalb Jahren in einem geistig abnormen Zustand befunden.

Ich war sehr besorgt darüber, wie die Artikel aufgenommen werden würden. Die verschiedensten Motive hatten mich zu ihrer Abfassung bewogen. Ich wußte, daß ich einem breiteren Leserkreis erklären konnte, wie es ist, einen geistig-seelischen Zusammenbruch zu erleiden; ich war auch der Ansicht, daß die Öffentlichkeit über geistige Gesundheit und die verschiedenen Behandlungsarten besser informiert werden sollte, und daß eine Zusammenfassung meiner eigenen Erfahrungen jenen ein wenig Trost bringen könnte, die entweder selbst das durchmachten, was ich hinter mir hatte, oder deren nahe Verwandte beziehungsweise Freunde an einer psychischen Krankheit litten; ich wollte auf die Gefahren einiger Behandlungsmethoden hinweisen und versuchen, das Stigma, das der Geisteskrankheit noch immer anhaftet, zu beseitigen. Rückblickend war ich auch fasziniert von meinen eigenen seltsamen Erfahrungen und vom Thema der geistigen Gesundheit im allgemeinen, und ich wollte ein wenig von dieser Faszination mitteilen. Ich brauchte auch das Geld, das die Artikel einzubringen versprachen, und die Genugtuung, etwas zu schreiben, was, wie ich hoffte, von vielen Leuten mit Interesse gelesen werden würde. Trotz alldem hatte ich Angst, wie die Leser reagieren würden. Vielleicht hatten meine vorsichtigeren Freunde recht, und ich sollte mich nicht auf diese Weise öffentlich zur Schau stellen. Ich war bereit, für Geld oder Ruhm Schmutzwäsche in der Öffentlichkeit zu waschen; obwohl ich keine Animosität empfand gegenüber irgend jemandem, der an meiner Behandlung beteiligt gewesen war, mußte ich doch mit aller Aufrichtigkeit schreiben, daß sich meiner Meinung nach nicht die gesamte Behandlung als nützlich erwiesen hatte, und ich könnte beschuldigt werden, mich kleinlich an Leuten zu rächen, bei denen ich angeeckt war – die Haltung einiger Psychoanalytiker gegenüber Patienten, die über ihre Psychotherapie schreiben, ist in dem Zitat auf dem Vorsatzblatt zusammengefaßt. Am schlimmsten von allem aber war, daß die Artikel vielleicht schlecht geschrieben waren und den Leser eventuell nur langweilen würden.

Ich schreibe so ausführlich über meine Gefühle zu der Zeit, als die Artikel veröffentlicht wurden, weil es, wie ich glaube, deren Aufnahme – zumindest mancher Stellen daraus – war, die mich in einen normaleren Geisteszustand zurückversetzte. Viele Leute, die ich kaum kannte, traten auf der Straße auf mich zu und dankten mir für die Artikel. Oft gaben sie zu verstehen, daß auch sie ähnliche Erlebnisse hinter sich hatten, und daß es sie ein wenig tröstete, all das gedruckt vor sich zu sehen. Andere schrieben mir, daß ihre eigenen Erfahrungen, vor allem mit Psychoanalytikern und psychiatrischen Krankenhäusern, den meinen ganz ähnlich waren, sie könnten kaum glauben, daß ich über mich und nicht über sie geschrieben hatte. Ich war überrascht, wie viele meiner Bekannten mir erzählten, daß auch sie Zusammenbrüche gehabt hätten; es ist ein Erlebnis, das die meisten Leute nicht gerne eingestehen, ausgenommen Leidensgenossen gegenüber. Ich freute mich über die Zahl der Menschen, denen ich begegnete und die die Artikel tatsächlich mit einigem Interesse gelesen hatten. Kurz, ich war ungeheuer erleichtert über die Art, in der sie aufgenommen worden waren, und ein wenig geschmeichelt.

Nicht alle äußerten sich zustimmend. Der Arzt, der mich als erster an einen Analytiker verwiesen hatte, fand es sehr traurig, daß ich die Artikel veröffentlicht hatte, und meinte, ich wäre mir selbst nicht gerecht geworden – eine Bemerkung, die ein Analytiker vielleicht als Projektion interpretiert hätte. Meine Psychiater-Kollegen waren geteilter Meinung: Einige vertraten die Ansicht, daß einmal gesagt werden mußte, was ich schrieb, andere stießen sich an der impliziten Kritik an einigen ihrer Berufskollegen und hielten es für gefährlich, die breite Öffentlichkeit über die Schwierigkeiten und Gefahren mancher Behandlungsmethoden zu informieren.

Ich bin mir bewußt, daß es mir – sowohl im vorliegenden Buch als auch in den Artikeln – vielleicht nicht gelungen ist, das volle Ausmaß meiner Leiden mitzuteilen. Ich schätze mich glücklich, daß ich gesund wurde, und es fällt mir schwer, mir die qualvolle Stimmung wieder zu vergegenwärtigen. Ich zitiere untenstehend ein paar Auszüge aus Briefen, die ich erhielt. Sie geben sowohl das Leid besser wieder, als ich es vermag, und zeigen gleichzeitig, daß meine eigenen Erfahrungen in keiner Weise atypisch waren:

»... Diese entsetzliche Nervosität und das schreckliche Gefühl der Isolierung, das Gefühl bohrenden, furchteinflößenden Alleinseins – eine geistige Isolation.«

»Die (aus meinen Artikeln zitierten) Worte ›Ein Ereignis, geradezu maßgeschneidert, mir ein Maximum an Schmerz zuzufügen‹, enthielten einen so tiefen Sinn für mich. Das Ausmaß des Schmerzes übertraf nicht nur jede frühere Erfahrung, sondern ging auch bei weitem über alles hinaus, was ich mir vorstellen konnte. Ich kenne die Marter der Spaltung, das Unwiderrufliche und Umwälzende – Wörter, die oft auf taube Ohren treffen –, die Selbstbeschuldigungen, und den unglaublichen Verlust der früheren Persönlichkeit, der zu einem Verhalten führt, das man selbst nicht glaubt, und zu einer qualvollen Beeinträchtigung aller Funktionen.«

»Das Bett war meine Zufluchtstätte, wo ich für ein paar kurze Stunden die Welt ausschließen konnte.«

»Ich weiß nicht, wo ich hingehe oder was geschehen wird, ich brauche verzweifelt Hilfe, aber ich scheine immer das Opfer von Irrtümern zu sein, ich glaube, es ist meine Schuld. Ich will meine Kinder nicht sehen, weil ich den Vorwurf in ihren Augen nicht ertragen kann.«

»Die Artikel lesen sich zum Teil wie eine Kopie meiner eigenen Erfahrungen während der sieben Jahre in der ›lebenden Hölle‹ depressiver Angst.«

»Ihr Bericht ruft eine solche Vielfalt von Gedanken und Gefühlen in mir hervor, die den Ihren anscheinend so ähnlich sind.«

»Ich wurde sehr stark an meine eigenen, ähnlichen Erfahrungen erinnert. So vieles, was der Professor erwähnte, traf mich, weil es so eindeutig zu den Gefühlen eines in einer psychiatrischen Anstalt internierten Patienten gehörte und – dafür typisch war.«

Ich sollte vielleicht kurz die Art der Therapie skizzieren, der ich mich nach meiner Entlassung aus der Klinik vor mehr als zwei Jahren unterzog. Während der ersten euphorischen und der darauffolgenden depressiven Phase suchte ich den Anstaltspsychologen fast regelmäßig einmal pro Woche auf. Einige Zeit hindurch empfing er mich zusammen mit meiner Frau und versuchte, uns Mut einzuflößen, um unser Verhalten zueinander zu verbessern. Wir ritten immer noch häufig auf vergangenen Missetaten herum, und obwohl wir beide einsahen, daß das kindisch war und zwecklos, besaßen wir nicht genügend Selbstbeherrschung, um ermüdende, schmerzliche und bis zum Überdruß wiederholte Anschuldigungen zu vermeiden. Josies Eifersucht entlud sich in Zorn, meine gewöhnlich in Traurigkeit. Wir gelobten dem Psychologen wiederholt Besserung in unserem gegenseitigen Verhalten, nur um bei unserem Besuch in der folgenden Woche zu gestehen, daß wir unser Versprechen nicht gehalten hatten und uns genauso wie früher benahmen. Später sagte der Psychologe wehmütig, daß er eine eventuelle Frage, ob er Josie und Stuart hätte helfen können, verneinen müsse: Er war ein ehrlicher Mann. Gegen Ende meiner zweiten Depression suchte ich ihn wieder allein auf, und er begann mit der langersehnten Desensibilisierungs-Behandlung meiner zwanghaften Eifersucht, aber meine Depression schlug nochmals in Euphorie um, und die Eifersucht nahm von selbst ab.

Ungefähr zu dieser Zeit beschloß der für meinen Fall zuständige Primararzt, Josie und mich zu einem anderen Psychiater, der auf »Eheberatung« spezialisiert war, zu überweisen. Er empfing uns zusammen mit einer Sozialarbeiterin: Die Gegenwart von Therapeuten beiderlei Geschlechts verhindert, daß ein einzelner Therapeut nur mit einem Partner des Paares sympathisiert. Der Psychiater war nett und bestrebt, uns zu helfen, und ich bin ihm dankbar für die Zeit, die er mit uns verbrachte. Er hatte die zurückhaltende Art eines Menschen, der eine der besseren englischen Privatschulen besucht hat, und ich dachte, daß es ihm wohl schwerfiel, sich in meine stürmischen Emotionen einzufühlen.

Aus gänzlich unterschiedlichen Gründen waren Josie und ich schwierige Patienten. Sie hat mehr Stolz als ich und fand es schwierig, sich verhältnismäßig fremden Leuten mitzuteilen. Bei einer Gelegenheit erwähnte sie mir gegenüber ein paar intime Gedanken, und ich sagte: »Das solltest du dem Psychiater erzählen«, worauf sie mir die prächtige Antwort gab: »Das ist eine viel zu persönliche Angelegenheit, als daß man sie mit einem Psychiater besprechen könnte.« Sie behauptete auch, zu krank zu sein, um einen Arzt aufzusuchen. Es fiel ihr schwer, sich mit der Unnatürlichkeit einiger der Übungen abzufinden, die wir ausführen sollten, weil sie Angst hatte, lächerlich zu wirken. Der Psychiater zum Beispiel regte an, sie sollte, um unser gegenseitiges Vertrauen zu stärken, ihre Hände in die meinen legen und zulassen, daß ich sie stützte. Man bat uns auch, einen anderen therapeutischen Standardtrick auszuführen, nämlich beide abwechselnd willenlos und schlaff zu werden und sich vom anderen den Körper und die Gliedmaßen in einer in dessen Augen charakteristischen Stellung arrangieren zu lassen. Solche Spiele waren nichts für Josie.

Obwohl ich eher bereit war, derlei zu versuchen – möglicherweise, weil ich verzweifelter war –, teilte ich doch in vielem ihren Zynismus hinsichtlich des möglichen Nutzens der Ehetherapie. Außerdem veranlaßten mich meine eigenen Fachkenntnisse, nach der Rechtfertigung für jeden Schritt zu fragen, den der Psychiater vorschlug, und es ist wohl für keinen Therapeuten sehr lustig, dem Patienten über jeden Schritt, den er unternimmt, Rechenschaft abzulegen. Ich versuchte, das zu bagatellisieren, aber ich war anfangs ängstlich darauf bedacht, keine Mißverständnisse aufkommen zu lassen, und ich hatte einen ärgerlichen Hang zu korrigieren, was ich als Fehlinterpretation oder Versprecher des Psychiaters betrachtete. Obwohl ich wirklich ängstlich bemüht war, mir nichts zuschulden kommen zu lassen, kann ein solches Beharren auf Präzision leicht wie grundlose Feindseligkeit meinerseits ausgesehen haben.

Ferner ist es schwierig für Therapeuten, ein Paar, das etwa einmal in vierzehn Tagen zu ihnen kommt, zu kennen und zu verstehen. Zufällige Bemerkungen enthüllten, wie tiefgreifend solche Mißverständnisse sein konnten. So deutete die Sozialarbeiterin einmal an, daß meine Frau möglicherweise auf sie als Berufstätige eifersüchtig war, da sie selbst ja keinen Beruf ausübte. Josie verschlug es die Rede, so verlegen war sie; denn obwohl der Gedanke, eine erfolgreiche Couturière, Schauspielerin oder Kunsthändlerin zu sein, vielleicht etwas Verlockendes für sie hatte, so erschien ihr die Vorstellung, als Fürsorgerin zu arbeiten, doch zu wenig attraktiv, als daß sie gegenüber einer Angehörigen dieser Berufsgruppe etwas anderes empfunden hätte als mildes Wohlwollen.

Vielleicht um Mißverständnisse zu vermeiden, schlug der

Psychiater eines Tages vor, daß wir uns hinsetzen und genau sagen sollten, wie wir über einander dachten. Ich erwähnte einige der Dinge, über die ich weiter oben berichtet habe, und fügte hinzu, daß er – der Psychiater – unterschwellig zwar wahrscheinlich tatsächlich besorgt war, daß er aber eher intellektuell an die Probleme herangehe und daß er, vielleicht aufgrund seiner Erziehung, Schwierigkeiten habe, seine Gefühle zu zeigen. Ich habe den Verdacht, daß solche Offenheit in persönlichen Beziehungen selten von Vorteil ist, und gleichgültig, wie sehr ein Therapeut versucht, die Feindseligkeit der Patienten als Projektion oder Manifestation anderer Mechanismen anzusehen – er ist selbst ebenso verwundbar wie wir anderen.

Manche der Aussprüche und Ratschläge des Psychiaters waren wirklich recht sonderbar. Einmal, und zwar aus keinem klar ersichtlichen Grund, erkundigte er sich eingehend über unsere Stammbäume. Die Identität des Großvaters meiner Frau war geheimnisumwittert, und als er das erfuhr, bemerkte er: »Ah, dann ist Ihr Großvater bloß ein gesichtsloser Penis für Sie.« Einige Zeit hindurch bestand einer der schlimmsten Aspekte meiner Eifersucht darin, daß sie bei sexuellen Kontakten mit meiner Frau besonders stark hervortrat. Der Anblick von Josies nacktem Körper rief viele meiner ärgsten eifersüchtigen Phantasiebilder hervor, und manchmal konnte ich es nicht ertragen, daß sie mich berührte. Der Psychiater legte ihr nahe, alles in ihrer Macht Stehende zu tun, um mich zu erregen, wobei wir vierzehn Tage lang keinen Geschlechtsverkehr ausüben sollten. Ich sollte ihren Avancen unerbittlichen Widerstand entgegensetzen. Wir sollten auch bestimmte Tageszeiten für gegenseitige Beschuldigungen reservieren; ich sollte meine Frau anbrüllen, und sie mit Gegenständen um sich schmeißen – viermal täglich, vor den Mahlzeiten. Obwohl es eine gegenwärtige moderne Behandlungsmethode ist (bekannt als »paradoxe Intentions-Behandlung«), Patienten dazu aufzufordern, sich Gewohnheiten hinzugeben, die sie loswerden möchten, ist das theoretische Grundprinzip, das dahinter steckt, eher obskur: Es wird vage beschrieben als eine Bemühung, unerwünschtes Verhalten selbständig zu kontrollieren. Augenblicklich deutet nichts darauf hin, daß dieses Verfahren hilft. Sowohl aus diesem Grund als auch deshalb, weil keiner von uns beiden die Künstlichkeit dieser Kniffe zu akzeptieren vermochte, waren meine Frau und ich außerstande, die Ratschläge zu befolgen.

Ich bin dem Psychiater wie der Sozialarbeiterin dankbar für ihr Ausharren bei dem Versuch, zwei so schwierigen Patienten beizustehen. Möglicherweise ist es leichter, Ehepaaren zu helfen, deren Problem Kommunikationsmangel ist, als Leuten wie wir, die an zuviel Kommunikation der falschen Sorte leiden. Es gab wenig in unserem Verhalten, worauf uns ein Außenstehender aufmerksam machen konnte und das wir beide nicht schon bis zum Erbrechen durchgesprochen hatten. Wir wußten oder glaubten zu wissen, wie wir uns zu verhalten hätten. Unser Problem bestand darin, daß wir dieses Wissen nie in die Praxis umsetzen konnten.

Unser Experiment mit der Partnertherapie dauerte insgesamt ungefähr neun Monate, wenngleich in dieser Zeit nur etwa zwanzig Sitzungen stattfanden. Ich suchte weiterhin den mit meinem Fall betrauten Primararzt auf, zunächst zwei- oder dreimal im Monat, später aber in viel größeren Abständen. Er war stets gelöst, vernünftig und hilfreich. Wie der Anstaltspsychologe nahm er selbst meine dümmsten Ideen und Ängste mit gebührendem Ernst auf, tadelte niemals und riß keine albernen Witze.

Es wäre schön, berichten zu können, daß meine Stimmung, nachdem ich mich von meinem zweiten Anfall von Depression erholt hatte, ausgeglichen geblieben wäre und ich danach glücklich und zufrieden gelebt hätte, durch meine Erfahrungen besser und klüger geworden. Unglücklicherweise war das nicht der Fall. Ich machte eine weitere Phase leichter Euphorie durch und verfiel dann in eine längere Periode milder, aber jämmerlicher Depression. Es geht mir natürlich unvergleichlich besser als während der akuten Phase des Zusammenbruchs. Meine Eifersuchtsphantasien beherrschen mein Leben nicht mehr ausschließlich, und ich bin imstande zu arbeiten und mich zu konzentrieren.

Die emotionelle Seite meines Lebens ist allerdings, zumindest gegenwärtig, bis zur Unkenntlichkeit verändert. Während ich früher immer die Wahl zwischen einer Unzahl aufregender Dinge, die ich unternehmen konnte, zu haben schien, stand ich nun unschlüssig zwischen reizlosen Alternativen, in der vergeblichen Hoffnung, mich an irgend etwas außerhalb meiner Person und meiner Situation, was mich nur halbwegs interessierte, klammern zu können. Ich sehne mich nach der Wiederkehr der unkomplizierten, spontanen Freude, mit der ich meinen täglichen Obliegenheiten nachzugehen pflegte, aber gleichgültig, wie sehr ich mich zwinge, dies oder jenes in Angriff zu nehmen – die Freude stellt sich nicht ein. Obwohl mich vielleicht so mancher um meine äußere Situation beneidet, finde ich oft nichts im

Leben, worauf ich mich freuen könnte – ein Gefühl, das charakteristisch ist für die Depression. Ich nehme an, daß ich einst glücklich war und es jetzt nicht mehr bin. Manchmal sehne ich mich nach einer Wiederkehr der pseudo-optimistischen und zerbrechlichen Euphorie; es ärgert und verblüfft mich, daß es mir nicht möglich ist, ein stabiles Gleichgewicht in der Mitte zwischen den langsam erfolgenden Stimmungsschwankungen zu finden, die mich nach dem Zusammenbruch heimgesucht hatten. Als ich meinen Psychologen nach der Möglichkeit einer vollständigen Heilung fragte, sagte er: »Den meisten geht es mit der Zeit besser, aber sie haben oft das Gefühl, daß etwas in ihrem Leben fehlt.« Obwohl einige der hervorragendsten Ärzte, Psychologen und Sozialhelfer keine Mühe scheuten, um mir beizustehen, war ich unfähig, mein Seelenheil zu erringen.

Meine Frau und ich sind zusammengeblieben. Während unserer gemeinsamen Begegnungen mit Psychotherapeuten war das einzige, was uns unfehlbar zusammenschloß, ihr Vorschlag, wir sollten »eine Trennung ernstlich in Betracht ziehen, zumindest für eine Zeit; versuchen Sie, nicht darüber zu phantasieren, sondern denken Sie sehr genau darüber nach«. Obwohl wir oft darüber nachgrübelten, wissen wir nicht, welche unsichtbaren Bande uns während der Stürme der letzten Jahre zusammengehalten hatten. Ist es Liebe? Haß? Mitleid? Unbewußter Masochismus? Angst vor dem Unbekannten? Oder hängen wir einfach an den leiblichen Genüssen, die wir uns gegenseitig verschaffen?

Vermutlich habe ich einiges gelernt aus meinen Erfahrungen. Ich kann die Qual seelischen Leidens bei anderen in einer Weise verstehen, wie ich es vorher nicht vermocht hatte. Ich habe nun vielleicht mehr Einblick in mein Innenleben, aber diese Einsichten brachten mir nur Schmerz, denn mir gefällt nicht, was ich sehe. Psychoanalytiker würden zweifellos erklären, daß diese Einsichten nicht tief genug gehen, um nützlich zu sein, aber ich bleibe skeptisch der Idee gegenüber, daß Selbsterkenntnis bei jedermann eine Vorbedingung für Glück und Leistungsfähigkeit sei. Epochen großer Errungenschaften wie die Renaissance, das Elisabethanische England oder die griechische Klassik sind oft charakterisiert durch einen außergewöhnlichen Mangel an Interesse für die verborgenen Quellen des Verhaltens, soweit sie nicht indirekt in Drama, Dichtung und Malerei externalisiert werden können.

In meinem eigenen Fall ist es noch zu früh, um den endgültigen Ausgang meines Zusammenbruchs zu kennen. In düsteren

Momenten wiederhole ich mir das griechische Sprichwort: »Niemand ist vor dem Tod glücklich«, aber die Launen des menschlichen Schicksals sind so beschaffen, daß ich zu anderen Zeiten weiter hoffe und kämpfe.

Ich habe die vorhergehenden Absätze vor zwei Monaten geschrieben, danach hatte mich die Niederschrift des restlichen Buches in Anspruch genommen. Ich lasse diesen Text gewissermaßen als Spiegelbild des Zustands einer leichten Depression stehen, aber ich überarbeite das Buch zur Zeit in einer besseren Stimmung als jener, in der ich es geschrieben hatte. Anscheinend habe ich einen ruhigen Hafen gefunden, Schutz vor dem rastlosen Ozean der Verzweiflung und Euphorie, auf dem ich in den letzten paar Jahren umhergeschleudert wurde. Ich wollte, ich könnte die Gewißheit haben, daß dieser Hafen mehr ist als eine vorübergehende Zuflucht.

8 Die Natur der seelischen Krankheit

Der Rest dieses Buches skizziert die gegenwärtige Situation auf dem weiten Feld der Geistes- und seelischen Krankheiten. Ich werde die verschiedenen zur Zeit angewendeten Behandlungsmethoden beschreiben und beurteilen, sowohl die psychotherapeutischen wie auch die physikalischen. Es ist ein sehr komplexes Thema – fürwahr fast ebenso komplex wie das menschliche Leben selbst. Einige Behandlungsarten wurden aufgrund bedeutsamer Einsichten entwickelt, andere aufgrund reiner Glücksfälle. Fast alle Tugenden und Laster des Menschen spielen eine Rolle in dieser Geschichte – Bescheidenheit und Arroganz, Freundlichkeit und Grausamkeit, gesunder Menschenverstand und unverblümte Dummheit, Mitgefühl und Unmenschlichkeit, Ehrlichkeit und Falschheit, Großzügigkeit und Habgier, Verständnis und Ignoranz. Vieles von dem, was ich berichten werde, ist tragisch, aber einiges ist ausgesprochen komisch. Wo immer es möglich ist, werde ich meinen Bericht mit weiteren eigenen oder mit Erfahrungen von Menschen illustrieren, denen ich während meines Aufenthaltes in der Klinik begegnete.

Die Klassifizierung von Geistes- und seelischen Krankheiten ist an sich eine stark umstrittene Angelegenheit[1]. Wenngleich jede Einteilung in erster Linie auf Symptomen aufbauen muß, ist es das Wichtigste, zu entscheiden, welches die wirksamste Behandlung ist. Bei physischer Krankheit bietet die Klassifizierung nach den Krankheitsursachen – zum Beispiel, ob es sich um eine bakterielle Infektion, um Vitaminmangel oder einen Tumor handelt – normalerweise einen Leitfaden für die indizierte Behandlungsweise. Nach wie vor verfügen wir über nur wenig sichere Kenntnisse hinsichtlich der Ursachen der meisten psychischen Störungen, und erst in jüngster Zeit ist deutlich geworden, daß verschiedene Symptomkonstellationen unterschiedlich auf die verschiedenen Behandlungsmethoden ansprechen. Daher gründet sich die Klassifizierung weitgehend auf die klinische Erfahrung, wonach eine besondere Gruppe von Symptomen häufig zusammen auftritt und mit einer speziellen Lebensgeschichte verbunden ist. Die Form der Diagnose variiert von Land zu Land und innerhalb eines Landes von einem Psychiater zum anderen; sie verändert sich auch im Lauf der Zeit. Richtlinien für den internationalen Gebrauch wurden von der Weltgesundheitsorganisation (WHO) niedergelegt. Die achte Revision ihrer *International Classification of Diseases* (Internationale Klassifikation der Krankheiten – ICD-8) erschien 1965, aber hinsichtlich der psychischen Krankheiten ist sie schon überholt, und eine weitere Revision wird vorbereitet.

Als Hauptkategorien der seelischen Krankheiten werden allgemein Psychosen und Neurosen angesehen, aber auch hier kommt es zu zahlreichen Überschneidungen, und es ist nicht klar, ob man sie zusammenhängend betrachten sollte. So stellt das *British Glossary of Mental Disorders,* das selbst auf der ICD-8 beruht, fest: »Die Unterscheidung zwischen sogenannten psychotischen Depressionen und depressiven Neurosen scheint vielen Psychiatern künstlich und zuweilen unmöglich.« Im allgemeinen hat der Psychotiker den Kontakt mit der Realität verloren, während der Neurotiker, wie arg behindert er durch Angst oder Depression auch sein mag, Bezüge zu seiner Umwelt hat und erkennen kann, was um ihn herum vorgeht.

Die Psychosen wiederum werden in »organische« und »funktionelle« eingeteilt. Die organischen Psychosen sind auf bekannte Funktionsstörungen des Gehirns oder anderer Körperorgane zurückzuführen. Das heißt nicht, daß funktionelle Psychosen nicht ebenfalls aus Funktionsstörungen des Gehirns resultieren: Wir sind nur viel weniger sicher, welcher Art die Störung ist, wenn es sich überhaupt um eine solche handelt. Die organischen Psychosen schließen Geisteskrankheiten mit ein, die von allgemeiner Atrophie des Gehirns (Altersdemenz), Gehirninfektionen (wie bei Syphilis), von Vergiftungen oder Ernährungsmängeln verursacht werden oder von dem übermäßigen Konsum von Alkohol, Barbituraten oder Amphetaminen. Ein breites Spektrum von Symptomen kann von den genannten Ursachen hervorgerufen werden, und sie können für kurze Zeit auftreten oder lange anhalten. Zu den akuten psychotischen Zuständen zählt das Delirium tremens, das selten länger dauert als eine Woche. Der Patient ist desorientiert und verwirrt und hat seltsame visuelle Halluzinationen. Die Korsakow-Psychose wird ebenfalls gewöhnlich durch Alkoholvergiftung hervorgerufen, sie ist aber ein chronischer Zustand, charakterisiert durch die Unfähigkeit, etwas länger als ungefähr eine Minute im Gedächtnis zu behalten; der Patient füllt die Gedächtnislücken üblicherweise, indem er sich Phantasieereignisse ausdenkt.

Es ist möglich, daß Vergiftungen oder schlechte Ernährung für mehr Geisteskrankheiten verantwortlich sind, als man gegenwärtig nachweisen kann. So weiß man, daß eine Roggenkrankheit in früheren Jahrhunderten den Ausbruch von Geisteskrankheiten verursacht hat. Durch die gesamte Zivilisationsgeschichte hindurch wurden Drogen verwendet, um seltsame, der Psychose verwandte Geisteszustände herbeizuführen. Bekannt ist, daß Hexen ihre Besenstiele mit einer Salbe einzuschmieren pflegten, die aus Pflanzen wie dem tödlichen Nachtschatten und Alraunen hergestellt wurde. Sie ritten nackt auf den Besenstielen, und die Salbe wurde von den äußeren Geschlechtsteilen absorbiert. Es stellte sich heraus, daß einige der in der Salbe enthaltenen Substanzen, als man sie an freiwilligen Versuchspersonen ausprobierte, eine Illusion des Fliegens und panoramaartige Visionen hervorriefen[2].

Die organische Psychose verschwindet nur, wenn die ihr zugrunde liegende Ursache beseitigt ist – ob es sich nun um einen Gehirntumor, Vitaminmangel, Infektion oder Drogenmißbrauch handelt. Anderseits können die Symptome vieler organischer Psychosen den Symptomen der funktionellen Psychosen sehr ähnlich sein, und es ist deshalb von wesentlicher Bedeutung, gleich am Anfang durch eine ärztliche Untersuchung und aufgrund der Lebensgeschichte des Patienten festzustellen, ob die psychotischen Symptome von einer der erwähnten physischen Ursachen hervorgerufen wurden.

Die häufigsten Kategorien funktioneller Psychosen sind Schizophrenie und affektive Psychosen; letztere schließen schwere depressive Krankheiten mit ein, Zustände, bei denen Depressionen und höchste Euphorie abwechseln, und (seltener) Manien ohne begleitende Angstzustände.

Die Schizophrenie kommt häufig in jungen Jahren zum Ausbruch, und die meisten schizophrenen Patienten sind bei ihrer Erstaufnahme ins Krankenhaus zwanzig bis dreißig Jahre alt. Ungefähr eine von hundert Personen leidet irgendwann einmal daran. Häufig wird fälschlicherweise angenommen, daß Schizophrenie den Fällen von Persönlichkeitsspaltung zuzuordnen ist. Der Patient ist eher von der Realität abgeschnitten, als daß seine Persönlichkeit in einzelne Komponenten aufgesplittert ist. Obwohl der Schizophrene gewöhnlich bei klarem Bewußtsein bleibt, kann er ausgeprägte Empfindungen von Irrealität haben. Er hat oft das Gefühl, daß seine innersten Gedanken von anderen »eingesehen«, sogar kontrolliert werden. Halluzinationen sind häufig, und der Kranke hört eventuell auch Stimmen, die jeden seiner Gedanken und jede seiner Handlungen kommentieren. Manchmal ist er unfähig, zusammenhängend zu denken, und was er spricht, ist oft unlogisch und für den gewöhnlichen Zuhörer sinnlos. Er klammert sich häufig an irrelevante Aspekte einer Situation oder nimmt alles wörtlich. So gab es zum Beispiel in einer Klinik eine Tür mit der Aufschrift »Bitte klopfen«, und ein schizophrener Patient klopfte jedesmal an die Tür, wenn er den Korridor entlangging. Das äußere Bild der Emotionen des Schizophrenen ist meist flau und seicht, oder die Emotionen sind trivial, und der Patient kichert sinnlos oder zeigt ständig ein geistesabwesendes Lächeln. In manchen Fällen nimmt der Patient lange Zeit hindurch unnatürliche Körperhaltungen ein, oder er verfällt in einen Zustand der Betäubung; dies kann mit starken unbegründeten Erregungszuständen abwechseln. Schizoide, der Schizophrenie ähnliche, Zustände können in der Neurose auftreten, aber auch durch Drogen, zum Beispiel LSD, herbeigeführt werden.

Die affektiven Störungen umfassen entweder Depressionen oder Euphorien, oder beides abwechselnd. Charakteristischerweise kommen sie erst später im Leben zum Vorschein als Schizophrenie und neigen eher dazu, spontan nachzulassen. Die Schilderung meiner eigenen Depression vermittelt eine gewisse Vorstellung davon, wie das ist. Außer von höchster Verzagtheit, einem Gefühl der Wertlosigkeit, Schuld und Verlust von Selbstvertrauen können sie, wie in meinem Fall, von äußerster Unruhe und Angst begleitet sein. Dazu kommen gewöhnlich eine Abnahme des Appetits, sowohl auf Essen als auch auf Sex, und Schlafstörungen. Bei manchen Depressiven sind Denkprozesse und Körperbewegungen stark verlangsamt, die Patienten nehmen bisweilen einen starren Gesichtsausdruck an und antworten auf Fragen oft nur nach einer langen Pause und dann mit fast unhörbarer Stimme. Sie können Wahnvorstellungen haben und glauben, daß sie von anderen gemieden werden oder äußerst arm sind. Wenn die Depression lang genug dauert, entsprechen diese Vorstellungen dann manchmal auch der Wahrheit. Gelegentlich treten Sinnestäuschungen auf.

Anhand meines eigenen Falls habe ich auch beschrieben, wie es ist, übermäßig euphorisch zu sein. Ich machte eine hypomanische Phase durch, aber bei der echten Manie kann das Verhalten noch viel extremer sein. Bei manchen Patienten tritt sprunghaftes Denken auf, die Gedanken sind nur lose miteinander verbunden, zum Beispiel durch den Klang eines Wortes, woraus Wortspiele oder Reime entstehen können, die unter Umständen zu einer vollständigen Änderung der Gedankenrichtung führen. Die Erregung ist manchmal so unkontrollierbar, daß die Sprache völlig zusammenhanglos wird.

Während der letzten zwanzig Jahre gab es große Kontroversen darüber, wie man affektive Leiden in verschiedene Unterkategorien einteilen könnte[3]. Obwohl Hunderte Schriften über dieses Problem publiziert wurden, erzielte man keine allgemeine Einigung, und die übereinstimmende Meinung ändert sich beinahe von Jahr zu Jahr. Einig ist man sich darüber, daß man eine grundsätzliche Einteilung in bipolare und unipolare affektive Krankheiten treffen kann. Bei der bipolaren Krankheit (dem klassischen manisch-depressiven Syndrom) wechseln Depressionszustände mit Manie oder Hypomanie ab. Daß sie eine einzelne diagnostische Kategorie ist, läßt sich aus drei Quellen ableiten. Erstens gibt es da einen starken genetischen prädisponierenden Faktor – häufiges Auftreten von manischen und depressiven Episoden bei den Ahnen und anderen Blutsverwandten der an eindeutig bipolaren affektiven Krankheiten leidenden Patienten. Zweitens unterscheiden sich bei bipolaren Leiden die biochemischen Vorgänge im Gehirn, die ja durch das unterschiedliche Vorhandensein gewisser Chemikalien in der Rückenmarkflüssigkeit bestimmt werden, von jenen der normalen Bevölkerung und anderer Depressiven. Und drittens spricht die bipolare Krankheit besser auf ein besonderes Mittel (Lithium) an als andere Formen der Depression und spricht nicht auf eine weitere Gruppe von Medikamenten (bekannt als trizyklische Antidepressiva) an, die bei anderen Arten von depressiven Krankheiten helfen.

Innerhalb der unipolaren Gruppe der depressiven Krankheiten gibt es viele verschiedene Möglichkeiten der Klassifizierung. Bis vor kurzem war es üblich, von endogenen und reaktiven Depressionen zu sprechen, wobei man annahm, daß die letzteren durch persönliches Unglück wie Bankrott oder Verlust eines Ehepartners ausgelöst würden, während die erstgenannten spontan auftreten, möglicherweise aufgrund von konstitutionsbedingten Fluktuationen in der Biochemie des Gehirns. Man war auch der Ansicht, daß an endogener Depression Leidende morgens Schlafschwierigkeiten hätten, während die reaktiv Depressiven abends schwer Schlaf fänden. Eingehendere Forschungen zeigten, daß, wenn überhaupt, nur wenig Unterschied besteht zwischen den Schlafgewohnheiten der Angehörigen jeder diagnostischen Kategorie und daß die sogenannte endogene Depression ebenso oft durch persönliches Unglück ausgelöst wird wie die reaktive. Mein eigener Psychiater sagte zu mir: »Es ist gleichgültig, ob wir Ihre Krankheit reaktive oder endogene Depression nennen, die Behandlung ist dieselbe.«

Es gibt jedoch einige Anzeichen dafür, daß verschiedene Arten von unipolaren depressiven Krankheiten existieren. Einige davon sprechen am besten auf Elektroschocks an, andere auf trizyklische Antidepressiva, und innerhalb der letztgenannten Gruppe können symptomatologische Unterschiede zwischen jenen auftreten, die besser auf jede der beiden Arten von Antidepressiva, auf Imipramin und Amitriptylin, reagieren. Ich wurde mit dem letztgenannten Medikament behandelt, von dem es oft heißt, es eigne sich besonders für Depressionen, die von ausgeprägten Erregungs- und Angstzuständen in mittleren Jahren begleitet werden. Die neueren Forschungsergebnisse über diese Fragen sind oft widersprüchlich, aber unsere Darstellung gibt einen Begriff von den Hauptproblemen. Wahrscheinlich werden während der nächsten zehn Jahre beträchtliche Fortschritte bei der Erforschung der biochemischen Basis depressiver Krankheiten erzielt werden und bei der Erarbeitung eines Klassifikationssystems, das bei der Bestimmung der geeignetsten Behandlung nützlich sein wird.

Alle bis jetzt besprochenen Arten der Depression werden Primärdepressionen genannt. Sekundärdepressionen können auch viele andere Formen von Geistes- und psychischen Krankheiten begleiten, wie Schizophrenie, Hysterie oder obsessive und Zwangsneurosen. Ferner treten sie auch häufig während oder nach manchen physischen Krankheiten auf, wie etwa nach Viruslungenentzündung, Grippe und Drüsenfieber (Mononukleose). Die Depression ist auch eine normale Folgeerscheinung ernsthafter Mißgeschicke. Es heißt, daß das Elend, das persönliches Unglück begleitet – vorausgesetzt, es artet nicht zu einer solchen Krankheit aus, wie der, an der ich litt, die einen völlig aktionsunfähig macht – durch Antidepressiva nicht gelindert werden kann, ebensowenig wie Sekundärdepressionen als Folge anderer Formen von geistiger oder physischer Krankheit. In der Praxis und beim gegenwärtigen Wissensstand ist die Grenzlinie zwischen der »normalen« und der pathologischen Depression, die medikamentöse Behandlung erfordert, oft schwer zu ziehen, obwohl es eindeutige Fälle gibt, wie meinen eigenen, in denen die Reaktion in keinem Verhältnis steht zu der Trivialität des auslösenden Ereignisses.

Bevor ich das Gebiet der Psychosen verlasse, will ich noch ein Beispiel dafür anführen, wie gründliche Forschung nicht nur helfen kann, sinnvolle diagnostische Kategorien zu erstellen, sondern auch dabei, die geeignetste Behandlung auszuwählen. In den Vereinigten Staaten wird etwa zweimal so oft Schizophrenie diagnostiziert wie in England, und auf affektive Krankheiten lautende Diagnosen sind dementsprechend weniger häufig[4]. Als ein Team britischer und amerikanischer Psychiater über eine Gruppe expliziter Kriterien für die Diagnose der Schizophrenie übereinkam und nach diesen Kriterien Patienten in New Yorker und Londoner Spitälern beurteilte, stimmten die von verschiedenen Mitgliedern des Teams unabhängig gestellten Diagnosen im großen und ganzen überein. Mehr noch – der Unterschied in der Prozentzahl von Patienten mit der Diagnose Schizophrenie in London beziehungsweise New York schwand weitgehend. Viele der New Yorker Patienten, bei denen die Spitalsärzte Schizophrenie diagnostiziert hatten, wurden von den Forschern anders eingestuft. Manche wurden wieder als manisch-depressiv klassifiziert. Die Patientengruppen, bei denen in New York Schizophrenie diagnostiziert wurde, die aber später als manisch-depressiv beurteilt wurden, sind besonders interessant. Man fand heraus, daß sie viel mehr Verwandte hatten, die an manisch-depressiven Störungen gelitten hatten, als die Patienten, die sowohl von Spitals- als auch den Psychiatern des Forschungsteams übereinstimmend als Schizophrene bezeichnet worden waren. Von größerer praktischer Bedeutung war, daß ihnen durch die Verabreichung von Chlorpromazin nicht sehr geholfen werden konnte (ein Medikament, das bei der Behandlung von Schizophrenie sehr viel verwendet wird), aber Lithium, das Mittel, das meist zur Behandlung der manischen Depression des bipolaren Typs eingesetzt wird, tat ihnen gut. Das ist ein gutes Beispiel dafür, wie die Verfeinerung der diagnostischen Kategorien die Behandlung Geisteskranker verbessern kann.

Wie wir gesehen haben, hängt die Unterscheidung zwischen Psychose und Neurose in hohem Maß davon ab, wie weit der Patient in Kontakt mit der Realität bleibt und sich seines Zustandes bewußt ist; diese Unterscheidung ist oft alles andere als deutlich. Die am häufigsten anerkannten Kategorien der Neurose sind die folgenden:

Die Bezeichnung »Angstneurose« spricht für sich selbst. Diese Neurose ist durch exzessive Angst oder Panik gekennzeichnet, die das gesamte Leben des Patienten durchdringt. Sie geht gewöhnlich mit körperlichen Symptomen wie Herzklopfen und Zittrigkeit einher. Meine eigene Geschichte zeigt, wie weit die gleichen Symptome bei Störungen auftreten können, die in diagnostischer Hinsicht unterschiedlich behandelt werden. Die frühen Phasen meiner Depression waren eher von äußerst heftigen Angstzuständen gekennzeichnet als von depressiven Gefühlen. Während jedoch die depressive Krankheit in mittleren Jahren ohne oder mit nur wenig ausgeprägter depressiver Vorgeschichte auftreten kann, entwickelt sich die schwere Angstneurose gewöhnlich bei Personen, die in einem Großteil ihres Lebens an hochgradiger Angst oder Nervosität gelitten haben. Obwohl eine Form der psychischen Krankheit Elemente der anderen enthält, ist die Unterscheidung doch mehr als nur Haarspalterei, da eine Angstneurose kaum auf die Behandlung mit antidepressiven Medikamenten anspricht.

Die depressive Neurose, die manchmal reaktive Depression genannt wird, bildet ebenfalls eine anerkannte Kategorie. Außer hinsichtlich Intensität unterscheidet sie sich anscheinend nur wenig von der depressiven Psychose, und ich habe keine Ahnung, ob ich in den Statistiken, in denen mein Fall aufschien, als psychotisch oder neurotisch eingestuft wurde.

Dank Freud ist das vielleicht berühmteste Beispiel für eine Neurose die Hysterie. Bei der Konversionshysterie treten an manchen Körperorganen Funktionsstörungen auf, und zwar aus psychischen, nicht physischen Gründen, oder aber der Patient verspürt ein Prickeln oder Schmerzen, die jeder organischen Grundlage entbehren. Bei solchen Kranken können Lähmungen von Gliedmaßen auftreten, sie nehmen bisweilen verkrümmte Körperhaltungen ein und haben manchmal sogar epilepsieähnliche Anfälle. Sie können auch teilweise oder vollständige Blindheit entwickeln, oder Taubheit oder Gefühllosigkeit in einem Glied. Solche Konversionssymptome lassen sich von ähnlichen, durch Schädigungen des Nervensystems verursachten Symptomen in erster Linie durch den Umstand unterscheiden, daß die Symptome des Hysterikers seinen Vorstellungen von Anatomie entsprechen. Die hysterische Patientin klagt vielleicht über totale Gefühllosigkeit in den Körperzonen, die von ihren Handschuhen und Strümpfen bedeckt sind, aber die betreffenden Hautregionen entsprechen keiner Körperpartie, die auch nur von einem einzigen Nerv versorgt wird, der geschädigt worden sein könnte. Bei einer weiteren Art von Hysterie, den »dissoziierenden Zuständen«, kann das Bewußtsein der Patientin auf einen einzigen Erfahrungsbereich beschränkt sein. Sie geht dann in Trance umher und zollt der Außenwelt keinerlei Beachtung. Üblicherweise erinnern sich solche Kranke später nicht mehr an die

Dinge, die sich ereignet haben, während sie sich in einem solchen amnesieartigen Zustand befanden. Tatsächlich ist die Hysterie heutzutage eine selten auftretende Form der Neurose, wenngleich sie in der viktorianischen Zeit, vor allem bei Frauen, anscheinend sehr häufig vorkam, und viele von Freuds Patientinnen waren Hysterikerinnen. Niemand weiß, warum ihre Zahl abgenommen hat. Die Hysterie hört oft ganz plötzlich und ohne ersichtlichen Grund auf.

Auch Neurasthenie scheint bei den Frauen des viktorianischen Zeitalters häufiger aufgetreten zu sein als bei den heutigen. Sie ist durch starke Abgespanntheit und Reizbarkeit gekennzeichnet und wird oft von Kopfschmerzen begleitet.

Eine Phobie ist die unvernünftige und intensive Furcht, sich einem bestimmten Objekt zu nähern oder in eine bestimmte Situation zu begeben. Viele ansonsten normale Menschen, vor allem Frauen und Kinder, haben Phobien, die sich auf bestimmte Objekte beziehen. Einige der am meisten verbreiteten sind Furcht vor Würmern, Schlangen, Insekten, Mäusen, Gewittern, vor dem Reden in der Öffentlichkeit, vor dem Fliegen und vor Prüfungen. Eine schwere Phobie weist ziemlich ähnliche Merkmale auf, kann aber den Kranken völlig außer Gefecht setzen. Um einen typischen Fall anzuführen: Eine Frau in mittleren Jahren fühlte sich beim Einkaufen plötzlich ungestüm zu einem neben ihr stehenden Mann hingezogen. Er machte ihr einen unsittlichen Antrag; sie geriet in Panik und lief völlig verwirrt aus dem Geschäft. In der Folge entwickelte sie eine Phobie davor, irgendein Geschäft zu betreten, und bemerkte, daß die Furcht immer größer wurde, je näher sie dem Laden kam. Sie vermied es instinktiv, in die Nähe eines Geschäftes zu gehen. Jedesmal, wenn sie sich davon entfernte, wurde sie ruhiger, da sie sich dadurch also besser fühlte, wurde ihre Phobie vor Geschäften verstärkt und sie gewöhnte sich immer daran, sie zu meiden, bis sie schließlich nicht einmal mehr die Straße zu betreten wagte. Sie hatte eine Agoraphobie – Platzangst – entwickelt. Der Ursprung der meisten Phobien ist nicht so klar. Ein blasses, dünnes Mädchen auf meiner Station litt an Angst vor Spinnen. Sie wirkte ständig gequält, und so groß war ihre Furcht vor Spinnen, daß sie, wo immer sie hinging, eine Dose Insektenspray an die Brust gedrückt hielt. Sie war unfähig, abends zu Bett zu gehen, aus Angst, eine Spinne in ihrem Zimmer zu finden, und flehte die Schwestern unter Tränen an, vor ihr das Zimmer zu betreten, um sicherzustellen, daß es spinnenfrei war. Sie lebte in einer Art Privathölle, die nur von Spinnen bevölkert war, aber, soweit feststellbar, hatte sie nie eine unglückliche Erfahrung mit Spinnen gemacht.

Eine weitere Kategorie der Neurosen umfaßt Zwangshandlungen und Zwangsvorstellungen. Ich kann sie anhand eines anderen Patienten meiner Station anschaulicher darstellen. Er war ein netter, aber schüchterner und leise sprechender Mann, etwa fünfunddreißig Jahre alt. Er murmelte vor sich hin, gewöhnlich über Dinge, die er, wie er fürchtete, unerledigt zurückgelassen haben könnte, oder über Dinge, die er möglicherweise nicht wieder an ihren Platz gelegt hatte. Er brauchte jeden Abend mehrere Stunden, um schlafenzugehen, denn er mußte immer wieder nachsehen, in welcher Position genau er sämtliche Kleidungsstücke zurückgelassen hatte, und sobald er versuchte, ins Bett zu klettern, spürte er immer wieder den Zwang, zurückzugehen und nachzuprüfen, ob er zuvor nicht etwas übersehen hätte. Viele Zwangsneurotiker haben entsetzliche Furcht vor Schmutz und waschen sich alle fünf Minuten die Hände. Anderseits aber entwickeln auch viele normale Menschen unangenehme, zwanghafte Rituale, die sie aber nicht für das normale Leben untauglich machen. So vermeiden sie es oft systematisch, auf die Fugen im Pflaster zu treten, oder haben das Gefühl, daß ein Unglück sie treffen wird, wenn sie es verabsäumen, den linken Schuh vor dem rechten zuzuschnüren oder die Kleider in einer bestimmten Reihenfolge anzuziehen.

In der Einteilung der WHO scheint eine Form der Neurose, die man manchmal »Existenzneurose« nennt, nicht auf. Sie tritt gewöhnlich bei jungen Menschen auf, die äußerlich ganz normal und sogar fröhlich wirken. Allerdings beklagen sie sich bei engen Freunden und Angehörigen, daß sie kein Ziel im Leben sähen, keinen Ehrgeiz hätten, daß es nichts gebe, was sie wirklich wollten, und manchmal sind sie unsicher, wer sie eigentlich sind. Gelegentlich zeigen sie starke Selbstmordneigungen. Mein Eindruck, der sich nicht auf objektive Beweise, sondern einzig auf persönliche Erfahrung gründet, ist der, daß solche Gefühle zunehmend alltäglich werden unter den Sechzehn- bis Dreißigjährigen, besonders unter den Mädchen der Mittel- und der oberen Schicht, die wenig materielle Not oder Entbehrung kennengelernt haben.

Eine andere Störung, der Neurose verwandt, die bei jungen Frauen anscheinend immer häufiger wird, ist die nervöse Anorexie. Ich habe bereits eine dieser Patientinnen meiner Station beschrieben. Die Kranke ist unfähig zu essen und kann sich unter Umständen zu Tode hungern. Manche Kranke sind außerstande,

Essen bei sich zu behalten, und manche leiden unter starken Gewichtsschwankungen und waren vielleicht einmal dick. Die Krankheit geht gewöhnlich mit Amenorrhöe und schwerer Depression oder Angst einher. Es ist möglich, daß der nervösen Anorexie ein physisches Krankheitsbild zugrunde liegt.

Man unterscheidet üblicherweise »Persönlichkeitsstörungen« von Neurosen, aber auch hier ist eine Trennlinie schwer zu ziehen. Im allgemeinen sind Persönlichkeitsstörungen weniger durch Angst oder Depression gekennzeichnet als die Neurosen, und das Verhalten der Patienten ist weniger seltsam. Persönlichkeitsstörungen werden Menschen zugeschrieben, die überempfindlich, überaggressiv, melancholisch, zu überschwenglich, zu schüchtern, sehr verschlossen, übertrieben gewissenhaft, zu abhängig von anderen oder zu passiv sind. Vielleicht sollte man sie in der Mitte zwischen den Normalen und den an echter, schwer behindernder Neurose Leidenden einreihen. Viele Psychiater würden gerne auf diese Kategorie verzichten. Psychopathen (in Amerika Soziopathen genannt) werden ebenfalls der Patientengruppe mit Persönlichkeitsstörungen zugerechnet. Ihr Benehmen ist asozial und häufig kriminell, und es ist bezeichnend, daß sie durch keinerlei Angst vor Strafe davon abgehalten werden, solche Taten zu verüben.

Die Abhängigkeit von verschiedenen Drogen wird von der WHO ebenfalls als klinischer Zustand gewertet, genauso wie verschiedene Formen von abweichendem Sexualverhalten, zum Beispiel Homosexualität, Transvestitentum, Pädophilie und Exhibitionismus. Meiner Meinung nach sollten solche Verhaltensweisen nur dort als medizinisches Problem behandelt werden, wo sie auch zwanghafte Elemente aufweisen. Es ist eine Sache, die Kleidung des anderen Geschlechtes zu Hause im Schlafzimmer anzuziehen, und eine andere, unter dem Zwang zu stehen, sich öffentlich zu entblößen oder einem unkontrollierbaren Drang nachzugeben, kleine Jungen zu verführen. Vielleicht unter der Einwirkung der *Gay Liberation Movement* (Emanzipationsbewegung der Homosexuellen) hat die *American Psychiatric Association* vor nicht allzu langer Zeit beschlossen, die Homosexualität von ihrer Liste der Geisteskrankheiten zu streichen.

Kehren wir zurück zu den Neurosen, mit denen wir uns in erster Linie befassen. Unterstreichen wir nochmals, daß sie oft nicht in reiner Form auftreten. Phobische oder zwangsneurotische Störungen sind häufig mit unbestimmter Angst oder mit Depression verbunden. Diagnostische Kategorien sind tatsächlich nur insofern von Nutzen, als sie auf die Notwendigkeit verschiedenartiger Behandlungen oder einer unterschiedlichen Prognose hinweisen.

Genaue Zahlen bezüglich der Häufigkeit verschiedener Arten von psychischer Krankheit sind schwer zu bekommen. Sie variieren je nach Diagnose. In einer in London durchgeführten Umfrage wurde festgestellt, daß 1962 vierzehn von hundert Menschen ihren Hausarzt zumindest einmal wegen irgendeiner Form von psychischer Krankheit zu Rate zogen. Die Zahl der Frauen überstieg dabei jene der Männer um das Doppelte. Da die Hälfte der Patienten über Störungen klagten, die länger als ein Jahr andauerten, waren die meisten Probleme nicht trivialer Natur. Bei neun von zehn der beobachteten Personen wurde Neurose diagnostiziert.

Depression und Angst machen achtzig Prozent der chronischen Neurose aus[5]. Angstzustände kommen bei Männern und Frauen gleichermaßen häufig vor, aber mehr als zweimal soviel Frauen wie Männer leiden an Depression. Ungefähr drei Prozent der chronischen Neurotiker haben Phobien oder zwanghafte Störungen. So aufgeschlüsselt wirkt das eher unbedeutend, aber in absoluten Zahlen stellt es eine gewaltige Menge menschlichen Leidens dar. Man fand heraus, daß in Vermont zwei Promille der Bevölkerung an schweren Phobien litten, die zur Arbeitsunfähigkeit führen. Davon wurde weniger als die Hälfte auf irgendeine Weise behandelt. Wenn wir diese Zahlen verallgemeinern, dann hieße das, daß allein in den USA gleichzeitig vierhunderttausend Menschen leben, die durch Phobien schwerst gehandikapt sind[6].

Trotz verschiedener, von den angewandten Kriterien abhängiger Schätzungen machen in Ländern wie Schweden, Großbritannien und den USA zwischen dreizehn und sechsundzwanzig Prozent der Bevölkerung irgendwann einmal eine neurotische Erkrankung durch. Ungefähr weitere vier Prozent leiden an einer Psychose, und noch andere an leichteren oder schwereren seelischen Störungen anderer Kategorien – von Drogensucht bis zu milderen Formen von Persönlichkeitsstörungen.

In einem stimmen alle jene, welche die Häufigkeit von Nervenkrankheit untersuchen, überein: Wenn diese durch die Untersuchung von Teilen der Bevölkerung geschätzt wird und nicht anhand der Zahl der Behandelten, stellt man immer fest, daß eine große Anzahl der Fälle, vielleicht die Mehrheit, nicht in Behandlung stehen. Aus zwei nordamerikanischen Studien – eine wurde in Manhattan, die andere in einem ländlichen Gebiet von Neuschottland[7] durchgeführt – geht hervor, daß etwa zwanzig Prozent der Bevölkerung durch geistige Störungen schwer geschädigt waren. Nur achtzehn Prozent wurden in den beiden Untersuchungen guter psychischer Gesundheitszustand bescheinigt. Wie wir noch sehen werden, ist es diskutabel, wie schwer eine seelische Störung sein muß, um einer entsprechenden fachlichen Behandlung für wert befunden zu werden, aber solche Zahlen vermitteln eine gewisse Vorstellung von dem Elend, dem Verlust an Leistungsfähigkeit und von der Funktionsbeeinträchtigung aufgrund von psychischen Problemen.

9 Ursprünge der psychischen Krankheit

Obwohl an die hundert Jahre über dieses Problem nachgedacht und nachgeforscht wurde, bleiben die Ursprünge der meisten Geistes- und seelischen Krankheiten im Dunkel. Mögliche Ursachen sind Vererbung, konstitutionelle Schäden aufgrund von physischen Traumata im Mutterleib, die unnatürliche, von der modernen Gesellschaft aufgezwungene Lebensweise, der Streß infolge von Armut, der Verlust der Mutter oder andere unglückliche Ereignisse in der Kindheit, und persönliches Mißgeschick. Diese Faktoren schließen einander natürlich nicht aus – einige oder alle können zusammenwirken und verschiedene Rollen in der Ätiologie der verschiedenen Arten der Geisteskrankheiten spielen. Das diesbezügliche Material ist kompliziert und manchmal widersprüchlich: Auf die Gefahr hin, des Dogmatismus geziehen zu werden, will ich sie kurz Revue passieren lassen.

Es gilt jetzt als sicher, daß genetische Faktoren für Schizophrenie und andere Formen der manisch-depressiven Krankheiten prädisponieren können[1]. Bei eineiigen Zwillingen (die genetisch beide gleich programmiert sind) entwickelt in ungefähr fünfzig Prozent der Fälle der eine Schizophrenie, wenn auch der andere daran leidet. Bei zweieiigen Zwillingen und bei gewöhnlichen Geschwisterpaaren, die zur Hälfte die gleichen Gene haben, bekommen zehn Prozent Schizophrenie, wenn ein Geschwisterteil daran erkrankt ist. Da ungefähr ein Prozent der Bevölkerung an Schizophrenie leidet, ist bei jemand, der die gleichen Gene hat wie ein Schizophrener, die Wahrscheinlichkeit, daß er erkrankt, fünfzigmal so groß wie bei jemand, der keine nahen, an Schizophrenie leidenden Verwandten besitzt, und bei jedem, der zur Hälfte die gleichen Gene aufweist wie ein Schizophrener, ist diese Gefahr zehnmal so groß.

In Dänemark werden sehr genaue Adoptionsregister geführt. Anhand dieser Register konnte ein amerikanischer Forscher (Kety) nachweisen, daß die Chance, an Schizophrenie zu erkranken, von deren Häufigkeit bei Blutsverwandten abhängt, daß sie aber nicht größer wird, wenn man von einem schizophrenen Elternteil adoptiert wird. Kety vermochte ferner festzustellen, daß ein Trauma im Mutterleib nichts mit Schizophrenie zu tun hat. Er untersuchte Halbgeschwister, die von verschiedenen Müttern stammten; wenn ein Geschwisterteil schizophren war, so bestand weiterhin eine größere Chance, daß die anderen Geschwister an derselben Krankheit litten, auch wenn sie sich nicht in demselben Mutterleib befunden hatten und getrennt aufgezogen worden waren.

Ich habe einiges Material über die Weitervererbung der Anlage zur Schizophrenie angeführt; weil es ein gutes Beispiel dafür darstellt, wie gründliche Forschungsarbeit Alternativerklärungen ausschließen kann, und weiters, weil man immer noch allgemein glaubt, daß Schizophrenie durch Erziehungsfehler verursacht wird. Der Beweis für die Beteiligung von erblichen Faktoren bei einigen Arten der Depression ist ebenso überzeugend, und neuere Forschungen legen die Vermutung nahe, daß sie, wenn auch in geringerem Ausmaß, bei der Entstehung neurotischer Störungen mitspielen. Weniger befaßt hat man sich mit der Möglichkeit, daß psychische Störungen durch eine Schädigung im Mutterleib verursacht worden sein könnten. Frühgeborene Kinder scheinen eher für Geisteskrankheiten anfällig zu sein als zum normalen Termin geborene, aber dies hängt unter Umständen damit zusammen, daß die Eltern bei Frühgeburten anders reagieren oder daß die zu Frühgeburten neigenden Mütter selbst für Geisteskrankheiten prädisponiert sind und das Kind wiederum Gene erbt, die es dafür anfällig machen.

Es gibt keinerlei Beweise, die die Meinung stützen, daß Geisteskrankheit von der Lebensweise in der modernen westlichen Zivilisation verursacht wird[2]. Forschungen bezüglich ihrer Häufigkeit in verschiedenen Gemeinschaften sind schwierig zu interpretieren, da die entsprechenden Zahlen je nach den angewandten Kriterien zur Feststellung dessen, was als Krankheit gilt, variieren. Wo vergleichbare Kriterien angewandt wurden, konnten nur geringfügige Unterschiede von Land zu Land festgestellt werden. So wurde durch eine bereits erwähnte Studie herausgefunden, daß in einem Londoner Bezirk vierzehn Prozent der Einwohner ihren Hausarzt zumindest einmal wegen irgendeiner Form von psychischer Erkrankung konsultierten. Neun Prozent wurden als Neurotiker bezeichnet. Eine Untersuchung der Einwohner eines äthiopischen Dorfes[3] zeitigte fast identische Resultate: fünfzehn von hundert konsultierten in einem Zeitraum von zwölf Monaten den Arzt wegen psychischer Störungen; neun Prozent wurden als Neurotiker eingestuft. Die Zahl von psychischen Erkrankungen bei ugandischen Studenten war faktisch die gleiche wie bei Studenten in Belfast oder Edinburgh.

Die allgemeine Ansicht, daß es einfache Gesellschaften gebe, deren Mitglieder harmonisch und frei von Geistesstörungen zusammenleben, ist ein Märchen. Um nur ein Beispiel für die Erforschung dieses Problems anzuführen: zwei Forscher machten sich auf, um eine solche Gesellschaft – die Hutterschen Brüder (Mennoniten) – in Nordamerika zu untersuchen[4]. Es handelt sich um eine fast völlig autarke bäuerliche Gemeinschaft, die ein einfaches Leben führt, fern von der städtischen Zivilisation. Anekdotische Berichte hatten die Ansicht genährt, daß die Hutterschen Brüder eine außergewöhnlich glückliche, stabile und gut angepaßte Volksgruppe seien; in fünfundsiebzig Jahren habe es nur eine Scheidung und drei Trennungen in der Gemeinde gegeben. Die Forscher erwarteten daher, sehr wenig psychische Krankheit vorzufinden, aber diese Erwartungen bestätigten sich nicht. Trotz des Fehlens von psychiatrischen Kliniken oder Psychiatern stellte es sich heraus, daß die Zahl der Psychosen höher lag als in den meisten städtischen Gemeinden.

Schwieriger ist es, Beweismaterial darüber zu erhalten, ob die psychischen Krankheiten mit der Zeit zugenommen haben. So könnte man zum Beispiel eine Steigerung der Aufnahmen in psychiatrische Krankenhäuser aufgrund der Zunahme der psychiatrischen Dienste erwarten. Der Staat Massachusetts führte besonders sorgfältige, bis zum Jahr 1840 zurückreichende Statistiken über Aufnahmen in Spitäler. Als man diese überprüfte, stellte man entgegen aller Erwartung fest, daß es zwischen 1840 und 1940 kein Ansteigen der Erstaufnahmen wegen funktioneller Psychosen bei Jugendlichen und Leuten mittleren Alters gegeben hat[5]. Es liegen keine brauchbaren Beweise dafür vor, daß die Häufigkeit neurotischer Erkrankungen sich im Lauf der Zeit geändert hätte. Nichtsdestoweniger ist man, wenn man die Biographien von Persönlichkeiten früherer Zeitalter liest – sei es nun diejenige Dr. Johnsons, Newtons oder Richards II. –, verblüfft über die Zahl von Menschen mit irrationalen und selbstzerstörerischen Charakterzügen, die man heute als neurotisch bezeichnen würde.

Die Evidenz für die Auswirkungen schlechter Lebensbedingungen infolge von Armut auf die Häufigkeit von Geisteskrankheit ist schwer zu bewerten. Allgemein besteht auf dem Land eine Tendenz zu geringfügig höherer Psychose-Häufigkeit als in der Stadt und zu einer etwas geringeren Zahl von Neurosefällen, aber die Differenzen sind nicht groß. In den niedrigeren sozialen

Schichten, vor allem im städtischen Bereich, gibt es mehr psychische Erkrankungen jeder Art als in den mittleren und höheren. Man weiß nicht, wie weit dies ein direktes Ergebnis armseliger Lebensbedingungen ist. Jene, die von Geistesstörungen befallen werden, neigen dazu, auf der sozialen Leiter abzurutschen und in städtische Slums zu geraten. Außerdem verlassen viele, die in die Stadt abwandern, wegen ihrer Armut die ländlichen Gebiete; deshalb beginnen sie ihr neues Leben in Elendsvierteln. Jeder von ihnen, der eine Anlage zur psychischen Krankheit hat, bleibt wahrscheinlich dort, während viele, die nicht behindert sind, später in bessergestellte Nachbargebiete übersiedeln. In dem Ausmaß, in dem Geisteskrankheit erblich ist, gelten dieselben Überlegungen auch für ihre Kinder. Daher ist die Wahrscheinlichkeit groß, daß sich geistig Behinderte in größerer Zahl in den schlechteren Wohnbezirken ansammeln.

Viele, ja die meisten psychotherapeutischen Schulen vertreten die Ansicht, daß in erster Linie Erlebnisse in früher Kindheit die Voraussetzungen für eine geistige und seelische Erkrankung schaffen. Wie plausibel das auch scheinen mag – es gibt wenig Beweismaterial zur Stützung dieser Behauptung. Wir haben bereits gesehen, daß genetische Faktoren bei der Schizophrenie und bei vielen depressiven Erkrankungen eine gewichtige Rolle spielen. Da es jedoch sogar bei eineiigen Zwillingen vorkommt, daß der eine schizophren wird und der andere nicht, können diese Faktoren nicht die einzige Ursache sein. Viele, darunter auch Laing, nahmen an, daß falsche Erziehung Schizophrenie verursachen könne: insbesondere wenn Eltern widersprüchliche Anforderungen an ihre Kinder stellen – indem sie zum Beispiel das eine sagen und das andere meinen –, könnte Schizophrenie herbeigeführt werden. Gründliche Untersuchungen der Beziehungen in Familien, in denen Kinder später an Schizophrenie erkrankt waren, bestätigten diese Annahme nicht; es ist schwierig, irgendwelche klare Unterschiede in der Erziehung von schizophrenen und normalen Kindern zu entdecken, und es kann leicht sein, daß etwaige Unterschiede durch das ungewöhnliche Verhalten des Kindes verursacht werden, das die Haltung der Eltern beeinflußt, und nicht umgekehrt[6]. Laings Ideen hinsichtlich dieses Problems waren besonders unglücklich deshalb, weil sie das Leid der Eltern eines schizophrenen Kindes noch zusätzlich mit dem Gefühl belasteten, für den Zustand des Kindes verantwortlich zu sein.

Auch der Verlust eines Elternteils während der Kindheit scheint nicht für Schizophrenie zu prädisponieren, wenn er auch ein zusätzlicher Faktor bei der Entwicklung von Depression und Neurose sein kann. Eine Studie[7] stellt fest, daß bei Jugendlichen, die psychiatrische Hilfe in Anspruch nahmen, der Verlust eines Elternteils durch Tod oder Trennung dreimal häufiger vorkam als bei der normalen Bevölkerung. Aber auch eine Erkenntnis wie diese ist mehrdeutig, da Tod und Scheidung von Eltern, die selbst geistig labil sind, häufiger auftreten; daher kann die Veranlagung zu psychischer Erkrankung wiederum auf Vererbung beruhen.

George Vaillant von der Harvard University führte eine besonders interessante Untersuchung[8] über den Einfluß der Umwelt eines Kindes auf dessen geistige und seelische Gesundheit im späteren Leben durch. Im Jahr 1940 waren detaillierte Aufzeichnungen über die Lebensgeschichte und Persönlichkeit von hundertneunzig Studenten an einer amerikanischen Kunstakademie gemacht worden. Dreißig Jahre später gelang es Vaillant, die meisten dieser Männer ausfindig zu machen und ihre spätere Entwicklung zu untersuchen. Obwohl er feststellte, daß eine geordnete Kindheit und gute geistige Gesundheit im Erwachsenenalter in engem Zusammenhang stehen, enthalten Vaillants Resultate einige Überraschungen. Es gab keinerlei Verbindung zwischen Faktoren aus der Kindheit und einem erfolgreichen Ehe- oder Geschlechtsleben. Noch machten diejenigen, die nach allgemeiner Vorstellung eine gute und glückliche Kindheit gehabt hatten, eine erfolgreichere Karriere als andere. Tatsächlich schienen nur fünf Prozent der Männer, die als jene mit der besten Kindheit bezeichnet worden waren, im *Who is Who in America* oder in *American Men of Science* auf, während siebenundzwanzig Prozent der übrigen in dem einen oder dem anderen erwähnt wurden. Dies könnte als eine Untermauerung des Freudschen Begriffs von der Sublimation angesehen werden, es könnte aber gleichermaßen bedeuten, daß aus dem ungeduldigen oder aggressiven Kind ein ehrgeiziger Erwachsener wird.

Sowohl in diesen als auch in anderen Untersuchungen[9] wurde festgestellt, daß wenig Zusammenhänge zwischen neurotischen Zügen in der Kindheit und der Entwicklung der Neurose im späteren Leben bestehen. Bettnässer und daumenlutschende Kinder, ebenso wie trotzige oder krankhaft schüchterne und verschlossene können als Erwachsene genauso normal und ausgeglichen sein wie das glückliche, gutgelaunte und vernünftige Kind. Tatsächlich war ich nach den Aussagen meiner Mutter ein außergewöhnlich ausgeglichenes Kind, zumindest bis zur Pubertät, und ich habe keinen Grund, ihre Behauptungen anzuzweifeln. Sollten aber schädigende Erziehungspraktiken zu geistigen Störungen im Erwachsenenalter beitragen, werden deren Auswirkungen erst nach sehr langer Zeit sichtbar; unterdessen aber kann die Entwicklung des Individuums völlig normal verlaufen. Es steht fest, daß ein Zusammenhang zwischen desolaten Familienverhältnissen und Kriminalität besteht, aber der Zusammenhang mit Neurosen-Anfälligkeit scheint nur lose und schwer nachweisbar zu sein. Obwohl Kindheitserlebnisse bei der Prädisposition zur Geisteskrankheit eine Rolle spielen können, legt die gegenwärtig verfügbare Evidenz die Vermutung nahe, daß viele Fachleute deren Bedeutung überschätzen.

Schließlich liegen genügend Beweise dafür vor, daß persönliches Mißgeschick und Streß im Erwachsenenleben sowohl physische wie auch psychische Krankheiten auslösen können[10]. In einer Untersuchung wurde festgestellt, daß vierzig Prozent von schizophrenen Patienten in der Woche vor dem Ausbruch der Krankheit zumindest ein stark belastendes Ereignis zu verkraften gehabt hatten, während es unter der normalen Bevölkerung nur zwanzig Prozent waren[11]. Wie in meinem Fall, geht dem Ausbruch einer depressiven Krankheit meist persönliches Unglück voraus. Eine der überzeugendsten Studien zu diesem Problem beruht auf Statistiken über Soldaten, die während des Zweiten Weltkriegs in der amerikanischen Armee gedient hatten[12]. Die Häufigkeit von Neurosen in einer bestimmten Armee-Einheit variierte von Woche zu Woche, je nach den Verlustzahlen in dieser Einheit. Depression und Kummer sind selbstverständlich natürliche Reaktionen auf den Tod eines Verwandten oder engen Freundes oder auf dessen Verlust infolge von Trennung. Es ist nicht überraschend, daß Menschen, die solche Reaktionen nicht zeigen, anscheinend gefühlsarm und bindungsscheu sind. Obwohl persönliche Katastrophen bei manchen Personen zweifellos den geistig-seelischen Zusammenbruch auslösen, variiert die Empfindlichkeit von einer Person zur anderen, und wir wissen bis jetzt nicht, bis zu welchem Grad eine solche Empfindlichkeit durch Vererbung oder durch frühere Erlebnisse bestimmt wird.

Die für seelische Krankheiten prädisponierenden Faktoren, die wir auf den vorangegangenen Seiten besprochen haben, wirken alle mehr oder weniger indirekt. Der tatsächliche Ausbruch und Verlauf einer psychischen Störung wird durch Vorgänge bestimmt, die sich im Betreffenden selbst abspielen. Wir können solche Vorgänge entweder als physikalische Prozesse im Gehirn betrachten oder als psychische, oft unbewußte Ereignisse. Die beiden Ansichten sind nicht unvereinbar miteinander – sie beschreiben oder erläutern dasselbe Phänomen mit verschiedenen Ausdrücken. Ob wir das Verhalten in einem bestimmten Fall mit psychologischen Gründen erklären oder auf kausale Faktoren im Nervensystem zurückführen, ist eine pragmatische Frage und hängt von dem Ziel ab, das wir verfolgen.

Bei Schizophrenie und schwerer Depression empfiehlt es sich wahrscheinlich anzunehmen, daß physische Schädigungen des Gehirns vorliegen. Es gilt nun als sicher, daß die Biochemie des Gehirns bei manchen depressiven Krankheiten sich von jener des normalen Gehirns unterscheidet, und es gibt immer mehr, wenn auch kontroversielle Beweise dafür, daß Störungen der biochemischen Vorgänge im Gehirn bei Schizophrenie eine Rolle spielen[13]. Vielen Schizophrenen und schwer Depressiven kann durch medikamentöse Behandlung geholfen werden, während keine der bekannten Formen der Psychotherapie viel nützt. Dies heißt natürlich nicht, daß wir aufhören sollten, Psychotiker so menschlich wie möglich zu behandeln und ihnen allen Trost, den wir ihnen nur geben können, durch psychologische Mittel zuteil werden zu lassen.

Mit der Neurose verhält es sich komplizierter, und wir müssen betonen, daß eine fortlaufende Abstufung zwischen der stark behindernden Neurose und der »normalen« Persönlichkeit besteht.

Gewöhnlich nimmt man an, daß wir alle unseren »Vogel« haben. Soldaten und Flieger, die wiederholt in schwere Gefechte geraten, entwickeln eine Neurosehäufigkeit, wie man sie im Zivilleben nicht kennt. Wir sind alle empfänglich dafür, wenngleich ein Ereignis, das der eine von sich wegzuschieben vermag, beim anderen einen totalen Zusammenbruch verursachen kann. Vor kurzem wurde darauf hingewiesen, daß neurotische Depression eine Form »erlernter« Hilflosigkeit[14] ist. Wenn einem Menschen eine Reihe von Widerwärtigkeiten zustößt, über die er keine Kontrolle hat, oder wenn auch nur ein katastrophales Ereignis eintritt, mag er zur Überzeugung gelangen, daß er seine Umwelt nicht mehr beeinflussen kann, und sich nicht mehr darum bemühen. Das Ergebnis ist Depression. Wir wissen im einzelnen nicht, was den einen besonders empfindlich für dieses Unglück macht, den anderen für jenes, aber sicher hängt diese Sensibilität mit der durch frühere Erfahrungen geformten Persönlichkeit und der Erbmasse zusammen. Die Bedeutung von Erbfaktoren bei der Ausbildung der Persönlichkeit sollte nicht unterschätzt werden. Babys chinesischer Eltern, die in einem

Spital in San Francisco geboren wurden, waren von Geburt an ruhiger und weinten weniger als Kinder europäischer Eltern, obwohl beide Gruppen keinerlei Kontakt mit ihren Müttern hatten[15]. Vererbung und Umwelt wirken auf komplexe und kaum erforschte Weise an der Bildung der Erwachsenen-Persönlichkeit mit.

Höchstwahrscheinlich also wird die Neuroseanfälligkeit durch eine unglückliche Kombination von umweltbedingten und angeborenen Faktoren bestimmt; das heißt nicht, daß es sich um einen angeborenen Defekt handelt, sondern nur, daß jemandes Anlagen nicht der Umwelt angepaßt sind, in der er sich gerade befindet. Daher gibt es vielleicht keine einheitlich richtige Erziehungsmethode für alle Kinder – die beste hängt wahrscheinlich von der Konstitution jedes einzelnen Kindes ab. Wurde die Neurose durch einen fehlangepaßten Lernprozeß verursacht, ist es möglich, sie zu heilen, indem man dem Neurotiker beibringt, sich besser angepaßt zu verhalten und zu denken.

Jede Psychotherapie kann als ein Versuch gerade in dieser Richtung gewertet werden. Die einzelnen Schulen unterscheiden sich nur in den Methoden, die sie anwenden. Ferner stimmen alle Schulen dahingehend überein, daß die Neurose in erster Linie auf unglückliche Erlebnisse zurückzuführen ist, auch wenn sie sich in ihren Anschauungen über diese Erlebnisse stark voneinander unterscheiden, wie wir noch sehen werden. Man sollte daraus aber nicht schließen, daß Medikamente oder andere physikalische Behandlungsmethoden keine Rolle in der Neurosen-Therapie spielen. Die Erlebnisse des Neurotikers haben dessen Hormonhaushalt vielleicht arg durcheinandergebracht, und es kann ein Teufelskreis entstanden sein. Wenn jemand aufgrund eines fehlangepaßten Lernprozesses an qualvoller Angst leidet, steigt der Adrenalinspiegel im Blut, und diese Zunahme des Adrenalins kann wiederum die Angst steigern. Der Neurotiker ist möglicherweise unfähig, irgend etwas zu unternehmen, um sich selbst zu helfen, bis etwas getan wird, um solchen physischen Änderungen entgegenzuwirken. Als ich mich im Zustand schlimmster Panik und Mutlosigkeit befand, war ich außerstande, mir selbst zu helfen oder von irgendeinem Leidensgenossen Ratschläge anzunehmen. Erst als ich ruhiger wurde – zweifellos mit Hilfe der Antidepressiva –, war ich wieder fähig, etwas besser mit mir fertigzuwerden und von dem zu profitieren, was meine Umgebung mir riet.

Eine wichtige Frage läßt der vorangegangene Bericht unbeantwortet, nämlich, ob die Neurose – und sogar auch die Psychose –

als Krankheit betrachtet werden sollen. Das Problem ist komplex und war in früheren Jahren stark umstritten: Ich möchte die Diskussion aufschieben, bis ich die verschiedenen Behandlungsmethoden besprochen habe. Bis dahin werde ich weiterhin diesen Ausdruck verwenden.

10 Freudsche Theorie und Praxis

Das einzige wirkliche Genie auf dem Gebiet der psychischen Erkrankungen ist Sigmund Freud, der Begründer der Psychoanalyse. Ich las seine Werke zum erstenmal, als ich noch nicht zwanzig war, und es war zum Teil die von seinen Ideen ausgehende Faszination, die mich zur Psychologie führte. Zwei große Erkenntnisse sind ihm zu verdanken. Erstens erkannte er, daß wir uns unserer eigenen Motive oft nicht bewußt sind. Mehrere andere Psychologen, wie etwa Pierre Janet und William James, kamen Freud insofern zuvor, als auch sie die Bedeutung des Unbewußten hervorhoben. Außerdem spielte das Unbewußte in den Werken vieler Romanschriftsteller und Dramatiker stets implizit mit, und tatsächlich nehmen wir es als etwas ganz Selbstverständliches in vielen unserer alltäglichen Gespräche hin. Wir können alle erkennen, daß die meisten Leute, die eifrig das sogenannte Obszöne verfolgen und lauthals härtere gesetzliche Maßnahmen dagegen fordern, nicht notwendig von einem aufrichtigen Glauben an altväterliche Moralvorstellungen dazu bewogen werden. Ihr Benehmen macht deutlich, daß sie selbst ein Vergnügen aus zweiter Hand an den Schweinereien haben, die sie aufdecken: Freud hätte hinzugefügt, daß sie den Ärger über ihre eigenen libidinösen Triebe verdrängen, indem sie ihn an anderen auslassen. Es ist aber eine Sache, ein Prinzip implizit anzuwenden; um es explizit auszusprechen, dazu bedarf es eines Genies.

Freuds zweite bedeutsame Erkenntnis war die, daß es die Aufgabe der wissenschaftlichen Psychologie sein sollte, alles menschliche Verhalten im Detail zu erklären. Wenn sich jemand verspricht, genügt es nicht zu sagen, er habe das getan, weil er müde war, sondern wir sollten erklären, warum er sich gerade diesen und keinen anderen Versprecher geleistet hat. Freud meinte dazu, daß die Form solcher Fehler, unsere Träume und die Symptome, welche die Neurotiker entwickeln, von unbewußten Wünschen diktiert würden; und um das zu beweisen, führte er eine große Zahl von Beispielen an, die glaubhaft in dieser Weise interpretiert werden können.

Die Tatsache, daß Freuds Erklärungen in die gleichen Worte

gekleidet sind wie unsere ganz alltäglichen Gedanken über Menschen, macht sie leicht verständlich für den Laien; seine Ideen wurden unter anderem auch aus diesem Grund von den Literaturkritikern begierig aufgenommen.

Jeder, der Freud zum erstenmal liest, kann leicht mitgerissen werden, wie es auch mir passierte, weil seine Art zu schreiben so unerhört einleuchtend ist. Erst als ich Psychologie zu studieren begann, wurde ich Freuds Mängel gewahr. Er behauptete, sich wissenschaftlicher Methoden zu bedienen, aber in Wirklichkeit haben seine Untersuchungen der menschlichen Persönlichkeit eher Ähnlichkeit mit der Arbeit eines Historikers oder eines altmodischen Detektivs auf der Jagd nach Anhaltspunkten als mit wissenschaftlichem Denken. Seinen Theorien fehlt die prophetische Kraft, sie sind nie in präzise Begriffe gefaßt, und Freud bemühte sich nie um ihre objektive Überprüfung. Er täuschte sich selbst, wenn er seine Methode für wissenschaftlich hielt. Es ist aber nichtsdestoweniger wichtig anzuerkennen, daß es zu seiner Zeit keine wissenschaftlichen Techniken zur Beantwortung der Fragen gegeben hatte, die er stellte; und größtenteils trifft dies auch heute noch zu. Wissenschaftliche Wahrheiten sind jedoch nicht die einzigen Wahrheiten; im Gegenteil, oft sage ich meinen Studenten, daß sie, wenn sie wirklich an der menschlichen Persönlichkeit interessiert sind, besser daran täten, die großen Romanciers und Dramatiker zu studieren, als sich mühsam durch die banale Fachliteratur hindurchzuarbeiten.

Ich selbst war bestrebt, exaktere Erklärungen des Verhaltens zu bekommen, als dies auf dem Gebiet der menschlichen Gefühle und Persönlichkeit möglich ist, und aus diesem Grund konzentrierte sich meine Arbeit auf solche Aspekte der Psychologie, die gegenwärtig der wissenschaftlichen Erklärung besser zugänglich sind – insbesondere auf die Probleme der Wahrnehmung und des Lernens. Ich glaube weiterhin, daß es erst dann möglich sein wird, an die Geheimnisse der menschlichen Persönlichkeit auf wissenschaftliche Art heranzukommen, wenn unsere Kenntnis von den mit Wahrnehmung, Lernen und Sprachgebrauch verbundenen Mechanismen viel umfassender ist als heute. Freudianer mögen einwenden – und manche tun es –, daß mein Interesse an diesen oberflächlich gesehen einfacheren Aspekten menschlichen Verhaltens von einem Abwehrmechanismus bestimmt sei, der mich davon abhält, die Quellen meines eigenen Benehmens eingehender zu untersuchen, aber natürlich gibt es da keine Möglichkeit zu erfahren, ob sie recht haben, und das ist auch nicht wichtig. Freud selbst glaubte, daß ein Interesse an wissenschaftlicher Forschung von dem frustrierten Wunsch des Kindes herrühre, die Genitalien seiner Mutter zu untersuchen.

Obwohl es noch immer schwierig oder unmöglich ist, streng wissenschaftliche Theorien über die menschliche Persönlichkeit aufzustellen, so befreit uns dies nicht von der Aufgabe, Beweismaterial zu sammeln und so objektiv wie möglich zu prüfen. Wie wir mehr als einmal sehen werden, sind gesunder Menschenverstand und Intuition nicht genug, ebensowenig wie Vermutungen, die eine Krankengeschichte nahelegt: Es mögen nützliche Ausgangspunkte sein, aber man muß sie mit Vorsicht behandeln, bis sie durch objektive Untersuchungen gestützt werden. Freuds bedeutsamster Fehler – und derjenige vieler seiner Nachfolger – war nicht, daß er unwissenschaftlich vorgegangen war, sondern, daß er nicht systematisch Beweise sammelte und objektiv beurteilte, um seine Ideen zu bestätigen oder zu entkräften.

Freud versuchte also, Verhalten zu erläutern, indem er bewies, daß es rational werde, wenn wir ihm bestimmte unbewußte Motive zugrunde legen. Daher konzentrierte er sich auf Beispiele, für die es keine alltägliche Erklärung gibt, wie etwa Fehler und neurotische Symptome. Er hat niemals erkannt, daß normales und rationales Verhalten – Sehen oder Rätsellösen oder das Verstehen einer Geschichte – ebenfalls erst erklärt werden müßte. Wie kommt es, daß wir einen Gegenstand wiedererkennen, angenommen, wir sehen ihn keine zweimal im Leben von genau demselben Standpunkt aus oder in der gleichen Beleuchtung? Die Antwort auf solche Fragen führt uns weit weg vom Denken über den Menschen, das sich nur vom gesunden Menschenverstand leiten läßt; Psychologen würden sich mit keiner Antwort zufrieden geben, die nicht genügend präzis und detailliert wäre, um als Konstruktionsplan für eine Maschine zu dienen, die diese Funktionen in derselben Weise ausüben könnte wie der Mensch.

Was Träume und Fehlleistungen betrifft, so gab Freud zu, daß dabei die vielfältigsten Motive mitspielen können. So bemerkte er zum Beispiel, daß viele seiner Patienten die Verbindungstür zum Warteraum offenließen, wenn sie das Behandlungszimmer betraten. Das taten sie nur, wenn der Warteraum leer war, und Freud interpretierte diese gedankenlose Geste als ein Zeichen des Widerstandes gegen ihn. Er sei doch nicht ein so bedeutender Arzt, da sein Wartezimmer leer war. Um zu verhindern, daß sich der Patient »während der Besprechung ganz unmanierlich und respektlos benehme«, dämmte Freud »seine Überhebung gleich anfangs durch eine scharfe Zurückweisung« ein[1]. Er war immer autoritär und wurde es mit den Jahren noch mehr.

Ausgehend von seinen klinischen Studien schloß er, daß alle neurotischen Symptome durch frustrierte und unbewußte sexuelle Wünsche verursacht würden. Er legte den Begriff des Sexualtriebs ziemlich weit aus, und bezog die Sehnsucht nach dem lustvollen Gefühl, an der Mutterbrust zu saugen und die Lust am Ausscheidungsvorgang in diesen Begriff mit ein. Dieser erweiterten Sexualität gab er den Namen »Libido«. Nach Freud entstehen Neurosen, weil die Gesellschaft den ungehemmten Ausdruck der Libido einschränke. Häufig wiederholt er seine Auffassung, daß jede Neurose auf eine Frustration der Libido zurückgehe. Das Individuum verleibe sich die von der Gesellschaft auferlegte Moral als sein »Über-Ich« ein, das dem Gewissen entspricht (wenn man davon absieht, daß wir uns alle unseres Gewissens bewußt sind, während das Über-Ich Verbote enthalten kann, von denen wir nichts wissen). Das »Ich« beinhaltet alles, dessen wir uns bewußt sind, und das »Es« umfaßt die unbewußten Aspekte der Libido.

Nach Freud ist das Ich gegen die Einflüsterungen des Es durch eine Reihe von Mechanismen geschützt, die sowohl bei Normalen als auch bei Neurotikern eine Rolle spielen. Libidinöse Triebe, die mit dem Über-Ich in Widerspruch stehen, bleiben unbewußt, und viele Episoden aus der Vergangenheit, insbesondere aus der frühen Kindheit, können »verdrängt«, das heißt, ins Unbewußte abgeschoben werden, weil sie uns an solche verbotene libidinöse Triebe erinnern. Wir maskieren auch unsere inneren Triebe vor uns selbst durch »Projektion« – indem wir sie anderen zuschreiben und dann unseren Zorn gegen diese wenden. Verbotene Wünsche können auch durch die Verlagerung ihres Objekts befriedigt werden; so wird das Horten von Geld zu einem Ersatz für das Spielen mit den eigenen Exkrementen; Ehrgeiz ein Ersatz für sexuelle Potenz, und die Kunst, in der verbotene Objekte dargestellt werden, zur Sublimierung unserer Libido. Die üppig-saftigen Landschaften eines Malers sind nichts anderes als die Vagina seiner Mutter, nach der er sich unbewußt sehnt. Freuds Theorien waren überaus phantasievoll.

Er meinte, daß die Neurosen von Konflikten in früher Kindheit herrühren. Jeder heranwachsende Junge wünsche, seine Mutter zu besitzen, sei eifersüchtig auf den Vater und fürchte ihn. In seinen späteren Schriften vertrat Freud die Ansicht, daß die Furcht aller kleinen Jungen vor ihren Vätern die spezifische Form einer Angst davor annehme, daß diese ihnen die Genitalien abschneiden (»Kastrationskomplex«), während kleine Mädchen ihre Mütter haßten, weil sie ihnen keinen Penis gegeben hätten, und sich nach dem Vater sehnten, da nur er ihnen einen geben könne. Kleine Jungen wünschen, ihren Vater zu töten, weil dieser aber so mächtig ist, verbergen sie ihre Wünsche vor sich selbst, indem sie sich mit dem Vater identifizieren. Durch die Vorstellung, sie seien er, können sie in der Phantasie mit ihrer Mutter schlafen und ersatzweise Befriedigung erlangen, während sie gleichzeitig die Moral des Vaters übernehmen. Eine andere Möglichkeit für das Kind, den Ödipuskomplex zu bewältigen, ist die Identifizierung mit dem Elternteil des anderen Geschlechts, dessen Liebe das Kind nicht zu gewinnen vermag. Wenn man sich selbst an die Stelle dieses Elternteils versetzt, so ist die Folge davon, daß man in der Phantasie mit dem gleichgeschlechtlichen Elternteil schläft. Dies wiederum verhüllt die Eifersucht auf diesen Elternteil, aber um den Preis, daß der homosexuellen Seite kein Widerstand entgegengesetzt wird. Freud vertrat die Ansicht, daß jedermann bisexuell sei. Schließlich glaubte er, daß wir alle drei Phasen der sexuellen Entwicklung durchmachen – die orale, die anale und die genitale – und daß sich Teile der Libido übermäßig an die früheren Entwicklungsphasen fixieren können.

Freud drückte sich nie klar über die genauen Ursachen der Neurose aus. Er meinte, daß sie sich zum Teil aufgrund unglücklicher Erfahrungen entwickle, zum Teil aus einem veranlagungsbedingten Mangel heraus. Die gleichen Erfahrungen, die Leonardo da Vinci zu einem großen Künstler machten, hätten einen Menschen mit einer anderen Konstitution in einen hoffnungslosen Neurotiker verwandelt[2]. Die unglücklichen Erfahrungen bestehen zum größten Teil in Abweichungen von den um die Jahrhundertwende in Wien üblichen Erziehungsmethoden; so können Mütter zu früh oder zu spät mit dem Entwöhnen beginnen, sie können zu liebevoll sein oder nicht liebevoll genug, die Reinlichkeitserziehung kann zu früh einsetzen oder zu spät.

Freuds Ansichten über Kindererziehung sollten mit Vorsicht behandelt werden. Die ganze Geschichte hindurch unterschied sich die Erziehungspraxis gründlich von der heutigen[3]. Tatsächlich scheinen die meisten Kinder bis in jüngste Zeit wenig Liebe und Fürsorge empfangen zu haben. Im 16. Jahrhundert war die Kindersterblichkeit so hoch, daß es sich keine Mutter und kein Vater leisten konnten, sich emotionell allzusehr an die Nachkommenschaft zu binden. Fast jedes dritte Kind starb vor Vollendung des ersten Lebensjahrs. Die Überlebenden wurden oft grausam geprügelt, im Dunkeln eingesperrt, zu Hinrichtungen und Besichtigungen von Leichen mitgenommen, und sogar verstümmelt – man riß ihnen die Zähne aus, um damit künstliche

Gebisse anzufertigen, oder kastrierte sie, weil man die Hoden für Zaubertränke brauchte. Anderseits gab es die Erziehung zur Sauberkeit oft nicht, und die Kinder lagen in ihren eigenen Exkrementen. In vielen Epochen der Geschichte wurde Masturbation im Kindesalter nicht mißbilligt. Höflinge küßten den Penis Ludwigs XIII., als dieser ein Knabe war, und er wurde ermuntert, die Scheiden der Hofdamen mit der Hand zu erforschen. Die alten Griechen praktizierten den Kindesmord in großem Maßstab und betrieben analen und oralen Geschlechtsverkehr mit Kindern. In der viktorianischen Zeit wurden britische Kinder aus guter Familie von Ammen genährt und hatten oft nur höchst formelle und gelegentliche Kontakte mit ihren Vätern. Weder in der elisabethanischen noch in der viktorianischen Epoche waren die Angehörigen der höheren Klassen merklich neurotischer als irgend jemand anderer, wenn sie auch – aus welchem Grund immer – exzentrische Charaktere gehabt haben mögen.

Liest man Freud, so erkennt man schnell, daß er undurchsichtig wird und man seinen Argumenten nicht mehr so leicht folgen kann, wann immer er daran geht, dem Ursprung der Neurose nachzugehen oder die psychoanalytische Behandlungsmethode zu beschreiben. Ebenso wie der Ursprung der Neurosen bleibt die Heilmethode unklar. Freud glaubte, die Psychoanalyse wirke dadurch, daß sie verdrängte libidinöse Triebe bewußt mache: Erkennt der Patient einmal, daß seine Libido in der oralen oder analen Phase steckengeblieben oder an ungeeigneten Objekten wie Mutter oder Vater fixiert ist, dann wird sie auf irgendeine Weise befreit und kann sich auf eine erwachsenere Phase zu bewegen oder sich an geeignetere Objekte binden. Um wirksam zu sein, verlangt die Bewußtwerdung des Unbewußten mehr als nur die bewußte Zustimmung zu dem, was der Analytiker sagt: Eine Heilung kann nur dann erreicht werden, wenn der Patient seine eigene psychodynamische Veranlagung auf einer tieferen Ebene akzeptiert.

Freud stellte die Psychoanalyse als einen Kampf dar, in dem der Widerstand des Patienten gegen das Erkennen seiner verdrängten Wünsche gebrochen werden sollte. Diese Wünsche wurden gerade deswegen verdrängt, weil der Kranke Angst davor hat, und es ist natürlich, daß er sich unbewußt um jeden Preis dagegen sträubt, sie anzuerkennen. Wenn der Analytiker solche Widerstände überwindet, handelt er als der Verbündete des Patienten und versucht durch Ermunterung und Einfühlung, diese Wünsche ans Tageslicht zu bringen. Bei dieser Bemühung spielt der Mechanismus der »Übertragung« eine wichtige Rolle. Freud bemerkte, daß die meisten Patienten sehr interessiert an und abhängig von ihrem Analytiker werden – sie verlieben sich in ihn. Dadurch verhalten sie sich ihm gegenüber so, wie sie auf andere wichtige Personen in ihrem Leben reagiert haben, insbesondere auf ihre Eltern. Und daher können die Mechanismen der Übertragung die unbewußten Gefühle des Patienten gegenüber seinen Eltern bloßlegen. Mehr noch, die Liebe der Patienten zum Analytiker kann einem guten Zweck dienen, da sie sich darum bemühen, ihm zu gefallen, und daher auch ein starkes Motiv haben, ihre eigenen unbewußten Wünsche zu enthüllen und zu akzeptieren. Freud selbst beschrieb die Übertragung als eine Neurose, die zu der ursprünglichen hinzukomme; erst wenn die Übertragungsneurose beseitigt sei, würde der Patient geheilt. Sie könne nur dann bewältigt werden, wenn der Patient selbst die Natur der Übertragung erkenne, und sobald er das verstanden habe, höre er auf, vom Analytiker abhängig zu sein.

Die meisten Patienten machen auch Phasen »negativer Übertragung« durch, in denen sie den Analytiker hassen. Auch dabei handelt es sich um eine Form des Widerstands; indem der Patient den Analytiker haßt und verachtet, ist er imstande, dessen Interpretationen abzulehnen, und dadurch vermeidet er es, sich die eigenen Wünsche eingestehen zu müssen. In der negativen Übertragung wiederholen die Patienten feindselige Haltungen gegenüber wichtigen Personen aus ihrem früheren Leben – vor allem gegenüber dem Elternteil desselben Geschlechts.

Freud hätte unschwer meine eigene Einstellung zu den Therapeuten in diesem Sinn erklären können. Im allgemeinen mochte ich die drei älteren Therapeuten männlichen Geschlechts – den ersten Analytiker, den Psychotherapeuten und den Primararzt – und wurde zusehends abhängig von ihnen. Wenn wir annehmen, daß sie für mich Vaterfiguren darstellten, so ist meine Sympathie für sie nur die Wiederholung meines früheren Zutrauens zu meinem Vater. Meine Antipathie gegen den jungen Analytiker rührte vielleicht daher, daß ich ihn unbewußt mit meinem jüngeren Bruder identifizierte, dem gegenüber ich zweifellos eine langvergessene kindliche Eifersucht empfunden hatte. Wenn ich enttäuscht wurde in der Liebe zu meiner Mutter, so hatte ich dieses Problem möglicherweise dadurch gelöst, daß ich mich mit ihr identifizierte, und mein Ärger über den jungen Analytiker kann auch dazu gedient haben, mich vor der Erkenntnis meiner verborgenen homosexuellen Wünsche zu schützen. Schließlich drückte meine Wut auf die Ärztin nur den Zorn über die –

eingebildete oder tatsächliche – Abweisung durch meine Mutter aus. All das klingt höchst plausibel, aber es wird der Aufmerksamkeit des Lesers nicht entgangen sein, daß jede andere Beziehung mit meinen verschiedenen Therapeuten ebenso leicht mit Freudschen Begriffen hätte erklärt werden können.

Der Leser hat inzwischen vielleicht eine Vorstellung von dem bekommen, was er zu erwarten hat, wenn er sich einer traditionellen Freudschen Analyse unterzieht. Die ersten paar Sitzungen sind gewöhnlich der Überprüfung gewidmet, ob der vermeintliche Patient sich für die Behandlung eignet. Freud selbst betonte die Wichtigkeit einer solchen Prüfung. Er glaubte, daß es sinnlos sei, Psychosen mit analytischen Methoden zu behandeln, und daß Depression (»Melancholie«, wie man damals dazu sagte) der psychoanalytischen Behandlung widerstehe. Er unterstrich ferner, wie wichtig es sei, festzustellen, daß der Patient organisch gesund ist. Seit damals hebt man gewöhnlich zwei Eigenschaften hervor, die ein Psychoanalyse-Patient besitzen muß, soll seine Analyse irgendwelche Erfolge zeitigen. Erstens braucht er Intelligenz: Unintelligente Patienten wären wahrscheinlich außerstande, den gewundenen Pfaden ihrer eigenen Psyche, so wie Freud sie sah, zu folgen, und dies würde Interpretationsversuche wirkungslos machen. Zweitens akzeptieren viele Analytiker nur sehr »ich-starke« Patienten, das heißt, Patienten, die den Kontakt mit der Wirklichkeit nicht verloren haben und ein gewisses Maß an Willensstärke zeigen.

Es ist leicht einzusehen, daß Entschlossenheit eine Bedingung *sine qua non* für eine erfolgreiche Analyse ist; schließlich handelt es sich um einen langwierigen, kostspieligen und schmerzhaften Prozeß. Nichtsdestoweniger ist es schwierig oder unmöglich, zwischen ich-starken und solchen Patienten zu unterscheiden, die nicht sehr krank sind. Jedermann wird zugeben, daß die Entschlossenheit, gesund zu werden, ein hoffnungsvolles Zeichen ist, und man könnte annehmen, daß die Analytiker, wenn sie solche Patienten auswählen, in Wirklichkeit nur diejenigen behandeln, die ohnehin von selbst genesen.

Orthodoxe Freudianer bestehen darauf, daß der Patient auf einer Couch liegt. Die Verwendung dieses Möbels rührt von einem historischen Zufall her. Freuds erste Versuche in der Psychotherapie gründeten sich auf Hypnose, und es ist leichter, jemanden zu hypnotisieren, der liegt und entspannt ist. Freud gibt mehrere Gründe dafür an, warum eine weitere Verwendung der Couch wünschenswert sei. Er schreibt, daß er es nicht möge, acht Stunden am Tag angestarrt zu werden, aber er fügt rasch medizinische Gründe hinzu, die er, wären sie von einem seiner Patienten angeführt worden, zweifellos als Rationalisierungen bezeichnet hätte. Er meinte, daß der Analytiker, um die Übertragung besonders wirkungsvoll zu gestalten, so schattenhaft und undeutlich wie möglich bleiben sollte. Wenn der Analytiker das täte, könne er die Patienten ermuntern, auf ihn so zu reagieren, wie sie früher auf wichtige Personen in ihrem Leben reagiert hatten. Der Patient werde auf diese Weise instand gesetzt, die Charakteristika seiner Eltern oder Geschwister auf die verschwommene Gestalt des Analytikers zu projizieren. Darüber hinaus fördert die Couch die Entspannung und hilft so den Patienten, wie im Traum zu denken und irrationale Gedankengänge in Worte zu fassen.

Freud legte großen Wert auf irrationale Denkprozesse. Wenn das Ich völlig kontrolliert wird, sind solche Denkprozesse kaum möglich, und das Es enthüllt sein Wirken in Tränen, Fehlleistungen, Träumereien und zusammenhanglosen Gedanken. Das sind Anhaltspunkte, welche zur unbewußten Arbeit der Psyche hinführen, und jeder an Freud orientierte Analytiker wird den Patienten in einem frühen Behandlungsstadium dahingehend instruieren, mit nichts hinter dem Berg zu halten, wie trivial oder unwichtig es auch erscheinen mag. Er wird sich ferner auf die Träume des Patienten konzentrieren, obwohl sich die verdrängten Wünsche auch hier nur in verkleideter Form manifestieren: Der »Zensor« schützt das Ich vor deren direkter Äußerung. Daher ist sehr viel Interpretation erforderlich, um die wahre Bedeutung des Traummaterials zu enthüllen. Als ich psychoanalytisch behandelt wurde, träumte ich bisweilen, mit jedem Mitglied meiner Familie zu schlafen – Mutter, Vater und Bruder; vielleicht war mein Zensor mit mir zusammen eingeschlafen.

Den meisten Patienten fällt es sehr schwer, ihre schweifenden Gedanken zu bändigen und zu offenbaren, und sie brauchen möglicherweise mehrere Sitzungen, bevor ihnen klar ist, was von ihnen verlangt wird. Meiner Erfahrung nach ist es besonders schwer, in aller Offenheit auszudrücken, was man von seinem Analytiker hält. Darin sind zwangsläufig feindselige Elemente enthalten, und man darf annehmen, daß auch Analytiker ihre *amour propre* haben; ferner haben die meisten von uns, außer im Zorn, starke Hemmungen, jemandes Gefühle absichtlich zu verletzen. Darüber hinaus hatte ich immer den Eindruck, daß es außer dem altruistischen Motiv, nicht ekelhaft zu seinem Analytiker sein zu wollen, noch einen selbstsüchtigen Grund gibt, nicht das zu sagen, was man denkt: Der Analytiker hat es normalerweise leichter, einem weh zu tun, als umgekehrt. Der Grundsatz, daß Patienten völlig aufrichtig sein sollten, wenn sie ihrem Psychotherapeuten von ihren Gefühlen berichten, wird weitgehend auch von nicht-Freudschen Therapeuten vertreten. Ich habe den Verdacht, daß er selten befolgt wird.

11 Beurteilung Freuds

Eine kurze Beschreibung der Freudschen Theorie und Praxis kann nicht Anspruch erheben, die volle Tragweite des Gedankengutes ihres Urhebers zu erfassen. Er selbst ist sein bester Interpret, vor allem in den *Vorlesungen zur Einführung in die Psychoanalyse.* Es sei daran erinnert, daß er im Laufe seines Lebens seine Theorien sehr oft revidierte und sich niemals um eine sorgfältige Synthese und systematische Darstellung bemühte. Vieles von seinen abenteuerlichen Theorien aus seinen späteren Jahren, als er eher pessimistisch bezüglich der Menschheit wurde, habe ich übergangen. In seinen letzten Jahren maß er dem Todestrieb – Thanatos – als Gegensatz zum Eros, der Liebe, große Bedeutung bei. Einen großen Teil der menschlichen Tätigkeit sah er als einen Versuch zu sterben oder sich selbst wehzutun, obwohl er der Ansicht war, daß der Organismus versuche, zu dem ihm »richtig« erscheinenden Zeitpunkt zu sterben. Indem er ein solches Motiv zum Wirken der Libido hinzufügte, machte er die Interpretation zwar leichter, aber auch unsicherer.

Es stellt sich die Frage, wo die Freudsche Theorie und Praxis heute stehen: Ich schreibe absichtlich »Theorie und Praxis«, da es wichtig ist, sie voneinander zu trennen. Es könnte sein, daß Freuds Theorien über menschliche Motive und die Entwicklung der Persönlichkeit richtig sind, während die Therapie wertlos ist. Es ist aber auch möglich, daß seine Theorien Unsinn sind, die Therapie hingegen nützlich ist – nach allem, was wir wissen, kann Neurotikern geholfen werden, wenn man ihnen mythische Geschichten über den Ursprung ihres Verhaltens präsentiert. Freud selbst war sich der Dichotomie zwischen analytischer Theorie und Praxis wohl bewußt, und er glaubte, daß er eher wegen seiner Erkenntnisse über die Entwicklung der Persönlichkeit als wegen seiner therapeutischen Methoden in die Geschichte eingehen werde.

Das freundlichste Urteil, das man über die Theorie abgeben kann, ist, daß sie nicht bewiesen ist. Freuds Argumente sind oft merkwürdig unlogisch. So sind viele Kinderträume ganz klar Wunscherfüllungen, wie zum Beispiel im Fall von Freuds eigener

Tochter Anna: sie träumte von Erdbeeren mit Schlagobers, die sie am Tag zuvor nicht hatte essen dürfen; aber aus der Tatsache, daß manche Träume Wunscherfüllungen sind, zieht Freud den ungerechtfertigten Schluß, alle Träume seien Wunscherfüllungen. Genauso logisch wäre es zu behaupten, daß, weil manche Träume deutlich Angst ausdrücken, alle dies tun, obwohl in manchen die Angst in verhüllter Form auftritt. Wieder ist festzuhalten, daß manche Neurosen eindeutig mit sexuellen Ängsten zu tun haben, aber daraus zu schließen, daß dies auf alle zutrifft, gleichgültig wie verkleidet das libidinöse Problem sich darstellt, scheint völlig ungerechtfertigt. Wie vielen anderen höheren Lebewesen sind dem Menschen viele Triebe angeboren, und zu diesen gehört das Verlangen nach Erkenntnis und Beherrschung der Umwelt ebenso wie die körperlichen Triebe. Neurosen können sicherlich durch Frustration solcher Strebungen ausgelöst werden, und zu schließen, daß in sämtlichen Ambitionen verborgene sexuelle Wünsche zum Ausdruck kommen, ist ebenso unbegründet wie die Annahme, die sexuellen Wünsche selbst entstünden aus einem Drang nach Herrschaft. Es stimmt natürlich, daß neurotische Angst – oder überhaupt jede Art von Angst – das normale Geschlechtsleben behindert, aber sie hemmt auch das normale intellektuelle Leben, und sie kann einem auch den Appetit auf Essen ruinieren: Manche essen, um sich zu trösten, wenn sie sich ängstigen, andere, vor allem junge Frauen, hungern sich bisweilen zu Tode.

Freuds Theorien sind so flexibel und ungenau, daß es schwierig ist, irgendeiner seiner detaillierten Interpretationen viel Glauben zu schenken. Sowohl in der Traumsymbolik wie in den neurotischen Symptomen kann jedes Ding durch sein Gegenteil ersetzt werden. »Ein Element im manifesten Traum, welches eines Gegensatzes fähig ist, kann ebensowohl sich selbst bedeuten, wie seinen Gegensatz oder beides zugleich[1].« Die Mutter kann für den Vater stehen, die Brust für den Penis, der Hodensack für den Mutterleib. Ein Ödipuskomplex kann durch die Identifizierung mit dem Elternteil gleichen Geschlechts überwunden werden, was sich im späteren Leben entweder in latenter Homosexualität manifestiert oder in der Maske heftiger Abneigung gegen Homosexualität. Freud läßt auch den Gegensatz vieler psychischer Kräfte zu: Es und Über-Ich, Eros und Thanatos, das männliche Prinzip und das weibliche Prinzip, Selbstliebe (Narzißmus) und Liebe zu anderen. Was sollen wir mit Passagen wie der folgenden anfangen? »... daß es die in jeder Zelle tätigen Lebens- oder Sexualtriebe sind, welche die anderen Zellen zum

Objekt nehmen, deren Todestriebe ... teilweise neutralisieren ..., während andere Zellen dasselbe für sie besorgen und noch andere in der Ausübung dieser libidinösen Funktion sich selbst aufopfern. Die Keimzellen selbst würden sich absolut ›narzißtisch‹ benehmen ... Die Keimzellen brauchen ihre Libido ... für sich selbst als Vorrat für ihre spätere, großartig aufbauende Tätigkeit[2].«

Wenn man eine von Freuds Krankengeschichten liest, klingt alles sehr plausibel, distanziert man sich aber von dem Material, wird sofort klar, daß derselbe Fall auf sehr viele verschiedene Arten erklärt werden kann, auch mit Freuds eigenen Begriffen.

Natürlich heißt das alles nicht, daß Freud entschieden unrecht hat; es weist nur darauf hin, daß es keinen Grund gibt, sich Freuds Meinungen anzuschließen, und unter solchen Umständen ist es üblicher, Theorien fallenzulassen, als sich mit seinem Urteil zurückzuhalten. Die Gründe, warum nach wie vor so viele Leute an die Psychoanalyse glauben, sollen weiter unten untersucht werden.

Ein paar gute Seelen haben versucht, Freuds Theorien durch objektive Mittel zu beweisen. Es ist möglich, das Alter, in dem entwöhnt wurde, oder jenes, in dem mit der Reinlichkeitserziehung begonnen wurde, mit der späteren Persönlichkeit in Verbindung zu setzen; die Freudianer erwarten, daß sich frühes Entwöhnen beziehungsweise frühe Sauberkeitserziehung in oralen oder analen Charakteristika niederschlägt. Die passiv-orale Persönlichkeit ist durch Züge wie Eß- und Trinklust gekennzeichnet, durch Pessimismus, Schuldgefühle und Abhängigkeit, die anale durch zwanghafte Merkmale wie Ordnungsliebe, Sauberkeit, Knausrigkeit und Starrsinn. Die meisten Untersuchungen finden nur geringe oder gar keine Beziehungen zwischen der Persönlichkeit und solchen Merkmalen der frühen Kindheit. Einige Studien lieferten Resultate, die im genauen Gegensatz zu Freuds Vorhersagen stehen, und ungefähr ebensoviele erbrachten Ergebnisse in der erwarteten Richtung.

Mindestens fünfzig experimentelle Untersuchungen wurden angestellt, um den Freudschen Begriff der Verdrängung zu testen[3]. Sowohl Neurotiker wie auch Normale wurden mit Material konfrontiert, von dem man nach Freuds Theorie erwarten konnte, daß es Angst hervorrief, und anschließend dahingehend überprüft, ob sie sich daran weniger gut erinnerten als an neutrales Material. Ein neues Gutachten auf diesem Gebiet zieht folgenden Schluß: »Angesichts der Fülle und Übereinstimmung der bis jetzt gesammelten Daten ... erscheint die Weiterverwendung des Begriffs [der] Verdrängung als Erklärung für ein Verhalten nicht gerechtfertigt[4].« Es steht den Freud-Anhängern selbstverständlich frei zu sagen, daß es wegen der verschiedenen Art, in der die Menschen mit Traumata wie frühe Entwöhnung fertig werden, unmöglich sei, die Freudsche Theorie zu testen, indem man nach von solchen Faktoren verursachten Unterschieden in der Persönlichkeit Ausschau hält, sie können auch einwenden, daß die Prozesse, die der Verdrängung zugrunde liegen, äußerst komplex sind und sich daher in künstlich herbeigeführten Situationen nicht freilegen lassen; die Gültigkeit und Nützlichkeit einer Theorie, die nicht objektiv überprüft werden kann, muß jedoch angezweifelt werden.

Vor ein paar Jahren sah es so aus, als würden Studien über die Auswirkungen gestörter Familienverhältnisse Freud einige Unterstützung liefern; aber die Ergebnisse können, wie wir gesehen haben, auf mehr als eine Weise interpretiert werden, und sie bestätigen keines der Details der Freudschen Theorie. Auch aus Untersuchungen über Affen, die unter unzureichenden Bedingungen aufgezogen wurden, können die Freudianer keinen Trost beziehen. Es stimmt, daß Affen, wenn sie in totaler Isolierung aufgezogen werden, als erwachsene Tiere dann schwer anormal sind, sie sind jedoch verhältnismäßig normal, wenn sie zwar ohne Eltern, aber in Gesellschaft von gleichaltrigen Affen aufwachsen[5]. Ich habe bereits angemerkt, daß Elternliebe in vielen Epochen und bei vielen Klassen eher die Ausnahme war als die Regel. Es ist wahrscheinlich, daß die frühkindliche Erziehung die spätere Persönlichkeit beeinflußt, wenn auch vielleicht nicht so sehr, wie man noch vor wenigen Jahren annahm.

Es ist auch leicht möglich, daß heranwachsende Kinder Methoden zur Befriedigung ihrer Bedürfnisse erlernen, die sie im späteren Leben beibehalten, aber es ist eher unwahrscheinlich, daß sie ihre hauptsächlichsten Befriedigungen aus den sonderbaren sexuellen Phantasien beziehen, die Freud ihnen zuschrieb.

Wenn die Freudsche Theorie zu enggefaßt, zu unlogisch ist und allzusehr der empirischen Untermauerung ermangelt, um akzeptabel zu sein, so liegt ein Indizienbeweis gegen die von der Theorie abgeleitete Therapie vor. Man sollte erwarten, daß es eine einfache Sache wäre herauszufinden, ob bei den Neurotikern, die sich einer Psychoanalyse unterziehen, die Heilungsquote höher liegt als bei jenen, die das nicht tun. In der Praxis ist eine solche Feststellung nicht leicht zu treffen. Hier einige der Schwierigkeiten[6]:

Die meisten Neurotiker genesen im Lauf der Zeit, ob sie nun

behandelt werden oder nicht. Schätzungen über die Zahl der geheilten Fälle sind sehr unterschiedlich, aber es scheint, daß es der Hälfte bis zwei Dritteln innerhalb zweier Jahre nach dem Ausbruch der Krankheit besser oder viel besser geht. Um mit Gewißheit feststellen zu können, daß die Analyse eine Heilung bewirkt, wäre es notwendig, Patienten aufs Geratewohl der Psychoanalyse oder einer anderen Form der Behandlung oder überhaupt keiner Behandlung zuzuführen. Wenn ein Patient an die Analyse glaubt, ist dies eine unmögliche oder unethische Vorgangsweise.

Zweitens suchen sich viele Psychoanalytiker ihre Patienten aus; wenn sie aber, wie ich angedeutet habe, dazu tendieren, nur jene zu behandeln, bei denen die Wahrscheinlichkeit der Genesung am größten ist, dann wird eine solche Auswahl bei den Patienten, die in Analyse sind, eine höhere Genesungsrate ergeben als bei jenen, die es nicht sind, ungeachtet einer eventuellen vorteilhaften Wirkung der Analyse.

Drittens ist die Zahl der Patienten, die die Analyse aufgeben, sehr hoch: Die meisten Untersuchungen haben erwiesen, daß sie um die fünfzig Prozent liegt. Wenn es sich bei denjenigen, die die Qual einer sich länger hinziehenden Analyse nicht ertragen können, um die schwereren Fälle handelt, dann sind (wenn wiederum diejenigen nicht gezählt werden, die aufgeben) die Chancen, die man der Analyse einräumt, ungerecht hoch angesetzt.

Viertens – wer vermag darüber zu entscheiden, ob es sich tatsächlich um eine Heilung handelt? Gewiß nicht der Analytiker, der wahrscheinlich voreingenommen ist, und vermutlich auch nicht der Patient selbst, dem es möglicherweise an Einblick in seinen Zustand fehlt, so wie mir, als ich euphorisch wurde. Vielleicht sollte man sich auf das Urteil eines zweiten Therapeuten verlassen, der den Patienten sowohl vor dem Ende der Behandlung als auch nachher untersucht, oder sogar auf das Urteil der Angehörigen und Freunde des Patienten; allerdings besteht da die Gefahr, daß sie selbst allzusehr in die Neurose des Kranken verwickelt sind, um sich eine unparteiische Meinung bilden zu können. Ein objektiveres Kriterium, das gelegentlich verwendet wurde, ist die Wiedererlangung der Arbeitsfähigkeit.

Fünftens: Wenn nachgewiesen werden könnte, daß Analyse-Patienten schneller gesund werden als solche, die keiner Psychotherapie unterzogen werden, dann würde dieser Nachweis die Psychoanalyse als solche noch immer nicht bestätigen. Es müßte gezeigt werden, daß die Heilung eben durch die vom Analytiker angewandten Methoden bewerkstelligt wurde, und nicht nur durch die Möglichkeit, mit einem verständnisvollen Zuhörer über die eigenen Probleme zu sprechen, ungeachtet des spezifischen Charakters dieser Gespräche und der dazugehörigen spezifischen Interpretationen. Es wäre darüber hinaus notwendig zu zeigen, daß die Heilung nicht allein dem Vertrauen des Patienten in analytische Methoden zu danken war; es wurde nämlich wiederholt festgestellt, daß die Leiden der Neurotiker zumindest zeitweise durch irgendeine Behandlungsmethode gelindert werden können, an die der Patient glaubt, zum Beispiel durch das Schlucken von Pillen, die eine harmlose, nicht auf das Gehirn wirkende Substanz enthalten, wie etwa Zucker oder Kohlehydrate; solche Pillen werden »Placebos« genannt[7].

Schließlich sind Nachforschungen über die Auswirkungen der Analyse langwierig und zeitraubend. Man muß nicht nur wissen, ob ein Patient geheilt ist, sondern auch, ob sich dieser Heilungseffekt Jahre hindurch erhalten hat. Der Patient kann in eine andere Stadt übersiedelt sein, er kann es ablehnen, sich einem Follow-up-Programm zu unterziehen, oder es kann einfach unmöglich sein, ihn auszuforschen.

Aus all diesen Gründen ist es sehr schwierig, die Wirksamkeit der Psychoanalyse – oder irgendeiner anderen psychotherapeutischen Methode – zu überprüfen. Diese Schwierigkeit entschuldigt aber nicht die Minderwertigkeit der meisten solcher Studien. In vielen Publikationen zu diesem Thema maßten sich die Analytiker selbst an zu beurteilen, ob ein Patient geheilt worden war oder nicht, sie unterließen es, Zahlen über den Prozentsatz der Patienten zu liefern, die die Analyse aufgaben, und Kontrollgruppen von Patienten zu verwenden, deren Leiden ebenso schwer war, die aber nicht psychoanalytisch behandelt wurden.

Der Großteil der Forschungsarbeit über die Wirksamkeit der Analyse läßt sich deshalb schwer beurteilen. Es sprechen zwar – aus den oben angeführten Gründen – viele Untersuchungen über die Wirkungen der Psychoanalyse für diese, aber es gibt ungefähr ebensoviele Berichte, die entweder keine oder sogar ungünstige Effekte ausweisen[8], wie solche über einige objektive Vorteile. In einer Studie wurden Analytiker selbst über ihre Heilungsquoten befragt. Wenngleich sie behaupteten, daß bei über achtzig Prozent der Patienten, die ihre Behandlung nicht vorzeitig abbrachen, die Analyse sich als hilfreich erwies, gelang es ihnen nach ihren eigenen Angaben nur in siebenundzwanzig Prozent der Fälle, die Symptome zu beseitigen, zu deren Behandlung sich der Patient ursprünglich in Analyse begeben hatte.

Wenn die Analyse günstige Auswirkungen hat, dann sind diese bestenfalls unbedeutend und unsicher. Vor zwei Jahren schrieb David Malan, ein prominenter britischer Psychoanalytiker: »Die Evidenz zugunsten der dynamischen Therapie im normalen Ablauf von Neurosen und Charakterstörungen – für die diese Form der Therapie schließlich entwickelt wurde – ist äußerst schwach.« In derselben Schrift stellt er fest: [»Die Forschung über] die einflußreichste und ehrgeizigste aller Formen von Psychotherapie, jene, die auf der Psychoanalyse basiert, hat so gut wie nichts ergeben – ein Grund, beschämt und verzweifelt zu sein –, bis sie im letzten Moment vom Bericht der Menninger Foundation rehabilitiert wurde[9].«

Malans letzte Bemerkung ist außerordentlich, und wird vom Inhalt des erwähnten Berichtes kaum gestützt. Die Menninger Foundation ist eine der Hauptbastionen der Psychoanalyse in den Vereinigten Staaten, und ihr Report faßt Forschungen über die Analysebehandlungen von zweiundvierzig Patienten in einem Zeitraum von achtzehn Jahren zusammen. Bei Durchsicht dieses Berichts stellen wir fest, daß die Verfasser lobenswerte Offenheit an den Tag legten. Sie sagen, daß es ihnen unmöglich gewesen sei, »1. die Variablen zu registrieren, die zur Überprüfung der Theorie [der Psychoanalyse] notwendig sind ... 3. Kontrollbedingungen beizusteuern und auszuwählen, welche Alternativerklärungen für die Ergebnisse ausschließen könnten; 4. die zu testenden Hypothesen anzuführen; und schließlich 5. diese Forschungsarbeit entsprechend der Absicht, in der sie unternommen wurde, durchzuführen[10]«. Ihre wichtigste Schlußfolgerung ist, daß die Behandlung Patienten mit gefestigter Persönlichkeit (»ausgeprägte Ich-Stärke«) helfen werde, ungeachtet der Behandlungsmethoden, während Patienten mit geringer Ich-Stärke von der Psychoanalyse nicht profitieren würden. Die Autoren schreiben sogar, daß ihre Beobachtungen »die Frage aufwerfen, bis zu welchem Grad die Psychoanalyse als die ideale Behandlung für Patienten betrachtet werden könne, die sie am wenigsten brauchen, nämlich für diejenigen mit angeborener hoher Ich-Stärke«. Mit anderen Worten, es kann sein, daß die Analyse nichts hilft, gleichgültig, ob das Ego eines Patienten stark ist oder schwach.

12 Freuds Popularität

Viele Analytiker bezweifeln selbst, ob die Psychoanalyse die Heilung von Neurosen beschleunigt. Warum also wenden sie sie weiter an? Sie nennen dafür mehrere Gründe. Als ich meinen eigenen Analytikern Zahlen über die Heilungsquote vorhielt, antworteten sie beide das gleiche. Der eine sagte: »Für jeden Heilerfolg im Südwesten Englands gibt es in Manchester sechs Mißerfolge.« Der andere meinte: »Es gibt nur sechs gute Analytiker in London – die andern machen die Leute nur noch kranker.« Tatsächlich liegen Beweise dafür vor, daß manche Analytiker besser sind als andere – eine nicht sehr überraschende Beobachtung. Die Tatsachen legen nahe, daß Analytiker und andere Psychotherapeuten, die ihren Patienten gegenüber »nicht Herrschsucht, sondern Wärme, Offenheit und Einfühlung« zeigen, mehr helfen als Therapeuten, die diese Eigenschaften nicht besitzen[1]. Es ist nicht unwahrscheinlich, daß zumindest einigen Neurotikern durch echte Beweise menschlichen Mitgefühls geholfen werden kann, und die Frage bleibt offen, ob es eher dieser Ausdruck der Sympathie ist, der dem Patienten hilft, als die Erforschung seines Unbewußten, insbesondere da andere psychotherapeutische Methoden, wie wir sehen werden, zumindest ebenso wirkungsvoll sind wie die Psychoanalyse. In der Tat, wenn Mitgefühl in der Psychotherapie wünschenswert ist, wird man es bei einem orthodoxen Freudianer wohl am wenigsten finden. Der Meister selbst schrieb, er könne seinen Kollegen nicht warm genug ans Herz legen, sich während der psychoanalytischen Behandlung nach dem Vorbild des Arztes zu orientieren, der alle Gefühle, sogar seine menschliche Sympathie, beiseite schiebt[2].

Das zweite Argument, auf das sich die Analytiker berufen, lautet, daß mangelnder Erfolg bei vielen analytischen Behandlungen nicht Schuld des Analytikers, sondern des Patienten ist. Nur einige wenige Patienten sind für die Analyse-Behandlung geeignet, und gegenwärtig wissen wir nicht, wer diese Patienten sind. Um nochmals den Artikel von Malan zu zitieren: »Ich bin ebenso überzeugt, daß es – was Analytiker niemals zur Kenntnis nahmen – viele Patiententypen gibt, die wir weiterhin mit unverminderter Hoffnung und wachsender Ablehnung zugleich behandeln und denen mit unseren Methoden nicht geholfen wird. Diese Unterlassung war es, die uns so lange daran gehindert hat, zu zeigen, daß unsere Arbeit mit anderen Arten von Patienten außerordentlich wirkungsvoll sein kann[3].« Vermutlich können nur durch die weitere Anwendung der Analyse bei dafür Geeigneten und Ungeeigneten die Charakteristika jener Patienten festgestellt werden, denen vielleicht zu helfen ist.

Tatsächlich beginnen viele Analytiker sich mit der Tatsache abzufinden, daß die Analyse nicht für alle Patienten geeignet ist. So schrieb zum Beispiel der Direktor des St. Louis Psychoanalytic Institute vor kurzem: »Bei vielen Personen machen es die Grenzen ihrer eigenen Psychopathologie oder die therapeutischen Fähigkeiten, die sie in die Behandlungssituationen mitbringen, notwendig, andere (i. e. nichtanalytische) Methoden einzuführen[4].« Es ist bezeichnend für die seltsamen Gedankengänge vieler Psychoanalytiker, daß sie eher die Grenzen des Patienten verantwortlich machen als jene der Therapie.

Ein dritter Grund, den die Analytiker dafür anführen, warum sie die Evidenz für die Unwirksamkeit der Behandlung ignorieren, ist der, daß sie nicht nur daran interessiert seien, Heilungen herbeizuführen. Sie versuchen eine Charakteränderung zustande zu bringen, Selbsterkenntnis inbegriffen, und die Art dieser Charakteränderung ist so schwer faßbar, daß sie durch den Gebrauch objektiver Methoden nicht bestimmt, geschweige denn entdeckt werden kann. Mit diesem Argument komme ich einfach nicht mit. Jeder Neurotiker, der sich in demselben Zustand hoffnungslosen Elends befindet, in dem ich fünf Monate lang lebte, will nicht, daß sein Charakter geändert wird, er möchte gesund werden und fähig, ein normales Leben zu führen. Wenn Psychoanalytiker nicht glauben, daß sie dieses Ziel erreichen können, dann sollen sie keine neurotischen Patienten behandeln, wenn es auch kaum schädlich sein dürfte, Leuten, die als normal gelten können und ihren Charakter in dieser nicht genauer bestimmten Art ändern möchten, weiterhin die Analyse anzubieten.

Tatsächlich scheinen sich sowohl in Großbritannien als auch in Nordamerika viel mehr Normale als Neurotiker einer Analyse zu unterziehen. Psychoanalyse wird in Amerika in viel größerem Umfang praktiziert als in Großbritannien, vor allem in Großstädten wie New York und Chikago. Man hat oft darauf hingewiesen, daß vieles in der Psychoanalyse der Prostitution verwandt ist, nur daß der Patient synthetische Freundschaft kauft anstelle von Sex – gewissermaßen »Rent-a-Friend«. Jeder, der aus diesem Grund eine Analyse wünscht, täte gut daran, orthodox-freudianische Analytiker zu meiden; er sollte vielleicht an die Antwort eines Analytikers denken, der gefragt wurde, was denn geschähe, wenn ein Normaler zu ihm käme: »Selbst wenn er am Beginn der Analyse normal wäre, würde die analytische Prozedur eine Neurose schaffen[5].«

Wir sollten nicht allzu verwundert darüber sein, daß viele Analytiker weiterhin an die Nützlichkeit einer Behandlungsmethode glauben, für die keine schlagkräftigen Beweise vorliegen. Die Geschichte der Medizin ist übervoll von Beispielen sinnloser – und oft letaler – Behandlungen; sie wurden jahrzehntelang von Ärzten praktiziert, die zwar ehrlich, aber irrigerweise an deren Wert glaubten. Wie ich später zeigen werde, verschlechtern viele der heutigen Behandlungsarten – und zwar sowohl bei psychischen wie bei physischen Leiden – den Zustand der Patienten, anstatt ihn zu verbessern. Allerdings neigt der Analytiker aus psychologischen Gründen eher dazu, beharrlich am Glauben an seine Methode festzuhalten, als die meisten anderen Ärzte an die ihre.

Erstens hat er normalerweise am eigenen Leib verspürt[6], wieviel Geld, Zeit und Schmerzen die Psychoanalyse kostet. Es gibt eine Unmenge Beweise dafür, daß wir, wenn wir ein Opfer gebracht haben, um irgend etwas zu bekommen, dieses auch schätzen: Wir können es uns nicht leisten, uns selbst einzugestehen, daß wir das Opfer vergeblich gebracht haben. Daher müßte der Psychoanalytiker, wenn er der Analyse abschwört, nicht nur eine einträgliche Art des Broterwerbs aufgeben, sondern auch sich selbst eingestehen, daß er einen kostspieligen Fehler begangen hat. Es ist kaum verwunderlich, daß nur wenige zu einem solchen Eingeständnis bereit sind – wenn auch manche, was für sie spricht, es waren und nun solche Formen der Psychotherapie praktizieren, die sich besser bewährt haben. Obwohl andere Ärzte ebenfalls eine lange und anstrengende Ausbildung hinter sich haben, neigen sie weniger dazu, sich auf eine besondere Behandlungsmethode festzulegen. Wenn sich herausstellt, daß ein Medikament nicht wirkt, dann erfordert es weniger moralischen Mut, den Fehler zuzugeben und das Medikament durch ein anderes zu ersetzen, als ein Psychoanalytiker braucht, um seiner ganzen Methode abzuschwören.

Zweitens bestätigen die Patienten ständig den Glauben des Analytikers an seine eigenen Theorien, indem sie ihm die Art

Material vorbringen, die er am liebsten hören möchte, nämlich solches, das mit seinen eigenen Ansichten über den Ursprung der Neurose übereinstimmt. Wenn der Analytiker Interesse und Beifall äußert, belohnt er damit den Patienten dafür, daß dieser über Themen spricht, die ihm, dem Analytiker, wichtig erscheinen. Viele Analytiker, Freud inbegriffen, gingen und gehen noch viel weiter. Der Meister schrieb, der Mechanismus der psychoanalytischen Hilfe sei leicht zu verstehen: Der Analytiker flüstere dem Patienten den bewußten vorwegnehmenden Gedanken ein (die Idee davon, was er zu finden erwartet), und dann findet der Patient den verdrängten unbewußten Gedanken in sich selbst aufgrund der Ähnlichkeit mit dem erwarteten[7].

In seinen Schriften betonte Freud immer wieder, daß der Patient nur mit Hilfe der Anregungen, die ihm der Analytiker gibt, hoffen könne, seine unbewußten Wünsche zu erkennen[8]. Manche Patienten bedürften dieser Hilfe mehr und manche weniger; aber es gebe keine, die ganz ohne eine solche Hilfe auszukommen vermöchten[9]. Obwohl Freud oft das Gegenteil behauptete, könnten viele zu der Ansicht gelangen, daß der Patient, weit entfernt, selbständig Dinge in seinem eigenen Denken zu entdecken, bloß wieder auf das Material stößt, das der Analytiker dort bereits plaziert hat, und es in einer Weise ausschmückt, die dem Analytiker gefällt. Aus diesen Gründen ist es durchaus möglich, daß Freuds Patienten Freudsche Träume träumen (oder zumindest davon berichten), Jungs Patienten Jungs Träume und Adlers Patienten von Macht träumen, so wie er sie symbolisiert hat. Der Patient formt sich selbst nach dem Ebenbild seines Analytikers.

Die äthiopischen Götter haben äthiopische Lippen
Bronzene Lippen und lockiges Haar
Die griechischen Götter sind wie die Griechen
Ebenso groß, blauäugig und blond.

Jeder Analytiker bekommt die Patienten, die er verdient. Sie reflektieren seine Ideen und bestätigen sie daher.

Es gibt zwei weitere, weniger wichtige Gründe, warum Psychoanalytiker sich ihren Glauben bewahren. Die psychoanalytische Theorie wirkt als ein geschickter Kunstgriff, um das Selbstgefühl der Analytiker zu untermauern. Sämtliche Analytiker sind imstande, alles, was der Patient an Kritischem über sie sagt, als einen Ausdruck der Feindseligkeit gegenüber seinen Eltern oder anderen bedeutenden Persönlichkeiten in seinem früheren Leben aufzufassen, und das tun sie auch. Oft dehnen sie diese

Auffassung auch auf das Alltagsleben aus, und sind dann so beschäftigt, sich psychodynamische Gründe auszudenken, aus denen andere Leute dies oder jenes sagen – insbesondere wenn dies ihre eigenen Meinungen bedroht –, daß sie das Gesagte selten für bare Münze nehmen. Freud selbst bediente sich dieses aufreizenden Tricks: Er sagte häufig, daß er seinen Kritikern nicht antworte, weil kein rationales Argument sie überzeugen würde. Er dachte, der einzige Grund, warum jemand die analytische Theorie nicht akzeptiere, könne nur dessen Widerstand gegen die Einsicht sein, daß einige der Prozesse, die von der Psychoanalyse festgestellt werden, in ihm selbst wirksam seien. Dieses Argument führt sich natürlich selbst ad absurdum. Nimmt man es ernst, dann kann man nur über die traumatischen Ereignisse in Freuds Kindheit Spekulationen anstellen, die ihn als Erwachsenen veranlaßten, an einer derart seltsamen Ansammlung von Meinungen festzuhalten. Die unbewußten Motive dafür – seien es Freudsche oder andere –, eine bestimmte Meinung nicht aufzugeben, sind völlig irrelevant für deren Richtigkeit oder Fehlerhaftigkeit. Ich pflegte zu meinen Kollegen zu sagen, daß ihre Motive niemanden anderen etwas angingen als sie selbst, vorausgesetzt, sie lieferten gute wissenschaftliche Arbeit: Das Werk ist selbständig, ob es jetzt aus Liebe zur Wissenschaft entstand, aus dem Wunsch nach Beförderung, dem Streben nach dem Nobelpreis, dem Wunsch zu beweisen, daß ein Kollege unrecht hat, oder aus verdrängten infantilen Wünschen, die Genitalien der Mutter zu untersuchen.

Schließlich werden die meisten Neurotiker gesund, ob sie nun analysiert werden oder nicht, und die Tatsache, daß die Mehrheit seiner Patienten geheilt wird, bestärkt den Psychoanalytiker in dem Glauben, daß gerade seine Methode dies bewirkt hat. Diejenigen, die nicht genesen, geben früher oder später die Analyse auf, und der Analytiker kann die Krankengeschichte mit der Bemerkung »Analyse vorzeitig beendet« abschließen.

Es ist also nicht verwunderlich, daß die Psychoanalytiker sich den Glauben an ihre Methoden bewahren. Erstaunlicher ist vielleicht, daß so viele andere Leute weiterhin sowohl an die Theorie als auch an die Praxis der Psychoanalyse glauben, aber auch hier lassen sich mehrere Gründe für deren Popularität feststellen. Viele von Freuds eigenen Ansichten entsprechen dem gegenwärtigen Zeitgeist. Sie können – zumindest in einigen Gesellschaftsschichten – als Freibrief für sexuelle Ausschweifungen angesehen werden. Wenn die fundamentalsten Aspekte der Persönlichkeit dem Sexualtrieb entspringen und wenn frustrierte

Libido uns krank macht, dann ist es nur natürlich, wenn wir ihr freien Lauf lassen. Freud selbst warnte oft vor einer solchen Interpretation seiner Theorie. Mehr noch, er nahm eine ziemlich kritische Haltung gegenüber den Perversionen ein, zu denen er viele Arten sexueller Aktivität zählte – wie etwa das Küssen der Genitalien des Partners –, die heute als völlig normal gelten. Nichtsdestoweniger können seine Theorien als Rechtfertigung für alle Formen sexueller Abweichung angesehen werden: Wenn unsere Erziehung für die Richtung verantwortlich ist, die unser Sexualtrieb einschlägt, warum sollten wir uns selbst als die dafür Verantwortlichen ansehen? Ich selbst wurde auf puritanische Weise erzogen, und ich erinnere mich an das Gefühl der Erleichterung, als ich gegen Ende meiner Teenager-Jahre Freud las. Man sollte nicht vergessen, daß Freud in einer Zeit zu publizieren begann, als viele Menschen an Schuldgefühlen wegen Masturbation und außerehelichen Geschlechtsverkehrs gelitten haben. Zweifellos half es ihnen, sowohl das Tabu zu stürzen, mit dem bis dahin Sprechen über Sex belegt war, als auch die Schuldgefühle zu beseitigen, die aus den sexuellen Wünschen erwuchsen. Es ist schwierig abzuschätzen, wie weit seine Popularität darauf zurückzuführen ist, daß seine Ideen zu einer sich anbahnenden Änderung der öffentlichen Meinung paßten, und wie weit er tatsächlich half, diese Änderung herbeizuführen.

Ein zweiter Grund für Freuds Erfolg beim Publikum ist die rein imaginäre Kraft seiner Theorien. Eysenck schreibt dazu: »Freud war selbst ein bedeutender Romancier und Dramatiker; seine Theorien sind wie eine mittelalterliche Moralität, mit Helden, Schurken und Ungeheuern, die aus allen Richtungen dahergeschossen kommen. Hier fechten ›Ich‹, ›Es‹ und ›Über-Ich‹ ihren Dreikampf aus, dort kämpft die Zensur mit den Mächten des Unbewußten!! Seht, wie der gefeierte Ödipuskomplex sich den Weg an die Oberfläche freischaufelt. Seht ›Sublimation‹ und ›Verdrängung‹ an der Arbeit! Schaut, wie Eros gegen Thanatos kämpft! Eine kolossale Truppe, und ihre Possen sind verblüffend. Die ganze Handlung des Stücks dreht sich um Sex – könnte es einen größeren Schlager geben?«

Wir sollten noch hinzufügen, daß viele von Freuds Schriften die fesselnde Spannung von Kriminalromanen aufweisen. Bei einem Fall nach dem anderen sehen wir, wie der große Schnüffler die Spuren zu den ruchlosen Taten des Unbewußten bloßlegt. Dem Es direkt auf den Fersen, folgt er den gleichen verschlungenen Pfaden wie Sherlock Holmes' oder Hercule Poirots Gedankenkombinationen, und trotz der vielen Verwirrungen unterwegs können wir fröhlich weiterlesen, mit der Gewißheit, daß er im letzten Kapitel seinen Komplex immer erwischt.

Abgesehen davon, daß Freud Talent für das Dramatische hatte, vermochte er auch seine Ideen auf das überzeugendste darzulegen. Besondere Begabung zeigte er darin, Kritik vorwegzunehmen, und gab sich große Mühe, sie zu widerlegen. In der Tat, es gibt nicht viele kritische Einwände gegen seine Theorien und Argumentationsmethoden, die er nicht selbst erwähnt hätte. Die folgende Stelle ist typisch:

»Nun werden Sie sagen, gleichgültig, ob wir die treibende Kraft unserer Analyse Übertragung oder Suggestion heißen, es besteht doch die Gefahr, daß die Beeinflussung des Patienten die objektive Sicherheit unserer Befunde zweifelhaft macht. Was der Therapie zugute kommt, bringt die Forschung zu Schaden. Es ist die Einwendung, welche am häufigsten gegen die Psychoanalyse erhoben worden ist, und man muß zugestehen, wenn sie auch unzutreffend ist, so kann man sie doch nicht als unverständig abweisen. Wäre sie aber berechtigt, so würde die Psychoanalyse doch nichts anderes als eine besonders gut verkappte, besonders wirksame Art der Suggestionsbehandlung sein, und wir dürften alle ihre Behauptungen über Lebenseinflüsse, psychische Dynamik, Unbewußtes leichtnehmen. So meinen es auch die Gegner; besonders alles, was sich auf die Bedeutung der sexuellen Erlebnisse bezieht, wenn nicht gar diese selbst, sollen wir den Kranken ›eingeredet‹ haben, nachdem uns in der eigenen verderbten Phantasie solche Kombinationen gewachsen sind. Die Widerlegung dieser Anwürfe gelingt leichter durch die Berufung auf die Erfahrung als mit Hilfe der Theorie. Wer selbst Psychoanalysen ausgeführt hat, der konnte sich ungezählte Male davon überzeugen, daß es unmöglich ist, den Kranken in solcher Weise zu suggerieren. Es hat natürlich keine Schwierigkeit, ihn zum Anhänger einer gewissen Theorie zu machen und ihn so auch an einem möglichen Irrtum des Arztes teilnehmen zu lassen. Er verhält sich dabei wie ein anderer, wie ein Schüler, aber man hat dadurch auch nur seine Intelligenz, nicht seine Krankheit beeinflußt. Die Lösung seiner Konflikte und die Überwindung seiner Widerstände glückt doch nur, wenn man ihm solche Erwartungsvorstellungen gegeben hat, die mit der Wirklichkeit in ihm übereinstimmen. Was an den Vermutungen des Arztes unzutreffend war, das fällt im Laufe der Analyse wieder heraus, muß zurückgezogen und durch Richtigeres ersetzt werden. Durch eine sorgfältige Technik sucht man das Zustandekommen von vorläufigen Suggestionserfolgen zu verhüten; aber es ist auch unbedenklich, wenn sich solche einstellen, denn man begnügt sich nicht mit dem ersten Erfolg[10].«

Man beachte die Geschicklichkeit, mit der Freud seinen Gegnern Konzessionen macht – »Die Einwendung ... kann nicht als unverständig abgewiesen werden« –, nur um sie zu überrollen, indem er gerade das, was er zu beweisen sucht, als selbstverständlich annimmt. »Die Lösung seiner Konflikte und die Überwindung seiner Widerstände glückt doch nur, wenn man ihm solche Erwartungsvorstellungen gegeben hat, die mit der Wirklichkeit in ihm übereinstimmen.« Man bemerke die entwaffnende Schlauheit dieses »doch nur«, das so vernünftig, so überzeugend klingt. Und schließlich der *Coup de grâce:* »Wer selbst Psychoanalysen ausgeführt hat, der konnte sich ungezählte Male davon überzeugen ...« Mit anderen Worten, niemand außer einem praktizierenden Psychoanalytiker kann die Theorie beurteilen – ein Thema, das bei Freud und seinen Nachfolgern wiederholt auftaucht. Es klingt plausibel, aber es ist ein schäbiges Argument, und wir sollten uns weigern, jemandem ohne weiteres zu glauben – sei er nun ein Anwalt, ein Arzt, ein Architekt, ein Historiker oder ein Psychoanalytiker. Man beachte schließlich den subtilen Hinweis auf die Technik: »Durch eine sorgfältige Technik sucht man ...«; es klingt wissenschaftlich, ist es aber nicht – Freuds Technik wird nirgends im einzelnen erklärt, und tatsächlich sagt er selbst, daß sie nur durch die Erfahrung erlernt werden könne.

Ferner verwendete Freud in brillanter Weise Analogien – wie ich glaube mehr als jeder andere Verteidiger einer Sache, den ich je gelesen habe. Hier ein weiteres Beispiel für seinen überzeugenden Stil: »Jetzt glauben Sie aber, mich an der Hand zu haben. Das ist also Ihre Technik, höre ich Sie sagen. Wenn der Betreffende, der ein Versprechen von sich gegeben hat, etwas dazu sagt, was Ihnen paßt, dann erklären Sie ihn für die letzte entscheidende Autorität. ›Er sagt es ja selbst!‹ Wenn Ihnen aber das, was er sagt, nicht in Ihren Kram paßt, dann behaupten Sie auf einmal, der gilt nichts, dem braucht man nicht zu glauben. Das stimmt allerdings. Ich kann Ihnen aber einen ähnlichen Fall vorstellen, in dem es ebenso ungeheuerlich zugeht. Wenn ein Angeklagter vor dem Richter sich zu seiner Tat bekennt, so glaubt der Richter dem Geständnis; wenn er aber leugnet, so glaubt ihm der Richter nicht. Wäre es anders, so gäbe es keine Rechtspflege, und trotz gelegentlicher Irrtümer müssen Sie dieses System doch wohl gelten lassen[11].« Und schließlich beherrschte Freud großartig die Kunst der Synthese: Er stützt seine Sache nicht nur auf die Erfahrungen mit seinen Patienten auf der Couch, sondern auch auf viele scharfe Beobachtungen von Vorkommnissen des Alltagslebens, vor allem von Träumen und Fehlhandlungen, oder auf anthropologische Evidenz, auf Mythos, Drama und Religion und auf eine Neuuntersuchung der Lebensgeschichten berühmter Persönlichkeiten wie etwa Leonardo da Vinci: Er hatte etwas von einem Universalgelehrten an sich und scheint ein gutes Gedächtnis gehabt zu haben für alles, was er je gelesen hatte. Tatsächlich versuchte er die gesamte menschliche Existenz mit seinen eigenen Begriffen zu erklären, und man fühlt sich versucht, in Ehrfurcht zu erstarren angesichts der Größe des Bauwerks, wobei man allerdings nicht bemerkt, ob es aus Ziegeln oder aus Pappe errichtet ist.

Man kann also Freuds Theorien fälschlich so interpretieren, als stünden sie im Einklang mit der gegenwärtigen Sexualmoral, und sie sprechen unseren Sinn für das Dramatische ebenso an wie unsere Vorliebe für umfassende Erklärungen. Außerdem sind seine Gedanken größtenteils für den Laien faßbar, da die Argumente in der Alltagssprache formuliert sind und die technischen Ausdrücke das Verständnis nicht behindern. Jeder kann schnell lernen, die Handlungen seiner Umgebung in Freudschen Termini zu interpretieren, und seine Argumentation ist so vage, daß niemand beweisen kann, daß sie falsch ist. Mit solchen Interpretationen jonglieren nun Romanschriftsteller, Biographen und Literaturkritiker, und dieser Trick übt, wenn er gut gelungen ist, die gleiche Faszination aus wie Freuds eigene Detektivarbeit in seinen Krankengeschichten. Es ist kaum verwunderlich, daß Freud im besonderen und die psychodynamische Theorie im allgemeinen weiterhin über eine große Anhängerschaft verfügen, trotz des Mangels an Beweisen für ihre Gültigkeit.

Vielleicht staunt man nur deshalb über Freuds Popularität, weil zu jeder Zeit die Tendenz besteht, zu glauben, daß die gegenwärtig üblichen Meinungen und Hypothesen rational sind. In dieser Hinsicht jedenfalls unterscheiden wir uns kaum von unseren Vorfahren, die an Alchemie, Nekromantie und Phrenologie glaubten. Im viktorianischen Zeitalter war die Ansicht weitverbreitet, daß Masturbation Geisteskrankheit verursacht, und dies wurde noch in den ersten Jahren dieses Jahrhunderts in den medizinischen Lehrbüchern als selbstverständliche Wahrheit behauptet. Die Beständigkeit solcher Mythen ist wahrhaftig verblüffend. Die Regierung der chinesischen Volksrepublik erließ vor kurzer Zeit ein Rundschreiben an ihre Bürger, in dem die Masturbation verurteilt und ausdrücklich festgestellt wurde, daß sie zu Nervenschwäche führe, und eine 1960 durchgeführte

Umfrage[12] ergab, daß fünfzig Prozent der Medizinstudenten in Philadelphia der Ansicht waren, Masturbation rufe Wahnsinn hervor.

Angenommen, es gibt keinen soliden Grund, an die meisten Dogmen der Psychoanalyse zu glauben, so können wir uns doch fragen, wie weit Freuds Einfluß sich günstig, wie weit er sich ungünstig ausgewirkt hat. Positiv ist, daß die psychoanalytische Bewegung ganz gewiß eine Rolle bei der Erschließung wichtiger Gebiete des menschlichen Verhaltens für Diskussion und Forschung gespielt hat, wenn es auch andere, nicht mit der Psychoanalyse verbundene Persönlichkeiten gab – wie etwa Havelock Ellis –, die diese Entwicklung ebenso förderten. Ferner halfen Freud und seine Nachfolger durch ihre Versuche, die Ursachen seelischer Krankheiten aufzudecken, die Gesellschaft zu überzeugen, daß sie Geisteskranke nicht mehr verpönen und menschlicher behandeln solle; allerdings war diese Bewegung bereits in Fluß, als Freud mit seiner Praxis begann. Negativ werten müssen wir, daß so viele arme Teufel völlig nutzlos die Qual einer Analyse erdulden mußten, und die Tatsache, daß die Mystik der Analyse die Psychologen vielleicht davon abgehalten hat, wirksamere Verfahren zur Behandlung psychischer Krankheiten zu entwickeln.

Schließlich scheinen sich viele, wenn nicht alle Psychoanalytiker selbst sehr ernst zu nehmen. Nur selten begegnet man einem mit Sinn für Humor. Sachlicher Ernst an sich ist kein Fehler, aber wie Freud selbst sind nur wenige Analytiker bereit zuzugeben, daß sie unrecht haben könnten, und manche denken anscheinend, sie hätten einen bevorzugten Zugang zu dem einzigen Weg, der zur Wahrheit über die Menschen führt. Der Präsident einer Sitzung beim Internationalen Psychoanalytischen Kongreß 1971 in Wien bemerkte, daß »Psychoanalytiker einen einzigartigen Beitrag zu leisten haben, dank ihrem privilegierten Zugang zu den psychischen Prozessen im Menschen[13]«. Eine solche Anmaßung kann nicht nur viele Menschen irritieren, sie kann bei manchen auch großes Leid verursachen.

Die meisten Kliniken sowohl in Großbritannien als auch in Nordamerika sind in der Lage, Beispiele von Frauen anzuführen, die von Psychoanalytikern wegen Frigidität behandelt wurden, nur um schließlich zu entdecken, daß sie an einer krankhaften Mißbildung der Vagina litten; oder von Männern, die die Mühen und Kosten einer Analyse nicht scheuten, um von Depressionen oder Unrast geheilt zu werden, und dann zur Kenntnis nehmen mußten, daß nur ihre Schilddrüse nicht richtig funktionierte.

Jeder, der an diesem Aspekt zweifelt, sollte *The Victim is Always the Same* lesen, ein lehrreiches Buch von I. S. Cooper, einem Neurochirurgen[14]. Es schildert das Schicksal von vier Kindern, die an einem seltenen Nervenleiden, der sogenannten *Dystonia musculorum deformans* (Torsionsdystonie), laborierten. Diese Krankheit verursacht entsetzlich schmerzhafte Muskelkontraktionen, die den Patienten zu schrecklich verkrümmten Körperhaltungen zwingen. Alle vier hatten das Pech, psychoanalytisch orientierten Psychiatern in die Hände zu fallen.

Einer dieser Patienten war ein Junge namens David. Seine rechte Hand war so verkrümmt, daß er damit nicht masturbieren konnte, und das deutete der Analytiker als Kastrationsangst; die Krankheit zwang den Knaben, beim Gehen den Bauch herauszustrecken; dem Analytiker zufolge ahmte er damit seine Mutter nach, als sie mit Davids jüngerer Schwester schwanger war. Das Hinterteil mußte der Junge beim Gehen ebenfalls herausstrekken, und der Psychoanalytiker sah darin natürlich eine Einladung zum Analverkehr. David erfuhr, daß er sich mit Frauen identifiziere und von Männern angezogen fühle. Mit der Zeit begann er all den Unsinn zu glauben, mit dem ihn der Analytiker vollstopfte. Dies ist wohl sicherlich ein klassisches Beispiel dafür, wie leicht es ist, alle Symptome in Freudscher Manier zu erklären – und wie leicht es ist, sich gewaltig zu irren. Trotz der Tatsache, daß die Gehirnkrankheit, an der David litt, sich progressiv verschlimmert, wenn nicht operiert wird, wurde er aus der psychiatrischen Klinik mit folgender Diagnose entlassen: »Konversionshysterie; Zustand stark gebessert.«

Ein anderer Fall war der eines Mädchens, das sieben Jahre alt war, als es an einen psychoanalytisch orientierten Psychiater geriet. Die Mutter des Mädchens berichtet:

»Und wir sagten [den Ärzten], daß es vor ungefähr einem Jahr eine Episode gegeben habe – die einzige, die uns einfiel –, als ein kleiner Junge aus der Nachbarschaft dem Mädchen die Höschen herunterzog, und auf einmal hatten sie diesen Geistesblitz und sagten: ›Das ist es.‹ Wissen Sie, sie begannen zu glauben, daß es wahrscheinlich ein Sexproblem war ...

Sie führten uns alle drei – meinen Mann, Janet und mich – in das Zimmer. Und sie saßen da und fingen an zu reden über Janet, wenn sie ihr Bad nahm und mit ihrem Bruder spielte. Und sie saß nur da und weinte, und ich beugte mich zu ihr, nur um sie mit der Hand zu berühren, und sie sagten, ich solle meine Hand wegnehmen. Und sie fragten einfach weiter über das, was sie über

Geschlechtsverkehr wisse. Und sie schluchzte nur die ganze Zeit...

Und danach wurde ich wütend und ich sagte: ›Was haben Sie überhaupt für ein Recht – Sie wissen schon –, ich bin ihre Mutter, und ich glaube, daß ich das Recht habe, ihr über Sex zu erzählen, und was ich darüber denke!‹ Sie sagten, ich sei eine Puritanerin und hätte puritanische Ansichten über Sex. Janet schluchzte nur. Sie saßen da und warfen ihr vor, sie hätte in der Badewanne mit ihrem Bruder gespielt. Ich weiß nicht, was Janet ihnen erzählte, wenn wir nicht dabei waren. Janet hatte nichts zu dem Gespräch beizutragen als Tränen.«

Der Psychiater glaubte, daß Janet aus Hysterie diese Haltung einnahm, um Aufmerksamkeit zu erregen. Er ließ sie einen Monat lang allein in einem Zimmer; in dieser Zeit sollte sie alles allein machen, obwohl sie an so schmerzhaften Muskelkrämpfen litt, daß sie kaum ihren Körper über den Boden schleppen konnte, um das Essen zu holen, das ihr von Zeit zu Zeit gebracht wurde. Einem dritten Kind, Susan, erging es ähnlich. Der Analytiker gab den Eltern die Schuld für den Zustand des Kindes und behandelte das Mädchen mit unmenschlicher Grausamkeit; die Mutter wurde durch ihre Gewissensbisse beinahe zum Selbstmord getrieben, und die Ehe der Eltern zerbrach fast an den Streitereien darüber, ob sie die Anweisungen der Therapeuten, ihrer Tochter in ihrer Qual nicht mehr zu helfen und sie allein damit fertig werden zu lassen, befolgen sollten.

Natürlich ist es wahr, daß jeder, der in so anmaßender Weise an seine eigenen Methoden glaubt, Leiden dieser Art verursachen kann. Umgekehrt begingen ja viele Chirurgen den Fehler, Patienten mit hysterischen Symptomen zu operieren. Nichtsdestoweniger scheinen manche Psychoanalytiker besonders zu dieser Art von Arroganz zu neigen, trotz – oder vielleicht wegen – der Tatsache, daß kein Grund zu der Annahme besteht, die Analyse sei nützlich. Ich selbst würde jedem, der an einer psychischen Krankheit leidet, raten, die Psychoanalytiker zu meiden; wenn sie aber einen aufsuchen müssen, dann sollten sie sich bemühen, einen zu finden, der ihnen sympathisch ist: Es gibt keinerlei Anzeichen dafür, daß irgend jemandes Zustand gebessert werden kann, indem man ihn dazu bringt, sich schlechter zu fühlen.

13 Spielarten der Analyse

Wegen seiner historischen Bedeutung und weil die Mehrheit der heute praktizierenden Analytiker im Grunde Freudianer sind, habe ich mich mit Freud etwas ausführlicher befaßt. Dieses Kapitel schildert ein paar seiner Nachfolger und die Art der Behandlung, die von den Mitgliedern so vieler verschiedener, nach wie vor blühender Schulen der Psychoanalyse zu erwarten ist. Allen ist der Glaube gemeinsam, daß Neurosen der äußere Ausdruck von frustrierten und unbewußten Trieben sind und daß man neurotischen Patienten helfen kann, indem man ihnen Einblick in ihr unbewußtes Seelenleben verschafft. Jeder der bedeutenderen unter Freuds Nachfolgern legte den Akzent auf ein anderes Ensemble unbewußter Wünsche, und obwohl dies zu einer etwas weiteren Auffassung der Neurose führte, beharren viele der heute tätigen Psychoanalytiker ebenso dogmatisch auf der Wichtigkeit jenes Ensembles von Motiven, das sie in Beschlag genommen haben, wie Freud selbst dabei beharrte, daß Sex die Wurzel alles Bösen – und Guten – sei.

Der berühmteste von Freuds Mitarbeitern war C.G. Jung, ein Schweizer Protestant, der viele eigene Ideen entwickelt hatte, bevor er Freud begegnete. Er wurde zunächst in die Gemeinde der Freudianer mit offenen Armen aufgenommen, schon um, wie Freud es ausdrückte, die Psychoanalyse von der »Gefahr« zu erretten, »eine jüdische Nationalangelegenheit« zu werden. Freud brach mit Jung im Jahre 1913, hauptsächlich deshalb, weil Jung die Theorie von der sexuellen Frustration als unterschwellige Ursache jeder Neurose und des Sexualtriebs als treibende Kraft jeglichen menschlichen Strebens ablehnte. Jung soll – allerdings ist das zweifelhaft – erklärt haben: »Schließlich ist der Penis nur ein Phallussymbol[1].« 1910 hatte Freud zu ihm gesagt: »Versprechen Sie mir, niemals von der Sexualtheorie abzugehen... Wir müssen ein Dogma daraus machen, ein unerschütterliches Bollwerk.« Als Jung, etwas überrascht, nach dem Grund fragte, erklärte Freud, daß sie ein Bollwerk gegen »die schwarze Schlammflut... des Okkultismus« sein sollte. Freud fügte auch hinzu: »Ich kann nicht meine Autorität aufs Spiel setzen[2].« Die

Entwicklung der Psychoanalyse war vielleicht stärker durch Schismen und Intoleranz gekennzeichnet als diejenige jeder anderen Bewegung der Geschichte, die christliche Religion ausgenommen. Freud indessen besaß nicht die Macht, Jung auf dem Scheiterhaufen verbrennen zu lassen, und begnügte sich damit, nie mehr seinen Namen auszusprechen.

Anders als Freud schrieb Jung schlecht und unverständlich. Ferner bemühte er sich nicht, systematische Theorien auszuarbeiten, sondern warf mit dunklen Anspielungen herum, sooft er glaubte, neue Einsichten gewonnen zu haben. Seine Schriften sind von Mystizismus durchdrungen. Er glaubte, daß Träume die Zukunft vorhersagen könnten, und behauptete, selbst viel paranormale Erlebnisse gehabt zu haben. So träumte er zum Beispiel, als er einen Herzanfall hatte, daß sein Arzt an seiner Stelle sterben würde, und der Arzt starb auch brav. Er anerkannte andere paranormale Phänomene wie Hellsehen und Psychokinese, versuchte, die Wahrheit der Astrologie zu beweisen und ließ sich von den Schriften der Alchimisten und der frühchristlichen ketzerischen Sekte der Gnostiker inspirieren. Er glaubte auch an Gott.

Trotz dieses mystischen Zugs machte Jung einige höchst praktische Entdeckungen. Er erfand die Methode der Wortassoziation zum Aufdecken von »Komplexen«: Er stellte fest, daß Patienten, die man bat, zu einer Liste von Wörtern frei zu assoziieren, mehr Zeit dafür brauchten, wenn das Wort für sie emotionell geladen war. Er wandte diese Methode sogar an, um Verbrecher zu entlarven, und war einer der ersten, die, zum gleichen Zweck, Messungen von Veränderungen des elektrischen Widerstands der Haut durchführten. Man kann ihm daher die Erfindung des Lügendetektors zuschreiben. Er unterschied auch als erster klar zwischen Introversion und Extraversion. Der Introvertierte »ist gekennzeichnet durch ein zögerndes, reflexives, zurückgezogenes Wesen, das ... sich vor Objekten scheut, sich immer etwas in der Defensive befindet«. Der Extravertierte dagegen hat »ein entgegenkommendes, anscheinend offenes und bereitwilliges Wesen, das sich leicht in jede gegebene Situation findet, rasch Beziehungen anknüpft und sich unbekümmert und vertrauensvoll in unbekannte Situationen hinauswagt[3]«. Jung erkannte, daß im selben Individuum beide Veranlagungen vorhanden sein können und daß ein und derselbe Mensch tatsächlich zwischen Introversion und Extraversion schwanken kann – so wie ich es anscheinend getan habe.

Möglicherweise von seinen frühen Arbeiten mit Schizophrenen beeinflußt, glaubte Jung, daß ein und denselben Körper viele Personen bewohnten; er teilte die Psyche in viel mehr Komponenten auf als Freud selbst. In jedem Mann gebe es eine »Anima« – das Weibliche in seinem Inneren –, und in jeder Frau einen »Animus« (ihre männlichen Tendenzen). Wer sich verliebt, projiziert laut Jung seine Anima (oder seinen Animus) in die geliebte Person; jeder Liebende ist in Wirklichkeit in einen Teil seines Selbst verliebt und blind gegenüber den wahren Eigenschaften des Objekts seiner Liebe. Jeder schleppt seinen »Schatten« hinter sich her, die Personifizierung all dessen, was böse an ihm ist und von dem er normalerweise nichts wissen will. Bemüht man sich, seinen Schatten zu verleugnen, dann projiziert man ihn auf andere – vorzugsweise auf Menschen, die einem nicht gleichen –, und das führt zu Vorurteilen gegenüber Außenstehenden, zum Beispiel zu Rassenvorurteilen. Jedermann entwickelt eine »Persona«, eine Maske, das Bild, das er aufgrund der Rollen, die er spielt, der Öffentlichkeit darbietet; wenn dieses Bild sich deutlich vom wahren Selbst unterscheidet, wird oft viel psychische Energie aufgewandt, um es aufrechtzuerhalten, und daraus können Neurosen entstehen.

Eine von Jungs an den Haaren herbeigezogenen Ideen war der Begriff der »Archetypen«. Er meinte, daß viele unserer Vorstellungen und Bilder sich vom »kollektiven Unbewußten« herleiten. Sie sind uns angeboren, und sie entstammen nicht der Erfahrung. Jung entwickelte diesen Begriff, weil er sehr stark beeindruckt war von den Ähnlichkeiten zwischen einigen Träumen seiner Patienten und den Mythen fremder Kulturen. So fragte ihn zum Beispiel ein ungebildeter Patient, ob er den Penis der Sonne sehen könne, von dem ein starker Wind herkäme[4], und Jung entdeckte daraufhin, daß haargenau dasselbe Bild in der Mithras-Religion [ein Kult, der aus dem Osten stammt und im Römischen Reich ausgeübt wurde] aufscheint. Er war der Ansicht, daß das Bild, das sich ein Kind von seinen Eltern macht, zumindest teilweise auf Archetypen zurückzuführen sei – zum Beispiel auf die Archetypen der guten oder schlechten Mutter, wie sie von der Jungfrau Maria und einer bösen Hexe verkörpert werden. Animus, Anima und Schatten seien alle, zumindest teilweise, archetypische, und kämen aus dem kollektiven Unbewußten der Menschheit. Die Archetypen könnten unser bewußtes Denken beeinflussen, direkter aber erschienen sie in Träumen, wenn sie uns zum Beispiel gute Ratschläge geben.

Jung glaubte, daß der moderne Mensch den Kontakt mit seinen Archetypen, die in früheren Kulturen in Form von Mythen unmittelbar vertreten und akzeptiert worden waren, verloren habe. Um gesund zu sein und sein wahres Selbst zu entdekken, müsse man den Kontakt zu den unbewußten Elementen des Selbst herstellen, insbesondere mit den Archetypen. Beifällig zitiert Jung den Brief eines Patienten, der beschreibt, wie er zu seinem wahren Selbst gefunden habe: Aus Bösem sei ihm viel Gutes erwachsen. Indem er ruhig blieb, nichts unterdrückte, aufmerksam war und die Realität akzeptierte, wurde ihm außergewöhnliches Wissen zuteil und außergewöhnliche Macht, wie er sie sich nie zuvor hätte vorstellen können. Er hatte stets gedacht, daß die Dinge, wenn wir sie akzeptieren, uns auf die eine oder andere Weise überwältigen. Es zeige sich, daß dies keineswegs zutreffe ... Nun beabsichtige er also das Spiel des Lebens zu spielen, indem er alles aufnehme, was ihm zuteil werde, Gutes und Böses, Sonne und Schatten, auf diese Weise auch seine eigene Natur mit ihren positiven und negativen Seiten akzeptierend[5].

Der Gedanke, alle Seiten der eigenen Natur zu akzeptieren, das wahre Selbst zu entdecken, ein Individuum zu werden (nach Jung der Vorgang der »Individuation«) oder eine »reale Person«, taucht in jüngeren therapeutischen Bewegungen wieder auf, besonders in der Gestalt- und Daseinstherapie. Natürlich ist er auch in der Vergangenheit oft genug erschienen. Shakespeare schrieb: *»This above all, to thine own self be true«*, was er aber ohne weiteres ironisch gemeint haben kann, da er den Rat einem närrischen alten Kauz in den Mund legte. Ich habe berichtet, wie ich die emotionelleren und weiblicheren Seiten meines Ichs ablehnte – meine »Anima«; wäre ich von einem Analytiker der Jung-Schule behandelt worden, hätte er sich zweifellos auf diesen Aspekt meines Lebens gestürzt.

Jung selbst machte in seinem dritten Lebensjahrzehnt eine seelische Krise durch, als er das Gefühl hatte, daß das Leben bedeutungslos sei, und vieles in seinem späteren Denken scheint eine Suche nach dem Sinn der Existenz zu sein. Einige seiner modernen Anhänger versuchten, seine Ideen ihres mystischen Elements zu entkleiden, aber ohne dieses Element wirkt das meiste davon ziemlich banal, und verleiht dem Leben auch keinen Sinn. Natürlich ist es richtig, daß der größte Teil der Menschheit an die eine oder andere Form von Mythos oder Religion geglaubt hat und daß das Leben der Menschen dadurch manchmal bereichert wurde. Nichtsdestoweniger kann man nicht jemandes intellektuelle Ansichten ändern, um emotionelle Befriedigung zu erlangen. Gleichgültig, wie gerne ich an ein Leben nach dem Tod glauben möchte – auf intellektueller Ebene kann ich diese Vorstellung nicht akzeptieren (der wachsame Freudianer ertappt hier ohne Zweifel wieder einmal meinen Todestrieb auf frischer Tat).

Anthony Storr, ein Analytiker der Jung-Schule, der in London praktiziert, hat darauf hingewiesen, daß Jungs Ansichten über die Entwicklung des Selbst als ziemlich egozentrisch angesehen werden können[6]. In Jungs Augen lag das Heil eher darin, sich Zugang zu Teilen seines Selbst zu verschaffen, als in befriedigenden persönlichen Beziehungen. Selbst die Liebe ist zur Projektion des eigenen Animus abgewertet. Ungeachtet seines Mystizismus und seiner Egozentrik muß man Jung jedoch zugute halten, daß er den Rahmen der Analyse erweiterte; wir verdanken ihm auch gewisse Erkenntnisse wie diejenige von der Entwicklung der Persona, die das Denken vieler anderer Psychotherapeuten beeinflußt haben.

Bis vor kurzem war die an Jung orientierte Analyse in Großbritannien populärer als in den Vereinigten Staaten, aber nun gibt es auch einschlägige Ausbildungsstätten in New York, Los Angeles und San Francisco. Man nennt sie üblicherweise eher »analytische Psychotherapie« als »Psychoanalyse«, eine Bezeichnung, an die ich mich nicht halte. Jung-Anhänger legen weniger Nachdruck auf die sexuellen Wurzeln der Neurose als Freudianer und sind gewöhnlich mehr daran interessiert, Konflikte ans Licht zu bringen und zu lösen, als sie bis auf Ereignisse in der frühen Kindheit zurückzuverfolgen. Sie glauben, daß neurotische Konflikte durch aufmerksame Beobachtung der Träume aufgedeckt werden können, in denen sich die weniger bewußte Seite der Persönlichkeit offenbart. Die meisten modernen Jung-Schüler sind zu einem guten Teil weniger mystisch als Jung selbst.

Adlers System ist eklektischer als dasjenige Freuds oder Jungs und dementsprechend schwieriger zu beschreiben. Es liegt dem gesunden Menschenverstand auch näher. Ein Psychiater tadelte Adler nach einem Vortrag mit der Bemerkung: »Sie reden nur, was der gesunde Menschenverstand diktiert!« Worauf Adler erwiderte: »Ich wünschte, mehr Psychiater täten das[7].« Er war der Ansicht, daß die Menschen stets im Begriff seien, eine Aufgabe zu meistern, welche mit der Verfolgung von gewöhnlich nicht allzu unbewußten Zielen verbunden ist. Der Neurotiker hat sich entweder die falschen Ziele gesteckt, unzureichende Mittel gewählt, um sie zu erreichen, oder er faßte die Realität irgendwie falsch auf, zum Beispiel, indem er jedermann als seinen Feind betrachtete. Besonders bekannt wurde Adler durch seinen

Begriff vom »Minderwertigkeitskomplex«. Bei der Bemühung, sich in den sozialen Beziehungen durchzusetzen, könnten die Menschen den Wunsch verspüren, sich anderen überlegen zu fühlen. In Bereichen, wo sie Grund hätten, sich unterlegen zu fühlen, überkompensieren sie häufig; der Kleingewachsene kompensiert vielleicht dadurch, daß er hinter Mädchen her ist und mit seinen Großtaten auf sexuellem Gebiet aufschneidet, der Unintelligente dadurch, daß er lauthals seine Verachtung für intellektuelle Tätigkeiten kundgibt, und so weiter.

Vieles von Adlers Theorie klingt modern, und in mancher Hinsicht ist sie der in allerjüngster Zeit entwickelten Methode ähnlich – der Verhaltenstherapie. Adler sah die Aufgabe des Therapeuten darin, dem Patienten die Einsicht in seine eigenen Ziele und in die Methoden zur Erreichung dieser Ziele, in seinen »Lebensstil«, zu vermitteln. Einsicht allein ist allerdings nicht genug. Der Patient muß mit der Hilfe des Therapeuten lernen, seine Ziele zu ändern, wenn sie für ihn nicht vernünftig sind, und sich bessere Methoden zu eigen zu machen, um diese geänderten Ziele zu erreichen – Methoden, die auf einer realistischeren Wahrnehmung der Welt beruhen. Die Adlerianische Therapie ist mehr richtunggebend als diejenige Freuds oder Jungs. Der Therapeut kann den Patienten Aufgaben zuweisen, die sie ausführen müssen, und versuchen, sie durch Übungen dazu anzuhalten, daß sie sich angepaßter verhalten, zum Beispiel indem sie sich anderen gegenüber aggressiver – oder weniger aggressiv – benehmen. Adler hielt es für wichtig, daß der Patient seine eigenen Stärken und Schwächen kenne, um sich Ziele auszuwählen, die für ihn geeignet sind. Er unterstrich auch die Bedeutung von zwischenmenschlichen Beziehungen und die Notwendigkeit, andere so zu sehen, wie sie sind. Seine Ideen klingen vielleicht nicht sehr aufregend, möglicherweise, weil sie unserem alltäglichen Denken so nahe kommen, aber es ist keine geringe Leistung, die Probleme der Neurotiker auf der Basis des gesunden Menschenverstandes angepackt zu haben zu einer Zeit, da Freud und Jung ihre spektakulären theoretischen Gebäude schufen.

Direkter in Freuds Tradition stehen seine Tochter, Anna Freud, und Melanie Klein, die beide in London arbeiteten. Sie analysierten Kinder und Erwachsene. Da sie meinten, Neurosen zu entdecken, widmeten sie bei sehr kleinen Kindern der prä-ödipalen Phase mehr Aufmerksamkeit als Freud, das heißt Ereignissen in den ersten zwei oder drei Lebensjahren. Reik in Amerika hielt diese Periode ebenfalls für die wichtigste bei der Ausbildung der Persönlichkeit und maß der Art, in welcher der Patient von seiner Mutter behandelt worden war, große Bedeutung bei. Neurosen entstehen seiner Ansicht nach sowohl durch zuwenig wie durch zuviel mütterliche Zuwendung. In Reiks Augen war vor allem die typische »Jokaste«-Mutter eine Hauptursache für eine Neurose. Für solche Mütter ist charakteristisch, daß ihr Liebesleben mit einem Erwachsenen unbefriedigend ist, so daß sie all ihre Liebe und Sorge dem Kind zuwenden, ihm aber nicht erlauben, sich von ihnen zu lösen und unabhängig zu werden. Therapeuten der Reik-Schule bemühen sich, den Komplex verdrängter Tatsachen und Gefühle, die sich auf die Mutter konzentrieren, freizulegen.

Freud selbst hatte keine sehr schmeichelhafte Meinung von Frauen. Er betrachtete sie als kastrierte Männer und meinte, daß sie alle an Penisneid litten. Daher sähen sie als Erwachsene zu den Männern auf und nähmen dem Besitzer dieses machtvollen Organs gegenüber eine passive Rolle an. Einer der ersten Analytiker, die diese Ansicht anfochten, war – was nicht überrascht – eine Frau, Karen Horney. Sie arbeitete ursprünglich in Berlin, wanderte aber 1932 in die Vereinigten Staaten aus und war so beeindruckt von den kulturellen Unterschieden zwischen Deutschland und Amerika, daß sie zu der Auffassung gelangte, die Neurosen seien das Produkt dessen, was die Gesellschaft von der in Entwicklung befindlichen Person erwartet. Die amerikanische Gesellschaft erwartet, beginnend mit dem Einfluß der Eltern, daß Jungen aggressiv und ehrgeizig sind und Mädchen sanft und nachgiebig. Horney zufolge nimmt der Neurotiker die Verhaltensweisen an, die die Gesellschaft von ihm erwartet, und ist nicht imstande, flexibel, also den jeweiligen Anforderungen entsprechend, zu reagieren. Er ist unfähig, spontan zu handeln, und es kommt zum Konflikt zwischen den Erwartungen der Gesellschaft und seinem wahren Selbst.

Horney machte auf den Ehrgeiz vieler amerikanischer Frauen aufmerksam, die ideale Ehegefährtin und Mutter zu sein, und auf die Angst und den Verlust der Selbstachtung, wenn sie dieser schwierigen Aufgabe nicht gerecht werden. Sie wies auch darauf hin, daß das amerikanische Ethos des Erfolgs viele Neurosen hervorbringen mußte, da es im Wesen des Erfolges liege, daß ihn nicht jeder haben könne; diejenigen, die sich darum bemühen und versagen, beneiden andere und hassen sich selbst. Neurotiker wehren sich dagegen, daß das falsche Bild, das sie von sich selbst haben, zerstört wird, und es fällt ihnen schwer, sich so zu akzeptieren, wie sie wirklich sind – aber nur dadurch können sie auf Selbstverwirklichung hoffen. Die Therapie versucht daher, diesen Widerstand zu überwinden, den Patienten dazu zu bringen, sein wahres Selbst zu akzeptieren und dessen beste Aspekte zu entfalten.

Die Therapie nach Horney ist in den Vereinigten Staaten ungeheuer populär geworden[8]. 1972 wurden 23 000 Ansuchen um Behandlung an die Karen-Horney-Klinik gestellt. Die Honorare werden entsprechend der Zahlungsfähigkeit der Patienten gestaffelt. Horney löste zwei bedeutende und in der Folge einflußreiche Trends aus. Ihrer Ansicht nach wird die Neurose von der Gesellschaft verursacht, und sie glaubte an Selbstverwirklichung, an die Entdeckung des wahren Selbst, in dem, wie sie meinte, stets gute, entwicklungsfähige Elemente stecken. Ihre Ideen enthalten Ansätze zum Begriff der Entfremdung, der heutzutage zum Therapeuten-Jargon gehört.

Wahrscheinlich enthalten alle diese Theorien Elemente von Wahrheit, aber das heißt nicht, daß die vorgeschlagenen Behandlungsmethoden auch wirksam sind. Viele andere Analytiker stellten köstlich verrückte Einfälle zur Diskussion, die es – als leichte Abwechslung – wert sind, geschildert zu werden. Rank zum Beispiel glaubte, daß jede Neurose auf das »Trauma der Geburt« zurückgehe. Der Schmerz der Geburt und der Schock, den bequemen Mutterleib zu verlassen und der kalten Wirklichkeit der Außenwelt ausgesetzt zu werden, hinterlasse im Individuum den dauernden unbewußten Wunsch, in den Mutterleib zurückzukehren. Die Heilbehandlung besteht darin, den Patienten zu überreden, diese schreckliche Erfahrung mit Hilfe der Liebe und der Unterstützung des Therapeuten neuerlich durchzuleben. Der Patient wird aufgefordert, seine Angst davor, sich in seiner eigenen Identität und Vereinzelung zu behaupten, eine Angst, die sich vom Erlebnis der Geburt herleite, »durchzuarbeiten«. Die Lösung der Übertragung, die dann erfolgt, wenn der Patient fähig ist, ohne die Hilfe des Therapeuten zurechtzukommen, entspricht der Lösung des Geburtstraumas.

Abgesehen von dieser enggefaßten und recht unglaubwürdigen Ansicht vom Ursprung der Neurosen unterschied sich Rank auch darin von Freud, daß er betonte, der Analytiker könne dem Patienten nur dann helfen, wenn er ihm Zuneigung und Einfühlung entgegenbringe, und dieser Aspekt von Ranks Behandlung taucht in mehreren jüngeren und jetzt populären Spielarten der dynamischen Therapie auf. Möglicherweise hat Rank auch die Urheber einer der gegenwärtig besonders fashionablen und eher schnurrigen Therapie indirekt beeinflußt, nämlich jener, die sich auf den Urschrei gründet. Von einem kalifornischen Psychologen, Arthur Janov, erfunden, besticht diese Form der Therapie durch äußerste Einfachheit. Janov meinte, daß wir alle in frühester Kindheit eine Art Ur-Vorrat an Schmerz erwerben; und die einzige Möglichkeit, die daraus entstehenden Spannungen und Ängste abzubauen, zu überwinden, bestehe darin, den Schmerz gleichsam zusammenzufassen und ihm im Urschrei freien Lauf zu lassen. Urschrei-Therapeuten ermuntern ihre Patienten, herumzustehen – gewöhnlich in Gruppen –, zu schreien und lauthals ihre Eltern zu beschimpfen.

Der Analytiker, um den in neuer Zeit vielleicht der meiste Kult getrieben wird, ist Wilhelm Reich. 1897 geboren, trennte auch er sich von Freud, wurde später aus der Kommunistischen Partei und ein Jahr später aus der Internationalen Psychoanalytischen Vereinigung ausgestoßen. Er emigrierte 1938 nach Amerika und war, als er 1957 starb, so etwas wie ein Volksheld. Seine Gedanken stellten vor allem in seinem späteren Leben eine merkwürdige Kombination aus Mystizismus und Pseudowissenschaft dar. Er glaubte, daß jede Neurose aus sexueller Verdrängung entstehe – insbesondere als Folge der Reinlichkeitserziehung, der Bestrafung von Masturbation und der Sanktionen gegen sexuelle Freiheit in der Jugend. Er war der Ansicht, daß jeder vom sechzehnten Lebensjahr an das Recht haben solle, nach Belieben Geschlechtsverkehr zu pflegen, und daß die Ehe eine unnatürliche und nicht wünschenswerte Institution sei. Er behauptete, daß sexuelle Anziehung nicht dauern könne; da er die Präzision liebte, setzte er deren natürliches Ende nach vier Jahren an. Diese Liebe zur Genauigkeit veranlaßte ihn auch zu der Behauptung, daß der gesunde menschliche Organismus, biologisch gesprochen, drei- bis viertausend Geschlechtsakte im Lauf eines Sexuallebens verlange[9] – eine Zahl, die im gegenwärtigen Zeitalter der sexuellen Potenz vielen erstaunlich niedrig vorkommen wird.

Reich war einer der ersten, der die Wichtigkeit des Orgasmus für Frauen betonte, und folglich erwarb er sich die Wertschätzung von *Women's Lib.* Obwohl die Jugend ihn wegen der Verkündigung der sexuellen Freiheit bewunderte, war er selbst in vieler Hinsicht auf seltsame Art viktorianisch. Er lehnte es ab, Homosexuelle als Patienten anzunehmen und erklärte dazu: »Ich will mit solchen Schweinen nichts zu tun haben[10].« Und nach der Aussage seiner dritten Frau lebte er zwar unbeschwert nach seinen eigenen Normen der sexuellen Freiheit, verbot ihr aber die gleiche Freizügigkeit. Er begab sich nie auf eine Reise, ohne daß sie ihm Treue versprechen mußte, und war rasend eifersüchtig.

Er glaubte, daß alles Leben von einer Art vitaler Energie erhalten werde, die er »Bioenergie« nannte. Er behauptete wiederholt, daß das Vorhandensein dieser Energie unter dem Mikroskop festgestellt werden könne, mit Thermometern und mit Geigerzählern. Diese Energie sei in Zusammenballungen, den sogenannten »Orgonen«, enthalten, die von blauer Farbe wären, ständig oszillierten und einen Umfang, aber keine Masse besäßen. Beim gesunden Individuum entlüde sich die Lebenskraft periodisch in Form eines Orgasmus. In einem echten Orgasmus vereinige sich das Individuum mit dem Kosmos, aber unglücklicherweise sei der moderne Mensch krank, und nur wenige Leute seien zum echten Orgasmus fähig: Zu oft sei Sex ein Ausdruck von Angst und nicht von wirklichem Begehren.

Am bekanntesten – oder am berüchtigtsten – ist Reich vielleicht aufgrund seiner Erfindung der Orgon-Box, einer Vorrichtung zur Speicherung von Orgonen aus der Atmosphäre und deren Konzentration auf den Glücklichen, der gerade in dieser Box sitzt. Er behauptete nicht nur, daß Bioenergie bei der Heilung von Neurosen behilflich sei, sondern auch, daß Patienten, die in seiner Orgon-Box säßen, von Krebs und psychosomatischen Krankheiten geheilt werden könnten. Die US-Behörde für Ernährung und Arzneimittel belegte die Orgonen-Akkumulatoren mit einem Verkaufsverbot, mit der Begründung, daß Reichs Behauptungen bezüglich deren Wirksamkeit betrügerisch seien. Reich selbst hielt sich nicht an das Verbot und wurde 1955 wegen Mißachtung des Gerichts zu zwei Jahren Gefängnis verurteilt. Im Gefängnis diagnostizierte man bei ihm Paranoia, und er wurde in ein psychiatrisches Gefängnis überstellt, wo man ihn für gesund erklärte. Er starb bald darauf an einer Herzattakke. In einigen Staaten Amerikas galten seine Bücher auch als pornographisch und wurden beschlagnahmt und verbrannt. Sein angebliches Märtyrertum als Opfer der US-Regierung steigerte nur noch die Anziehungskraft seiner Lehren.

Die Reichsche Therapie zielte darauf ab, Neurotikern zu befriedigenden Orgasmen zu verhelfen. Reich hielt die Anspannung der Muskeln für ein Hindernis beim idealen Orgasmus und versuchte diese sowohl durch direkte Manipulation am Körper des Patienten zu vermindern, als auch dadurch, daß er den Kranken zwang, sich auf seinen eigenen Gesichtsausdruck zu konzentrieren und diesen zu ändern. Nach allem, was man von ihm weiß, behandelte er seine Patienten grob und nannte ihre neurotischen Widerstände und Schwächen, ohne ein Blatt vor den Mund zu nehmen. Einer seiner eigenen Schüler berichtete von seiner »grausamen und bohrenden Technik[11]« und meinte, daß viele seiner Patienten von ihm zerschmettert würden. Die Reichsche Analyse wird sowohl in Großbritannien als auch in den Vereinigten Staaten weiterhin praktiziert. Reichs Nachfolger legen ebenfalls alle besonders Gewicht auf den Orgasmus, aber jeder von ihnen wendet eigene Methoden an, um den Patienten dazu zu verhelfen.

Die Aura der Verrücktheit, die Reich umgibt, kann ich auch durch eine meiner eigenen Erfahrungen illustrieren. 1954 besuchte ich aus purer Neugierde eine Kommune von Reich-Schülern. Sie wohnten schon einige Zeit in der Kommune, bevor dieser Lebensstil bei der Jugend so sehr in Mode kam, wie es heute der Fall ist. Sie hausten in mehreren Wellblechbaracken in einem Fichtenwäldchen am Rand eines aufgelassenen Flugfeldes. Ich stellte mein Auto vor einem Zaun mit der Aufschrift »Communitas« ab und ging unter den Bäumen auf eine der nächstgelegenen Baracken zu. Auf dem Weg bückte ich mich und hob einen Fichtenzapfen auf. Ein Fenster wurde aufgerissen und eine Stimme brüllte: »Legen Sie das wieder hin – es gehört mir!« Offenbar waren ihre Ideen über die Gemeinsamkeit allen Besitztums nicht auf allzu fruchtbaren Boden gefallen. Nichtsdestoweniger nahm man mich freundlich auf und bot mir eine Tasse Tee an.

Die Kommune war von elf Erwachsenen gegründet worden – fünf Männern und sechs Frauen. Sie machten keine genaueren Angaben über die Zahl der Kinder und deren Eltern, aber es schienen so an die dreißig oder vierzig herumzulaufen, nackt und ungekämmt. Als ich über das Gelände wanderte, verblüffte mich der Umstand, daß ein Streifen der Landebahn sorgfältig gejätet und planiert war – die anderen Rollbahnen waren schon lange außer Gebrauch und voller Unkraut und Risse. Die Kommunarden, so berichtete man mir, hätten eine Botschaft vom Meister (Reich) erhalten, daß sie, wenn sie einen Streifen der Landebahn pflegten, den Besuch einer fliegenden Untertasse erwarten dürften. Ich fragte, ob sie mit diesem Besuch rechneten, und sie antworteten: »Gewiß – an Bord der fliegenden Untertasse werden sich grüngekleidete Marsmenschen befinden, und sie werden eine Gratisladung von Orgonen mitbringen, genug für uns auf Jahre hinaus.«

Sie zeigten mir auch stolz ihre Orgon-Box, die sich passenderweise neben einem außerordentlich breiten Doppelbett befand.

Sie war aus Schichten von Sperrholz, Zink, Stahlwolle und anderen Stoffen hergestellt, von denen Reich annahm, daß sie Orgone aus der Atmosphäre speichern. Die Box war etwa einen Meter fünfzig hoch und groß genug, daß ein Erwachsener darin bequem auf einem Stuhl sitzen konnte. Bedauernd lehnte ich die Einladung meiner Gastgeber ab, eine halbe Stunde in der Box zu verbringen, vor allem deshalb, weil man, sollte das Experiment wirken, nackt darin sitzen mußte, und die Temperatur in der Hütte lag wenig über dem Gefrierpunkt. Ich erklärte, daß meine kleinbürgerliche Moral mich daran hinderte, mit einer der anwesenden Frauen von der Orgonen-Anhäufung zu profitieren, und der Ehre war auf allen Seiten Genüge getan.

Die Gruppe, mit der ich sprach (vier Frauen und ein Mann), hatte mir erzählt, daß sie eine außerordentlich gute Bibliothek von Reichs Werken und jenen seiner Schüler besäßen, und ich drückte den Wunsch aus, sie zu besichtigen. Sie erklärten mir ziemlich beschämt, daß – obwohl ursprünglich beabsichtigt worden war, alles zu teilen – in der Kommune in einer doktrinären Frage eine Spaltung entstanden sei. Die restlichen vier Männer und zwei Frauen befänden sich in einem separaten Gebäude, ebenso die Bibliothek, und die beiden Gruppen sprächen nicht miteinander. Man zeigte mir das Gebäude, in dem ich wiederum freundlich aufgenommen wurde und wo ich die Gelegenheit erhielt, die Bibliothek zu inspizieren. Die Angehörigen der anderen Partei erklärten mir traurig, daß sie von der Orgon-Box abgeschnitten wären und schilderten mir ihre Leiden, die sie deshalb erduldeten. Da die erste Gruppe mehr intellektuelle Neigungen hätte als sie selbst, wäre es besser gewesen, wenn sie die Hütte mit der Orgon-Box besetzt hätte, während die anderen Zugang zur Bibliothek erhalten hätten. Ich mußte an W. S. Gilberts Geschichte von den zwei Schiffbrüchigen denken, die eine menschenleere Insel zu ihrer beider Nachteil untereinander aufteilten:

Auf Peters Teil gediehen Austern – eine seltene Köstlichkeit,
doch beim Anblick der delikaten Austern überkam Peter [Übelkeit.
Auf Somers Seite gab's Schildkröten, sie lagen am groben Kies,
doch Somer konnte sie nicht essen, es wurde ihm davon mies.

Obwohl zweifellos ein Spinner, war Reich mit manchen seiner Ideen seiner Zeit voraus, insbesondere was die Bedeutung anbelangte, die er dem Orgasmus der Frau beimaß, und auch mit seiner Auffassung, daß es eher auf die Qualität als auf die Quantität der Orgasmen ankäme. Nichtsdestoweniger hat seine Therapie wohl wenig Empfehlenswertes an sich.

Eine der blühendsten analytischen Schulen ist heute jene der »Daseinsanalyse«. Sie ist eine seltsame Mischung aus Freuds und Jungs Ideen und dem Gedankengut von existentialistischen Philosophen wie Heidegger und Sartre. Die Bewegung wurde Ende der fünfziger Jahre von Binswanger, einem Schweizer Psychiater, begründet. Seine Werke sind nicht leicht zu lesen, wie die Beschreibung der Geschichte eines jungen Mädchens namens Lola Voss zeigt, die an Typhus erkrankt war und in der Folge verschiedene Phobien entwickelte, darunter die Furcht, daß ihr irgend etwas Schreckliches zustoßen werde[12].

Es ist schwierig, die Ideen, die der »Daseinsanalyse« zugrunde liegen, zu begreifen, geschweige denn, sie in ein paar Worten zusammenzufassen. Große Bedeutung wird der Willensfreiheit des Menschen beigemessen und dem Bemühen, den Patienten dazu zu bringen, zu akzeptieren, daß er zwar für seine Handlungen verantwortlich ist, immer aber frei, klug zu handeln. Die Person, die man ist, werde von der Wahl der Handlungen bestimmt, die man ausführt, und da man stets von seiner Wahl abhänge, sei man auch stets im Begriff, ein anderer Mensch zu werden. Daseinstherapeuten betonen die Gesamtheit der Erfahrungen eines Menschen, ohne zu versuchen, sie zu interpretieren. Sie ermuntern die Patienten, ihren eigenen Erfahrungen gegenüber aufgeschlossen zu sein. Angeblich ist jeder »geworfen« – wie in einem Würfelspiel, gewisse Aspekte unseres Daseins sind vorbestimmt durch die Umstände unserer Geburt und Umwelt. Jeder habe die Aufgabe, sein »echtes Selbst« zu finden. Dem Begriff der Selbstverwirklichung kommt eine zentrale Rolle zu: Wem es nicht gelingt, seinem wahren Selbst gemäß zu leben, bekommt unausweichlich Schuldgefühle und Neurosen.

Die meisten Daseins-Analytiker glauben, daß der Therapeut seinen Patienten niemals betrügen dürfe. Er muß ihm gegenüber ehrlich, spontan und liebevoll handeln. Der Leser wundert sich vielleicht, wie ein Daseins-Therapeut sich wirklich liebevoll einem Patienten gegenüber verhalten kann, den er nicht mag, aber dieser Konflikt tritt anscheinend selten auf, da solche Therapeuten insofern Glück haben, als sie behaupten, daß es in allen Menschen etwas Liebenswertes gebe – wenn man sie erst einmal kennt. Der Nachdruck, der auf die als besonders wichtig geltende Qualität der Erfahrungen eines Menschen gelegt wird, und die

Lehre von der universellen Liebe haben einige vor Jahren bei der Jugend in Mode gekommene Bewegungen angezogen, wie zum Beispiel die Blumenkinder und die Hippies. Für jemanden, der mit einem schweren geistig-seelischen Zusammenbruch zu kämpfen hat, können die Lehren der Daseinsanalyse jedoch sehr bedrohlich sein – besonders die Betonung der Selbstverwirklichung und der Verantwortung für die eigenen Handlungen. Vom existentialistischen Gedankengut beeinflußt wurden unter anderen Rollo May und Abraham Maslow in den Vereinigten Staaten und Peter Lomas in England.

In der vorangegangenen Aufzählung der verschiedenen Schulen der analytischen Therapie habe ich natürlich viele bedeutende Persönlichkeiten nicht erwähnt, unter anderen die Neo-Freudianer, wie Sullivan, Fromm oder Erik Erikson, die zwar von Freud ausgegangen sind, aber den zwischenmenschlichen Beziehungen mehr und den dynamischen Prozessen innerhalb des Es weniger Bedeutung zumessen. Dennoch hoffe ich, genug gesagt zu haben, um eine gewisse Vorstellung von der Vielfalt der verschiedenen Auffassungen und dem Geist jeder einzelnen vermittelt zu haben. Viele der Praktiker der einzelnen Schulen sind ebenso, wie Freud es war, der Überzeugung, daß niemand über eine Art der Analyse schreiben sollte, die er nicht selbst durchgemacht hat; würde diese Vorschrift aber streng befolgt, wäre ein Vergleich schwierig, da nur wenige Menschen die Zeit, das Geld und die Kraft besitzen, um sich einer Analyse zu unterziehen, ganz zu schweigen von ihren vielen Spielarten.

Es dürfte offensichtlich sein, daß die meisten psychoanalytischen Schulen nicht nur die Heilung von Neurosen versprechen, sondern auch ein eigenes Menschenbild. Jede trachtet, die menschliche Existenz in den Begriffen ihrer eigenen, gewöhnlich ziemlich engen Konzeption vom Sinn des Lebens zu interpretieren. Ferner haben die analytischen Theorien von Freud an die Tendenz, die Meinungen und Vorurteile des Bürgertums, dem die Mehrheit der Analyse-Patienten angehören, zu widerspiegeln. Alle diese Schulen – ausgenommen diejenigen, die nur verrückt sind, und jene, die so mystisch sind, daß man sie faktisch nicht verstehen kann –, haben vielleicht einige Aspekte der tatsächlichen Conditio humana erfaßt, aber keine kommt auch nur ansatzweise mit der wahren Komplexität des Menschen zurecht. Indem sie ihr Augenmerk auf nur einen Aspekt der menschlichen Persönlichkeit richten, stellen sie nur Karikaturen dar und stehen der Vielfalt der menschlichen Existenz hilflos gegenüber. Die Ursachen eines geistig-seelischen Zusammenbruchs sind wahrscheinlich so mannigfaltig wie die Ziele, die verschiedene Menschen verfolgen, und es ist merkwürdig, daß keiner der Analytiker, Adler vielleicht ausgenommen, diese Möglichkeit erkannt hat.

14 Analytiker und ihre Patienten heute

Diejenigen, die Muße dazu haben, zerbrechen sich oft den Kopf über den Sinn des Lebens. Vielen fällt es schwer zu leben, ohne sich einer Sache zu verschreiben – sei es eine Religion, eine patriotische Kampagne oder eine eher sektiererische Bewegung wie *Women's Lib.* Für manche Angehörige der begüterten Klasse, insbesondere in Amerika, gibt die Psychoanalyse an sich dem Leben einen Sinn. Es ist daher kaum verwunderlich, daß stark mystische Überzeugungen in mehreren Arten der analytischen Theorie eine Rolle spielen.

Es ist jedoch eine Sache, wenn jene, die sich vergleichsweise guter geistiger Gesundheit erfreuen, in der Analyse einen Religionsersatz suchen – und eine ganz andere, wenn ein Neurotiker sich in Analyse begibt in der Hoffnung, Heilung von seinem Leiden zu finden. Eine Gefahr, die allen Formen der Psychotherapie innewohnt, besteht darin, daß der Therapeut bewußt oder unbewußt dem Patienten seine Lebensauffassung aufzwingt. Angesichts ihres Hangs zum Dogma muß man vor allem den Psychoanalytikern eine derartige Druckausübung vorwerfen. Wenn der Kranke einen Analytiker wählt, ist es also wichtig für ihn, dessen Ansichten in Betracht zu ziehen; dennoch wenden nur wenige Patienten die gleiche Sorgfalt bei der Wahl eines Analytikers an wie der Analytiker bei der Auswahl seiner Patienten.

Wenn man zufällig religiös ist, dann hat es wenig Sinn, sich von einem Analytiker behandeln zu lassen, der der Ansicht ist, der Glaube an Gott an sich sei bereits ein neurotisches Symptom. Rogow zufolge, der eine sorgfältige Umfrage durchführte, meinen viele amerikanische Analytiker, daß die Analyse erfolglos war, wenn der Patient nach deren Beendigung noch an Gott glaubt. Als Frau oder als Feministin wird man durch einen orthodox-freudianischen Analytiker bloß irritiert, da Freud den Frauen eine rein passive Rolle zuteilte. In den USA ist die Frauenbefreiungsbewegung gerade dabei, eine Liste der »feministischen« Analytiker zusammenzustellen, die sie ihren Anhängerinnen empfiehlt. Wer nach weltlichen Gütern und Erfolg strebt, wird bei einem existentialistischen Analytiker, der versucht, die Gedanken des Hilfesuchenden auf dessen innere Erlebnisse zu konzentrieren, wahrscheinlich nur Sorge und Schuldgefühle ernten. Dennoch wählen die meisten Kranken einen Analytiker beinahe nur aufs Geratewohl, auf Empfehlung eines Arztes oder Freundes hin, und bemühen sich nicht herauszufinden, ob seine Anschauungen mit den ihren vereinbar sind.

Manche Leute, die sich einer Analyse unterziehen wollen, sind sich unklar über den Unterschied zwischen Psychoanalyse und Psychiatrie. Die Psychoanalytiker fast aller Richtungen vertreten eine eher enggefaßte Methode der Psychotherapie, die darauf beruht, daß der Patient seine unbewußten Wünsche erkennt und akzeptiert. Wie wir im weiteren sehen werden, gibt es noch andere Arten der Psychotherapie – den Versuch, den psychisch Gestörten zu helfen, indem man mit ihnen ihre Probleme bespricht – als die Analyse, und einige wenige Analytiker, vor allem in den Staaten, eignen sich auch andere Behandlungsmethoden an und wenden sie dort an, wo sie sie als angebracht betrachten.

Psychiater haben eine medizinische Ausbildung und sind auf die Behandlung von geistigen und emotionellen Störungen spezialisiert. Bei ihrer Ausbildung lernen sie die Anwendung physikalischer Behandlungsmethoden, hauptsächlich von Medikamenten und Elektroschocktherapie. Heute erhalten sie auch etwas Unterricht in den Grundsätzen der Psychotherapie. Wie weit sie diese selbst ausüben, die Art, die sie anwenden, und wieviel sie davon verstehen, hängt von den Eigenheiten der Krankenhäuser ab, an denen sie ausgebildet wurden, und von ihren eigenen Vorlieben. In Großbritannien sind alle psychiatrischen Fachärzte Mitglieder des Royal College of Psychiatrists, und in den Vereinigten Staaten gehören praktisch sämtliche namhaften Psychiater der American Psychiatric Association an. Dennoch kann sich in vielen amerikanischen Staaten ein Arzt Psychiater nennen, ohne eine genügend umfassende Ausbildung in Psychiatrie erhalten zu haben, um eine Anerkennung durch die American Psychiatric Association zu verdienen.

Es ist kaum erstaunlich, daß vielen Leuten der Unterschied zwischen den beiden Berufen nicht klar ist, da sich diese in der Praxis weitgehend überlappen. Die wichtigste psychoanalytische Berufskörperschaft in den USA ist die American Psychoanalytic Association (A.P.A.), die es zur Regel macht, daß nur Ärzte mit Universitätsdiplom zur psychoanalytischen Ausbildung und als Mitglieder zugelassen werden. Freud selbst betrachtete eine medizinische Ausbildung nicht als Voraussetzung zur Ausübung der Psychoanalyse, und einigen seiner medizinisch nicht ausgebildeten Schülern wie Rank wurde die Mitgliedschaft verweigert, als sie in den dreißiger und vierziger Jahren von Europa einwanderten. Es gibt jedoch eine Anzahl von anderen psychoanalytischen Organisationen in Nordamerika, die nicht mit der A.P.A. verbunden sind; die meisten von ihnen verlangen für die Anerkennung als Analytiker keine ärztliche Qualifikation.

Die Geschichte der Psychoanalyse in Amerika vollzieht die Schismen nach, die in Europa in der Frühzeit der Bewegung aufgetreten waren. Rank wurde von der A.P.A. abserviert; Alexander, Grinker und andere dagegen lösten sich von dieser Körperschaft und gründeten die American Academy of Psychoanalysis; Karen Horney gründete ihr eigenes Institut, aber ihre Mitarbeiter Sullivan und Fromm trennten sich nach einer gewissen Zeit von ihr. Darüber hinaus gibt es noch viele kleinere Vereinigungen, die von der A.P.A. nicht anerkannt werden; sie gründen sich auf Lehren von Analytikern, die nicht mit Freud übereinstimmten, wie Adler, Jung, Reich und Reik.

Weil die A.P.A. darauf besteht, daß alle ihre Mitglieder ausgebildete Ärzte sein müssen, sind viele in den Staaten praktizierende Psychoanalytiker auch Psychiater. Demgegenüber ist ungefähr einer von zehn Psychiatern ein ausgebildeter Psychoanalytiker. Darüber hinaus übten zwischen 1930 und 1960 Psychoanalytiker der Freudschen Schule einen großen Einfluß auf die amerikanische Psychiatrie aus, und viele amerikanische Psychiater sind, obwohl sie selbst nicht als Psychoanalytiker ausgebildet wurden, Anhänger der psychoanalytischen Lehren.

Die Situation in Großbritannien ist eine andere. Dort machten nur wenige Psychiater eine psychoanalytische Ausbildung durch, und viele von denen, die eine genossen, widmen sich vorwiegend ihrer Privatpraxis und sind nicht als psychiatrische Berater an einem Spital tätig. Da die bedeutendste psychoanalytische Vereinigung in Großbritannien eine ärztliche Qualifikation niemals zur Voraussetzung für eine Mitgliedschaft gemacht hat, sind die meisten Psychoanalytiker in Großbritannien nicht medizinisch geschult, oder wenn doch, dann nicht in Psychiatrie.

Sowohl in Nordamerika als auch in Großbritannien wurden alle namhaften Analytiker an einem der bestehenden psychoanalytischen Institute ausgebildet. Als wichtigstes Erfordernis gilt eine Lehranalyse, in deren Verlauf sich der Student selbst durchschnittlich sechshundert Analysestunden unterzieht: mehr als vier Jahre lang liegt er dreimal pro Woche auf der Couch. Die Analytiker, die diese Schulung durchführen, haben den Gipfel in ihrem Beruf erreicht, und das Verhältnis zu ihren Schülern muß ziemlich merkwürdig sein. Einerseits wird von dem Studenten erwartet, daß er sein Innerstes preisgibt, auf der anderen Seite aber möchte er vermutlich zeigen, daß er nicht zu neurotisch ist, um selbst Analytiker zu werden. Dazu meint ein Analytiker folgendes:

»Die Lehranalyse ist keine gute Analyse, weil der Schüler auf Probezeit da ist; wissen Sie, er wird geprüft ... und er kann die Rolle des Patienten nicht erfüllen. Aber seine zweite Analyse, nachdem er anerkannt wurde und mit Patienten gearbeitet hat – die an etwas in ihm rührten, das gestört wird –, diese zweite Analyse kann eine gute sein. Dann können sie wirklich eine Menge lernen. Ich glaube, daß die meisten guten Analytiker mehrmals Analysen durchmachten, aber ich weiß nicht, wie viele. Darüber spricht man nicht[1].«

Zusätzlich zur eigenen Psychoanalyse besucht der angehende Analytiker auch Vorlesungen, hauptsächlich über Theorie und Praxis der Analyse, und er analysiert unter Aufsicht ein paar Patienten. Die Psychoanalyse wurde als eine Behandlung mit unbestimmten Zielen beschrieben, die mit unbekannten Mitteln arbeitet und deren Wirksamkeit nicht bewiesen ist: Alle stimmen dahingehend überein, daß eine langdauernde und teure Ausbildung notwendig ist, um sie ausüben zu können.

Nichtsdestoweniger hat nicht jeder, der behauptet, ein Analytiker zu sein, eine so strenge Schulung durchgemacht. In Großbritannien und in den meisten amerikanischen Staaten kann jedermann ganz legal ein Messingschild an seiner Eingangstüre anbringen mit der Aufschrift: »Mr. S. Freud – Psychoanalytiker.«

Es gibt wenige Untersuchungen darüber, was die Leute veranlaßt, Psychoanalyse als Beruf zu wählen. Zweifellos spielt der Wunsch, seelisch Gestörten zu helfen, eine Rolle, wenn es auch andere Wege gibt, um dieses Ziel zu erreichen. Bei vielen der mir bekannten Analytiker keimte das Interesse für das Fach auf, weil sie mit sich selbst unzufrieden waren, und sie griffen gierig nach der Analyse, da sie ihnen selbst helfen konnte und ihnen gleichzeitig ein solides Einkommen sicherte. In Amerika verdienen einige Analytiker unter Umständen an die 100 000 Dollar im Jahr, und ein Zyniker denkt vielleicht, daß dies allein schon ein ausreichender Grund wäre, eine solche Laufbahn einzuschlagen. In Großbritannien schwanken die Honorare zwischen fünf und zwölf Pfund für eine Fünzig-Minuten-Sitzung. In den Vereinigten Staaten variieren die Honorare sehr stark. Viele Analytiker machen sie von den Einkommen ihrer Patienten abhängig, und manche – zum Beispiel in der Horney-Klinik – behandeln ärmere Patienten auch kostenlos. Aus einer von Rogow geleiteten Untersuchung geht hervor, daß Psychoanalytiker im allgemeinen mehr verdienen als Psychiater. Zwei von dreiunddreißig der befragten Analytiker sagten, daß sie mehr als 60 000 Dollar im Jahr verdienten, und dreißig Prozent mehr als 50 000 Dollar; diese Studie ist vor acht Jahren durchgeführt worden, und die Einnahmen dürften heute wohl beträchtlich höher liegen.

Es ist charakteristisch für die Psychoanalytiker, daß sie eine therapeutische Begründung anführen für die Beträge, die sie verrechnen. Manche behaupten, die hohe Summe diene nicht ihrem Wohle, sondern dem des Patienten. Die Bereitschaft, hohe Honorare zu bezahlen, spiegle das Verhältnis des Patienten zur Therapie wider; sie sei ein greifbarer Beweis für das Vertrauen des Patienten in seinen Analytiker. Mehr noch: Je höher das Honorar, desto unwahrscheinlicher sei es, daß der Patient einen Termin nicht einhält; er wisse, daß er zahlen müsse, ob er kommt oder nicht. Ein paar Psychoanalytiker verrechnen den vollen Betrag, selbst wenn der Patient sie im voraus verständigt, daß er begründetermaßen, zum Beispiel krankheitshalber, nicht zur Sitzung erscheinen könne. Die Begründung für dieses Verhalten lautet, daß die Analyse dem Patienten unangenehm sei, und dieser unbewußt Gründe finden könne, um die Sitzungen zu meiden, leichtere Krankheiten inbegriffen, wenn nicht die Angst, Geld zu verlieren, als Abschreckungsmittel wirke; und schließlich würde der Patient, je mehr er bezahlt hat, ein um so stärkeres Gefühl des Verlustes haben, wenn er die Analyse vorzeitig abbricht. Die Analytiker haben gewiß recht mit der Annahme, daß der Patient die Behandlung höher bewertet, je höher das Honorar liegt; im allgemeinen ist es so, daß man etwas um so höher einschätzt, je größer das Opfer ist, das man ihm darbringen muß. Nichtsdestoweniger muß man sich doch fragen, ob die Psychoanalytiker ihre eigenen Motive gründlich genug überprüft haben, wenn sie erklären, daß hohe Honorare ausschließlich dem Wohl des Patienten dienen.

Ich habe berichtet, wie meine beiden Analytiker mich drängten, mit der Analyse fortzufahren, und das kommt immer wieder vor. Einem angehenden Analytiker, einem Bekannten von mir, sagte man, als er in New York einer analytischen Praxis beitrat, offen heraus, daß seine Karriere nicht von den Patienten abhänge, die er anfangs gewinnen könne, sondern von seiner Fähigkeit, sie bei der Stange zu halten. Natürlich glauben die Analytiker wirklich an ihre Behandlungsmethode, und wenn sie den Patienten überreden, in Behandlung zu bleiben, meinen sie zweifellos ehrlich, daß sie in seinem Interesse handeln. Die Patienten werden jedoch oft außerordentlich abhängig von ihren Analytikern und sind nicht in der Lage, vernünftige Entscheidungen zu treffen; Druck auf Patienten auszuüben, damit sie etwas tun, was ihnen nützt oder auch nicht, wovon aber gewiß der Analytiker profitiert, ist wohl eine etwas fragwürdige Ethik.

Freud selbst war sich des Problems bewußt, das daraus entsteht, daß der Patient von der Analyse abhängig wird und sie gewissermaßen zu einer Lebensweise macht. In einer seiner Schriften befaßt er sich damit, ob eine Analyse vorzeitig abgebrochen werden kann. Einige zeitgenössische Analytiker, zum Beispiel Balint und Malan in London, haben abgekürzte psychoanalytische Behandlungen eingeführt und beschränkten sie auf fünfzig oder hundert Sitzungen. Sie bemühten sich vor allem, die beunruhigendsten Symptome des Patienten zu beseitigen.

Trotz Freuds Warnung haben sich manche Analytiker auf »Zweitanalysen« spezialisiert. Sie täten gut daran, sich an die Worte eines Lehranalytikers zu erinnern:

»Alexander war der Ansicht, daß wir es vermeiden sollten, Abhängigkeit zu züchten, indem wir die Termine unregelmäßig ansetzen, sie gelegentlich absagen und dem Patienten einen Urlaub geben, damit er auf eigenen Füßen steht und sieht, wie er zurecht kommt. Auf diese Weise experimentiert der Patient mit dem Leben, und wir wissen dann, welche Erfolge und Fehlschläge er zu verzeichnen hat. Alexander meinte, daß es dem Analytiker zugute käme, nicht dem Patienten, wenn man die Analyse in die Länge ziehe. Und Alexander hatte recht. Wenn jemand zu mir kommt und sagt, daß er zehn Jahre in Analyse gewesen ist, dann wette ich jeden Preis, daß er in den letzten fünf Jahren nichts gelernt hat[2].«

Die Praxis der Analyse ist vielleicht nicht so schmerzlos, wie es dem Patienten scheinen mag, der dazu neigt, seinen Analytiker für immun gegenüber gewöhnlichen menschlichen Schwächen zu halten. Dazu meint ein anderer Lehranalytiker:

»Okay, Sie wollen Analytiker werden, wollen die Ausbildung durchmachen, obwohl es ein schauderhaftes Erlebnis ist, nämlich: Ihre Kindheit wird um weitere sieben oder acht Jahre verlängert, Sie werden auf alle erdenkliche Weise gedemütigt, einer Gehirnwäsche unterzogen, zu Konformismus gezwungen. Okay. Aber um Himmels willen, betreiben Sie die Analyse dann nicht als Ganztagsjob, denn wenn Sie fünfundvierzig werden und Tag für Tag dagesessen sind und sich den Klimbim von zehn, zwölf Patienten angehört haben, dann werden Sie sich so tödlich langweilen, daß Sie sich am liebsten die Gurgel durchschneiden würden. Außerdem werden Sie nichts anderes können, werden keine Kenntnisse besitzen, keine wissenschaftliche Arbeit gemacht haben. Sie werden nur mehr ein verdammt stumpfes Werkzeug sein[3].«

Man weiß nicht, was – wenn es das überhaupt gibt – einen guten Analytiker ausmacht. Dem Wortlaut eines Berichts zufolge haben erfolgreiche Analytiker »psychologisch zugängliche, latent weibliche und dementsprechend passive Merkmale[4]«. Man hat Untersuchungen über die Charakteristika amerikanischer Analytiker angestellt, und als Gruppe neigen sie zu politischem Liberalismus. Aus Rogows Umfrage geht hervor, daß fünfundneunzig Prozent der Psychoanalytiker im Jahre 1964 für die Demokraten gestimmt hatten, und sechs von zehn behaupteten, sie würden nichts dagegen haben, wenn ihre Tochter einen Neger heiratet – ein Verhältnis, das weit über jenem der Durchschnittsbevölkerung liegt.

Gegenwärtig hat die A.P.A. etwa zweitausend Mitglieder[5], aber schätzungsweise praktizieren über tausend Analytiker in den Vereinigten Staaten, da es zahlreiche Gruppen gibt, die sich von der A.P.A. abgespalten haben. Die entsprechende Institution in Großbritannien, die British Psychoanalytic Society, hat lediglich dreihundert Mitglieder, und es wird wohl nicht mehr als ein paar hundert praktizierende Psychoanalytiker in Großbritannien geben.

Auf beiden Seiten des Atlantik behandeln fast alle Psychoanalytiker hauptsächlich Privatpatienten. Eine Vollanalyse ist zu teuer und ihre Erfolge zu wenig sicher, als daß sie vom National Health Service in Großbritannien oder in den staatlichen Krankenhäusern in den Vereinigten Staaten allgemein akzeptiert würde. Sowohl in Großbritannien als auch in Amerika aber machen viele Psychiater und Psychotherapeuten, die keine vollausgebildeten Analytiker sind, von psychoanalytischen Konzeptionen Gebrauch. Psychoanalytisch orientierte Therapeuten mit manchmal nur minimalen Qualifikationen finden sich an vielen Kliniken auf beiden Seiten des Atlantik. An einer britischen Universität besagt ein geflügeltes Wort, daß man, wenn man wegen einer gebrochenen Zehe das Health Centre aufsucht, zuerst gefragt wird, ob einem die Mutter draufgetreten sei, als man ein Baby war.

Jetzt, da andere Behandlungsarten zu Gebote stehen, die mehr versprechen, ist die große Zeit der Psychoanalyse höchstwahrscheinlich vorbei. Einem 1967 in der Zeitschrift der American Academy of Psychoanalysis erschienenen Bericht zufolge »bewerben sich weniger Kandidaten um psychoanalytische Ausbildung als jemals zuvor, und die Qualität der Bewerber läßt viel zu wünschen übrig[6]«.

Ob die Psychoanalyse nun eine Zukunft hat oder nicht – man sollte im Auge behalten, daß sie niemals das Problem der psychischen Krankheiten lösen konnte, und sei es nur wegen der Zeit und der Kosten, welche die Behandlung erfordert. Ein Psychoanalytiker kann nur acht bis zwanzig Patienten gleichzeitig in Behandlung haben. Die Möglichkeit, sich einer Analyse zu unterziehen, war stets eines der zweifelhaften Privilegien der begüterten Klassen; die Konzentration darauf, Einsichten in sein Selbst zu erlangen, die man auf verschiedene Weise sucht, je nach der Schule, der der Analytiker angehört, macht diese Suche zu einer elitären Beschäftigung, einer Art Luxus. Es ist wohl bezeichnend, daß nur einer von drei der Analytiker, an die Rogow Fragebogen verschickte, angab, er befrage auch Familienmitglieder des Patienten, und nur einer von hundert bekam jemals Freunde oder Kollegen des Patienten zu Gesicht. Ein Psychoanalytiker stellte dazu folgendes fest:

»Manchmal liegt eine Art Paradoxon darin, daß Leuten – individuell – durch die Analyse geholfen wird, ihren Familien aber weniger. Ich denke, das ist deswegen so, weil die Analytiker dem einzelnen Patienten so viel Aufmerksamkeit widmen, daß sie nicht bemerken, wie die Patienten auf ihre Umwelt wirken, wenn sie gegen ihre Konflikte ankämpfen. So werden die Folgen für den Ehepartner und die Kinder außer acht gelassen, und der Analytiker hört vielleicht gar nicht davon[7].«

Wahrscheinlich wird eine Zeit kommen, in der man die Psychoanalyse selbst als eine dieser seltsamen Verirrungen des Geistes betrachtet, zu denen der Mensch von Zeit zu Zeit neigt. Jedes Zeitalter erfindet seine eigenen Wahnsysteme.

15 Andere Formen der individuellen Psychotherapie

Die Psychoanalyse ist nur eine Form der Psychotherapie: Während der letzten dreißig bis vierzig Jahre wurden mehrere andere Methoden entwickelt. In der Praxis besteht keine eindeutige Trennlinie zwischen manchen Formen der analytischen Therapie und anderen Arten der Psychotherapie. Es gibt eine laufende Abstufung von Therapieformen, die von der klassischen Psychoanalyse bis zur Verhaltenstherapie reicht. Einige der neueren Behandlungsarten wurden von Psychologen entwickelt, und es ist wichtig, eine klare Unterscheidung zwischen Psychoanalytikern und Psychologen zu treffen.

Psychologen erwerben einen akademischen Grad in Psychologie und manche von ihnen erhalten anschließend eine Ausbildung in klinischer Psychologie, in deren Verlauf sie Kurse besuchen und unter Aufsicht Patienten behandeln. Bis vor kurzem befaßten sie sich kaum mit Therapien. Ihre Aufgabe bestand hauptsächlich in der Ausarbeitung »objektiver« Tests, die bei der Beurteilung von Patienten verwendet wurden. Einige dieser Tests haben sich als wertvoll erwiesen, andere dagegen als nutzlos. So ist zum Beispiel der berühmte Rorschach-Test, der sich auf die Assoziationen der Patienten zu Tintenklecksen gründet, nicht stichhaltig und auf seiner Grundlage kann nichts vorhergesagt werden: Dennoch wird er weiterhin verwendet, insbesondere von Analytikern.

Seit den frühen fünfziger Jahren werden Psychologen mehr in die praktische Durchführung der Psychotherapie einbezogen – eine Entwicklung, der sich sowohl in Amerika als auch in Großbritannien die Ärzte widersetzten. In den USA sprachen sich die Mediziner dagegen aus, daß die Psychologen staatlich anerkannt wurden, und in England lehnten es viele Psychiater in den Spitälern ab, die Psychologen in irgendeiner Weise an der Behandlung zu beteiligen; manche tun das auch heute noch. In Nordamerika sind die Psychologen, anders als die Analytiker, nun in fast allen Staaten beglaubigt oder behördlich zugelassen. Im allgemeinen bedeutet die Beglaubigung, daß die Psychologen mit einem solchen Zertifikat vom Staat als bona fide praktizierende Psychologen anerkannt werden; andere können weiterhin privat praktizieren. Wo die behördliche Zulassung erforderlich ist, kann niemand innerhalb des Staates den Beruf des zur Behandlung von Patienten berechtigten Psychologen ausüben, wenn er nicht zugelassen ist. In Großbritannien brauchen Psychologen keine behördliche Genehmigung, um zu praktizieren, wenn sie aber nicht entsprechend ausgebildet sind, können sie keine Anstellungen in Spitälern bekommen, und da es in Großbritannien nur eine Handvoll Psychologen mit Privatpraxis gibt, bedeutet das, daß selbst dort fast alle praktizierenden Psychologen eine formelle Ausbildung in dem Fach erhalten haben.

In Großbritannien hängt die Rolle des Psychologen sehr stark von dem Psychiater ab, mit dem er zusammenarbeitet. Wo der Psychiater an die Nützlichkeit der Psychologie glaubt, werden die Psychologen in allen Phasen der Behandlung des Patienten konsultiert und sie nehmen an einer solchen Behandlung aktiv teil. Andernfalls spielt der Psychologe eine untergeordnete, seine Erwartungen enttäuschende Rolle. Selbst in Krankenhäusern, wo die Psychologie von den meisten Ärzten hochgeschätzt wird, bin ich Psychologen begegnet, die äußerst erbittert darüber waren, daß in jedem Fall stets der Psychiater das letzte Wort hat; und manchmal entdecken sie, daß sie monatelang vergeblich mit einem Patienten gearbeitet haben, weil der Psychiater sich zu einer Vorgangsweise entschließt, die sie als schlecht ansehen. Ihre Stellung im Spitalsdienst in Nordamerika ist ähnlich, dort haben die Ärzte allerdings in jüngster Zeit die Bedeutung der Psychologie zu akzeptieren begonnen: Einige der größeren psychiatrischen Kliniken werden gegenwärtig von einem Psychologen geleitet, der gelegentlich sogar für die Aufnahme von Ärzten verantwortlich ist; so weit ist man in Großbritannien noch nicht; die englische Ärzteschaft gibt dieses alteingesessene Recht nur ungern auf.

Um die Methode des Psychologen verständlich zu machen, muß ich noch ein wenig mehr über die Natur der modernen Psychologie hinzufügen. Es ist ein umfangreiches Thema, von dem die psychoanalytischen Theorien nur ein winziges Fragment bilden. Psychologen in spe werden an der Universität über das gesamte Gebiet der Psychologie unterrichtet; davon hat das meiste nicht direkt mit dem Problem der psychischen Gesundheit zu tun. Die Psychologie selbst kann man in »grundlegende« und »angewandte« Psychologie einteilen. Der Grundlagenpsychologe versucht zu erforschen und zu verstehen, wie der Verstand und das Gehirn funktionieren, ohne sich unbedingt darum zu kümmern, wie die Ergebnisse seiner Untersuchungen zum Nutzen (oder Schaden) der Menschheit angewandt werden können. Der Vertreter der angewandten Psychologie trachtet mittels der Entdeckungen der Grundlagenforschung den Menschen zu helfen (oder sie zu manipulieren). Die Beziehung zwischen angewandter und grundlegender Psychologie ist jener zwischen der Bedienung von Maschinen und Physik nicht unähnlich.

Die grundlegende Psychologie hat viele Zweige – die umfangreichsten sind Experimental- und Sozialpsychologie. Der Experimentalpsychologe studiert Themen wie Wahrnehmung, Denken, Lernen und den Gebrauch der Sprache. Er versucht etwa herauszufinden, wie wir imstande sind, mit einiger Genauigkeit die Entfernung der Gegenstände von uns abzuschätzen; dies mag recht einfach klingen, aber das Problem, wie wir in unseren Köpfen die Vorstellung von der wirklichen, dreidimensionalen Welt konstruieren, ausgehend von den zweidimensionalen Lichtmustern, die auf unser Auge treffen, erweist sich als ungeheuer kompliziert. Es kann bei normalen Menschen (und sogar bei Tieren) studiert werden, und Fortschritte in der Grundlagenforschung helfen dem Vertreter der angewandten Psychologie bei der Arbeit mit Leuten, die an Sehstörungen leiden. Der zweite Hauptzweig der reinen Psychologie ist die Sozialpsychologie, welche die zwischenmenschlichen Beziehungen umfaßt, ebenso wie die Entwicklung der Persönlichkeit und Gefühlswelt des Menschen.

Die wichtigsten Gebiete der angewandten Psychologie sind Erziehung, Industrie und Medizin. Die Hauptsorge des Erziehungspsychologen gilt den Heilverfahren für intelligenzmäßig oder emotionell zurückgebliebene Kinder mit Hilfe von Medikamenten, wenn auch manche Erziehungspsychologen versuchen, neue und, wie sie hoffen, verbesserte Unterrichtsmethoden zu finden. Der Industriepsychologe wendet die Erkenntnisse der Experimental- und Sozialpsychologie auf Probleme der Industrie an. So kann er zum Beispiel unser Wissen über die Art, wie das Sehvermögen funktioniert, dazu benutzen, leichter lesbare Skalen für Flugzeuge zu entwerfen, oder die Kenntnisse über die zwischenmenschlichen Beziehungen dazu, Strukturen des Managements zu verbessern. Der medizinisch orientierte Psychologe kann mit den geistig Zurückgebliebenen oder mit neurologischen Fällen arbeiten, oder auch mit Geisteskranken.

Nur die letzteren, die mit psychiatrischen Patienten arbeiten, sollen uns hier beschäftigen. Ihr Wissen über den Verstand und das Gemüt des Menschen hat eine breitere Basis als jenes des

Psychoanalytikers, und folglich sind sie in ihren Methoden wahrscheinlich eklektischer und weniger in Dogmen befangen, obwohl es auch da bedauerliche Ausnahmen gibt. Darüber hinaus sind diese Psychologen wahrscheinlich die einzigen Mitglieder eines Teams, die in dem schwierigen Problem, wie die Wirksamkeit neuer Therapiemethoden zu beurteilen ist, ausgebildet wurden, und dies sollte als eine ihrer wichtigsten Funktionen angesehen werden. Da sie die enttäuschenden Ergebnisse vieler objektiver Untersuchungen der verschiedenen Arten der Psychotherapie kennen, dürften sie sich vor voreiligen Forderungen nach neuen Methoden in acht nehmen.

Zusätzlich zu den Psychiatern, Psychoanalytikern und Psychologen wenden zwei andere Berufsgruppen Psychotherapie an – Sozialarbeiter und psychiatrisches Pflegepersonal. In Amerika haben psychiatrische Sozialarbeiter gewöhnlich einen akademischen Grad und erhalten danach noch eine spezielle Ausbildung in Sozialarbeit. In Großbritannien erwerben sie das Diplom in diesem Fach wohl eher in einem entsprechenden Lehrgang der Oberschulstufe, wenngleich manche auch an Universitäten ausgebildet werden. Die Gründlichkeit und der Wert der Ausbildung von Sozialarbeitern variiert stark und hängt in hohem Maß von der Eigenart des Instituts ab, an dem sie ausgebildet wurden. Manche Sozialarbeiter werden psychoanalytisch geschult, andere erlernen vielleicht Techniken der Psychotherapie, die in diesem Kapitel und im folgenden besprochen werden. An fortschrittlichen Kliniken wird das Pflegepersonal immer mehr in die Psychotherapie einbezogen und es wird mehr Wert auf die Ausbildung von psychiatrischem Pflegepersonal gelegt. Auch viele Geistliche betreiben Psychotherapie, mit oder ohne vorschriftsmäßige Ausbildung. Schließlich praktiziert eine große Anzahl von Laien mit oder ohne Ausbildung ihre eigene Form der Psychotherapie an einem leichtgläubigen Publikum, vor allem in den USA.

Die Psychotherapie – das Reden mit dem Patienten – kann drei ziemlich verschiedenartige Ziele haben. Zunächst einmal ist es eine notwendige einleitende Maßnahme, den Patienten, seine Meinungen und Vorurteile kennenzulernen, um zu entscheiden, welche weitere Behandlungsmethoden angewandt werden sollen, zum Beispiel ob der Patient nur psychotherapeutisch – und wie im einzelnen –, oder auch mit physikalischen Mitteln, wie Medikamenten oder Elektroschocks, behandelt werden soll. Zweitens kann die Psychotherapie rein unterstützend wirken: Der Therapeut kann versuchen, durch einfühlsames Zuhören und indem er ermutigende Laute von sich gibt, das Leid des Patienten zu erleichtern – ohne ein Eingreifen, das eine »Heilung« zustande bringen soll. Im Fall der depressiven Krankheit, wie es meine eigene war, genesen die meisten Patienten mit der Zeit, aber es ist wichtig, etwas zu tun, um ihnen bis dahin das Leben erträglich zu machen; für Selbstmordkandidaten kann eine solche Hilfe wirklich lebensrettend sein. Und drittens kann die Psychotherapie darauf abzielen, eine Remission der Symptome, eine »Heilung« zu bewirken.

Es ist nicht klar, wie die Psychotherapie solche Heilungen herbeiführen soll. Viele nicht-analytische Therapierichtungen gebrauchen ziemlich verschwommene Begriffe und trachten, das »Persönlichkeitswachstum« oder in der Gestalttherapie die »Ganzheit« oder die »Integrität« des Selbst zu fördern. Es ist wahr, daß viele Neurotiker, ich selbst mit eingeschlossen, sich während ihrer Neurose sehr kindisch benehmen, aber die Frage, ob jemand kindisch wird infolge der Neurose oder ob die Neurose sich entwickelt, weil jemand in manchen Beziehungen nicht erwachsen ist, bleibt weiterhin offen. Andere Richtungen betrachten die Neurose als ein Resultat unterschwelliger Konflikte zwischen einzelnen Motiven, und die Therapie wird zum Versuch, dem Patienten bei der Lösung dieser Konflikte zu helfen.

Es herrscht weitgehende Übereinstimmung darüber, daß es Neurotikern im allgemeinen an Selbstgefühl und Selbstachtung mangelt, und eines der wenigen objektiven Resultate auf dem gesamten Gebiet der Psychotherapie besteht darin, daß die Genesung von einem Zusammenbruch mit einer Hebung des Selbstgefühls verbunden ist. Daher versuchen die meisten Therapeuten, die Selbstachtung des Patienten zu stärken, und sei es nur, indem sie zeigen, daß sie um den Patienten wirklich besorgt sind und ihn aufrichtig »mögen«.

Diese therapeutische Einstellung wurde von Carl Rogers in den Vereinigten Staaten bis zum Äußersten geführt. In den späten vierziger Jahren gründete er eine neue Bewegung, die »nicht richtungsweisende« (non-directive) oder »um den Patienten zentrierte« (client-centred) Therapie, bei der der Therapeut dem Patienten nur zuhört, und ihm vorhält, was er sagt: der Therapeut drückt seine Besorgnis aus, gibt aber keine Interpretationen oder irgendeine direkte Anleitung. Rogers war einer der ersten Psychologen, die mit der psychoanalytischen Tradition brachen und ihren eigenen therapeutischen Stil entwickelten. Er brach auch mit der medizinischen Tradition und betrachtete die

Neurose nicht als eine Krankheit, sondern als nur eine in der Reihe der Schwierigkeiten, die uns allen begegnen. Aus diesem Grund bezeichnete er die Leute, die er behandelte, nicht als »Patienten«, sondern als »Klienten«.

Rogers' Therapie hat einen komplexen theoretischen Überbau, wenn sich auch viele seiner Ideen von Vorgängern wie Jung, Horney und Reik herzuleiten scheinen. Er war der Ansicht, daß der Urtrieb des Menschen derjenige sei, der zur Selbstverwirklichung dränge: Das ganze Leben hindurch haben die Menschen ein Bedürfnis nach tieferen und schöpferischen Erlebnissen. Aus diesem Bedürfnis nach reicherem Erleben heraus entwickelt der Erwachsene schließlich das Bild seiner selbst im Gegensatz zur Außenwelt. Er lernt, daß sein Selbstverständnis bereichert wird, wenn andere ihn hochschätzen, und daher entwickelt sich das Bedürfnis, geliebt zu werden, aus dem Bedürfnis nach Selbstverwirklichung. Dieses Streben nach Anerkennung kann das Selbstverständnis entstellen: Um anderen zu gefallen, unterdrückt man vielleicht Aspekte der eigenen Persönlichkeit, die andere nicht akzeptieren, und bemüht sich Eigenschaften zu erwerben, die den Beifall anderer finden. Die Neurose entsteht, weil der Neurotiker sowohl sein Verhalten als auch seine Auffassung von sich selbst so verändert, daß er damit rechnen kann, die Wertschätzung anderer zu gewinnen. Er wird daher daran gehindert, sein wahres Selbst zu verwirklichen, und es entsteht Angst.

Rogers meinte, daß eine erfolgreiche Therapie auf drei grundlegenden Faktoren beruhe, die alle die Haltung des Therapeuten gegenüber dem Patienten betreffen. Erstens muß der Therapeut den Patienten bedingungslos so akzeptieren, wie er wirklich ist, indem er ihm »bedingungslose positive Zuwendung« gibt; auf diese Weise wird es dem Patienten erleichtert, sein wahres Selbst zu akzeptieren. Zweitens muß der Therapeut völlig ehrlich und aufrichtig sein in allem, was er sagt, um dem Patienten vor Augen zu führen, daß es möglich ist, jemandes wahre Gefühle zu akzeptieren, und schließlich muß er die Gefühle des Patienten verstehen, sie mitempfinden. Da es das Ziel der Therapie ist, den Patienten dazu zu bringen, sein wahres Selbst zu akzeptieren und zu entwickeln, und da nur er dieses Selbst zu erkennen vermag, ist die Therapie »nicht-direktiv« und um den Klienten zentriert. Die drei Eigenschaften des erfolgreichen Therapeuten wurden in dem Akronym »CARE« zusammengefaßt, gebildet aus *Communicated Authenticity* (vermittelte Aufrichtigkeit, Echtheit), *Regard* (Aufmerksamkeit) und *Empathy* (Verständnis, Einfühlung). Rogers glaubte, daß die üblichen therapeutischen Techniken kaum von Bedeutung seien. Alles, worauf es für den Therapeuten ankäme, sei, CARE an den Tag zu legen. Er schreibt sogar, daß seine eigene, um den Klienten zentrierte Technik »in keiner Weise eine notwendige Vorbedingung der Therapie sei«.

Rogers' Ansichten werfen eine Reihe von Problemen auf. Er sagt nicht sehr genau, was Selbstverwirklichung ist, vielleicht weil verschiedene Menschen sich auf verschiedene Weise selbst verwirklichen. Er vertritt eine deutlich Panglossische Ansicht über die menschliche Natur – jeder ist im Grunde gut, wenn er nur dahinterkommt. Die Kultivierung des Selbst kann als eine elitäre und selbstsüchtige Doktrin betrachtet werden. Die meisten Menschen haben nicht genügend Zeit zur Selbstverwirklichung – sie sind zu sehr damit beschäftigt, genug zu verdienen, um die Miete zu bezahlen. Schließlich kann diese Therapie vermutlich nur von jenen seltenen Individuen ausgeführt werden, die, wie Rogers selbst, andere total zu akzeptieren vermögen und glauben, daß im Grunde seines Herzens jeder gut ist.

Als Psychologe machte Rogers sich daran, die Effektivität seiner Behandlung zu testen[1]. Er und seine Kollegen versuchten, die Persönlichkeit des Therapeuten zu messen und herauszufinden, ob diejenigen, die als warmherzig, einfühlend und aufrichtig bewertet wurden, erfolgreicher waren als jene, die diese Tugenden nicht aufwiesen. Die Ergebnisse sind nicht allzu ermutigend. In einer äußerst sorgfältig durchgeführten Untersuchung wurde festgestellt, daß mit Rogers' Therapie behandelte Schizophrene nicht besser dran waren als unbehandelte Patienten einer Kontrollgruppe. Ferner ging es den Patienten, die von Therapeuten mit hohen CARE-Ratings behandelt wurden, nicht besser als solchen, deren Therapeuten niedrige CARE-Ratings aufwiesen. Schizophrenie ist natürlich besonders resistent gegenüber jeder Form von Psychotherapie; die bei leichten Neurotikern und Kriminellen erzielten Resultate sind ein wenig positiver. Die überwiegende Zahl dieser Studien läßt vermuten, daß Therapeuten, die nicht Präpotenz, sondern Wärme, Aufrichtigkeit und Einfühlsamkeit an den Tag legen, tatsächlich etwas bessere Ergebnisse erzielen.

Die vielleicht einleuchtendste Demonstration dafür, daß die Auswirkung der Psychotherapie von den Eigenschaften des jeweiligen Therapeuten abhängen, ist eine von David Ricks[2], einem New Yorker Psychiater, durchgeführte Untersuchung. Er erforschte die Wirkung der Behandlung zweier verschiedener Therapeuten auf achtundzwanzig Knaben in einer psychiatrischen Kinderklinik. Alle Patienten, die meisten mit Schizophreniebefund, wurden behandelt, als sie dreizehn oder vierzehn Jahre alt waren. Fünfzehn waren bei einem Therapeuten, den die Jungen selbst sehr hochschätzten; sie nannten ihn »Supershrink«. Die übrigen waren einem Therapeuten zugeteilt, den Ricks B nannte.

Es stellte sich heraus, daß von jenen, die von Supershrink behandelt wurden, im Erwachsenenalter nur vier an Schizophrenie litten, während es von jenen, die der andere Therapeut behandelt hatte, elf waren. Ricks überprüfte die Protokolle, die von den Therapeuten während der Behandlungszeit geführt worden waren, und schloß daraus, daß sie, obwohl beide psychoanalytisch orientiert waren, sich in folgendem unterschieden: Supershrink befaßte sich weniger mit psychoanalytischen Interpretationen des Verhaltens und konzentrierte sich mehr darauf, den Jungen Hilfe zu geben. Mehr als Therapeut B ermutigte er sie, selbständig zu sein und auf eigene Verantwortung zu handeln. Er kam auch mit den Eltern der Knaben öfter zusammen und gab ihnen direkte Anleitungen. Therapeut B ließ sich eher von den Depressionen seiner Patienten beeindrucken und scheint bis zu einem gewissen Grad diese Depressionen gefördert zu haben, indem er den Knaben sagte, wie deprimiert sie wirkten. Supershrink gab auch mehr praktische Ratschläge, zum Beispiel, daß sie an Ferienlagern teilnehmen, wie sie Arbeit suchen sollten und so weiter, als Therapeut B. Selbstverständlich wäre es unklug, zu großes Vertrauen in eine einzelne Untersuchung von achtundzwanzig Kindern zu setzen, aber die Unterschiede im Stil der Therapeuten und den Ergebnissen sind vielsagend.

Unglücklicherweise ist es oft nicht klar, ob die Unterschiede in der Effektivität von Therapeuten dadurch verursacht werden, daß gute Therapeuten den Zustand ihrer Patienten bessern, oder dadurch, daß schlechte Therapeuten deren Zustand verschlimmern. Truax, der eine große Anzahl solcher Untersuchungen durchgeführt hat, kommt zu folgendem alarmierenden Schluß: »Die Implikationen für den (Psychotherapeuten) sind relativ einfach. Zunächst einmal stehen die Chancen zwei zu eins, daß er seine Energie, seinen Einsatz und seine Sorge um die Menschheit verschwendet; entweder hilft er überhaupt nicht oder er schadet. Zwei von dreien seiner Kollegen, da kann er ziemlich sicher sein, helfen nicht oder schaden[3].«

Gegen viele der über die Bedeutung von CARE durchgeführten Studien kann ein weiterer Einwand erhoben werden. Auszüge aus Tonbandaufnahmen von Sitzungen des Therapeuten mit dem Patienten werden neutralen Beobachtern vorgespielt, und

Therapeuten werden danach beurteilt, wieviel CARE sie beweisen. Da die Therapeuten wahrscheinlich mehr Wärme, Offenheit und Einfühlung zeigen gegenüber Patienten, die auf die Behandlung anzusprechen scheinen, ist es manchmal schwierig zu entscheiden, ob die Heilung durch CARE gefördert wurde oder ob CARE durch Symptome der Heilung im Therapeuten hervorgerufen worden war. Bei all diesen Einwänden und obwohl die oben geschilderten Beobachtungen zu widersprüchlichen Resultaten führten, leuchtet es dennoch ein, daß Therapeuten, die CARE zeigen, mehr Gutes tun – oder weniger Schaden anrichten – als solche, denen es an CARE mangelt. Die Moral daraus: Kein Patient sollte sich von einem Therapeuten weiterbehandeln lassen, den er nicht mag oder der ihn nicht zu mögen scheint.

Da Therapeuten, die keine Direktiven geben, sich selten auf Interpretationen einlassen, ist es möglich, ihre Art zu reden – wenn auch in ziemlich grober Form – durch ein Computer-Programm zu simulieren. Ein solches Programm wurde am Massachusetts Institute of Technology erstellt. Einmal hatte man es irrtümlich in einem Computer belassen, und als ein Vertreter dieser Branche den Computer von einer weit entfernten Anschlußstelle aus benützen wollte, geriet er über Fernschreiber in eine Konversation mit diesem Programm, ohne zu wissen, was geschehen war. Er wollte potentiellen Kunden vorführen, was der Computer alles kann. Es entspann sich folgender Dialog:

Vertreter: Glauben Sie, daß ich den Computer heute morgen benutzen kann?

Computer: Warum fragen Sie?

Vertreter: Möglich, daß ich ein paar zusätzliche Telecomp-Verkäufe unter Dach und Fach kriege.

Computer: Wieso sind Sie da nicht sicher?

Vertreter: Meinen Interessenten ist das System noch nie vorgeführt worden.

Computer: Ist Ihnen das sehr wichtig?

Vertreter: Natürlich!

Computer: Sie scheinen sich da sehr sicher zu sein.

Vertreter: Das ist lächerlich.

Computer: Was meinen Sie mit lächerlich?

Vertreter: Gibt es irgendeinen Grund, warum ich den Computer nicht jetzt benutzen könnte?

Computer: Erzählen Sie mir mehr über Ihre Interessenten.

Vertreter: Bitte rufen Sie mich unter 491-185 an.

Natürlich war das Programm viel stumpfsinniger als die meisten »nicht richtungweisenden« Therapeuten, aber es fängt die Atmosphäre einer solchen Therapie ein.

Eine zweite bedeutende Richtung der Psychotherapie ist bekannt als »Gestalttherapie«. Wie es in einem Vers aus neuerer Zeit so schön heißt: »Das bringt uns zu Frederick Perls/Dessen Neigung, Mädchen in den Hintern zu kneifen/Wollust zu einem neuen Stil der Therapie machte.../Wann gab es je einen Arzt/ Der seiner Patientin die Rechnung präsentierte/während er sie fickte[4]?«

Perls, der Begründer der Gestalttherapie, studierte Medizin und erhielt dann seine Ausbildung als Psychoanalytiker in Deutschland und Österreich, wo er später mit gehirnverletzten Soldaten arbeitete. Er emigrierte nach Südafrika, wo er als Psychiater in der britischen Armee diente. 1946 übersiedelte er in die Vereinigten Staaten und eröffnete dort eine Privatpraxis. Es gibt jetzt zahlreiche Institute für Gestalttherapie in ganz Nordamerika.

Gestalttherapie hat nichts zu tun mit der als »Gestaltpsychologie« bekannten Richtung der Experimentalpsychologie. Diese Schule gelangte in der ersten Hälfte unseres Jahrhunderts in Deutschland zur Blüte und später in den Vereinigten Staaten und befaßte sich in erster Linie mit der Wahrnehmung. Die Gestaltpsychologen betonten, daß Wahrnehmungserlebnisse »Ganzheiten« seien – mehr als die Summe ihrer Einzelteile. Die Art, wie unser Auge einen physikalischen Reiz verarbeitet, ist durch alles mitbestimmt, was zur selben Zeit gesehen wird. So kann zum Beispiel ein in hellem Licht liegendes Kohlenstück die gleiche Lichtmenge zum Auge senden wie ein Stück weißes Papier in schwacher Beleuchtung, und doch sehen wir jenes weiterhin schwarz und dieses weiß, vorausgesetzt, daß die umgebenden Gegenstände innerhalb des Gesichtsfeldes uns Anhaltspunkte bezüglich der Lichtbedingungen geben.

Perls übertrug einige Ideen der Gestaltpsychologie auf das Gebiet der Psychotherapie. Seine Theorien sind allerdings so vage, daß sie wertlos sind, und man hat den Eindruck, daß die Art, wie er die Gestalt-Terminologie auf die menschliche Persönlichkeit und die Gefühle anwendet, ein Kniff ist. Er glaubt, die Neurose entstehe, weil die Persönlichkeit zersplittert und keine einheitliche Gestalt mehr sei. Der Gesunde könne gute Gestalten bilden – seine Erfahrungen in sinnvoller Weise ordnen. Wenn jemand etwas liest, wird er sich nur des Sinnes des Textes bewußt, dieser wird zu einer guten Gestalt vor dem Hintergrund anderer Gefühle, die dem Leser nur undeutlich zu Bewußtsein kommen. Neurotiker sind unfähig, ihre Erfahrung auf diese Weise sinnvoll in Gestalt und Hintergrund einzuordnen und es entgehen ihnen dadurch weite Bereiche ihrer Erfahrung. Perls legt großen Wert darauf, daß man sich seiner Umgebung bewußt sei – sowohl der gegenständlichen Welt als auch der Gefühle anderer. Gestalttherapeuten versuchen auch, die Patienten darin zu üben, daß sie sich ihrer eigenen Gefühle und Körperempfindungen bewußt werden. Großer Wert wird gelegt auf das »Hier und Jetzt«, auf die Konzentration darauf, was zu einem bestimmten Zeitpunkt in einem Menschen und um ihn herum geschieht: Weder Vergangenheit noch Zukunft existieren, es gibt nur die Gegenwart.

Perls mißtraute dem verbalen Ausdruck, und wie Reich trachtete er, dem Patienten nicht nur bewußt zu machen, was er sagte, sondern auch den Klang seiner Stimme, die Bewegungen seines Körpers, körperliche Spannungen und so weiter. Er glaubte, daß es in der neurotischen Persönlichkeit fünf Schichten gebe. Die äußerste Schicht bestehe aus »Spiele spielen« – der Neurotiker spielt Spiele oder Rollen und versucht, gemäß einer falschen Vorstellung von sich selbst zu leben. Wird diese Schicht entfernt, zeigt sich die »phobische« Schicht, in der der Patient Angst vor seinem wahren Selbst hat, sich um seine Fehler sorgt und durch moralische Imperative geleitet wird (»du mußt« und »du darfst nicht«). Darunter liegt der »tote Punkt«, die »Sackgasse«, wo sich der Patient leer fühlt, wo ihm das Leben sinnlos erscheint. Danach kommt die »implosive« Schicht, in der der Neurotiker seine Gedanken nach innen kehrt. Er setzt seine psychische Energie ein, um sich selbst zu prüfen, anstatt mit der Welt in Interaktion zu treten. Die letzte Schicht, deren Freilegung die Genesung bedeutet, ist die »explosive«. Der Patient bewertet seine Gefühle neu und kann sich offen und spontan ausdrücken, wobei er mit seiner Umwelt in volle Interaktion tritt.

Die Einfalt von Perls' Theoretisieren, von dem anscheinend vieles auf unbewußten Wortspielen beruht, läßt sich am besten durch ein Zitat illustrieren:

»Was ist das Gegenteil von Dasein? Die nächstliegende Antwort wäre wohl Nicht-Sein, aber das ist falsch. Das Gegenteil hieße nämlich Anti-Sein, genauso wie das Gegenteil von Materie Antimaterie ist. Wie Sie wissen, ist es den Wissenschaftlern gelungen, Materie aus Energie zu gewinnen. Was hat das mit uns in der Psychologie zu tun? ... Es gibt keine ›Dinge‹. *Nichts* ist in den östlichen Sprachen *Nicht-Dinglichkeit.* Wir im Westen stellen uns das Nichts als ein Vakuum vor, eine Leere, eine Nichtexistenz. In der östlichen Philosophie und in der modernen Physik ist Nichts – Nicht-Dinglichkeit – etwas stets in Bewegung Befindliches, eine Form eines Prozesses[5].«

Es ist klar, daß Perls' Gedanken wenig Neues enthalten – er entlieh Ideen von Freud, Reich, Sullivan, den Daseins-Psychologen und vielen anderen, und gab dann eine teilweise von ihm selbst erfundene und teilweise von den Gestaltpsychologen übernommene Terminologie hinzu.

Perls selbst war ein bombastischer Tyrann, obgleich er, wenn es nötig war, sehr charmant sein konnte: Er nützte seine Stellung als Psychotherapeut aus, um mit denjenigen seiner Patientinnen zu schlafen, von denen er annahm, sie seien gänzlich auf das »Hier und Jetzt« eingestellt, nämlich auf sein Sprechzimmer. Auf diese Weise versuchte er zweifellos, seinen Patientinnen zu helfen, sie bis zur explosiven Schicht offenzulegen. Einige wenige seiner Nachfolger scheinen diese Züge geerbt zu haben – eine Tendenz, die Patienten zu tyrannisieren und für eigene Zwecke zu mißbrauchen. Die Gestalttherapie ist oft sehr aggressiv: Der Therapeut macht Einwendungen gegen alles, was der Patient sagt, um ihn dazu zu bringen, sich auf die Gegenwart zu konzentrieren und zu seinen wahren Gefühlen vorzustoßen. Er versucht, die Widerstände des Patienten zu durchbrechen und zu verhindern, daß er sich passiv verhält. So verbietet er ihm etwa den Gebrauch des Wortes »es« und anderer neutraler Ausdrücke und beschuldigt ihn andauernd, Spiele zu spielen, um sein wahres Selbst zu verbergen. Ein Wutausbruch des Patienten oder Tränen werden als Anzeichen gewertet, daß er beginnt, seine Gefühle wiederzuentdecken.

Obwohl Perls und seine Nachfolger in ihren Theorien sehr vage waren, erfanden sie doch eine Anzahl von spezifischen Tricks, um dem Patienten zu helfen, seiner selbst voll bewußt zu werden. So wird der Patient etwa aufgefordert, zu einem Schmerz in seinem Körper zu sprechen, Teile seiner Träume darzustellen, so zu tun, als sei er ein lebloser Gegenstand, oder einen leeren Stuhl anzusprechen, während er sich vorstellt, daß sein Vater oder eine andere bedeutsame Persönlichkeit aus seinem Leben darin sitzt. Ich werde weitere Kniffe dieser Art anführen, wenn ich die Diskussionsgruppenbewegung beschreibe, die von der Gestalttherapie stark beeinflußt wurde.

Mit der Betonung des unmittelbaren Bewußtseins, der Bedeutung des Hier und Jetzt und der Eigenverantwortlichkeit des Menschen für seine Handlungen bildet die Gestalttherapie einen Teil der humanistischen Richtung in der Psychotherapie. Bis jetzt hat man noch nichts unternommen, um ihre Wirksamkeit zu überprüfen. Die Betonung der subjektiven Erfahrung als Maß aller Dinge führte dazu, daß jene, die diese Therapie praktizieren, sich sträuben, ihre Techniken einem objektiven Test zu unterziehen. Die aggressive Natur der Gestalttherapie und das Herausstreichen der Selbstverwirklichung kann für jemanden, der schwer depressiv oder von Ängsten geplagt ist, sehr gefährlich werden. In solchen Zeiten ist es besonders schwierig, jemandes anderen Vorstellungen davon, wie man sein sollte, zu entsprechen.

Ich versuchte einmal während meiner eigenen Depression einige von den Gestalttherapeuten empfohlene Übungen. Ich bemühte mich, in Sätze zu fassen, was mir gerade bewußt war, indem ich diese mit »Nun« oder »In diesem Augenblick« oder »Hier und jetzt« begann, aber ich war weiterhin tief deprimiert und hatte nur meine eifersüchtigen Zwangsgedanken im Kopf. Ich versuchte, an »Gegensatzpaare« zu denken und die Rollen alltäglicher Gegenstände umzukehren; ich bemühte mich, »meine Aufmerksamkeit einem sichtbaren Gegenstand zu widmen«, zu bemerken, wie »dieser deutlicher wird, während der Raum und die Objekte in seiner Umgebung verschwimmen[6]«, und auf meine Körpergefühle zu achten – Stiche, Schmerzen und Spannungen. Ich war jedoch unfähig, die Welt auf eine neue Art zu sehen oder mich in unbelebte Objekte, wie Steine und Tische, einzufühlen; in meinem depressiven Zustand dachte ich mir, mein Versagen bedeute, daß ich ein noch viel hoffnungsloseres Geschöpf war, als ich mir vorgestellt hatte. Ich erinnerte mich, daß mein visuelles Gedächtnis stets dürftig gewesen war, vor allem was Personen anlangte. So folgte ich eines Tages einem besonders attraktiven Mädchen auf der Straße, nur um zu entdecken, als ich es überholte, daß es meine Frau war – eine Entdeckung, die in mir eine seltsame Mischung aus Freude und Enttäuschung hervorrief. Nach meiner kurzen Begegnung mit Methoden der Gestalttherapie fühlte ich mich unzulänglicher als je zuvor.

Gegenwärtig sind die Therapie nach Rogers und die Gestalttherapie vielleicht die in der Praxis am weitesten verbreiteten Formen nichtanalytischer Psychotherapie. Es gibt zahllose andere. Die »Transaktionsanalyse«, die Berne erfunden und verbreitet hat, versucht den Patienten verständlich zu machen, daß das meiste, was sie und andere sagen, nicht wörtlich genommen werden sollte. Der Inhalt vieler Gespräche spiegelt Versuche, zu beeindrucken, zu gefallen, zu beherrschen oder die Mitmenschen auf andere Weise zu manipulieren wider[7]. Moreno erfand das »Psychodrama«, in dem Patienten Rollen spielen, damit sie ihre eigenen Motive und die Position anderer besser verstehen lernen. Auch die »Hypnotherapie« wird noch praktiziert: Unter Hypnose werden dem Patienten Anregungen gegeben, damit er sich besser fühlt und verhält, oder es werden seine unterschwelligen Motive erforscht. Dazu kommen noch verschiedene Formen von Gruppentherapie, und es gibt viele Arten der Therapie, die verrückt genug sind, um wegen ihres Unterhaltungswertes beschrieben zu werden, oder so ein Schwindel sind, daß die Öffentlichkeit vor ihnen gewarnt werden sollte. Die nächsten beiden Kapitel sind diesem Thema gewidmet. Wahrscheinlich hat der Leser bemerkt, daß die verschiedenen Ideen der analytischen Schulen und anderer Formen der Psychotherapie sich stark überschneiden, und tatsächlich beziehen viele praktizierende Therapeuten ihre Techniken und Ansichten aus einer großen Vielfalt therapeutischer Richtungen.

16 Gruppentherapie

Gruppentherapie wurde anscheinend zum erstenmal in den dreißiger Jahren in Großbritannien angewandt. Sie entstand teilweise aus der Idee einer therapeutischen Gemeinschaft heraus – einem Milieu, in dem der Patient lernen konnte, mit anderen in Interaktion zu treten. Sie wird heute von Therapeuten fast aller theoretischen Richtungen vertreten, ausgenommen von orthodoxen Freudianern, die diese Methode für ungeeignet halten, weil sie Wert auf die Aufdeckung der Geschichte jedes einzelnen Individuums legen. Man nimmt an, daß die optimale Teilnehmerzahl für die Gruppentherapie ungefähr acht beträgt. Viele Therapeuten sind der Ansicht, daß zwei Therapeuten anwesend sein sollten: Abgesehen davon, daß sie zweierlei Blickwinkel repräsentieren, können sie in der Gruppendynamik ihr Verhalten gegenseitig beobachten und interpretieren.

Ein augenfälliger Vorteil der Gruppentherapie ist der, daß sie dem Therapeuten Zeit erspart, aber es wurde auch eine plausible Begründung für die Annahme entwickelt, daß sie zumindest für manche Patienten vielleicht eine bessere Methode ist als die individuelle Therapie. Irvin Yalom von der Stanford Universität, einer der führenden Exponenten der Gruppentherapie, nennt zehn Vorteile dieser Methode gegenüber der individuellen. Die wichtigsten davon sind die folgenden:

Die meisten Neurotiker sehen ihre Zukunft pessimistisch; nur wenn man ihnen Hoffnung gibt, werden sie beginnen, nach Heilung zu streben. Wenn man Patienten in verschiedenen Phasen der Genesung in derselben Gruppe zusammenfaßt, werden diejenigen, die am schwersten krank sind, am Beispiel der anderen sehen, daß Heilung möglich ist. Gruppenmitglieder, die sich bereits besser fühlen, beschreiben den Neueingetretenen oft den Verlauf ihrer Genesung. Das kann viel beruhigender wirken als die Versicherung des Therapeuten, man werde geheilt werden, wenn man zu Gedanken neigt wie: »Er will mich nur beruhigen, das gehört zu seinem Job. Er glaubt nicht wirklich, daß sich mein Zustand bessert.« Der Erfolg der Alkoholikerberatungsstellen mag bis zu einem gewissen Grad auf diesem Faktor beruhen.

Viele Neurotiker haben das Gefühl, daß ihr Elend einzigartig ist: Sie schließen sich in sich selbst ein, werden einsam und erschweren das Problem dadurch, daß sie sich selbst die Schuld für ihren beklagenswerten Zustand geben. Einmal in einer Gruppe, sehen sie, daß ihre Lage gar nicht so außergewöhnlich ist. Sie können ihr Leid mit anderen, ebenso Unglücklichen, teilen, da sie nicht Gefahr laufen, von oben herab angesehen zu werden. Der Leser wird sich erinnern, daß Patienten in dem Krankenhaus, in dem ich mich befand, sich fürchteten, ihre Probleme den eigenen Freunden anzuvertrauen. Yalom weist darauf hin, daß viele Normale – ebenso wie Neurotiker – Geheimnisse mit sich tragen und glauben, daß andere sie verachten würden, wenn sie diese Geheimnisse kennten. In einem Versuch forderte er Mitglieder von »normalen« Gruppen (sogenannten »T-groups«) auf, das Geheimnis, das sie als ihre größte Schuld betrachten, auf ein Stück Papier zu schreiben, und er las dies dann vor, ohne zu verraten, was wessen Geheimnis war. Er war verblüfft davon, wie häufig die gleichen Sünden angeführt wurden – Gefühle der Unzulänglichkeit, Sorgen, nicht fähig zu sein, irgend jemanden wirklich zu lieben oder tieferer Gefühle unfähig zu sein, und Scham wegen abwegiger sexueller Wünsche oder tatsächlicher sexueller Praktiken. Jeder Therapeut weiß, daß jedermann grausame oder unehrenhafte Handlungen begangen hat, deren er sich schämt, aber anhand anderer Patienten vorzuführen, daß wir alle die gleichen Sünden begehen, muß ein viel wirksameres Mittel zur Beseitigung von Schuldgefühlen sein als jede Beruhigung durch einen Therapeuten.

In einer erfolgreichen Gruppe können die Patienten einander durch Mitgefühl helfen und dadurch, daß sie ihr Verhalten gegenseitig interpretieren. Bei den meisten Neurotikern herrschen Gefühle der Minderwertigkeit und der Wertlosigkeit vor: Wenn ein Patient anderen zu helfen vermag, kann dies dazu beitragen, daß er seine eigene Selbstachtung wiedergewinnt.

Die meisten Neurotiker haben wenig Beziehung zu anderen Menschen. Sie sind vielleicht wenig kontaktfreudig und ungeschickt, sie verstehen nicht, wie andere ihr Verhalten sehen und legen das Benehmen anderer ihnen gegenüber falsch aus. Im Lauf der Gruppentherapie können sie von anderen erfahren, daß sie es vermeiden, den Gesprächspartner anzusehen oder daß sie langweilig sind oder arrogant. Yalom erwähnt einen Patienten, der sich bei Gesprächen bei allem, was er sagte, in winzigen und oft belanglosen Details verlor; bevor ihn die Gruppe darauf aufmerksam machte, hatte er nicht verstehen können, warum die Leute seine Gesellschaft mieden.

In der Geborgenheit einer Gruppe ist es dem Patienten auch möglich, neue Reaktionsweisen zu versuchen, die er an seinen Freunden nie ausprobieren würde. Die meisten Menschen, insbesondere Neurotiker, haben oft Angst, ihre wahren Gefühle zu zeigen, aus Furcht, sich zum Narren zu machen. Wenn ein Patient seinen Gefühlen vor der Gruppe Ausdruck verleihen kann und merkt, daß er weiterhin akzeptiert wird, dann wirkt diese Erfahrung möglicherweise kathartisch und befreiend. Yalom nannte dies »die korrektive emotionelle Erfahrung«. Er fragte geheilte Patienten, ob sie sich an einen Vorfall in der Gruppentherapie erinnern könnten, der für sie einen Wendepunkt darstellte. Gewöhnlich wurden zwei Arten von Vorfällen angeführt. Beim ersten hatte der Patient Ärger geäußert oder etwas verurteilt, was ein anderer Patient gesagt hatte; er war dann überrascht gewesen, daß seine Direktheit ruhig aufgenommen wurde, anstatt eine Katastrophe auszulösen. Er hatte also gelernt, daß der Ausdruck seines Ärgers irrational und unangebracht war oder daß sein früheres Verhalten, nichts zu sagen, was beleidigend wirken könnte, irrational war. Zweitens erinnerten sich einige Patienten an Ereignisse, bei denen sie offen ihre Zuneigung für andere Gruppenangehörige ausgedrückt hatten und überrascht feststellen mußten, daß sie nicht ausgelacht oder abgewiesen wurden.

Insgesamt also ermöglicht die Gruppe die offene Äußerung von früher geheimen Gedanken oder Gefühlen: Wenn diese akzeptiert werden, ist diese Erfahrung oft vorteilhaft. Ferner kann man erfahren, wie man von anderen Leuten gesehen wird. Die meisten Leute haben unangenehme Gewohnheiten, aber der Neurotiker denkt möglicherweise, daß alles, was er tut, unangenehm ist. Innerhalb der Gruppe kann er sich überzeugen, daß nur ein paar seiner Verhaltensweisen unangenehm sind, und er ist dann vielleicht fähig, sich auf seine guten Seiten zu konzentrieren, während er das Verhalten ändert, an dem andere etwas auszusetzen haben. Im Idealfall wird er einen realistischen Respekt vor seinen eigenen Tugenden entwickeln und seine neuen Verhaltensweisen auf Situationen außerhalb der Gruppe übertragen.

Auf der Grundlage von Unterredungen mit geheilten Patienten erstellte Yalom eine Liste von sechzig Faktoren, die sich in der Gruppentherapie als nützlich erweisen könnten. Er bat dann die geheilten Patienten, diese Faktoren nach der Reihenfolge ihrer Bedeutung zu ordnen, insoweit sie ihre eigene Heilung beeinflußt hätten. Die zehn wichtigsten waren:

Entdecken und Akzeptieren von vorher unbekannten oder inakzeptablen Teilen meiner selbst.

Sagen zu können, was mich stört, anstatt es für mich zu behalten.

Daß andere Gruppenmitglieder mir aufrichtig sagen, was sie von mir denken.

Lernen, wie man Gefühle ausdrückt.

Daß die Gruppe mir beibringt, was für einen Eindruck ich auf andere mache.

Ausdrücke von negativen und/oder positiven Gefühlen gegenüber einem anderen Gruppenmitglied.

Lernen, daß ich die endgültige Verantwortung für meine Lebensweise trage, egal, was ich an Anleitung und Hilfe von anderen bekomme.

Lernen, wie ich mit anderen in Berührung komme.

Zu sehen, daß andere peinliche Dinge aussprechen und andere Risiken eingehen konnten und davon profitierten, half mir, das gleiche zu tun.

Größeres Vertrauen zu Gruppen und anderen Menschen[1].

Es ist klar, daß überzeugende Beweise für die *potentiellen* Vorteile der Gruppentherapie angeführt werden können; offen bleibt die Frage, wie oft diese Vorteile in der Praxis tatsächlich erreicht werden. Manche Gruppen funktionieren vielleicht entsprechend dem Ideal, auf das Yalom sich beruft, wo die Mitglieder einander helfen und gleichzeitig ihre guten und schlechten Seiten genau bewerten. In vielen anderen Gruppen aber können die Mitglieder einander feindlich gesinnt bleiben; sie benützen die Gruppe als eine Gelegenheit, andere zu beherrschen oder ihre eigenen Aggressionen abzureagieren, und weit davon entfernt, gegenseitig ihre Schwächen zu ertragen, verspotten sie einander. Wenn die Gruppe die Möglichkeit hat, Gutes zu tun, hat sie ebenso die Möglichkeit, zu schaden. Vermutlich hängt vieles vom Zufall ab – von der Zusammensetzung der Gruppe und von der Geschicklichkeit des Therapeuten, eine Atmosphäre des Zusammenhalts und der Unterstützung zu schaffen. Yalom stellte fest, daß Patienten, die in der Gruppe beliebt waren, in der sechsten Woche der Therapie eine bessere Prognose hatten als unbeliebte; Gruppentherapie kann einem helfen, wenn man sympathisch ist, aber schaden, wenn man es nicht ist.

Der Leser wird sich erinnern, daß die Gruppensitzungen, an denen ich in der Klinik teilnahm, wenig Ähnlichkeit mit dem von

Yalom beschriebenen Ideal hatten. Tatsächlich wurde noch keine brauchbare Untersuchung durchgeführt, die die Effektivität der Gruppentherapie mit der individuellen oder überhaupt keiner Therapie verglich. Sie ist wahrscheinlich keine geeignete Methode für Schwerkranke; als ich zum erstenmal in die Klinik kam, war ich unfähig, die Gruppensitzungen durchzuhalten, da ich meine Angst nicht beherrschen konnte.

Die Grundtechniken der Gruppentherapie werden heute natürlich bei Leuten, die man nicht als Neurotiker bezeichnen würde, in weitem Umfang angewandt. In den frühen sechziger Jahren übernahm die Industrie die Methode, die als die »T-group« bekannt wurde[2]. Manager und Kaufleute wurden Mitglieder von T-groups, um ihre Fähigkeiten im Umgang mit anderen verbessern zu lernen. Die Idee war, daß sie erfahren sollten, wie andere sie sahen, daß sie ihre schlechten Angewohnheiten ändern und auch empfänglicher für die Gefühle anderer werden sollten, so daß sie in ihrem Beruf mehr leisten würden. Wenn ein Geschäftsmann von einer solchen Gruppe kommt, wird er manchmal von seinen Kollegen zunächst als tüchtiger eingeschätzt, aber alle günstigen Wirkungen scheinen sich rasch zu verflüchtigen, und nach sechs Monaten oder einem Jahr sind keine Effekte mehr festzustellen. Niemand hat zu überprüfen versucht, ob T-groups mehr oder weniger kurzfristigen Nutzen bewirken als andere Abwechslungen vom Alltag, wie Skiurlaub, ein Wochenende auf dem Land oder eine Kreuzfahrt. Ungefähr gleich vielen Leuten, die T-groups aufsuchen, wird durch die Gruppe geholfen wie geschadet. Die größte Organisation, die solche Gruppen führt, ist das National Training Laboratory mit dem Sitz in Washington, und von dort her verlautet, daß zehn Prozent ihrer Klienten an »schwerem Streß und seelischen Störungen« leiden als Auswirkung des Besuchs von T-groups. Die Zahl derjenigen, die weniger schwere emotionelle Beeinträchtigungen[3] erleiden, ist noch viel größer.

In letzter Zeit sind *Encounter-groups* (Diskussionsgruppen) in Mode gekommen. Man schätzt, daß einer von drei Erwachsenen in den Vereinigten Staaten an dieser Verrücktheit teilgenommen hat. Es gibt jetzt eine große Vielfalt solcher Gruppen, und die Leute suchen sie aus den verschiedensten Gründen auf. Die einen wollen sich selbst erforschen, ihre Beziehungen zu anderen verbessern, Verhaltensweisen ausprobieren, deren sie sich normalerweise nicht bedienen, Freundschaften schließen, sich als Teil einer Gruppe fühlen, die Gruppe dazu benutzen, ihre Aggressionen an Leuten auszulassen, die sie nie mehr sehen werden, einen sexuellen Nervenkitzel erleben, einen Ehepartner finden, oder sie kommen zur Gruppe aus Neugierde, was in solchen Gruppen geschieht.

Die Begründer der *Encounter-groups* waren Perls, Rogers und ein klinischer Psychologe namens Schutz, und ihr Mekka ist Esalen bei Big Sur, Kalifornien. Obwohl es alle möglichen Arten von Encounter-groups gibt, wird die Bewegung als ganze von Perls' Gedankengut beherrscht. Starker Nachdruck wird auf den Ausdruck von Gefühlen gelegt, wie flüchtig und trivial sie auch sein mögen, auf die Erkenntnis des eigenen, wahren Selbst und der Persönlichkeit anderer – was oft dadurch erreicht wird, daß man anderen Gruppenmitgliedern in aggressiver Weise erzählt, was man von ihnen hält, ob es nun gut oder schlecht ist, und auf den Wert der Aufgeschlossenenheit für unmittelbare Erlebnisse und Gefühle. Den Teilnehmern wird von den Leitern eingeschärft, nicht auf den Wortlaut der Bemerkungen der Gruppenmitglieder zu achten und sich nur auf die dahinter verborgenen Gefühle zu konzentrieren. Macht jemand intellektuelle Bemerkungen oder drückt er Meinungen aus statt Gefühle, gilt das bei den meisten Leitern von Encounter-groups als Ketzerei und wird als Widerstand gegen die wahren Gefühle betrachtet – als *mind-fucking* (etwa: »Hirn-ficken«), wie es im Schuljungenjargon von Perls und vielen anderen Leitern solcher Gruppen heißt. Perls zufolge »hört ein guter Therapeut nicht auf den Scheißdreck, den ein Patient produziert, sondern auf den Klang, die Musik, das Zögern[4]«.

Es wurden zahlreiche Techniken entwickelt, um die Mitglieder von *Encounter-groups* dazu zu bringen, ihre Emotionen nicht in Worten auszudrücken, sondern auszuleben. Schutz beginnt damit, daß er die Mitglieder auffordert, zu sagen, wen sie mögen und wen nicht und warum. Oder die Teilnehmer werden aufgefordert, sich auf dem Boden auszustrecken und sich zu bemühen, Gefühle zu empfinden, die ihnen der Leiter suggeriert: man lehrt sie, gegenseitig ihre Körper zu berühren, wobei sie sich auf die Art des dabei Empfundenen konzentrieren sollen. Sie werden zu Konfrontationen aufgefordert – z. B. in der Form, daß sie einander paarweise gegenüberstehen und sich in die Augen starren, später dann mit Techniken wie Sitzen auf dem »heißen Stuhl« oder »Runden drehen«. Einem Patienten, der auf dem »heißen Stuhl« sitzt, sagen die anderen Mitglieder der Reihe nach, was sie von ihm halten. Die umgekehrte Methode ist das »Runden-Drehen«: Wenn ein Teilnehmer eine Bemerkung über die Gruppe als Ganzes gemacht hat, kann er aufgefordert werden, sie vor jedem Gruppenmitglied einzeln zu wiederholen und zu zeigen, wie sie zu jedem paßt. Eine andere Methode ist die »Bleib dabei«-Technik. Ein Mitglied, das irgendeinem unangenehmen Gefühl Ausdruck verleiht, zum Beispiel Abscheu beim Anblick von jemandes Körper, kann gebeten werden, an diesem Gefühl festzuhalten – den Abscheu so lange zu bewahren wie nur möglich, und darüber zu reden. Dadurch assimiliert er angeblich seine unangenehmen Gefühle und lernt, daß sie ein Teil seiner selbst sind, anstatt vor ihnen wegzulaufen.

In manchen *Encounter-groups* ist Nacktheit *de rigueur* und den Mitgliedern wird befohlen, einander zu umarmen. Manche nehmen Drogen, um die sinnliche Wahrnehmung des Hier und Jetzt zu steigern, andere fördern den Gruppensex. Eine Gestalt-*Encounter-group* an einer respektablen kanadischen Universität, die sich der »Bereicherung des Ehelebens« widmete, wurde schlicht zu einem Mittel zum Partnertausch. Viele *Encounter-groups* gelten erst als erfolgreich, wenn alle Mitglieder das eine oder das andere Mal in Tränen ausgebrochen sind, bei anderen wird geprügelt. Die American Psychiatric Association's Task Force on Encounter Groups[5] fand zahlreiche Beweise für Körperverletzungen. *Marathon-Encounter-groups*, die Achtundvierzig-Stunden-Sitzungen abhalten, arbeiten mit schierer Erschöpfung, um normales Reagieren, Fühlen und Empfinden auszuschalten.

Die meisten *Encounter-groups* behaupten nicht, Psychotherapie zu betreiben. Obwohl sie ursprünglich nicht für psychisch Kranke gedacht waren, nehmen viele gestörte Menschen daran teil. Wenn man neurotisch ist und einem mit gängigen psychotherapeutischen Schrullen das Gehirn derart gewaschen wurde, daß man glaubt, die Neurose sei auf die Unfähigkeit zurückzuführen, seine Gefühle auszudrücken und nahe Beziehungen zu anderen anzuknüpfen, dann erscheinen einem die *Encounter-groups* möglicherweise als rasche und leichte Problemlösung. Sie können sich jedoch auf psychisch Gestörte katastrophal auswirken. Nicht jeder reagiert gut darauf, wenn andere ihm sagen, was sie von ihm denken. Viele *Encounter-groups* werden von Scharlatanen ohne psychotherapeutische Ausbildung geleitet. Vielleicht üben sie diesen Job aus, um Geld zu verdienen, um ihren eigenen Aggressionen Ausdruck zu verleihen, um Gruppenmitglieder sexuell auszunutzen, oder weil ihr eigenes Leben in emotioneller Hinsicht schal ist und sie die synthetischen emotionellen Rauschgefühle brauchen, die das Encounter-Spiel bietet.

Bruce Maliver, ein Psychologe mit umfangreicher Erfahrung

mit der Encounter-Bewegung, schrieb ein ausgezeichnetes Buch über dieses Thema. Er sagt: »Meines Wissens besitzt keiner der gegenwärtigen Stars des Encounter-Spiels ein Zeugnis eines Lehrgangs für konventionelle Psychotherapie[6].« Er berichtet auch, daß zumindest ein wohlbekannter Gruppenleiter, Martin Shepard, aus einem Ausbildungskursus für Psychotherapie ausgeschlossen wurde, weil er mit einer Patientin geschlafen hatte. Die American Group Psychotherapy Association zog den Schluß: »Wenn Encounter eine Droge wäre, würde es eindeutig vom Markt verbannt.« Wenn eine vergleichsweise angesehene Organisation wie das National Training Laboratory selbst zugibt, daß sie bei zehn Prozent ihrer Klienten psychotische Reaktionen hervorruft, kann man sich leicht vorstellen, wie hoch die Gefahr einer Psychose oder eines Zusammenbruchs bei Teilnehmern von Gruppen ist, die von weniger bewanderten Leuten geführt und noch dazu zu gegenseitigen aggressiven Handlungen aufgefordert werden. Es hat viele Selbstmorde gegeben, die direkt auf die Teilnahme an *Encounter-groups* zurückzuführen sind. Ob diese Selbstmorde von den dort angewandten Methoden verursacht wurden oder nicht – in Esalen hat es zumindest drei gegeben.

Darüber hinaus legt das vorhandene Beweismaterial nahe, daß selbst die psychisch Robusten wenig oder nichts von den *Encounter-groups* profitieren. Die sorgfältigste diesbezügliche Untersuchung wurde bisher von der Stanford University durchgeführt[7]. Bei der Beurteilung der Ergebnisse sollte in Betracht gezogen werden, daß bei allen Sitzungen Beobachter anwesend waren; es ist daher wahrscheinlich, daß sich die Gruppenleiter von ihrer besten Seite zeigten. Die Forscher verglichen in ein und derselben Zeit Veränderungen bei Studenten, die Mitglieder von Gruppen waren, mit dem Verhalten von Studenten, die es nicht waren. Sie schätzten, daß etwa zehn Prozent der Studenten, die an Gruppensitzungen teilnahmen, direkt darauf zurückzuführenden psychischen Schaden erlitten: Der Anteil war höher bei den Gruppen, die nach der von Perls favorisierten aggressiveren Methode geführt wurden. Als die Studenten der Gruppe unmittelbar nach der Teilnahme daran befragt wurden, waren drei Viertel der Ansicht, daß ihnen die Erfahrung geholfen habe, aber sechs Monate später dachte nur mehr ein Drittel so. Ferner hatte es nach Ansicht von Freunden bei den Encounter-Teilnehmern mehr Veränderungen zum Schlechteren gegeben und weniger zum Besseren als bei den Studenten der Kontrollgruppe, die nicht an der *Encounter*-Gruppe teilgenommen hatten.

Alles in allem kann die Teilnahme an *Encounter-groups* schaden. Sie mag einem helfen, sich für kurze Zeit besser zu fühlen, aber wahrscheinlich machen sie einen bei Freunden unbeliebt.

Die Encounter-Bewegung betont den Wert von starken und ungewöhnlichen Empfindungen und Emotionen, und versucht diese durch synthetische Mittel in Situationen zu erzeugen, wo sie vielleicht überhaupt nicht hineinpassen. Braginsky und Braginsky schreiben dazu:

»Dadurch, daß sie, wie Koch bemerkt, ein bequemes psychisches Bordell darstellen, wo man eine ganze Skala von werbewirksamen existentiellen Leckerbissen wie Echtheit, Freiheit, Ganzheit, Flexibilität, Gemeinschaft, Liebe und Freude erwerben kann, verzerren und vergröbern die *Encounter groups* nur unsere Sensibilität. Manipulierende Tricks, ein simplifiziertes Lexikon und Seelenstriptease ersetzen den intelligenten, einfühlsamen Kampf des Menschen, der versucht, mit sich selbst, den anderen und mit der Welt einig zu werden[8].«

Die *Encounter-groups* verschaffen ihren Mitgliedern vielleicht jene Massenemotionen, die in anderen Ländern und zu anderen Zeiten bei Fruchtbarkeitsriten, Soldatentreffen, Totenwachen, öffentlichen Hinrichtungen und religiösen Zeremonien erlebt wurden. Sie unterscheiden sich von ihnen insofern, als sie keinem anderen Zweck dienen als dem Aufpeitschen von Emotionen, und diese Emotionen werden eher von einem Gruppenmitglied zum anderen geleitet als auf ein außerhalb liegendes Ziel. Es mag stimmen oder auch nicht, daß die meisten Menschen in der westlichen Welt ihren Gefühlen zuwenig Ausdruck verleihen und daß es ihnen an der Gelegenheit fehlt, das Herz auszuschütten, wie sie vertraute Freundschaft bietet. Tatsächlich liefert die Literatur nur wenig Beweismaterial dafür, daß die Menschen in anderen Zeitaltern das Bedürfnis verspürten, ihre innersten Gedanken mit ihren Nächsten zu besprechen, wenn auch mehrere Religionen, wie der Katholizismus, die Institution der Beichte anerkennen.

Die Atmosphäre in vielen *Encounter-groups* scheint der Hysterie der Erweckungs-Sekten zu gleichen, die in den zwanziger und dreißiger Jahren in Amerika blühten. Im besten Fall bieten sie vielen eine Quelle harmloser Zerstreuung, im schlimmsten führen sie zu Selbstmord, Psychosen und Scheidung. Darüber hinaus fördern sie autoritäre und intolerante Haltungen insofern, als der Leiter und die meisten Mitglieder der Gruppe in der momentanen Hysterie die Meinungen und Wünsche der Minderheit, die sich nicht denselben Ansichten anschließt, nicht dulden wollen: Mitglieder, die dem Geist der Gruppe inneren Widerstand entgegensetzen, werden oft mit Spott und Bosheit behandelt. Seine Seele vor Fremden zu entblößen oder an Gruppensex teilzunehmen mag manchen behagen, aber das entschuldigt nicht das Schikanieren von Mitgliedern, die sich an solchen Aktivitäten nicht beteiligen wollen.

Encounter-groups fördern eine synthetische und künstliche Behandlung der menschlichen Beziehungen, deren Pflege außerhalb einer Gruppe mit gemeinsamen Zielen und Interessen ein hoffnungs- und sinnloses Unterfangen zu sein scheint. Außerdem ist die in Gruppen erzeugte Intimität wahrscheinlich seicht und unverantwortlich, verglichen mit normalen Freundschaften, die aus der engen und ständigen Verbindung mit jenen hervorgegangen sind, mit denen wir leben, arbeiten oder die Freizeit verbringen. Schließlich unterschätzt die Encounter-Bewegung die intellektuelle und schöpferische Seite des Menschen. Möglich, daß manche Leute Erfüllung finden, wenn sie nur ihrem Selbst freien Ausdruck verleihen können, aber viele haben zweifellos das Bedürfnis, Ziele außerhalb ihrer selbst zu verfolgen, und die Encounter-Apostel haben keine solchen Ziele anzubieten.

17 Gefährliche Gestade der Therapie

Parallel zum Anwachsen der Encounter-Bewegung sind neuerdings mehrere groteske Formen der individuellen Psychotherapie aufgetaucht. Ich habe die »Urschrei-Therapie« bereits erwähnt, bei der der Heilungsprozeß darin besteht, daß man seinen Schmerz innerhalb einer Gruppe herausschreit. Die Bioenergetik, von einem Psychoanalytiker namens Alexander Lowen[1] erfunden, führt einige von Reichs Ideen zu ihrem logischen Ende. Um Muskelspannungen und schlechte Haltung zu beobachten und zu korrigieren, behandelt er seine Patienten oft nackt. Er ist der Ansicht, daß die meisten Patienten körperlichen Kontakt sowohl wünschen wie fürchten, und um diesen Konflikt zu beseitigen, berührt, massiert und liebkost der Therapeut den Patienten. Es gibt heute viele andere, die die Bioenergetik praktizieren, die manchmal »cheap thrills therapy« (etwa: »Billige Kitzel-Therapie«) genannt wird. Die Sitzungen können im Geschlechtsverkehr oder in anderen Formen sexueller Beziehungen zwischen Patient und Therapeut gipfeln.

Eine andere Technik ist unter dem Akronym ASCID bekannt – Altered State on Consciousness Induction Device (etwa: Formel zur Auslösung der Veränderung des Bewußtseinszustands). Diese Erfindung ahmt vermutlich eine von den Hexen des Mittelalters verwendete Schaukel nach. Der Patient wird darin festgeschnallt und geschaukelt, wodurch er »tiefgehende Trips« und Visionen erleben soll. Die Siegespalme für die bizarrste der bisher erfundenen Formen der Psychotherapie gebührt aber wohl Bindrim[2], dem Begründer der Marathon-Nackt-Gruppen; er ersann jüngst eine Form der Therapie, »crotch-eyeballing« (Schoß-Anschauen) benannt. Er bemerkt, daß diese Körperstelle der zentrale Ort für drei Arten von Störungen ist – Schwierigkeiten beim Sauberwerden, Schuldgefühle wegen des Onanierens und sexuelle Probleme im Erwachsenenalter. Seine Methode, diese Probleme zu überwinden, besteht darin, daß zwei nackte Patienten einen dritten flach auf den Boden legen, mit auseinandergespreizten Knien und Schenkeln; der Rest der Gruppe versammelt sich rundherum und alle starren lang und ausdauernd auf das »anstoßerregende Zielorgan«.

Es ist solch ein trauriger Gedanke, daß die Encounter-Bewegung und viele ihrer schrulligen Ableger von einer Richtung ins Leben gerufen wurden, die den Namen »humanistische Psychologie« trägt; deren erklärte Ziele waren es, die Würde des Menschen wiederherzustellen, die, wie man behauptet, von der deterministischen Haltung der wissenschaftlichen Psychologie einerseits und der Psychoanalyse anderseits angegriffen worden sei. Der Begründer der humanistischen Psychologie war Abraham Maslow, der 1967 versuchte, seine Ideen dadurch zu krönen, daß er sie in achtundzwanzig Sätzen darlegte, die Schwülstigkeit, Dummheit und Unbestimmtheit zu gleichen Teilen miteinander vereinen. Hier einige Auszüge:

»Satz I. Sich selbstverwirklichende (gereiftere, wahrhaft menschlichere) Individuen, deren elementare Bedürfnisse bereits hinreichend befriedigt sind, sind jetzt zu ... Höherem motiviert, was wir ›Metamotivationen‹ nennen wollen.

Satz II. Alle solchen Leute widmen sich einer Aufgabe, einem Ruf, einer Berufung, einer geliebten Arbeit.

Satz V. Auf dieser Ebene wird die Dichotomie (Trennung) von Arbeit und Spiel überwunden.

Satz X. Weniger entwickelte Personen scheinen ihre Arbeit als ein Mittel zum Zweck zu benützen.

Satz XIII. Diese inneren Werte sind der Natur nach instinktoid ... Die Krankheiten, die aus einem Verlust an inneren Werten (Metabedürfnissen) entstanden sind, können wir Metapathologien nennen[3].«

Braginsky und Braginsky weisen darauf hin, daß sich nur wenige Menschen nach Metamotivation sehnen. »Der Fließbandarbeiter, der sich bei seiner Arbeit langweilt (sich keiner geliebten Arbeit widmet), sich nach den Wochenenden sehnt, an denen er fischen gehen kann (er ›stellt eine Dichotomie von Arbeit und Spiel her‹), der nichtsdestoweniger so viele Überstunden wie nur möglich macht, damit er genug Geld verdient, um seine älteste Tochter auf das College zu schicken (die ›Arbeit ist für ihn Mittel zum Zweck‹), leidet an einer ›Metapathologie‹ und ist vermutlich eine ›weniger entwickelte Person‹ als jemand, der sich der ›geliebten Aufgabe‹ widmet, Blödsinn zu schreiben[4].«

Obwohl die Encounter-Bewegung eine große Zahl von Quacksalbern und Kurpfuschern angezogen hat, darf man nicht glauben, daß sie unter den verschiedenen Formen der Psychotherapie ein Monopol auf sie hat. 1972 erhob der Staatsanwalt des

Staates New York Klage gegen Albert und Maya Wood, die Besitzer des Long Island Institute for Emotional Disorders. Der Klage wurde stattgegeben, und das Institut wurde geschlossen[5]. Bei der Verhandlung kam die Geschichte des Instituts zutage. Albert Wood war Vertreter von Plastikwaren, später verkaufte er Bücher psychologischen und psychiatrischen Inhalts eines New Yorker Verlags. Man erwischte ihn, als er seine Arbeitgeber bestahl, und er wurde entlassen. Hierauf beschloß er, Psychotherapeut zu werden und ließ sich dementsprechend als »Albert D. Wood, Doktor der Philosophie, psychologische Beratungen«, in das Telefonbuch eintragen; zunächst benützte er einen Raum seines Hauses als Sprechzimmer. Er hatte kein Doktorat, seine einzige Qualifikation für psychologische Beratungen bestand in einem Einführungskursus in Psychologie, den er in seinem ersten Jahr an der Universität belegt hatte, und in seiner Erfahrung als Verkäufer von Büchern über dieses Thema. Nichtsdestoweniger blühten seine Geschäfte, und in der Folge kaufte er ein drei Morgen großes Grundstück auf Long Island und eröffnete sein Long Island Institute for Emotional Disorders, das er und seine Frau leiteten; Maya Wood verlieh sich auch selbst ein Doktorat – schließlich hatte sie auf dem Junior-College ein Jahr lang Volkswirtschaft studiert.

1972 verdienten die Woods 500 000 Dollar im Jahr. Sie ließen die individuelle Therapie von Erwachsenen fallen, behandelten nur zurückgebliebene Kinder und leiteten Gruppentherapien. Zusätzlich führten sie eine Schule für psychotherapeutische Ausbildung und boten offiziell nicht anerkannte Doktordiplome zu je 5490 Dollar das Stück an. Das sicherte ihnen auch die unbezahlten Dienste von dreizehn Therapeuten-Schülern, die Patienten behandelten, um sich so ihr Schwindel-Doktorat zu verdienen.

Einer ihrer Patienten beging Selbstmord, und seine Frau verklagte die Woods vor Gericht, weil sie durch Betrug und Vorspiegelung falscher Tatsachen für den Tod ihres Gatten verantwortlich wären.

Unternehmungslustige Amateure gibt es auch in Großbritannien, obwohl die Existenz des National Health Service (öffentlicher Gesundheitsdienst) es ihnen schwer macht, Patienten zu finden. Auf die Zeitungsartikel hin, die ich über meinen Zusammenbruch publizierte, erhielt ich mehrere Hilfsangebote solcher Laien-Therapeuten. Eines stammte von einer Frau, die behauptete, SPECIALIST IN MIND*AWARE*NESS' (etwa: Spezialistin für Geist*esbewußt*sein – die Sternchen stammen von der Dame selbst) zu sein. Sie schrieb (ich ändere weder Interpunktion noch Rechtschreibung):

»Meine Genaue 'ANALYSE beruht nicht auf Fragen; sondern basiert auf den Fundamentalen Prinzipalen (*sic!*), nach denen wir alle geschaffen sind.

Meine Diagnose ist korrekt und effektiv; wissenschaftlich gesprochen verläßlich und anhaltend. Und zwei schnelle Sitzungen: eine um abzuschätzen, die andere um zu sehen, ob man an *Meiner* Methode festhält.

Sollten Sie wünschen, sich Selbst' zu KENNEN oder sollte ich lieber sagen Ihr Besseres Selbst? Vielleicht könnten Sie mir schreiben und einen Termin vereinbaren entweder in Ihrem Geschäft oder an der oben angegebenen Adresse; entweder an einem Mittwoch oder wenn Sie sehr ausgebucht sind, am Sonntag; WENN kein Resultat kostenlos ...«

Ich bekam auch noch andere gleichermaßen freundliche Angebote. Ein Herr, der sich auf einem mit eindrucksvollem Briefkopf versehenen Papier »Psycho-Therapeut« nannte, schrieb diese entwaffnenden Sätze: »Obwohl (oder vielleicht weil) ich dem ›unqualifizierten Sektor‹ der Psychologen angehöre, untersuche und helfe ich fortwährend Patienten mit genau den Symptomen, die Sie erwähnen.« Er war immerhin so nett, seine persönliche Diagnose meines Falls mitzusenden: »Die grundlegenden Ursachen Ihres Zusammenbruchs sind sicherlich verdrängte sexuelle Schuldgefühle, die wahrscheinlich von einem Masturbationskontakt mit 11- bis14jährigen Jungen oder einem Jungen dieses Alters herrühren.«

Nachdem er auf die Irrtümer gewöhnlicher Psychoanalytiker und Psychiater hingewiesen hatte, fügte er hinzu: »Hätte ich Ihren Fall behandelt, hätte ich eine erkennbare, wenn auch leichte Besserung nach drei Wochen erwartet, eine deutliche Besserung nach sechs, und Langeweile (bei Ihnen, nicht bei mir!), die auf die Heilung hindeutet, nach zehn Wochen. Ende der Behandlung nach etwa sechzehn bis achtzehn Wochen, ungefähr fünfzehn Visiten insgesamt.«

Glaubt man der Schilderung seiner Erfolge bei anderen Patienten, so hätte ich mir viel Elend ersparen können, hätte ich nur von seiner Existenz gewußt – wenn ich auch leicht gelangweilt aus seiner Behandlung hervorgegangen wäre. In seinem Briefkopf figurierten die eindrucksvollen Initialen »M.N.C.P.«, sie bedeuteten die Mitgliedschaft in einer Körperschaft mit dem ehrfurchtgebietenden Titel »National Council of Psychotherapists«. Als ich nachforschte, stellte sich heraus, daß diese Organisation eine

Vereinigung von Laientherapeuten ist, die von Zeit zu Zeit Versammlungen abhalten. In ihrem Statut heißt es, daß die einzige notwendige Qualifikation für eine Mitgliedschaft darin bestehe, daß zwei Mitglieder des Komitees »für die Eignung des Kandidaten für die Mitgliedschaft bürgen«. Ziemlich interessant ist auch folgende Regel: »Szientologen – in Ausbildung begriffene, praktizierende, lehrende, in der Verwaltung tätige oder in irgendeiner anderen Weise mit der *Szientologie*-Bewegung oder mit der Praxis der *Dianoetik* verbundene, kommen als Mitglieder nicht in Betracht.«

Einige andere Regeln dieser Vereinigung sind ebenfalls von Interesse:

»Alle Mitglieder verpflichten sich, Patienten zu Ärzten zu überweisen, wenn auch nur der leiseste Verdacht einer physischen Erkrankung besteht.«

»Kein Mitglied darf seine besondere Vertrauensstellung gegenüber dem Patienten benützen, um Geldzahlungen über seine üblichen Honorare hinaus zu erhalten, ebensowenig testamentarische Vermächtnisse, Geschlechtsverkehr oder irgendeine andere unübliche Begünstigung, die für den Therapeuten vorteilhaft und folglich für den Patienten schädlich ist.«

Es wäre interessant zu wissen, was Freud über das merkwürdige, in der letzten Klausel enthaltene *non sequitur* gedacht hätte.

Eine andere Vorschrift verlangt, daß »Mitglieder nicht angeben sollten, medizinische Qualifikationen oder philosophische oder andere Doktorate zu besitzen, außer sie sind dementsprechend qualifiziert, aber diese Klausel soll sie nicht daran hindern, die Buchstaben L.N.C.P. oder M.N.C.P. zu führen, wenn sie es wünschen« (sie bedeuten Lizenziaten beziehungsweise Mitglieder des Komitees). Die Buchstaben M.N.C.P. sollten nicht mit M.R.C.P. verwechselt werden, Initialen, die bei Ärzten in Großbritannien heißbegehrt sind, da sie soviel bedeuten wie Member of the Royal College of Physicians (Mitglied des Königlichen Ärztekollegiums). Obwohl ich überzeugt bin, daß die Mitglieder dieser Vereinigung im guten Glauben handeln, zeigen ihre Regeln doch, was man von vielen anderen Laientherapeuten zu erwarten hat.

Es kann natürlich sein, daß viele Laientherapeuten ihre Sache ebenso gut machen wie die professionellen: wenn es tatsächlich vor allem darauf ankommt, warmherzig, einfühlsam und aufrichtig zu sein, dann ist die Wahrscheinlichkeit, daß sie diese Eigenschaften besitzen, ebenso groß wie bei jemand, der sich einer Lehranalyse unterzogen oder ein Doktorat in Psychologie erworben hat. Mehr noch, es sind Fälle bekannt, in denen Psychiater die Patienten mit E-Schocks behandeln ließen und dadurch einen Rückfall in Epilepsie verursachten, weil sie es verabsäumten, eine richtige Krankengeschichte anzulegen; oder Fälle von Analytikern, die Patientinnen zum Selbstmord trieben, weil sie mit ihnen schliefen und sie dann stehenließen; und von Psychologen, die Patienten mit Gehirntumor wegen einer vermuteten Geisteskrankheit behandelten und dadurch verhinderten, daß rechtzeitig ärztlicher Rat zur Bekämpfung des Tumors eingeholt werden konnte.

Nichtsdestoweniger geht man ein geringeres Risiko ein, ausgenützt zu werden, wenn man sich von einem qualifizierten Psychiater oder Diplompsychologen behandeln läßt anstatt von einem Laien – und sei es nur deswegen, weil Mitglieder akademischer Körperschaften leicht ihre Berechtigung oder ihr Diplom verlieren können, wenn sie bei einem Mißbrauch ertappt werden. Viele, die Psychoanalyse praktizieren, hatten keine formelle Ausbildung; bevor man sich zur Analyse entschließt, sollte man doch herausfinden (es lohnt sich), ob der Analytiker an einer der bedeutenderen Hochschulen ausgebildet wurde, und mit welchen Zeugnissen er sie verließ.

18 Verhaltenstherapie

Ende der fünfziger Jahre kam eine neue Form der psychiatrischen Behandlung auf – die »Verhaltenstherapie«. Diese Methode wurde hauptsächlich von Psychologen entwickelt und wird in erster Linie von diesen praktiziert. Paradox an dieser Behandlung ist, daß sie einerseits dem gesunden Menschenverstand am nächsten kommt, sich aber anderseits auf die wissenschaftlichen Entdeckungen der experimentellen Psychologie gründet. Der Verhaltenstherapeut sieht die Neurose nicht als ein Ergebnis dynamischer und unbewußter Prozesse, sondern als das Resultat unangepaßter Gewohnheiten. Die Therapie ist einfach und direkt: Der Therapeut versucht, den Patienten neue und passendere Reaktionsweisen beizubringen, wobei er unsere Erkenntnisse über den Lernprozeß verwendet, inbesondere das Verstärkerprinzip. Dieses Prinzip, mit dem man gewöhnlich den Namen von B. F. Skinner[1] verbindet, besagt, daß alle Tiere, der Mensch mit eingeschlossen, dazu neigen, ein in einer bestimmten Situation gezeigtes Verhalten zu wiederholen, wenn diesem Verhalten eine »Belohnung« folgt: eine Belohnung ist jedwede angenehme Konsequenz. Diese Feststellung wurde erstmals von Thorndike klar formuliert, einem Tierpsychologen, der um die Jahrhundertwende in Amerika arbeitete, aber Skinner wurde dadurch bekannt, daß er sie laut und oft wiederholte und ihre Anwendung als Wundermittel für alle menschlichen Leiden pries.

Die Verhaltenstherapie hat viele Vorläufer. In der römischen Kaiserzeit wandte Plinius der Ältere operante Konditionierung mittels aversiver Reize bei der Behandlung von Alkoholismus an. Einen der ersten Versuche, Verhaltenstherapie systematisch einzusetzen, machte Joseph Wolpe 1958 in Südafrika; in England wurde Eysenck ihr Wortführer, und ein großer Teil der ersten Arbeiten auf diesem Gebiet wurde im Maudsley Hospital in London[2] geleistet, mit dem er verbunden ist. In den sechziger Jahren verbreitete sich die Technik in den Vereinigten Staaten und Kanada. 1960 wurden fünf Aufsätze darüber in wissenschaftlichen Zeitschriften veröffentlicht – heute sind es ungefähr dreitausend pro Jahr. Diese Zahlen sind mit denen der publizierten psychoanalytischen Arbeiten vergleichbar, die während der letzten fünfzehn Jahre bei etwa eintausendfünfhundert pro Jahr konstant geblieben sind. Verhaltenstherapie ist heute eine weit verbreitete Methode, und ihre Grundideen haben auch Therapeuten beeinflußt, die sich nicht als ihre Anhänger ansehen[3].

Ich habe bereits über die erfolglose Anwendung von Verhaltenstherapie zur Linderung meiner Konzentrationsschwäche und meiner Zwangsvorstellungen und zur Einschränkung meines Nikotinkonsums berichtet. Das Gebiet, auf dem sie sich am besten bewährt hat, ist die Behandlung von Phobien.

Man weiß nur wenig über die Entstehung von Phobien. Der bereits beschriebene Fall einer Frau, die an Platzangst erkrankte, nachdem ihr ein junger Mann in einem Geschäft einen unanständigen Antrag gemacht hatte, läßt deutlich eine psychodynamische Deutung zu. Die spätere Angst der Frau vor dem Einkaufen kann die Angst vor ihren eigenen promiskuitiven Wünschen gewesen sein, und dadurch, daß sie solche Situationen mied, wollte sie vielleicht der Versuchung aus dem Weg gehen, sich gutaussehenden fremden Männern in die Arme zu werfen. Anscheinend sind aber nicht alle Phobien so. So entwickelte zum Beispiel in einem von Freuds berühmtesten Fällen ein fünfjähriger Knabe, der kleine Hans, eine Phobie vor Pferden. Tatsächlich war er einst zu Tode erschrocken, als er ein Pferd scheuen sah und als einer seiner Freunde von einem Pferd gebissen wurde[4]. Über das Medium des Vaters des Knaben vermochte Freud das arme Kind zu überzeugen, daß es einen Ödipuskomplex hatte und daß das Pferd die gefürchtete Gestalt des kastrierenden Vaters darstelle.

Bemerkenswert ist, daß eine Phobie – wie im Fall der Frau mit der Platzangst –, wenn sie einen einmal in den Klauen hat, sich gleichsam von sich selbst nährt; je mehr die Kranke die gefürchtete Situation meidet, desto mehr Belohnung erhält sie, und desto geringer werden ihre Chancen zu entdecken, daß ihr nichts Böses zustieße, wenn sie sich in die bewußte Situation begäbe. Die verhaltenstherapeutische Behandlung der Phobie ist im Grunde einfach. Die Patientin wird überredet, sich dem gefürchteten Objekt zu nähern, entdeckt, daß ihr nichts passiert, bricht den Teufelskreis und überwindet die Phobie. In der Praxis wurden vier ziemlich verschiedene Behandlungsmethoden entwickelt.

Die älteste und bekannteste ist die »systematische Desensibilisierung«. Sie beruht auf zwei Prinzipien, auf die man während der Arbeit mit Tieren kam. Erstens: Die Schreckreaktion auf einen Alarmreiz kann stark abgeschwächt werden, wenn der

Reiz zu Beginn in so geringer Intensität eingesetzt wird, daß kein Erschrecken erfolgt, auch dann nicht, wenn der Reiz dann stufenweise verstärkt wird. Das Tier wird auf diese Weise fähig, einen sehr starken Reiz zu ertragen, der ohne Training massive Angst ausgelöst hätte. Zweitens wurde festgestellt, daß Tiere ihre Furcht vor einem Gegenstand überwinden können, wenn man sie veranlaßt, sich ihm nach und nach zu nähern, indem man sie mit Futter oder mit einer anderen Annehmlichkeit belohnt; diese Technik wird Gegenkonditionierung genannt.

Als Vorbereitung zur Behandlung wird dem Patienten – wie es auch bei mir der Fall war – zunächst allmähliche Entspannung beigebracht. Danach stellt der Therapeut in Gesprächen mit dem Patienten eine Rangordnung der phobieauslösenden Situationen her, beginnend mit jenen, vor denen sich der Patient nur leicht fürchtet, bis zu jenen, die hochgradige Angst auslösen. Im Fall der Spinnen-Phobie reicht die Rangordnung vielleicht von einem alten Spinnennetz ohne Spinne über den Anblick einer kleinen Spinne in einiger Entfernung bis zu dem Wagnis, eine grausig aussehende Spinne über seinen Körper kriechen zu lassen; dazu kämen noch Zwischenstadien. Nach diesen einleitenden Maßnahmen wird der Patient instruiert, wie er sich entspannen soll, und der Therapeut fordert ihn auf, sich die unterste Stufe – das heißt, die am wenigsten schreckliche – der Rangordnung vorzustellen. Dieser Vorgang wird wiederholt, bis er diese Vorstellung ohne Furcht und völlig entspannt ertragen kann. Der Therapeut geht dann Schritt für Schritt die ganze Stufenleiter durch, wobei er zu weniger furchterregenden Stufen zurückkehrt, wann immer der Patient irgendein Unbehagen bei der Vorstellung einer bestimmten Stufe spürt. Die Behandlung erfordert normalerweise zwischen zwanzig und dreißig Sitzungen, und wenn der Patient einmal in der Phantasie die am meisten gefürchteten Szenen der Rangordnung aushalten kann, wird er ermuntert, an die Situation heranzugehen, die im normalen Leben die Phobie auslöst.

Eine zweite Methode ist als Reizüberflutung bekannt. Der Patient wird aufgefordert, sich gleich am Anfang die Szenen vorzustellen, vor denen er sich am meisten fürchtet, zum Beispiel, daß große behaarte Spinnen über seinen ganzen Körper kriechen. Das löst normalerweise höchste Angst bei ihm aus, aber der Patient wird aufgefordert, sich die schreckenerregenden Szenen weiter vorzustellen, bis die Angst abklingt. Die Methode birgt eine Gefahr. Falls nämlich der Patient die entsetzliche Vorstellung nicht so lange aushält, bis die Furcht nachläßt, bewirkt die Herabminderung der Angst vom Moment an, da er aufhört, sich die schreckenerregenden Szenen vorzustellen, daß der Kranke den Gegenstand der Phobie noch mehr meidet: es kann also sein, daß der Zustand schlechter wird anstatt besser. In den Fällen, in denen der Patient durchhält, bis die Angst schwindet, funktioniert die Methode zumindest genausogut wie die systematische Desensibilisierung. Heute wird die Reizüberflutung oft durchgeführt, wobei der Patient mit Tranquilizern beruhigt wird. Das setzt die Angst stark herab, und jüngste Berichte legen die Vermutung nahe, daß Reizüberflutung unter Medikamenteneinwirkung zumindest ebenso effektiv ist wie ohne[5].

Modellernen (Lernen durch Beobachtung eines Modells) ist eine dritte Methode. Sie nutzt die Tatsache aus, daß wir alle dazu neigen, unser Verhalten nach denjenigen zu richten, die wir respektieren[6]. Der Therapeut versucht zunächst, den Patienten zu überzeugen, daß seine Ängste irrational sind, indem er ihm vor Augen führt, daß die phobische Situation in Wirklichkeit harmlos ist. Er versetzt sich dann selbst in diese Situation, um zu zeigen, daß ihm nichts zustößt, und veranlaßt den Patienten, es ihm nachzumachen. Auch diese Art der Behandlung arbeitet gewöhnlich mit einer allmählichen Verstärkung der angstauslösenden Reize, und in aufeinanderfolgenden Sitzungen wird der Patient überredet, näher und näher an die Situation heranzugehen, die er ursprünglich am meisten gefürchtet hat. Eine der Frauen auf meiner Station litt an Platzangst; besonders fürchtete sie sich vor Friedhöfen und Begräbnissen, und sie konnte jahrelang nicht normal leben, da sie es nicht wagte, auf die Straße zu gehen oder einen Bus zu besteigen, aus Angst, einen Friedhof oder einen Leichenzug zu erblicken. Sie wurde mehrmals in der Woche von einem Verhaltenstherapeuten zu einem nahegelegenen Friedhof geführt, und sie lernte, immer näher heranzugehen und ihn schließlich zu betreten. Sie hatte sich erfolglos einer langdauernden und teuren Analyse unterzogen, aber zu der Zeit, als ich die Klinik verließ, vermochte sie viel besser mit ihrem Problem fertigzuwerden. In der Praxis wird Modellernen oft mit Desensibilisierung oder Reizüberflutung verbunden.

Die vierte und neueste Methode der Verhaltenstherapie zur Behandlung von Phobien hat breitere Anwendungsmöglichkeiten, und ich schiebe ihre Besprechung bis zum Ende dieses Kapitels auf.

Es liegen nun eindeutige Beweise vor, daß sowohl Desensibilisierung wie Reizüberflutung bei der Heilung von Phobien helfen können. In mehreren Untersuchungen wurde ihre Effektivität direkt mit jener der dynamischen Therapie verglichen und für stärker befunden. Bei den meisten Versuchsreihen lag die Anzahl der Sitzungen um die zwanzig, und Verfechter der dynamischen Therapie können natürlich erwidern, daß diese Zahl nicht ausreiche, um die Wirksamkeit ihrer Methode zu gewährleisten. Selbst wenn dies zuträfe – und keine systematische Studie hat jemals gezeigt, daß die Psychoanalyse irgendeinen Einfluß auf Phobien hat –, so ist eine Methode, die Therapeuten und Patienten weniger Zeit kostet, bestimmt vorzuziehen. Der Anhänger der dynamischen Therapie kann auch vorbringen, daß die Folge verhaltenstherapeutischer Behandlungsmethoden einfach ein »Symptom-Ersatz« sei: Wenn Symptome von tiefergehenden Konflikten oder frustrierter Libido verursacht werden, dann produzieren die Konflikte ein anderes Ensemble von Symptomen, sobald die Phobie beseitigt ist. Diese Ansicht wird durch die Evidenz rundweg widerlegt. Es wurde ausnahmslos festgestellt, daß sich der Zustand des Patienten auch in anderer Hinsicht besserte, sobald die Phobien und andere Symptome durch Verhaltenstherapie gemildert worden waren. Der oder die Kranke hat gewöhnlich weniger Angst, schläft besser und fühlt sich ganz allgemein besser.

Ich möchte nicht den Eindruck erwecken, daß alle Phobien mittels Verhaltenstherapie geheilt werden können: Gegenwärtig können sie es nicht. Je schwerer die Phobie, desto schwieriger ist sie im allgemeinen zu heilen, und wenn sie mit anderen Symptomen wie extreme Depression, Zurückziehung in sich selbst oder Angst vor allem und jedem einhergeht, kann es sich als unmöglich erweisen, den Patienten zu einer solchen Zusammenarbeit mit dem Therapeuten zu bewegen, daß die Methode wirksam wird. Der Zustand des Mädchens, das an Spinnenfurcht litt, wurde während meines Aufenthalts auf der Station nicht besser; sie verbrachte fast vierundzwanzig Stunden in einem Winkel des Zimmers auf dem Boden ausgestreckt und mußte auf eine andere Station verlegt werden.

Viele Leute, insbesondere Frauen und Kinder, leiden an Phobien, die ein normales Leben nicht gänzlich unmöglich machen, aber empfindlich stören. So haben manche zum Beispiel eine unsinnige Furcht vor Würmern, Gewittern oder davor, in der Öffentlichkeit zu sprechen. Es wurden sorgfältig überwachte Experimente bezüglich der Behandlung solcher kleinerer Störungen durchgeführt, wobei herausgefunden wurde, daß verhaltenstherapeutische Methoden nicht nur halfen, sondern wirksamer halfen als andere getestete Methoden, wie etwa Beratung oder Analyse. Bei einem der eindrucksvollsten dieser Experimente wurden sechsundneunzig Studenten, die an der Angst litten, vor Publikum zu reden, aufs Geratewohl verschiedenen Behandlungsmethoden unterzogen, manche wurden überhaupt nicht behandelt[7]. Jede dieser Behandlungen wurde von Psychotherapeuten der traditionellen Schule geleitet, die glaubten, daß die wirksamste Methode darin bestünde, dem Patienten »Einsicht« in sein Problem zu verschaffen. Die Psychotherapeuten machten eine Schulung in Verhaltenstherapie durch, und obwohl sie selbst nicht an deren Erfolg glaubten, erwies sie sich, selbst von diesen Therapeuten praktiziert, deren eigenen Methoden überlegen. Wenn man ihnen gestattete, ihre eigene Technik anzuwenden, so war das Ergebnis besser als bei den Fällen ohne jegliche Behandlung, aber nicht besser als bei einer »Placebo«-Methode, die bloß darin bestand, daß man den Patienten Mut einflößte.

Der Fortschritt, den die verhaltenstherapeutischen Methoden bei der Behandlung von Phobien während der letzten siebzehn Jahre erzielte, ist imposant. Anders als bei der zufälligen und unüberprüften Entwicklung der auf klinischer Intuition basierenden Theorien, welche die Geschichte der Psychoanalyse charakterisieren, wurden Hypothesen über die ursächlichen Faktoren der Herbeiführung einer Besserung aufgestellt, gründlich überprüft und in Versuchen verfeinert. 1966 brachte ein Psychiater am Maudsley Hospital, der systematische Desensibilisierung anwandte, durchschnittlich eine Verminderung von 0,9 Punkten in einer von 1 bis 5 reichenden Meßskala der Stärke der Phobien zustande[8]. 1974 arbeitete derselbe Psychiater in demselben Krankenhaus und mit ähnlichen Patienten mit der Reizüberflutungsmethode und erreichte eine durchschnittliche Änderung von 2,8 Punkten. Nicht nur war die Behandlung dreimal so wirksam geworden wie früher – der Therapeut mußte auch viel weniger Zeit für die zweite Gruppe von Patienten aufwenden: Während die Therapeuten 1966 durchschnittlich sechzig bis siebzig Stunden pro Patient aufwandten, waren es 1974 nur mehr 3,3 Stunden.

Jeder, dessen Hauptsymptom eine Phobie ist, sollte zumindest anfangs bei einem Verhaltenstherapeuten Hilfe suchen. Ferner könnten viele Menschen, die an leichteren Phobien wie Angst, vor Publikum zu sprechen, oder Angst vor dem Fliegen leiden, von einer solchen Behandlung profitieren. Systematische Desensibilisierung wurde als »die erste psychotherapeutische

Prozedur der Geschichte« beschrieben, die »rigoroser Prüfung standhält«. Es wird jedoch klar, daß Reizüberflutung und Modellernen im allgemeinen wirksamere Methoden sind als die Desensibilisierung.

Die Verhaltenstherapie erzielt auch bemerkenswerte Erfolge bei der Behandlung von Zwangsneurotikern[9]. Solche Patienten entwickeln Rituale, die sie völlig funktionsunfähig machen. So etwa setzen sie sich an den Schreibtisch und verbringen mehrere Stunden damit, zu überprüfen, ob alles genau an seinem Platz liegt, und häufig waschen sie sich immer und immer wieder. Die der Behandlung zugrunde liegende Theorie lautet, daß der Patient eine irrationale Angst entwickelt hat, irgendeinen Teil des Rituals nicht eingehalten zu haben; da er nie von seinen rituellen Kontrollen oder seinen Zwangshandlungen abläßt, kann er niemals daraufkommen, daß ihm nichts Böses zustößt, wenn er sie unterläßt. Da normalerweise kein Unglück passiert, wenn er seinen Zwängen nachgibt, wird er in dem Glauben bestärkt, daß seine Handlungen notwendige Maßnahmen zur Abwehr des Bösen sind. Wenn er dazu gebracht werden kann, seine Zwangshandlungen einzustellen, erhält er die Möglichkeit zu erkennen, daß sie unnötig sind. Mit Hilfe der Technik der allmählichen Entspannung und des Modellernens und indem man den Patienten dahin bringt, daß er sich im wirklichen Leben in Situationen begibt, die seine Zwangsrituale auslösen – zum Beispiel, daß er schmutzige Kleider trägt, klebrige Speisen berührt oder Gegenstände auf seinem Schreibtisch anblickt, die nicht dort liegen, wo sie liegen sollten –, wobei er keine Möglichkeit erhält, seine Rituale auszuführen, erzielte die Verhaltenstherapie einigen Erfolg bei solchen Zwangsneurosen, wie streng kontrollierte Untersuchungen beweisen. Noch einmal: Wenn ein zwangsneurotischer Patient seine Zwänge reduzieren kann, tritt eine allgemeine Besserung seines Zustands ein, und es treten keine Ersatzsymptome auf.

Verhaltenstherapie wurde bei der Behandlung vieler anderer Formen der Neurose angewandt, aber trotz hoffnungsvoller Ansätze wurde ihre Effektivität bei anderen neurotischen Erkrankungen als Phobien und Zwangsneurosen bis jetzt nicht wirklich bewiesen[10]. Die Depression ist weiterhin gegenüber dieser oder irgendeiner anderen Behandlungsmethode sehr resistent. Psychologen versuchen, depressive Patienten zu einer Aufgabe zu überreden, die sie »von sich selbst ablenkt«, sogar wenn sie sich nur für ein paar Minuten darauf konzentrieren können. Es stellte sich heraus, daß eine solche Behandlung eine vorübergehende Hebung der Stimmung bewirkt, aber der Effekt dauert gewöhnlich nicht lange an, und es ist nicht bekannt, ob er die Genesung tatsächlich beschleunigt[11]. Wiederholt wurde festgestellt, daß häufig ein Halo-Effekt entsteht, der eine Milderung anderer Symptome bewirkt, sobald ein Symptom beseitigt werden kann. Das hatte der Psychologe in meinem Spital im Sinn, als er versuchte, mich in der Wiedererlangung der Konzentrationsfähigkeit zu üben.

Viele Verhaltenstherapeuten sind der Ansicht, Neurosen entstünden dadurch oder könnten dadurch aufrechterhalten bleiben, daß andere Leute den Kranken in ungeeigneter Weise belohnen oder bestrafen. Freud selbst postulierte den Begriff des »sekundären Lustgewinns«, durch den eine Neurose fortbestehen könne, weil die Symptome anstatt ihrer ursprünglichen psychodynamischen Rolle eine andere Funktion erfüllten. So kann zum Beispiel jemand, der seine Arbeit nicht mag, sein neurotisches Verhalten unbewußt fortsetzen, um nicht wieder arbeiten zu müssen. Es ist klar nachgewiesen, daß in den USA Neurotiker, die nicht gegen Arbeitsunfähigkeit versichert sind, nach einem psychischen Zusammenbruch schneller zur Arbeit zurückkehren als jene, die versichert sind. Das weinende oder störrische Kind mag versuchen, die Aufmerksamkeit auf sich zu lenken, und die neurotische Frau ihre Neurose dazu benutzen, um ihren Mann von Kneipen fernzuhalten und sein Mitgefühl zu erzwingen. Florence Nightingale litt an Neurasthenie und verbrachte viel Zeit im Bett; das war wahrscheinlich der einzige Platz in einem viktorianischen Haushalt, wo sie Frieden vor dem Alltagstrott finden konnte, den man von einer Frau des Mittelstandes erwartete, und wo sie sich auf Lesen, Schreiben und ihre Pläne der verbesserten Krankenpflege konzentrieren konnte.

Aus diesen Gründen legen Verhaltenstherapeuten, die mit neurotischen Patienten zu tun haben, oft Wert darauf, die Familie des Patienten, seine Freunde und Kollegen kennenzulernen. Es werden Versuche unternommen, die ihm Nahestehenden zu überreden, ihn für Wohlverhalten zu belohnen; zum Beispiel wird etwa einem Ehemann nahegelegt, nicht allzuviel Besorgnis merken zu lassen, wenn seine Frau über Kopfschmerzen klagt, aber besonders nett zu sein, wenn sie sich etwas fröhlicher gibt. Verhaltenstherapie wird oft mit Sprechtherapie kombiniert, wobei der Patient aufgefordert wird, von seinen gegenwärtigen Konflikten zu reden, und man bemüht sich, ihm bei deren Lösung zu helfen. Vieles an dieser Art der Behandlung beruht in hohem Maß auf dem gesunden Menschenverstand und gehorcht keinem im voraus festgelegten System, wenn der gesunde Menschenverstand oft auch mit Gedanken aus Entwicklungen der Lerntheorie ergänzt wird. So kann zum Beispiel einem Ehemann, der zu schlechter Laune neigt, gesagt werden, er solle sich nur auf einem bestimmten Hocker in seiner Garage seinen düsteren Gedanken hingeben und sich jedesmal dorthin flüchten, wenn er schlecht aufgelegt ist – in der Hoffnung, daß die üble Laune unter die Kontrolle dieses einen Reizes gebracht und daher in anderen Situationen vermindert werden kann. Der Leser wird sich daran erinnern, daß der Therapeut, der Ehepaare behandelte, eine ähnliche Technik bei meiner Frau und mir anzuwenden versuchte.

Verhaltenstherapie wurde nicht nur bei den klassischen Neurosen, sondern auch bei vielen anderen Problemen angewandt. Als weiteres Beispiel können wir die Behandlung von Alkoholikern in meiner Station heranziehen. Sie alle waren freiwillige Patienten und wußten, daß sie, wenn sie auch nur einmal Alkohol anrührten, wahrscheinlich kurzerhand entlassen würden; daher wären die Qualen der Entwöhnung während der ersten Tage oder Wochen nach der Aufnahme vergeblich gewesen. Das an sich war ein starker Anreiz, nicht zu trinken. Verschiedene Methoden wurden angewandt, damit sie ihr Verlangen nach Alkohol beherrschen lernten. So mußten sie zum Beispiel zusammen mit einem anderen Alkoholiker ein Pub im nahen Dorf aufsuchen und alkoholfreie Getränke bestellen und trinken. Viele Patienten versagten bei diesem Test – nicht, weil sie schwach wurden und Alkohol tranken, sondern weil sie, wenn sie bei dem Pub ankamen, nicht hineinzugehen wagten, aus Angst, dem Wunsch, etwas Alkoholisches zu bestellen, nicht widerstehen zu können.

Den Alkoholikern wurde aber nicht nur durch solche direkte verhaltenstherapeutische Methoden geholfen, sondern sie unterstützten einander auch gegenseitig durch Gruppentherapie. Manche wurden nach den ersten fünf oder sechs Wochen äußerst fröhlich und betrachteten das Krankenhaus als eine Art Gratis-Ferienlager. Sie blieben normalerweise ungefähr zwölf Wochen. Manche hielten bis zu ihrer Entlassung durch, in der Hoffnung, geheilt zu sein; die übrigen verließen entweder die Klinik zu früh oder tranken ständig während ihres Aufenthalts, bis es klar wurde, daß man sie – wegen der anderen Alkoholkranken – nicht dabehalten konnte. Ungefähr fünfundsiebzig Prozent schafften es und wurden als von der Sucht geheilt – vorläufig geheilt –

entlassen. Follow-up-Untersuchungen zeigten leider, daß selbst solche Patienten, die die ganze Behandlung durchgemacht haben, dazu neigen, früher oder später ihre Trinkgewohnheiten wiederaufzunehmen. Die Beratungsstellen für Alkoholiker (Alcoholics Anonymous) haben vernünftige, der Verhaltenstherapie sehr ähnliche Methoden entwickelt, um den Trunksüchtigen zu helfen.

Die gleichen Überlegungen gelten für die Anwendung der Verhaltenstherapie bei der Behandlung anderer Suchtleiden, wie Fettleibigkeit und Rauchen. Gewöhnlich erzielt man mit der Methode Anfangserfolge: Die Patienten nehmen ab oder stellen das Rauchen ein. Berichte von durchschnittlichen Gewichtsverlusten bis zu fünfunddreißig Pfund sind nichts Ungewöhnliches, aber kein großer Erfolg bei einer Frau, die am Beginn der Therapie zweihundert Pfund wiegt: und oft besteht die Tendenz, wieder zuzunehmen, sobald die Therapie beendet ist.

Manche der bei der Gewichtsreduktion angewandten Methoden sind interessant. Auch sie basieren auf experimentellen Erkenntnissen. Stanley Schachter von der Columbia University[12] hat festgestellt, daß Übergewichtige dazu neigen, mehr zu essen als Normale, wenn sie vom Anblick leicht zugänglicher Nahrungsmittel verführt werden; müssen sie sich aber anstrengen, um sie zu bekommen, essen sie weniger. Außerdem fühlen sich dicke Menschen weniger unbehaglich als Normalgewichtige, wenn sie nicht zu regelmäßigen Essenszeiten essen dürfen, besonders, wenn nichts geschieht, was sie ans Essen erinnert. Schachter vermutete, daß das Eßverhalten bei den Übergewichtigen unter den Einfluß von äußeren Reizen geraten sei, anstatt von inneren Reizen, die Hunger signalisieren, geregelt zu werden.

Von diesen Erkenntnissen bewogen, ermuntern Verhaltenstherapeuten dicke Patienten, ihr Eßverhalten nach einer begrenzten Anzahl von äußeren Signalen zu richten, denen sie nicht so oft ausgesetzt werden. Insbesondere wird ihnen empfohlen, nie anderswo zu essen als am Tisch eines Speisezimmers oder eines Restaurants. Sie werden auch angewiesen, jeden Bissen sorgfältig zu kauen, das Essen zu genießen, so sehr sie nur können, und alle anderen Tätigkeiten während des Essens, wie Lesen und Fernsehen, zu vermeiden. Sie sollen jeden Bissen erst schlucken, bevor sie den nächsten zu sich nehmen, und eine Pause dazwischen einschieben. Während der Therapie wird natürlich ihr Gewicht ständig überwacht, und sie werden bei Gewichtsabnahme durch Lob bestärkt. Obwohl sich diese Methoden von experimentellen

Erkenntnissen herleiten, klingen auch sie nach gesundem Menschenverstand, und selbst wenn sie nur teilweise erfolgreich sind, sind sie sicherlich wirksamer als der Versuch, Patienten davon zu überzeugen, daß sie zuviel essen, weil ihre Libido an eine orale Phase fixiert ist[13].

Ich habe bereits über die Methoden zur Abgewöhnung des Rauchens gesprochen. Auch hier ist die Zahl der Rückfälligen bei starken Rauchern sehr hoch, trotz einiger Anfangserfolge. Gewöhnlich kann man feststellen, daß über die Hälfte derjenigen, die eine nach verhaltenstherapeutischen Grundsätzen geführte Raucherklinik aufsuchen, dazu gebracht werden kann, mehrere Wochen lang das Rauchen ganz einzustellen. Werden etwa ein Jahr darauf oder später Follow-up-Untersuchungen durchgeführt, so zeigt sich, daß fast alle genauso stark rauchten wie zuvor. Obwohl die Verhaltenstherapie bei der Behandlung bei Süchtigen zu helfen scheint, ist sie doch kein Allheilmittel.

Ein weiteres Beispiel für die Anwendung von Verhaltenstherapie auf meiner Station betraf eine Patientin mit nervöser Anorexie. Sie war eine recht attraktive Frau des gehobenen Mittelstandes. Mitte der Vierzig, mit blaugrauem Haar; sie achtete sehr auf ihr Aussehen, aber da sie fast nichts aß, sah sie aus wie ein Skelett. Diese Frau war es, die, wie ich schon geschrieben habe, andauernd Essen von anderen Patienten zusammenbettelte und in ihrem Zimmer hortete. Sie trug auch immer ein wenig Essen vom Tisch fort, um nicht in der Nacht zu hungern, aß es aber nicht. Einmal wurde sie während ihrer Behandlung – natürlich mit ihrer Zustimmung – in ihrem Zimmer eingesperrt, und es wurden ihr alle Vergünstigungen entzogen, der Kontakt mit ihrer Familie, der Zutritt zum Fernseher, der Empfang und die Absendung von Briefen mitinbegriffen. Einmal am Tag wurde sie gewogen, und jedesmal, wenn sie zugenommen hatte, erhielt sie einige von ihren Privilegien zurück, nahm sie ab, wurden sie ihr neuerlich entzogen. Sie verließ die Klinik vor der Zeit, und ich weiß nicht, wie erfolgreich die Behandlung war. Dies ist eine grobe Anwendung der Methode von Belohnung und Strafe zwecks Verhaltensänderung; sie scheint in manchen Fällen zu helfen, wenn auch beileibe nicht in allen, aber nervöse Anorexie ist gefährlich und schwer zu behandeln, egal mit welchen Methoden.

Belohnung und Strafe wurde auch bei solchen Problemen wie Homosexualität, Transvestitismus, Exhibitionismus und verschiedene Formen von Fetischismus benutzt. Dem Homosexuellen werden Bilder von nackten Männern und Frauen in suggestiven Positionen gezeigt. Bei der Betrachtung der Männer-Bilder wird ihm ein Schock verabreicht, bei Bildern von Frauen erhält er einen angenehmen Reiz, etwa einen von ihm geschätzten Leckerbissen. Die Patienten werden auch aufgefordert, zu masturbieren, während sie sich attraktive Frauen vorstellen oder sich das Mädchen des Monats im *Playboy* ansehen. Auch diese Methode ist grob, aber einige Untersuchungen lassen vermuten, daß sie in manchen Fällen hilft. Entsprechende Dias zusammen mit dem Apparat zur Verabreichung der Schocks kann man in den Vereinigten Staaten kaufen. Bei psychologischen Konferenzen sind die Stände von Firmen, die solche Dias ausstellen, eine beliebte Attraktion sowohl für heterosexuelle wie für schwule Psychologen: bei diesen Gelegenheiten werden keine Schocks gegeben.

Als meine Agentin einen ersten Entwurf dieser letzten Absätze las, war sie entsetzt, daß Verhaltenstherapeuten danach trachten, ihre eigenen Ansichten über das, was normalen Sex darstellt, anderen aufzuzwingen und die sexuellen Neigungen ihrer Patienten auf diese Weise zu ändern. Das ist ein verbreitetes Mißverständnis über die Tätigkeit des Verhaltenstherapeuten. Selbst in unseren aufgeklärten Zeiten gibt es viele Homosexuelle, die aus Gewissensgründen viel lieber heterosexuell wären. Einige werden von moralischen Skrupeln gequält, andere hätten gerne Kinder und ein normales Familienleben. Kein halbwegs vernünftiger Verhaltenstherapeut würde versuchen, die sexuellen Gewohnheiten eines Patienten gegen dessen Willen zu ändern. Abgesehen davon, daß es unethisch wäre, ist es auch völlig undurchführbar, da die Methoden der Verhaltenstherapie die uneingeschränkte Mitarbeit des Patienten verlangen. Nur nach einer sehr ausführlichen Diskussion, in welcher die Alternativen untersucht werden, sollte ein Verhaltenstherapeut sich bereit erklären, dem Patienten zur Änderung seiner sexuellen Neigungen zu verhelfen. Die Alternative besteht natürlich darin, ihn beim Abbau jedweder Angst, die er wegen seiner Gewohnheiten verspürt, zu unterstützen, wie auch dabei, seine Natur zu akzeptieren so wie sie ist und dementsprechend zu leben. Zu diesem Zweck haben viele Verhaltenstherapeuten Adressen von Schwulenclubs bei sich und fungieren als »Heiratsvermittler« für Homosexuelle.

Viele Neurotiker haben Schwierigkeiten in ihren persönlichen Beziehungen. Manche Verhaltenstherapeuten nehmen dieses Problem frontal in Angriff, indem sie ausgedehnten Unterricht in geschicktem Verhalten in Gesellschaft erteilen. Sie proben mit dem Patienten, wie man ein Mädchen richtig bittet, mit einem auszugehen, oder wie man seinen Chef um Gehaltserhöhung angeht. Eine Form einer solchen Therapie ist das Selbstbehauptungstraining, in dem der Patient lernt, selbstsicherer und aggressiver zu handeln. Da eine niedrige Selbsteinschätzung mit Minderwertigkeitsgefühlen gegenüber anderen einhergeht, nimmt man an, daß die Selbstachtung des Patienten gehoben werden kann, wenn er lernt, sich zur Wehr zu setzen – und für diese Annahme gibt es auch objektive Bestätigung[14].

Bis jetzt habe ich nur über Verhaltenstherapie in Fällen gesprochen, in denen der Patient mit ihr völlig einverstanden ist. Wenn er freiwillig Hilfe sucht, ist es immer wichtig, zwischen Patienten und Therapeut eine Einigung über die genauen Ziele der Therapie und über die anzuwendenden Methoden zu erreichen; meine eigenen Diskussionen mit dem Psychologen im Krankenhaus waren in dieser Hinsicht typisch. In Amerika setzen viele Verhaltenstherapeuten vor dem Beginn der Behandlung einen schriftlichen Vertrag zwischen Therapeut und Patient auf; dieser Kontrakt zählt im einzelnen die Ziele und Methoden der Behandlung auf. In verschiedenen Anstalten allerdings, vor allem bei Patienten, die durch Gerichtsbeschluß interniert wurden, ist es möglich, die verhaltenstherapeutischen Methoden auch ohne Zustimmung des Patienten anzuwenden.

Das am besten bekannte Beispiel dafür ist das Münz-Verstärkersystem, das bei der Behandlung von Langzeitpatienten – gewöhnlich Psychotikern – vor allem in den USA angewandt wurde. Solche Patienten leiden durch den Anstaltsaufenthalt oft ebensosehr wie infolge ihrer psychischen Störung. Es ist schwer auseinanderzuhalten, wie weit das unangepaßte Verhalten des Patienten, der Jahre auf einer Station für Psychotiker verbracht hat, auf seine ursprüngliche Erkrankung zurückzuführen ist, und wie weit auf die von der Internierung verursachte Apathie. Die Patienten leben in äußerster Monotonie, und da sie davon befreit sind, Entscheidungen zu treffen, und daran gewöhnt, von anderen versorgt zu werden, können sie jeden Sinn für Verantwortung verlieren. So zum Beispiel hören Langzeitpatienten manchmal auf, sich um ihre äußere Erscheinung oder Bequemlichkeit zu kümmern, nehmen schlampige Eßgewohnheiten an und versinken in Apathie.

Man versuchte, ihnen durch die Einführung des Münz-Verstärkersystems zu helfen. Die Patienten erhalten Wertmarken, wenn sie verantwortungsvolles Verhalten zeigen, zum Beispiel, indem sie sich waschen, die Zähne putzen, ihre Betten machen, bei Tisch helfen, Wäsche sortieren oder Gartenarbeit verrichten. Die Marken können gegen Waren oder andere Begünstigungen eingetauscht werden – Süßigkeiten, Zigaretten, Zutritt zum Fernsehzimmer oder die Möglichkeit, mit dem Krankenhauspersonal zu sprechen. Es gibt Beweise dafür, daß einige Verstärkersysteme den Patienten halfen, mehr Verantwortungsgefühl zu entwickeln, aber die Durchführung solcher Programme ist kompliziert und erfordert, daß das gesamte Spitalspersonal in dieser Technik ausgebildet ist; es heißt sogar, daß das Münz-Verstärkersystem in Mißkredit gerät, weil es »Gefahr läuft, von Amateuren ruiniert zu werden«.

Darüber hinaus birgt die Methode eigene Gefahren. Um ein System von Belohnungen aufzubauen, ist es oft notwendig, den Patienten andere Möglichkeiten zum Erwerb irgendwelcher Belohnungen zu nehmen. Daher kann es sein, daß es dem Personal so vorkommt, als arbeiteten die Patienten für eine Belohnung, die Patienten selbst aber das Gefühl haben, sie arbeiteten, um einer Bestrafung zu entgehen, die sie gar nicht verdient haben. Folglich können sie dem Personal entfremdet werden. Darüber hinaus kann das System niemals besser sein als diejenigen, die es anwenden; und die Macht zu belohnen kann immer dazu mißbraucht werden, die Patienten zu bewegen, Dinge zu tun, die ganz bestimmt für das Personal gut sind, aber nicht ganz so gut für den Patienten selbst. Obwohl das vielleicht manchmal vorkommt, möchte ich doch die allgemeine Kritik ablehnen, derzufolge solche Systeme stets nur für das Wohl der Anstalt oder der Gesellschaft geschaffen werden. Ein Geisteskranker, der ungekämmt und mit Exkrementen beschmiert ist, hat nicht nur wenig Selbstachtung, sondern macht es auch anderen Leuten schwer, freundlich zu ihm zu sein. Ihn zu hygienischeren Gewohnheiten zu bewegen liegt in seinem eigenen Interesse – schon deshalb, weil dadurch andere veranlaßt werden, ihn besser zu behandeln.

Ein wichtiger Grund, in der Verhaltenstherapie keinen Zwang anzuwenden, ist vielleicht der, daß die nützlichen Effekte solcher Methoden, wie neuere Untersuchungen[15] ergaben, nicht über die Anfangssituation hinaus wirksam sind. Ein Patient, der sich die Zähne putzt oder einem anderen Kranken hilft, weil er eine Wertmarke erwerben möchte, wird wahrscheinlich nicht mehr so handeln, wenn er einmal in anderer Umgebung ist und keine Marken mehr erhält. Alles, was wir über Lernprozesse wissen, legt die Vermutung nahe, daß das erlernte Verhalten einfach »verlöscht«, sobald die Belohnungen entzogen werden; das war oft der Fall, wenn Patienten aus Anstalten entlassen wurden, die nach dem Münz-Verstärkersystem geführt werden. Die Antwort darauf ist wohl nicht die, daß man die Versuche mit diesem System einstellen, sondern eher Möglichkeiten ausarbeiten sollte, den Patienten endogene Motive für ein Verhalten zu liefern, das ihnen auch nach der Entlassung nützlich ist.

Vor einigen Jahren erhob sich ein großes Geschrei wegen der Gefahr, daß verhaltenstherapeutische Methoden dazu ausgenutzt werden könnten, die Menschen nach einer einheitlichen Vorstellung, die die Gesellschaft von sich hat, zu formen. Man sehe sich zum Beispiel solche Filme wie »The Manchurian Candidate« oder »Uhrwerk Orange« an. Man muß gestehen, daß zu diesen Befürchtungen unbegründete und völlig unsinnige Behauptungen der Befürworter der Verhaltenstherapie beigetragen haben. Skinner selbst hat ihre Macht in bezug auf gesellschaftliche Probleme stark übertrieben, und zur Zeit bringen es die Psychologen bei der Konzipierung von Methoden zur Verbesserung unseres Bildungssystems auch nicht weiter als Wirtschaftswissenschaftler, die nach Mitteln zur Verhinderung der Inflation suchen. Ein anderer Fürsprecher der verhaltenstherapeutischen Methoden, J. V. McConnell, der vor allem durch seine Arbeit über Plattwürmer bekannt wurde, schrieb in einem Artikel mit dem Titel »Criminals can be Brainwashed now« (Verbrecher können nun einer Gehirnwäsche unterzogen werden): »Wir sollten unsere Gesellschaft neu gestalten, so daß wir von Geburt an lernen werden, tun zu wollen, was die Gesellschaft will, daß wir tun. Wir verfügen nun über die Techniken für ein solches Vorhaben[16].« In Wirklichkeit verfügen wir nicht darüber, selbst wenn dies wünschenswert wäre. Große Aufregung gab es wegen der Gehirnwäsche-Methoden, welche die Chinesen bei amerikanischen Kriegsgefangenen im Korea-Krieg anwandten. Obwohl die Chinesen jeden Aspekt des Lebens dieser Männer total beherrschten, entschieden sich nach Kriegsende nur zweiundzwanzig von ingesamt 4450 amerikanischen Gefangenen dafür, in China zu bleiben[17].

Natürlich wirft die Praxis der Verhaltenstherapie auch echte ethische Probleme auf. Autistische Kinder wurden daran gehindert, ihren eigenen Körper grausam zu verstümmeln, aber nur dadurch, daß man ihnen bei jedem Versuch in dieser Richtung starke Elektroschocks versetzte. Wie sehr muß sich ein Kind selbst gefährden, bevor wir es auf diese Weise für sein Verhalten bestrafen? Sind wir berechtigt, homosexuellen Patienten zuzumuten, daß sie sich mit starken E-Schocks behandeln lassen – selbst mit ihrer Zustimmung? Ein Psychologe setzte sich freiwillig einem E-Schock der üblichen Stärke aus. Er war verblüfft von der Intensität des Schmerzes und bemerkte, »wie stark männliche Homosexuelle wohl eine Veränderung herbeisehnen müssen, um sich einer Serie solcher Schocks zu unterziehen, ein ums andere Mal... würden andere Formen der Psychotherapie bei einer auserlesenen Gruppe von außergewöhnlich stark motivierten Homosexuellen angewandt, dann läge das Ergebnis über dem Durchschnitt[18].« Außer, man will jemanden vor dem Tod retten, ist es zweifelhaft, ob solche Straf-Behandlungen jemals zu rechtfertigen sind: Bekanntlich kann strenge Bestrafung zu überraschenden und starren Verhaltensweisen führen, die schwer zu beseitigen sind.

Nochmals: Haben wir ein Recht, Kriminellen Strafnachlaß anzubieten im Austausch dafür, daß sie sich einer längeren verhaltenstherapeutischen Behandlung unterziehen? Dort, wo das Delikt Triebcharakter hat, wie bei vielen Kinderschändern, und wo die Behandlung gute Erfolgschancen hat, scheint dies gerechtfertigt zu sein, vorausgesetzt, die Art der Behandlung wird dem Täter im Detail erklärt und er gibt seine Zustimmung. Man muß dabei bedenken, daß es eigentlich unmöglich ist, Menschen zu ändern, wenn sie sich nicht ändern wollen; ja, es erweist sich mit den gegenwärtig verfügbaren Techniken auch dort als unmöglich, wo sie sich ändern wollen. Gefangene verstümmelnden Gehirnverletzungen auszusetzen, ist eine andere Sache, auf die ich im nächsten Kapitel zurückkommen werde, aber zunächst möchte ich die neueste Entwicklung in der Verhaltenstherapie beschreiben.

In den letzten paar Jahren wurde eine neue Methode zur Behandlung von Phobien und anderen Formen der Neurose entwickelt, die sogenannte »stress inoculation«, d. h. Gewöhnung an Streß, bis er seine angsterregende Dimension verliert. Es ist seit langem bekannt, daß die Dinge, die sich jemand über eine angsterzeugende Situation einredet, beträchtliche Auswirkungen auf das Ausmaß der Angst haben können. Starker Schmerz, der nicht auf Tod oder schwere Krankheit hinzudeuten scheint, wird eher ertragen als ein Schmerz, von dem der Betreffende annimmt, er künde Tod und unheilbare Krankheit an. Bei einem Versuch[19] gab man den Testpersonen eine unwirksame Pille und sagte ihnen, daß sie schmerzstillend sei. Sie erhielten dann E-Schocks, die bis zum höchsten noch erträglichen Grad verstärkt wurden. Einigen der Patienten wurde mitgeteilt, daß die Pille unwirksam gewesen sei und keinen Einfluß auf ihren Schmerz gehabt hätte, andere wurden nicht informiert. Nach einer Pause, die lang genug war, daß die vermuteten Wirkungen der Pille »nachgelassen« haben konnten, wurden alle Testpersonen noch einmal überprüft, um die Höhe ihrer Schmerzwelle festzustellen. Diejenigen, denen man von der Wirkungslosigkeit der Pille Mitteilung gemacht hatte und die deshalb Vertrauen in ihre Fähigkeiten gewonnen hatten, die Schocks ohne Pille auszuhalten, vermochten in diesem Endstadium stärkere Schocks zu ertragen als jene, die geglaubt hatten, daß ihnen das Medikament helfe.

Bei der Streß-Gewöhnung lernen die Patienten eine allumfassende Methode zur Beherrschung ihrer Angst. Sie erfahren, wie sie mäßig starke E-Schocks in nicht vorhersehbaren Zeitabständen aushalten können, und wie man Muskelentspannung und langsames Atmen übt, was der Entstehung von Angst entgegenwirkt. Sie lernen auch, sich selbst Anweisungen zu geben, die ihnen helfen, mit Streßsituationen fertig zu werden; so zum Beispiel sollen sie sich sagen: »Nur mit der Ruhe, ich habe die Situation unter Kontrolle, ich schaffe es; auf lange Sicht ist nichts zu befürchten.« Diese Techniken werden geübt, während den Patienten in unregelmäßigen Abständen Schocks versetzt werden, bis sie einen Punkt erreichen, an dem sie den Schocks ohne Angst entgegensehen. Dann üben sie die gleichen angstreduzierenden Vorgänge in jenen Situationen des wirklichen Lebens, in denen sie Phobien entwickelt haben, oder wann immer sie Angst empfinden. Eine neuere Untersuchung stellte fest, daß diese Prozedur beträchtlich mehr als die Desensibilisierung den Patienten half, ihre Phobien zu überwinden, und wenngleich diese Methode noch zu jung ist, um weithin angewendet oder genau geprüft worden zu sein, sieht sie vielversprechend aus.

Mit den Methoden der Streß-Gewöhnung verbunden ist eine neue, »Biofeedback«[20] genannte Technik. Das vegetative Nervensystem ist eng mit den Gefühlsregungen verbunden. Beim Biofeedback sitzt der Patient vor einem Bildschirm, auf dem Messungen seiner vegetativen Tätigkeit aufscheinen – Herzschlag, Blutdruck und der elektrostatische Widerstand der Haut –, die sich bei Angst alle verändern. Der Patient konzentriert sich darauf, die Anzeigen auf dem Bildschirm in einer Weise zu verändern, die eine Reduktion der Aktivität des vegetativen Systems entspricht – ein Wechsel, der normalerweise den Beginn einer ruhigeren Stimmung begleitet. Die Grundlage dieses Vorgangs beruht darauf, daß im Patienten, wenn er die physiologischen Werte seiner Angst vorgeführt bekommt, durch Rückkoppelung die Voraussetzungen für den Erfolg entstehen.

Obwohl[21] einige Gesunde imstande zu sein scheinen, ihre vegetative Aktivität auf diese Weise herabzusetzen, und sogar lernen, Gehirnströme zu produzieren, die normalerweise nur im Ruhestand aufscheinen, gibt es bis jetzt keine brauchbaren Untersuchungen, die zeigen, daß diese Methoden neurotischen Patienten direkt helfen können. Die Anwendung von Biofeedback ist zu einer fixen Idee in Amerika geworden, und die dazu benötigten Apparaturen werden nun von vielen Firmen angeboten und an jedermann verkauft. Es ist zu früh zu sagen, ob die Methode bloß eine weitere Schrulle ist oder ob sie den Menschen zu einem gewissen Maß an Selbstkontrolle verhelfen kann. Am meisten Erfolg verspricht sie vielleicht bei der Linderung von Kopfschmerzen, die durch die Kontraktion der Hals- und Kopfmuskeln entstehen.

Das Interessante an diesen Methoden ist aber, daß der Patient sie so ziemlich in allen Streßsituationen anwenden kann. Tatsächlich sind wir nun wieder da, wo wir angefangen haben. Im viktorianischen Zeitalter sagte man den Neurotikern, sie sollten sich zusammennehmen und etwas Willenskraft aufbringen. Freuds erste Versuche in der Psychiatrie beruhten auf Hypnose – er versuchte, Patienten durch hypnotische Suggestion zu heilen. Heute bemühen sich Verhaltenstherapeuten, ihren Patienten Selbstkontrolle beizubringen mit Hilfe von Methoden, die weitgehend auf Suggestion beruhen. Techniken der Streß-Gewöhnung wurden im alten Griechenland bei der Erziehung der spartanischen Kinder angewandt. Sie werden auch in vielen Internaten in Großbritannien (den sogenannten »Public Schools«) praktiziert; viele ihrer ehemaligen Schüler erzählen, sie hätten in der Schule so sehr zu leiden gehabt, daß nichts im späteren Leben sie hätte ernsthaft erschüttern können[22].

Es wird interessant sein zu sehen, ob der Schlüssel zu einer wirksamen Hilfe für die Geistes- oder Gemütskranken nicht schließlich doch in einem altmodischen Heilmittel liegt: Stärkung des Willens durch Übung und Autosuggestion. Sollte dies der Fall sein, dann hat die Psychotherapie einen langen, umständlichen Weg zurückgelegt, um wieder an ihrem Ausgangspunkt anzulangen. Zumindest aber sollte die unterwegs gewonnene Erfahrung einigermaßen nützlich sein. Wir erkennen jetzt die Gefahr, die darin liegt, Behandlungsmethoden zu akzeptieren, die nicht objektiv bestätigt sind, und wie wichtig es ist, die Komponenten jeder Methode sorgfältig zu überprüfen und sorgfältig, Schritt für Schritt, zu entwickeln. Vielleicht laufen wir Gefahr, die Methoden aus Großmutters Zeiten zu übernehmen, aber vorher werden sie wissenschaftlich überprüft werden.

Alles in allem ist die Verhaltenstherapie ausgesprochen erfolgreich bei der Behandlung zweier Arten von neurotischen Störungen – bei Phobien und Zwängen. In diesen Fällen legen die Ergebnisse eines objektiven Vergleichs die Vermutung nahe, daß sie eindeutig wirksamer ist als andere Formen der Psychotherapie. Bei der Behandlung von Süchtigen wurden damit nur Teilerfolge erzielt, und es gibt nur wenige sichere Beweise dafür, daß sie bei der Behandlung der meisten neurotischen Störungen wirksam ist.

In einer neueren Studie wurde versucht, die Effektivität von Verhaltenstherapie und von analytisch orientierter Therapie bei leichten Formen von Neurosen zu vergleichen. Patienten, von denen man annahm, daß für sie eine medikamentöse Behandlung vorteilhaft sei, wurden von dieser Untersuchung ausgeschlossen. Patienten, die entweder mit der einen oder anderen Therapieform behandelt wurden, zeigten leichte Besserung, aber eine bedeutend stärkere als jene, die überhaupt keiner Therapie unterzogen wurden. Die Unterschiede der Resultate zwischen verhaltenstherapeutisch bzw. psychotherapeutisch behandelten Patienten waren geringfügig und meistens nicht signifikant, wenngleich die Verhaltenstherapie leicht im Vorteil zu sein schien, insbesondere bei schwereren Fällen. Wie gewöhnlich ist es schwierig, irgendwelche eindeutige Schlüsse aus der Untersuchung zu ziehen. Die aufgezeigten Besserungen waren vielleicht nur einem Placebo-Effekt zu verdanken, den regelmäßige Sitzungen mit einem einfühlsamen Zuhörer herbeiführten; da die Untersuchung nur drei Verhaltenstherapeuten und drei Psychotherapeuten umfaßte, können die unterschiedlichen Ergebnisse bei den zwei behandelten Gruppen durch unterschiedliche Eigenheiten der einzelnen Therapeuten entstanden sein und nicht durch Unterschiede in ihrer Methode.

Die Verhaltenstherapie ist gegenwärtig die aussichtsreichste psychologische Behandlungsmethode für psychische Krankheiten, und wenn auch nur deshalb, weil diese Therapeuten sich bemühen, präzise Hypothesen über menschliches Verhalten zu formulieren und zu prüfen, und imstande sind, sich die ständig mehrenden Erkenntnisse, die die theoretische Psychologie beisteuert, zunutze zu machen. Wir wissen nun, daß Intuition allein nicht genügt, um eine Behandlung zu bewerten. Es gibt keinen Ersatz für die sorgfältige und objektive Überprüfung ihrer Effekte, und nur jene, die den Fallgruben solcher Überprüfungen gewachsen sind, können adäquate Methoden ersinnen. Die meisten – aber nicht alle – Verhaltenstherapeuten neigen dazu, weniger dogmatisch zu sein und sich weniger auf Autorität zu verlassen als Psychoanalytiker, und dadurch wird es möglich, unwirksame Methoden durch solche von größerer objektiver Gültigkeit zu ersetzen.

Einige wenige Verhaltenstherapeuten stellten maßlos übertriebene Behauptungen auf. Vor allem in Nordamerika laufen die Psychologie im allgemeinen und die Verhaltenstherapie im besonderen Gefahr, in zu großen Mengen verkauft zu werden. Unnötig zu sagen, daß die Verhaltenstherapie mehr als genug Scharlatane angelockt hat: die Mitgliedschaft bei der American Psychology Association bietet einige Garantie für Authentizität. Es gibt heute ein paar Kliniken, welche die Behandlung aller Familienmitglieder, Haustiere inbegriffen, anbieten; in einem Raum wird dann vielleicht die Mutter gegen Frigidität behandelt, während man im Nebenraum den Vater bestärkt, seinen Alkoholkonsum zu reduzieren. Irgendwo im selben Gebäude versucht der Sohn unter Anleitung sein Stottern und die Tochter ihre Temperamentsausbrüche zu bekämpfen. Unterdessen wird dem Hund abgewöhnt, Katzen zu jagen, und man bemüht sich auch, dem Papagei der Familie zu einer weniger ordinären Ausdrucksweise zu verhelfen.

Viele Psychoanalytiker stehen der Verhaltenstherapie weiterhin sehr kritisch gegenüber. Angesichts der bestehenden Evidenz behaupten sie, daß die Beseitigung von Symptomen nicht das ihnen zugrunde liegende Leiden heilt. Auch glauben sie, ebenso wie viele Nicht-Fachleute, daß die Verhaltenstherapie Menschen wie Maschinen behandelt. Solche Ängste sind unbegründet. Kein angesehener Verhaltenstherapeut wird ohne das volle Einverständnis des Patienten eine längere Behandlung in Angriff nehmen, und wenn er den Patienten auch dahingehend beeinflußt, daß dieser seine eigenen Anschauungen übernimmt, so gilt dies genauso für jeden anderen Psychotherapeuten. Es besteht überhaupt kein Grund, warum Verhaltenstherapeuten die Menschen wie Maschinen behandeln sollten. Ihre Methoden beruhen fast in dem gleichen Maß auf der Beziehung zwischen Patient und Therapeut (»Übertragung« in der psychoanalytischen Terminologie) wie die traditionellen Behandlungsarten. Für die meisten Leute sind Belohnungen und Strafen wie Entspannung, Süßigkeiten, Wertmarken, ja sogar Elektroschocks weniger wichtig als die Wertschätzung oder der Tadel des Therapeuten, und Lob und Vorwürfe werden den Patienten selbstverständlich von allen Analytikern und Psychotherapeuten zuteil, wenn auch vielleicht nicht so systematisch wie von Verhaltenstherapeuten. Auch dieses Problem wurde in der bereits erwähnten Studie untersucht; man stellte fest, daß die Patienten den Verhaltenstherapeuten sogar für einfühlsamer hielten und meinten, daß er einen tiefergehenden persönlichen Kontakt herstelle als die analytisch orientierten Psychotherapeuten. Möglicherweise wird die Verhaltenstherapie gerade deswegen kritisiert, weil sie funktioniert. Jede Heilung besteht darin, daß der Patient in irgendeiner Weise verändert wird, die Verhaltenstherapie kann, zumindest in manchen Fällen, die Veränderung herbeiführen, die der Patient wünscht.

Ich kann mich auch nicht der Ansicht anschließen, daß Verhaltenstherapeuten, weil sie das Verhalten des Patienten (mit dessen Zustimmung) manipulieren, die Menschenwürde herabsetzen. Soweit die dynamische Therapie überhaupt irgendwelche Erfolge zeitigt, könnten sich Verhaltenstherapeuten darauf berufen, daß diese Erfolge durch dieselben Mechanismen von Belohnung und Bestrafung – Beifall oder Tadel von seiten des Analytikers – zustande kommen und daß der Verhaltenstherapeut offen Methoden anwendet, deren sich der Analytiker stillschweigend bedient. Viele Verhaltenstherapeuten meinen, daß Gefühle Handlungen folgen, und wenn jemand dazu gebracht werden kann, konsequent zu handeln, werden sich vielleicht auch die dieser Verhaltensweise entsprechenden Gefühle einstellen. Was die Menschenwürde betrifft, so würden wahrscheinlich die meisten Leute lieber glauben, daß sie ihre Gefühle einigermaßen beherrschen und selbst versuchen könnten, diese zu ändern, anstatt die Freudsche Doktrin zu akzeptieren, wonach der Mensch für immer in einem Hexenkessel anstößiger und unbewußter Triebe gefangen ist, die in der Kindheit entstanden sind und über die er wenig oder gar keine Kontrolle hat.

Wir haben gesehen, daß die Verhaltenstherapie viele Paradoxa enthält. Sie basiert auf wissenschaftlicher Arbeit, und doch kommt sie dem gesunden Menschenverstand merkwürdig nahe, sie wendet Techniken wie stufenweise Entspannung und die Kraft der Autosuggestion an, ähnlich den mystischen Techniken der indischen Gurus und Fakire; Streß-Gewöhnung erinnert an Kindererziehungsmethoden der alten Spartaner und der oberen Klassen in Großbritannien. Wenn sie dem gesunden Menschenverstand so nahe kommt, dann könnte man fragen, warum sie erst nach so langer Zeit entwickelt wurde. Viele der wissenschaftlichen Ideen, die ihr zugrunde liegen, waren in den dreißiger und vierziger Jahren verbreitet. Die Frage ist zum Teil fast sicher damit zu beantworten, daß die Psychoanalyse im zweiten Viertel dieses Jahrhunderts auf das Denken der Menschen so viel Einfluß hatte. So meint etwa ein Verhaltenstherapeut dazu:

»Zumindest ein Teil der Schuld dafür muß wohl Freud und seinen Schülern zugesprochen werden. Man muß ihm seinen enormen Beitrag – die Vermutung, daß Störungen wie Phobien eher psychischen als neurologischen Ursprungs seien – hoch anrechnen. Er betonte aber auch, daß die Symptome, über die der Patient klage, wie zum Beispiel Phobien, nur Manifestationen eines unterschwelligen Problems seien, das durch Psychoanalyse behandelt werden sollte. Auf diese Art lenkte er die Bemühung und das Interesse des Therapeuten von den Problemen ab, derentwegen die Patienten Hilfe suchten, nämlich von deren Symptomen. Er brauchte einige Zeit, um wieder auf die richtige Bahn zurückzukehren.«

19 Die Manipulierung des Gehirns

Eine Alternative – öfter noch eine Ergänzung – zur Psychotherapie ist die Verwendung von physikalischen Behandlungsmethoden, die auf Medikamenten oder direkter Manipulation des Gehirns selbst beruhen. Sowohl in Großbritannien wie in Nordamerika bestehen stark unterschiedliche Auffassungen unter den Psychiatern bezüglich des Ausmaßes, in dem sie sich auf physikalische Behandlungsmethoden im Gegensatz zu irgendeiner Form der Psychotherapie stützen. Psychoanalytisch orientierte Psychiater verabscheuen häufig physikalische Methoden, da sie glauben, daß die Patienten dann am empfänglichsten für die Psychoanalyse sind, wenn ihr Leiden nicht durch Medikamente entschärft wird, und die Verachtung für medikamentöse Behandlung durch meine eigenen Analytiker ist eine typische Reaktion.

Die spektakulärste physikalische Methode zur Behandlung von geistig-seelischen Störungen ist wohl die Elektroschocktherapie (EST). Sie ist spektakulär, weil sie eine drastische, sehr gefürchtete Prozedur darstellt und weil sie manchmal eine beinahe sofortige Besserung im Zustand des Patienten herbeiführt. Mehrere Patienten auf meiner Station wurden während meines Aufenthalts dort durch EST tatsächlich verwandelt. So wurde zum Beispiel, als gerade die Hälfte meines Aufenthaltes um war, ein Mann mit schweren paranoiden Wahnvorstellungen eingeliefert. Er glaubte, daß das Geld die Wurzel allen Übels sei, und weigerte sich, es zu verwenden; noch dazu war er überzeugt, daß eine allgemeine Verschwörung gegen ihn bestünde. Eines Abends, als ich telefonierte, war er ständig um mich herum und unterbrach mich bei jedem Wort. Er hörte, wie ich sagte: »Ich seh' dich morgen«, und war überzeugt, daß ich an einem Komplott gegen ihn teilnahm. »Ich weiß, daß Sie sich mit allen anderen zusammengetan haben. Sie werden mich morgen attakkieren – leugnen Sie es nicht ab. Sie schmieden Pläne am Telefon, ich habe Sie deutlich gehört. Wer sind die anderen? Wen rufen Sie da an?« Drei Wochen später, nach sechs E-Schockbehandlungen, wirkte er äußerlich ruhig und heiter und vermochte interessant und vernünftig zu plaudern. Vier Wochen nach seiner Aufnahme wurde er praktisch nur mehr ambulant behandelt, er verbrachte den größten Teil des Tages in der Klinik, kehrte aber jeden Abend nach Hause zurück; nach drei Monaten war er wieder arbeitsfähig.

Bei der Elektroschocktherapie werden starke, aber sorgsam kontrollierte elektrische Ströme durch Elektroden, die an der Kopfhaut befestigt werden, durch den Kopf geleitet. Der Vorgang ist viel weniger drastisch als früher einmal; als man ihn einführte, glaubte man, daß er, um wirksam zu sein, ohne Anästhesie und mit einer Stromstärke durchgeführt werden müsse, die Krämpfe und in der Folge Koma auslöst. Heute wird dem Patienten immer ein kurz wirkendes Betäubungsmittel gegeben, und er erhält auch ein Medikament, das die Muskeln entspannt und daher die Stärke der Krämpfe mindert. Jedes starke Gehirntrauma führt zu einem Gedächtnisverlust hinsichtlich der unmittelbar vorangegangenen Ereignisse; daher können wir nie wissen, ob die Anwendung des E-Schocks bei Patienten, die bei Bewußtsein waren, von Schmerz begleitet war, da sie sich nicht daran erinnerten. Jedenfalls war er weithin gefürchtet, und es gibt eine Menge Berichte über Patienten, welche die Atmosphäre in einem Krankenhaus an Tagen, an denen E-Schocks verabreicht wurden, mit der Stimmung in einem Gefängnis an einem Hinrichtungstag verglichen.

Obwohl die Verabreichung von E-Schocks heute schmerzlos ist, ist sie noch immer gefürchtet, teilweise vielleicht, weil der Ruf, den sie früher einmal hatte, von einer Patientengeneration zur anderen weitergegeben wurde. Auf meiner Station herrschte gewöhnlich eine unnatürliche Stille, wenn Vorbereitungen zu E-Schocks getroffen wurden, und obgleich man selten im vorhinein wußte, wem sie galten, konnte der oder die Betreffende nachher immer an dem schmalen Streifen Heftpflaster erkannt werden, der die Vene am Handrücken verdeckte, wo das Anästhetikum injiziert worden war. Patienten, die solche Heftpflaster trugen, wurden von den anderen mit großer Fürsorglichkeit behandelt.

Die Angst vor der Elektroschocktherapie läßt sich auch durch folgenden Zwischenfall illustrieren. Jimmy, der Glasgower Alkoholiker, der mir gegenüber eine Beschützerrolle übernommen hatte, wurde eines Tages in eine andere Klinik zu einem Elektroenzephalogramm (EEG) gebracht. Eine Art Helm mit mehreren Elektroden wurde an seiner Kopfhaut befestigt und das EEG ordnungsgemäß durchgeführt. Er kehrte mit der Überzeugung auf die Station zurück, einer besonders unangenehmen Form der Elektroschocktherapie unterzogen worden zu sein; er klagte, daß Strom durch seinen Kopf gejagt worden sei, wobei er entsetzliches Kribbeln spürte. Den Rest des Tages über fühlte er sich wie benommen und hatte starke Kopfschmerzen. Ich konnte ihm noch so gut zureden, nichts konnte ihn überzeugen, daß kein Strom durch den Kopf geleitet wird, wenn die Gehirnströme aufgezeichnet werden, und daß die Prozedur völlig schmerzlos ist. Beharrlich wiederholte er: »Oh, es war schrecklich, Stuart, einfach schrecklich. Ich hab' ein solches Prickeln und Kribbeln gespürt, es war wie auf dem elektrischen Stuhl.« Seine Qualen hätten vermieden werden können, wenn ein Arzt sich die Mühe genommen hätte, ihm vor dem EEG den Vorgang zu erklären.

Die Elektroschocktherapie ist nun so verfeinert, daß sie in manchen Kliniken ambulant angewandt wird. Die Patienten kommen ein- oder zweimal pro Woche für ungefähr zwei Stunden, den größten Teil davon bringen sie damit zu, sich von dem durch den E-Schock bewirkten Zustand der Verwirrung zu erholen. Wenn sie aus der Narkose erwachen, erkennen sie oft nicht, wo sie sind oder was geschehen ist; aber dieser Zustand verschwindet gewöhnlich innerhalb von ein oder zwei Stunden und hinterläßt nur leichte Kopfschmerzen. Eine vollständige Elektroschocktherapie umfaßt normalerweise sechs solcher Eingriffe. Es kann sein, daß längere Gedächtnisstörungen auftreten, aber das ist durchaus nicht sicher: Patienten, deren emotioneller Zustand durch Elektroschocktherapie gebessert wurde, klagen gewöhnlich nicht über Erinnerungslücken, und es ist schwierig festzustellen, ob solche Beschwerden von Patienten, denen nicht geholfen werden konnte, eher ein Symptom ihrer Krankheit darstellen als eine Nachwirkung der Elektroschocktherapie auf das Gehirn. Heute wird Elektroschocktherapie oft nur an einer Gehirnhälfte durchgeführt[1]. Bei den meisten Menschen wird die Sprache hauptsächlich von einer, der sogenannten dominanten Gehirnhälfte kontrolliert, und eine Verletzung der anderen Hälfte beeinflußt die Gehirnfunktion weniger. Daher müßte die Anwendung von Elektroschocktherapie an der nichtdominanten Hälfte schädliche Auswirkungen auf ein Minimum reduzieren, und in der Praxis ist das auch der Fall. Die Frage, ob einseitige Elektroschocks klinisch ebenso effektiv sind wie beidseitige, ist noch immer offen, da die diesbezüglichen Untersuchungsergebnisse einander widersprechen. Es ist unwahrscheinlich, daß die gegenwärtig angewandten Prozeduren langanhaltende Schädigungen der geistigen Fähigkeiten verursachen, und ihre Gefahren sind vermutlich viel geringer als jene des langjährigen Alkoholkonsums.

Elektroschocktherapie wird in der Behandlung schwerer Depressionen gewöhnlich erst dann angewandt, wenn andere Methoden versagt haben. Ich muß gestehen, daß ich mich gegen Elektroschocktherapie gesträubt hätte, wäre sie mir vorgeschlagen worden, aber meine Depression war weder so schwer noch dauerte sie so lange wie viele andere. Bei Suizid-Patienten können Elektroschocks lebensrettend sein, und trotz ihres drastischen Charakters und unserer Unkenntnis hinsichtlich ihrer Wirkungsweise scheinen sie in schweren Fällen gerechtfertigt zu sein. Die meisten chirurgischen Eingriffe und viele Medikamente zur Behandlung körperlicher Krankheit bergen ebenfalls Gefahren.

Da ich mehrere psychiatrische Therapien erörtern werde, die sich sowohl als gefährlich wie auch als nutzlos erwiesen haben, sollte ich betonen, daß es auch in anderen Zweigen der Medizin eine Unzahl davon gibt. Die Mandeloperation ist ein typischer Fall. Sie ist gefährlicher als Elektroschocktherapie, sowohl was die Sterblichkeitsrate als auch was die Langzeitwirkungen betrifft. Die Entfernung der Tonsillen vervierfacht das Risiko, an Kinderlähmung zu erkranken, und verdreifacht das Risiko der Hodgkinschen Krankheit, einer Art Krebs mit gewöhnlich tödlichem Ausgang. Eines von tausend Kindern, denen die Mandeln genommen wurden, stirbt an der Operation, und sechzehn erkranken schwer[2]. Dagegen verursacht die einmalige Anwendung von Elektroschock den Tod eines Patienten unter 50000.

Ferner herrscht bezüglich der Indikation für eine Elektroschock-Behandlung viel größere Einigkeit als hinsichtlich der Indikationen für eine Mandeloperation[3]. Die American Child Health Association führte eine interessante Untersuchung über die Kriterien durch, aufgrund deren eine Tonsillektomie empfohlen wird. Von tausend elfjährigen Kindern in New Yorker Schulen waren bereits einundsechzig Prozent die Mandeln entfernt worden. Als die übrigen neununddreißig Prozent an Ärzte verwiesen wurden, wurde fünfundvierzig Prozent von ihnen nahegelegt, sich die Mandeln nehmen zu lassen. Die fünfundfünfzig Prozent, bei denen dies von den Ärzten, die sie zuerst untersuchten, nicht als notwendig befunden worden war, wurden zu anderen Ärzten geschickt, die sechsundvierzig Prozent von ihnen eine Mandeloperation empfahlen. Diese Untersuchung legt die Vermutung nahe, daß viele Mandeln mehr oder weniger nach Gutdünken enfernt werden. Natürlich ist es richtig, daß man die Anwendung drastischer Mittel in der Psychiatrie nicht dadurch rechtfertigen kann, daß man sie mit in anderen Zweigen der Medizin begangenen Fehlern vergleicht, aber im Fall der Elektroschocktherapie liegen zwingende Beweise dafür vor, daß sie manchen Menschen mehr hilft als andere Methoden, und sie viel weniger gefährlich als viele allgemein übliche chirurgische Eingriffe, von denen man weiß, daß sie wenig oder gar nichts nützen.

Unglücklicherweise läßt sich im vorhinein nicht mit Sicherheit feststellen, wer auf Elektroschocktherapie günstig reagieren wird und wer nicht. In manchen Fällen scheint sie die Depressionen völlig zu heilen; in anderen verschwindet die Depression, kann aber später wieder auftreten und neuerlich mit Elektroschocktherapie behandelt werden; in wieder anderen Fällen hilft sie wenig oder gar nicht.

Die Elektroschocktherapie hat eine interessante Geschichte[4]. Seit dem 18. Jahrhundert glaubte man, daß traumatische Erlebnisse, wie Eintauchen in eiskaltes Wasser oder Schlangenbisse, Geisteskrankheiten mildern oder heilen könnten, und im 19. Jahrhundert versuchten einige Ärzte, Geisteskranke dadurch zu heilen, daß sie absichtlich die Malaria, Pocken und Typhus infizierten und durch Kampferinjektionen Anfälle herbeiführten. In den dreißiger Jahren wurden erstmals Insulininjektionen angewandt, um bei den Geisteskranken Koma und Krämpfe auszulösen. Im Insulin-Koma krümmt sich der Kranke und stöhnt, und bis vor kurzem löste man bei Schizophrenie solche Komas ziemlich häufig aus, und zwar täglich, über einen Zeitraum von bis zu acht Wochen. Erst Mitte der fünfziger Jahre wurden die Wirkungen des Insulins auf Schizophrene sorgfältig untersucht: Man entdeckte, daß es keinerlei günstige Effekte hervorrief[5]. Obwohl diese Behandlung gelegentlich noch angewendet wird, werde ich nicht weiter darüber diskutieren.

Teilweise aufgrund der Annahme, daß Krämpfe den Schizophrenen helfen, wurden Untersuchungen durchgeführt, um festzustellen, wie viele Schizophrene an Epilepsie leiden; es stellte sich heraus, daß Epilepsie unter der Normalbevölkerung viel häufiger auftritt als unter Schizophrenen, und dies stützte die Meinung, daß den Schizophrenen Krampfzustände helfen könnten. Ungefähr zur gleichen Zeit, als die Insulin-Behandlung eingeführt wurde, begann ein Psychiater in Budapest damit, Krämpfe bei Schizophrenen durch Kampferinjektionen auszulösen, eine Droge, die Ende des 18. Jahrhunderts zur Behandlung von Wahnsinnigen verwendet wurde. Später fand er heraus, daß ein anderes Mittel – Metrazol – sich besser zum Hervorrufen von Krämpfen eignete, und wechselte dazu über. Seine Arbeit wiederum veranlaßte einen italienischen Psychiater, mit durch Elektroschocks verursachten Krämpfen zu experimentieren, und diese Methode verdrängte die Verwendung von Metrazol vollständig. Obwohl sich die Behandlung als nützlich erwies, ist ihre Entdeckung einer Reihe von falschen Voraussetzungen zu verdanken. Es zeigte sich, daß sie bei Schizophrenie wenig half, wohl aber bei der Behandlung von Depressionen. In jüngerer Zeit entdeckte man dann, daß sie genauso wirkte, wenn man sie unter Anästhesie anwendete und zusammen mit einem Mittel zur Muskelentspannung, das die Krämpfe abschwächt. Wir wissen noch immer nicht, warum sie funktioniert; vielleicht regt sie das Gehirn an, die Synthese einer wichtigen Gruppe von Molekülen, den sogenannten »biogenetischen Aminen«, zu verstärken; diese Amine gelten als bestimmend für die Gemütslage.

Es ist in der Tat möglich, daß Elektroschocktherapie nur die Wirkung eines Placebo-Effekts hat. Seit vielen Jahren ist es bekannt, daß sowohl physische wie psychische Krankheiten gelindert werden können, wenn man den Patienten Tabletten gibt, die aus Substanzen ohne Heilwirkung – wie etwa Zucker – bestehen. Solche Tabletten nennt man Placebos, und dieser Ausdruck wurde ausgedehnt auf alle anderen Behandlungen, die anschlagen, nur weil der Patient daran glaubt, und nicht aufgrund direkter physiologischer oder chemischer Effekte. Weil Elektroschocktherapie eine so drastische und weithin gefürchtete Prozedur ist, könnte es sein, daß sie eine besonders starke Placebo-Wirkung hat; ich habe bereits darauf hingewiesen, daß Menschen manchmal um so mehr an ein Heilverfahren glauben, je mehr Leiden sie freiwillig auf sich nehmen, um etwas zu erreichen.

Sorgfältige klinische Forschungen haben wiederholt gezeigt, daß Elektroschocktherapie sehr nützlich sein kann, zumindest bei manchen Patienten. Keine selbst der besten Untersuchungen schloß eine entsprechende Kontrollgruppe mit ein, die beweisen konnte, daß diese Wirkung eher auf den direkten Effekt des Schocks auf das Gehirn zurückzuführen sei als auf seinen Placebo-Effekt. Eine solche Gruppe müßte aus Leuten bestehen, die glauben, Elektroschocks zu erhalten, in Wirklichkeit aber keine bekämen; es wäre unmoralisch, Patienten zu erzählen, sie würden mit Elektroschocktherapien behandelt, und sie dann zu narkotisieren, obwohl sie keine Elektroschocks erhalten, weil ja auch die Narkose einigermaßen gefährlich sein kann.

Es gibt aber einen Fall, in dem dies durch einen seltsamen Zufall erreicht wurde[6]. In einem britischen Krankenhaus wurde ein neuer Elektroschocktherapie-Apparat installiert, und nachdem er sechs Monate lang in Gebrauch gestanden war, entdeckte man, daß er defekt war und keinen Strom erzeugte. Die Ärzte hatten nicht nur nicht bemerkt, daß er nicht funktionierte, sie stellten auch in den Behandlungserfolgen bei ihren Patienten nichts fest, was sich von den normalen Elektroschocktherapie-Effekten unterschied. Es wäre unklug, sich allzusehr auf diesen unbeabsichtigten und unsystematischen Ersatz der Elektroschocktherapie durch Placebo zu verlassen, aber man sollte die Möglichkeit ins Auge fassen, daß die günstigen Folgen der Elektroschocktherapie genauso auf die Erwartungen des Patienten zurückgeführt werden könnten wie auf den direkten Einfluß der E-Schocks auf das Gehirn. Wir sollten festhalten, daß – selbst wenn dies richtig wäre –, es genug triftige Gründe für die Beibehaltung dieser Therapie gäbe, zumindest bis Ärzte und Patienten die Placebo-Wirkung erkannt haben, dann wäre sie selbstverständlich nutzlos.

Eine andere drastische physikalische Behandlung wurde ebenfalls Ende der dreißiger Jahre eingeführt[7].

Man nennt sie gewöhnlich präfrontale Leukotomie in England und präfrontale Lobotomie in Amerika. Sie besteht darin, eine große Anzahl der Fasern, die das Stirnhirn mit dem übrigen Gehirn verbinden, zu durchschneiden. Heute herrscht allgemein die Ansicht, daß die schädlichen Auswirkungen dieser Operation irgendwelche Nutzen bei weitem aufwiegen. Einer der traurigsten Fälle auf meiner Station war ein freundlicher, etwas dicklicher Mann in mittleren Jahren, früher Buchhalter in einer guten Stellung. In seinen Zwanzigern erlitt er einen psychischen Zusammenbruch und wurde einer präfrontalen Lobotomie unterzogen (in einer anderen Klinik). Er bereute es bitter, dieser Operation zugestimmt zu haben; seither ging er in den psychiatrischen Kliniken aus und ein und war unfähig, sich auf einem Posten zu halten. Er litt an Zwangsvorstellungen und klagte, daß es ihm die Lobotomie unmöglich gemacht habe, klar und zusammenhängend zu denken – die einzigen Gedanken, die nicht aus ihm herausoperiert worden waren, waren die qualvollen Zwangsvorstellungen, derentwegen die Operation durchgeführt worden war.

Die präfrontale Lobotomie wurde von einem portugiesischen Psychiater namens Moniz eingeführt. Er besuchte den Vortrag zweier Neurophysiologen, die von den Ergebnissen einer Entfernung der vorderen Stirnlappen an zwei Schimpansen berichteten. Eines der Tiere, das vorher ziemlich reizbar gewesen war, wurde durch die Operation zahm und freundlich. Als Moniz einem der Neurophysiologen, John Fulton, mitteilte, er dächte daran, die Operation an Psychotikern durchzuführen, war dieser entsetzt. Obwohl viele heute Moniz' Namen verfluchen, bekam er den Nobelpreis dafür, daß er die Operation an Menschen ausgeführt hatte. Er hielt sich selbst für am besten geeignet, zu beurteilen, ob die Operation seinen Patienten half, und berichtete, daß von den ersten zwanzig Operierten sieben völlig geheilt worden seien, daß sich der Zustand von sieben stark gebessert habe und der der übrigen unverändert geblieben sei. Wenn die Wirkungen irgendeiner Behandlungsmethode untersucht werden, ist es wohl das Wichtigste, daß diese Untersuchung von unabhängigen Forschern mit systematischen Überprüfungsmethoden durchgeführt wird, nicht aber von dem Arzt, dessen Behandlungsmethode eben Gegenstand dieser Untersuchung ist. Unbewußte Vorurteile könnten ihn dazu bringen, eine Besserung dort zu sehen, wo es keine gibt. Moniz beendete seine Karriere im Jahr 1944, als ein Lobotomie-Patient ihn in die Wirbelsäule schoß und er halbseitig gelähmt wurde.

Die Geschichte der Lobotomie ist nicht gerade ein Ruhmesblatt für den Ärztestand. Diese Operation wurde 1936 in den USA eingeführt, und in den folgenden fünfundzwanzig Jahren wurden schätzungsweise vierzigtausend Menschen einer Lobotomie unterzogen. Britische Neurochirurgen waren ebenso begierig, diese neue und unerprobte Behandlungsmethode anzuwenden, und durchschnitten das Stirnhirn von ungefähr zehntausend Patienten. Es wurden nur wenige Untersuchungen über die Wirkungen der Operation durchgeführt; es sei daran erinnert, daß sich der Zustand vieler Geisteskranker von selbst bessert, und die Tatsache, daß es manchen Menschen nach der Lobotomie besser geht, hat nichts zu sagen, außer es kann nachgewiesen werden, daß dadurch ein bedeutend höherer Prozentsatz geheilt wird als ohne jede oder durch eine weniger drastische Behandlung. Die beiden gründlichsten Studien[8], bei denen eine große Anzahl von operierten und von nichtoperierten, ebenso schwerkranken Kotrollpersonen untersucht wurde, zeigten, daß die Lobotomie keinen Nutzen bringt.

Es war bekannt, daß die Entfernung der vorderen Hirnlappen bei Affen zu deutlichen Mängeln bei vielen Aufgaben führte, die Intelligenz erfordern, bei Standard-Intelligenztests konnte jedoch keine solche Einbuße bei Lobotomie-Patienten festgestellt werden; vielleicht hatte die Operation die Patienten gefügiger gemacht, und vielleicht verhielten sie sich bei den Tests kooperativer als vor der Operation. Es gab viele Hinweise darauf, daß die Operation Mängel verursachte, die schwerer nachweisbar sind. So sind viele Lobotomie-Patienten insbesondere unfähig, langfristige Pläne zu machen und durchzuführen, sie sind leicht abzulenken, und wenn sie bei der Ausführung einer Aufgabe unterbrochen werden, nehmen sie diese nicht wieder auf. Ihre Emotionen sind häufig seicht und kurzlebig, sie haben eine Tendenz zu Euphorie, Taktlosigkeit und plötzlichen Stimmungsänderungen. Obwohl sich der Zustand einiger weniger Patienten durch die Operation gebessert zu haben scheint, ist es unklar, wie weit dieser Anschein von Besserung nur dadurch zustande gekommen ist, daß die Kranken sich nur leichter von anderen leiten lassen, und wie weit sie tatsächlich ausgeglichener sind. Es hieß, daß die Operation Menschen in Kohlköpfe verwandelte, und obwohl dies vielleicht nicht in allen Fällen gänzlich zutreffend ist, haben viele der engen Verwandten und Freunde von Lobotomie-Patienten diesen allgemeinen Eindruck gewonnen.

Das sollte nicht zu der Annahme verleiten, daß Chirurgen, die diese aufsehenerregende Operation vornahmen, dies nur ihrer Karriere zuliebe oder aus Gleichgültigkeit dem Wohlergehen ihrer Patienten gegenüber getan haben. Sie wurden häufig mit Menschen in schrecklichster Not konfrontiert, und zu der Zeit, da diese Operation am bekanntesten war, waren andere Formen der Behandlung, wie zum Beispiel diejenige mit psychotropen Medikamenten, unbekannt. Was man den Ärzten, die diese Operation ausführten, wirklich vorwerfen könnte, ist, daß sie es taten, ohne vorher alternative Behandlungsmethoden genügend erforscht zu haben, und daß sie keine sorgfältigen Folgeuntersuchungen durchführten, um die genauen Auswirkungen der Lobotomie festzustellen – eine Unterlassung, die wahrscheinlich weniger mit Arroganz als mit der Unkenntnis der notwendigen Forschungsmethoden zusammenhängt. Ferner kam es dazu, daß die Operation nicht nur bei fast hoffnungslosen Fällen, sondern auch bei weniger schweren ausgeführt wurde. Lobotomie wurde auch zur Linderung chronischer Schmerzen angewandt: Nach der Operation sagten die Patienten, daß der Schmerz der gleiche sei wie vor der Operation, aber erträglicher, weil sie ihn nicht so sehr beachteten. Die Frau eines Patienten, an dem zur Linderung chronischer Rückenschmerzen eine Lobotomie vorgenommen worden war, erzählte einem Psychologen, der an einer Untersuchung dieser Operation beteiligt war:

»Mein Mann wurde im September 1949 operiert, und es war eine sehr traurige Angelegenheit, und wenn der Arzt darüber so geredet hätte, wie Sie es tun, hätten wir sie nie machen lassen, aber er sagte, es würde ihn zwar langsamer machen, aber er würde alles tun können, was er immer getan hat, und sogar imstande sein, wieder zu seiner Arbeit zurückzukehren, aber er kann gar nichts tun oder richtig tun, er kann nicht mal auf sich selbst aufpassen auf der Toilette, und er interessiert sich für gar nichts mehr. Vorher war er geistig in Ordnung, stand in Kontakt mit seinem Arbeitsplatz, hat sogar ein bißchen bei der Buchhaltung mitgeholfen, aber er hat jahrelang an Rückenschmerzen gelitten ... Manchmal denk' ich, ich verliere den Verstand, daß ich all das mit ihm durchmachen muß ...[9]«

Zur gleichen Zeit, da sich die Beweise mehrten, daß Lobotomie zur Minderung der geistigen Fähigkeiten führte, entdeckte man eine Reihe von Drogen, die zur Linderung von seelischen Störungen verwendet werden können. Die völlständige Lobotomie wurde Anfang der sechziger Jahre weitgehend aufgegeben. Man sollte annehmen, daß die tragische Geschichte ihrer Anwendung die Neurochirurgen vorsichtiger gemacht hätte hinsichtlich der Verursachung irreparabler Schädigungen des Gehirns ohne sorgfältige Untersuchung der Folgen. Größtenteils hatte sie auch die Wirkung, und tatsächlich entzog das National Institute of Mental Health in den Vereinigten Staaten der psychochirurgischen Forschung sämtliche Unterstützungsgelder. Nichtsdestoweniger werden in den USA jährlich immer noch etwa sechshundert Gehirnoperationen wegen seelischer Störungen durchgeführt, auch einige Krankenhäuser in Großbritannien (zum Beispiel das Brook Hospital) nehmen noch dazu Zuflucht. Aufgrund der Fortschritte in der neurochirurgischen Technik ist es jetzt möglich, kleine Bereiche des Gehirngewebes selektiv und genau begrenzt zu zerstören, und die moderne Psychochirurgie trachtet, viel beschränktere Bereiche des Gehirns zu zerstören als jene, die durch die massiven Eingriffe der Lobotomie geschädigt wurden. Die zerstörten Bereiche sind allerdings von entscheidender Bedeutung für ein normales Funktionieren des Gehirns und gelten nach wie vor als jene Teile des Gehirns, die das Gefühlsleben und den innersten Aspekt der Persönlichkeit bestimmen[10]. Es ist wichtig, zwischen Neurochirurgie und Psychochirurgie zu unterscheiden. Bei den bis jetzt besprochenen Operationen ist das entfernte Gewebe, soweit wir wissen, weder krank noch beschädigt. Wenn Gewebe im Gehirn geschädigt ist, wie bei einem Gehirntumor oder einem Epilepsie-Herd, ist es oft absolut notwendig, es zu entfernen, und solche Operationen nennt man neurochirurgisch. Sowohl Tumore wie epileptische Herde können psychische Symptome hervorrufen, aber die Tatsache, daß ihre Entfernung dem Patienten hilft, rechtfertigt nicht die Zerstörung von Gehirnpartien, die nicht als beschädigt diagnostiziert wurden.

Wenn keine eindeutigen Anzeichen von Erkrankungen des Gehirns vorliegen, wird bei seelischen Störungen heutzutage normalerweise nur an solchen Patienten eine Gehirnoperation durchgeführt, deren Krankengeschichte schwere Angstzustände oder heftige und unkontrollierbare Gewalttätigkeit aufweist, und auch dann nur, wenn alle anderen Behandlungsarten ausprobiert und als nutzlos befunden wurden. Unglücklicherweise werden diese Bedingungen nicht immer eingehalten. Vor kurzem stieß ich auf den Fall eines 21jährigen Mädchens, das wegen schwerer Phobie einem psychochirurgischen Eingriff unterzogen wurde. Ein Psychologe, der sie untersuchte, war der Ansicht, daß ihr durch Verhaltenstherapie geholfen werden könnte, aber der mit diesem Fall betraute Psychiater war dagegen, und man führte eine Lobotomie durch. In Amerika wurden in jüngerer Zeit wegen Gewalttätigkeit Gehirnoperationen an Kindern und Gefangenen vorgenommen, und es ist kaum vorstellbar, daß sie ihre »sachkundige Einwilligung« dazu geben konnten.

Ein heiß umstrittener Fall war der folgende: 1967 operierten Mark und Ervin vom Massachusetts General Hospital in Boston[11] »Thomas R.«, einen vierunddreißigjährigen Ingenieur, der, wie sie sagten, sehr erfolgreich bei seiner Arbeit war, aber unbeherrschbare Ausbrüche von Wut und Gewalttätigkeit hatte, an Paranoia und gelegentlich an epileptischen Anfällen litt. Sie zerstörten die Amygdala, einen Bereich des Gehirns, der bei Tieren mit der Aggressionskontrolle zu tun hat. Vor der Operation pflanzten sie Elektroden im Gehirn des Patienten ein und reizten wiederholt Teile davon mit elektrischem Strom. Wie sie die Einwilligung des Patienten zu der Operation erhielten, schildern sie selbst folgendermaßen: »Wir deuteten ihm an, daß wir eine destruktive Läsion durchführen würden ... Er stimmte zu, in einer Zeit, als er sich von einer lateralen Reizung der Amygdala erholte. Als die Wirkung allerdings nach zwölf Stunden nachgelassen hatte, begann Thomas zu toben und war widerspenstig ... Wochen geduldiger Erklärungen waren notwendig, bis er mit bilateralen Läsionen seiner medialen Amygdala einverstanden war.« In ihrem Bericht über das Ergebnis stellen sie fest: »Vier Jahre sind seit der Operation vergangen. Während dieser Zeit hatte Thomas keinen einzigen Wutausbruch. Allerdings hatte er noch immer gelegentlich einen epileptischen Anfall mit Perioden von Verwirrung und Denkstörungen.«

Auf Ersuchen der Familie des Patienten wurde das Follow-up einem neutralen Psychiater anvertraut. Ihm zufolge hat der Patient vor der Operation »niemals irgendwelche Beanstandungen wegen aggressiven Verhaltens gehabt, weder bei der Arbeit noch anderswo«. Auch die Anamnese der Klinik brachte zutage, daß er vor der Operation keinerlei psychotische Symptome gezeigt hatte, keine Halluzinationen, Wahnvorstellungen oder paranoide Ideen und keine Anzeichen von Denkschwierigkeiten. Seine Frau hatte ein Verhältnis mit einem anderen Mann, den sie später heiratete; von diesem Mann, behaupteten Mark und Ervin, habe sich der Patient verfolgt gefühlt. Der mit den Nachuntersuchungen betraute Psychiater entdeckte, daß der Patient nach der Operation im Zusammensein mit anderen verwirrt und unfähig war, mit dem normalen Leben fertig zu werden. Er zog an die Westküste und wurde dort in eine Klinik aufgenommen; in dieser Klinik gab man ihm Beruhigungsmittel und betrachtete seine Erzählungen darüber, was Mark und Ervin ihm angetan hatten, als Beweis für seinen wahnhaften Zustand. Der Patient war außerstande, für sich selbst zu sorgen, und mußte wegen seines gewalttätigen und psychotischen Verhaltens immer wieder im Krankenhaus interniert werden. Acht Jahre nach der Operation stellte ein weiterer Neurologe fest, daß »der Patient nie imstande sein wird, ein normales Leben zu führen«.

Ich reiste einmal mit einem jungen Neurochirurgen, der inzwischen sehr bekannt geworden ist, zu einer Konferenz. Er erklärte mir, er hoffe den Nobelpreis zu bekommen, weil er Patienten mit unheilbarem Krebs die Schädel öffnete und die Resultate einer elektrischen Reizung verschiedener Gehirnpartien beobachtete. Als Entschuldigung dafür, daß er Patienten als Versuchskaninchen verwendete, führte er an, er könnte einen Bereich des Gehirns finden, wo die Reizung Schmerzen lindern und angenehme Gefühle hervorrufen würde – tatsächlich gibt es solche Bereiche. Allerdings betraf die Arbeit, die er beschrieb, großteils die Reizung von Gehirnteilen, die, wie etwa das Sehzentrum, nichts mit Lust und Schmerz zu tun haben. Diese Operationen wurden später unter Lokalanästhesie durchgeführt; der Patient war bei vollem Bewußtsein, wie meist bei der Gehirnchirurgie, da es notwendig ist, die subjektiven Beobachtungen des Patienten über die Reizung verschiedener Gehirnpartien zu hören, um festzustellen, an welcher Stelle des Gehirns man operiert. Der Neurochirurg hat, im Unterschied zu Moniz, bis jetzt nicht den Nobelpreis erhalten, ist aber ziemlich bekannt. Solche Gehirnoperationen sind zwar Extremfälle, aber ähnliche sind aktenkundig. Außerdem entspricht die Art, wie Psychiater und Neurochirurgen Follow-ups psychochirurgischer Fälle durchführen und wie sie darüber berichten, häufig nicht den geltenden Standard der wissenschaftlichen Objektivität.

Zusammenfassend läßt sich also sagen, daß Elektroschocktherapie, wenn alles andere versagt, sich bei der Behandlung schwerer Depressionen zu bewähren scheint und Patienten vor dem Selbstmord bewahren kann. Zweifelhaft ist dagegen, ob die Zerstörung von Gehirngewebe bei psychiatrischen Patienten jemals zu rechtfertigen ist – zumindest beim gegenwärtigen Stand unseres Wissens. Die Folgen sind irreparabel, die Wirksamkeit ist ungewiß, und wir wissen fast nichts über das langfristige Ergebnis. Zumindest sollte ein solcher Eingriff auf chronische Fälle beschränkt werden, bei denen jede andere Form der Behandlung erfolglos versucht wurde.

20 Psychotrope Medikamente

Drogen, die den Geisteszustand beeinflussen, werden »psychotrop« genannt. Die meisten davon erhält man heute legal nur gegen ärztliche Verschreibung. Man gebraucht sie als Schlafmittel, zur Lösung von Angst (Tranquilizer) oder zur Hebung der Stimmung (Stimulantia und Antidepressiva).

Chloraldehyd und Paraldehyd wurden in der viktorianischen Zeit zur Beruhigung von Patienten verwendet; die erste auch heute verwendete Gruppe von Medikamenten mit beruhigender Wirkung waren die Barbiturate. Sie reduzieren – zumindest anfangs – Angstgefühle, aber sobald das Gehirn sich an sie gewöhnt hat, braucht man immer größere Dosen, um den gleichen Effekt zu erzielen; wie viele psychotrope Drogen können sie sehr leicht zur Sucht führen. Langdauernde Einnahme verursacht chronische Vergiftung, begleitet von totalem Verfall der Persönlichkeit. Süchtige finden sich in der Gesellschaft nicht zurecht, können sich nicht an ihrem Arbeitsplatz halten oder Freundschaften bewahren. Sie werden weinerlich, launisch und kindisch. Zusätzlich neigen sie dazu, Überdosen zu nehmen, die – zufällig oder beabsichtigt – rasch zum Tod führen können[1], 1960 wurden dreihundertfünfzig Kranke mit Barbituratvergiftung in ein einziges Krankenhaus allein in Schottland eingeliefert. In den Vereinigten Staaten[2] kommen zehntausend Menschen pro Jahr durch Barbiturate um, und nach wie vor sind diese in Filmstar- und in Jet-Set-Kreisen das bevorzugte Mittel zum Selbstmord. Die Entziehung ruft Delirium tremens, Schlaflosigkeit und Angst hervor. Dr. William Sargant[3] machte auf eine merkwürdige, aber ebenso reale Gefahr aufmerksam. Er berichtet von Patienten mit chronischen Angstzuständen, die einer präfrontalen Lobotomie unterzogen wurden. Erst nach der Operation entdeckte man, daß die Angstzustände auf Barbituratvergiftung zurückzuführen waren[4].

1967 wurde in Großbritannien die Zahl der Menschen mit chronischer Abhängigkeit von Barbituraten auf hunderttausend geschätzt; zum Vergleich: die der chronischen Alkoholiker betrug siebzigtausend. Obwohl die Barbiturate, wenn unter strenger ärztlicher Aufsicht verabreicht, halfen, Angstzustände zu beherrschen, wurden ihre Gefahren nicht früh genug erkannt: Sie werden immer noch sehr häufig von praktischen Ärzten sowohl in England wie in Amerika verschrieben.

Die Barbiturate wurden weitgehend durch eine neue Serie von Tranquilizern ersetzt, die als weniger suchtfördernd gelten. Wie weit dies stimmt, ist in manchen Fällen noch immer offen, immerhin besteht kein Zweifel, daß ihre Herstellung viel teurer ist und sie daher für die Arzneimittelfirmen, die sie erzeugen, ein besseres Geschäft sind.

Der erste der neuen Tranquilizer, Meprobamat, kam 1955 auf den Markt. 1964 und 1966 veröffentlichte Untersuchungen[5] legen die Vermutung nahe, daß sie, wie die Barbiturate, Abhängigkeit und Entziehungssymptome hervorrufen können. Wenn sie in hohen Dosen über einen langen Zeitraum eingenommen werden, können sie gleichermaßen unangenehme Nebenwirkungen verursachen. Das British National Formulary (staatliches Rezeptbuch) von 1971, herausgegeben vom Department of Health and Social Security, stellt fest: »Klinische Versuche zeigten, daß Meprobamat, einst als Transquilizer weitverbreitet, nicht mehr Wirkung zeigt als ein Placebo.« Trotz der Risikos des Abhängigwerdens und trotz der Zweifel an ihrer Wirksamkeit ist die Droge zur Angstmilderung nach wie vor auf dem Markt, und viele praktische Ärzte verschreiben sie weiterhin.

Sie wird allerdings nicht mehr so häufig verwendet, und wurde weitgehend von einer neuen Drogenfamilie ersetzt, den sogenannten Benzodiazepinen, zu denen beispielsweise Valium und Librium gehören. Zur Dämpfung von Ängsten genügen Dosen, die weit unter der tödlichen Menge liegen, und die Gefahr, Überdosen zu nehmen, ist dementsprechend viel geringer als im Fall der Barbiturate. Sie sind anscheinend auch weniger suchtbildend, obwohl es in einem neueren Lehrbuch für Psychopharmakologie heißt[6]: »Abhängigkeit kann durch die fortdauernde und unkontrollierte Anwendung von Benzodiazepin in hohen Dosen über mehrere Jahre entstehen und in paradoxe Reaktionen ausarten, wie Halluzinationen, Unrast und feindselig-aggressive Tendenzen[7].« Vernünftig eingenommen, helfen diese Medikamente zweifellos, Angstzustände zu überwinden, wenn sie auch eher Symptome lindern als heilen. Außerdem liegen Berichte vor, wonach sie sogar in mäßigen Dosen gesteigerte Aggression verursachen können.

Anfang der fünfziger Jahre wurden stärkere Tranquilizer entdeckt. Man nennt sie Phenothiazine; die ursprüngliche Droge, von der man sie ableitete, wurde zuerst als Insektenvertilgungsmittel verwendet. Sie werden vielfach bei der Bekämpfung von Schizophrenie und bei neurotischen Patienten mit ausgeprägten Erregungszuständen eingesetzt. Sie sind sehr stark und bewirken eine deutliche Verminderung von Angst, Erregung und Aggressivität. Ihre rasche Wirkungsweise habe ich bereits anhand meines eigenen Falls beschrieben. Ihre Effektivität ist durch klinische Versuche wohl belegt und auch durch sorgfältig gesammelte Daten, die Auskunft darüber geben, wie ihr Einfluß sich auf die Anzahl zerbrochener Fensterscheiben, auf die Einlieferung von Patienten in geschlossene Anstalten und auf Angriffe auf das Personal auswirkt. Zu ihren unerwünschten Nebenwirkungen zählen Trockenheit im Mund, Impotenz, mangelnde motorische Koordination und Verstopfung.

Chronisch Schizophrene werden häufig mit dem einen oder anderen Phenothiazinpräparat ständig behandelt, und nach der Einführung dieser Medikamente sank die Anzahl von Betten für Langzeit-Patienten in psychiatrischen Kliniken, sowohl in Großbritannien wie in Nordamerika, stark ab. In Großbritannien befinden sich heute ungefähr hunderttausend Patienten in Nervenkliniken, während es vor zwanzig Jahren einhundertvierzigtausend waren. Obwohl diese Drogen die Denkprozesse verlangsamen, haben sie den Zustand vieler Schizophrener soweit gebessert, daß diese ihre Arbeitsplätze halten und ein einigermaßen normales Leben außerhalb des Krankenhauses führen können. Es ist richtig, daß manche maßgebliche Stellen und Persönlichkeiten die unmittelbare Wirkung der Phenothiazine in Frage gestellt haben. Es mag zumindest teilweise zutreffen, daß der Glaube des Psychiaters an die Medikamente diesem ermöglicht, Patienten zu entlassen. Mehr noch, der Psychiater flößt diesen seinen Glauben auch den Patienten ein und hilft ihnen auf diese Weise, mit dem normalen Leben fertig zu werden.

Nochmals: Diese Drogen heilen nicht, aber sie mildern Symptome, und für jemanden, der sich in einem verzweifelten Zustand der Spannung und Angst befindet, ist das keine geringe Sache. Man weiß nur wenig über ihre Wirkungsweise, und längere Anwendung kann zu fortwährendem Grimassieren und krampfartigen Bewegungen von Mund und Kiefern führen; diese Grimassen bleiben auch, nachdem das Medikament abgesetzt wurde. Man hat die Vermutung aufgestellt, daß der apathische Zustand, in den es den Patienten versetzt, verhindern kann, daß er von selbst gesund wird. Es sollte nur in schweren Fällen verschrieben werden; trotzige Kinder oder delinquente Jugendliche damit zu behandeln, wie manche Hersteller dieser Medikamente empfehlen, dürfte wohl kaum gerechtfertigt sein.

Tranquilizer beruhigen den Patienten, heben aber nicht seine Stimmung; zu diesem Zweck gibt es verschiedene Aufputschmittel. Die ersten waren die Amphetamine, die Mitte der dreißiger Jahre entdeckt und in den fünfziger und frühen sechziger Jahren sehr viel angewendet wurden. Sie führen leicht zur Sucht, und es ist so gut wie sicher, daß sie mehr schaden als nützen, da die Entziehung von einem Rückfall begleitet wird, der zu noch schlimmerer Depression führt. 1966 wurden allein von im britischen National Health Service tätigen praktischen Ärzten zweihundert Millionen Amphetamin-Tabletten[8] verschrieben. Am Beginn der Einnahme senken sie den Appetit, und sie wurden (und werden) sehr häufig Leuten verschrieben, die abnehmen wollen. Entgegen den Behauptungen der Erzeugerfirmen sind sie aber unbrauchbar für diesen Zweck: Wenn sie länger eingenommen werden, schwindet die appetitzügelnde Wirkung, und auf alle Fälle wird der Appetit, wenn der Abmagerungswillige die Droge absetzt, genauso stark wie vorher[9].

Intravenös verabreicht erzeugen Amphetamine und ihre Derivate angenehme »High«-Stimmung, und nachdem sie als Arzneimittel eingeführt waren, begann man sie auch zu diesem Zweck einzunehmen; es gibt jetzt eine große Anzahl von »Speed«-Süchtigen. Viele Ärzte waren blind gegenüber dieser Gefahr. Amphetamine können sogar so gefährlich sein wie Heroin: Ständige Einnahme kann zur Psychose führen und eine bleibende Schädigung des Gehirns verursachen. 1954 gab es in Japan ungefähr eine halbe Million Amphetamin-Süchtige. Im selben Jahr schrieb der damalige ärztliche Leiter im britischen Gesundheitsministerium selbstgefällig: »(Amphetamine) haben den Vorteil, relativ nicht-toxisch zu sein. Sie führen selten zur Süchtigkeit und es gibt keine ernsthafen Schadeffekte.« Vielleicht wußte er wirklich nicht, was in Japan vor sich ging, aber es ist kaum glaubhaft, daß die internationalen Konzerne, die diese Droge erzeugen und sie den Ärzten anpreisen, zu diesem Zeitpunkt von den Gefahren nichts gewußt hätten. In einem 1973 veröffentlichten Buch[10] faßt einer der führenden Psychopharmakologen der Welt die gegenwärtige Situation folgendermaßen zusammen: »Ungeachtet der sehr begrenzten psychiatrischen Indikationen wurden Amphetamine – und bis zu einem gewissen Grad werden sie es heute noch – in vielen Ländern verschrieben; der praktische Arzt zeigte außerordentliches Vertrauen in ihre Wirkung als Präparate gegen Ermüdung und als Appetitzügler.«

Die Verschreibung von Amphetaminpräparaten und Barbituraten durch praktische Ärzte hat höchstwahrscheinlich mehr geschadet als genützt. Viele Alkoholiker und mehrere andere Patienten auf meiner Station waren nicht nur vom Alkohol abhängig, sondern auch von einer Vielzahl von Sedativa, Schlaftabletten und Stimulantia mit exotisch klingenden Namen wie Mandrax, Moggies, Purple Hearts und Black Bombs. Bei ihrer Aufnahme wurden häufig all diese Drogen abgesetzt und manchmal litten sie dann an Entzugserscheinungen, miteingeschlossen Schlaflosigkeit, erschreckende und immer wiederkehrende Alpträume und hochgradige Angst- und Spannungszustände. Viele Alkoholiker klagten, daß sie am Entzug solcher Drogen mehr litten als an der Entwöhnung vom Alkohol. Wie Alkohol vergiften die meisten dieser Mittel das Zentralnervensystem, und sie haben den zusätzlichen Nachteil, schlimmere Nebenwirkungen zu produzieren. Außerdem sind sie teurer in der Herstellung.

Vor einigen Jahren wurde ein neuer Anwendungsbereich für Amphetamine entdeckt: Vor allem in den Vereinigten Staaten werden sie häufig bei der Erziehung schwieriger Kinder eingesetzt – laut Dr. Wender, einem bekannten amerikanischen Kinderpsychiater, zeigen zwischen fünf und zehn Prozent der amerikanischen Kinder Dysfunktion in folgenden Bereichen: motorische Aktivität und Koordination; Aufmerksamkeit und kognitive Funktion; Triebkontrolle; zwischenmenschliche Beziehungen, insbesondere Abhängigkeit – Selbständigkeit und Reaktion auf gesellschaftlichen Einfluß sowie Emotionalität[11]. Mit anderen Worten, manche Kinder sind ungeschickt, unaufmerksam in der Schule, impulsiv, reizbar und ungehorsam. Amerikanische Kinderärzte haben eine neue Krankheit erfunden, an der solche Kinder angeblich leiden. Sie nennen sie »Minimal Brain Dysfunction« (minimale Gehirndysfunktion) oder »Minimal Brain Damage« (MBD, minimale Gehirnschädigung): Die Schädigung ist gewiß minimal, da es bei den meisten Kindern mit dieser Diagnose keinerlei Beweis für irgendeine organische Gehirnschädigung gibt – die Diagnose Gehirndysfunktion stützt sich einzig und allein darauf, daß sie störrisch sind. Nun haben aber hohe Dosen von Amphetaminen und verwandten Präparaten (das bekannteste davon heißt »Ritalin«) eine paradoxen Effekt auf manche nervöse Menschen: Anstatt ihre Funktion zu beschleunigen, verlangsamen sie sie.

Es ist heute üblich – besonders in den Vereinigten Staaten, in geringerem Umfang auch in Großbritannien –, MBD nur aufgrund des Verhaltens des Kindes zu diagnostizieren und es andauernd unter starken Amphetamin-Dosen zu halten. Eine solche Behandlung bringt das Kind oft zur Ruhe und macht es sowohl zu Hause als auch in der Schule leichter lenkbar. Obwohl wir wissen, daß langfristige Einnahme von Amphetamin eine Verminderung der intellektuellen Fähigkeiten und andauernde psychotische Zustände auslösen kann, befürwortet Wender, daß noch mehr ungezogene Kinder in den Genuß einer solchen Behandlung kommen sollten: »MBD ist vermutlich die häufigste Störung, die von Kinderpsychiatern festgestellt wird. Trotz dieser Tatsache wird ihre Existenz oft nicht erkannt und ihre Häufigkeit unterschätzt[12].«

Obwohl Wender glaubt, daß die »Krankheit« in größerem Umfang erkannt und die Behandlung öfter verschrieben werden sollte, ist er vorsichtig genug, hinzuzufügen, daß eine längere Behandlung ungünstige Nebenwirkungen »in einem beachtlichen Bruchteil der Fälle« haben kann, jedoch das »Schicksal des MBD-Kindes auf lange Sicht ungewiß ist und ein klinisches Bild davon nicht entworfen werden kann«. Anders ausgedrückt, wissen wir bereits, daß das schlimme Kind zu einem braven Staatsbürger heranwachsen kann, wenn es nicht mit Amphetamin behandelt wird. Wir wissen zur Zeit nicht, wie es als Erwachsener werden wird, falls man ihm längere Zeit hindurch größere Dosen verabreicht, aber wir wissen genug vom Schadeffekt dieser Droge, um besorgt zu sein. Die Diagnose und Behandlung von MBD in Fällen, in denen kein direkter Beweis einer Gehirnschädigung vorliegt, erscheint in ethischer Hinsicht fraglich.

Steve Chorover hat darauf hingewiesen, daß die Zurückführung kindlicher Ungezogenheit auf eine Krankheit mit dem hochtrabenden Namen »Minimal Brain Dysfunction« interessante historische Vorgänger hat[13]. 1851 publizierte ein namhafter amerikanischer Arzt, Samuel A. Cartwright, im *New Orleans Medical and Surgical Journal* einen Aufsatz, in dem er einige der den Negern eigentümlichen Krankheiten ausführlich darlegte. Zwei der häufigsten Krankheiten der Neger nannte er »Drapetomania« und »Dysesthesia aethiopsis«; da heutzutage nur wenige Ärzte den Vorzug einer klassischen Bildung genießen, erhalten zeitgenössische Krankheiten weniger eindrucksvoll klingende Namen, aber die Prinzipien sind manchmal dieselben. »Drapetomania« leitet sich von zwei altgriechischen Wörtern her, die »davonlaufen« und »Wahnsinn« bedeuten: Ihr einziges Symptom besteht laut Dr. Cartwright in dem heimlichen Davonlaufen von Plantagen. Nachdem er sein Bedauern darüber ausgedrückt hat, daß diese Krankheit von den Ärzten früher nicht erkannt worden sei, stellt er fest: »Es ist genauso eine Geisteskrankheit wie jede andere Art von Geistesgestörtheit und im allgemeinen viel leichter heilbar.«

Cartwright beschreibt die »Dysesthesia aethiopsis« (Gefühlsarmut beim Äthiopier) als »eine der häufigsten Krankheiten der schwarzen Rasse«. Ihre Symptome sind »eine Neigung, Unheil anzurichten, die Arbeit auf die leichte Schulter zu nehmen und allgemein Unruhe zu stiften«. Die an dieser Krankheit leiden, weisen eine »pathologische« Veränderung in ihrem Nervensystem auf, die »eine offensichtliche Unempfindlichkeit gegen Schmerz, wenn sie bestraft werden«, erzeugt. Glücklicherweise ist »das Leiden leicht heilbar«. Die Behandlung, die Dr. Cartwright vorschreibt, besteht unter anderem darin, »den Körper einzuölen und das Öl mit einem breiten Lederriemen einzubleuen« und den Patienten zu einer »schweren Arbeit im Freien und in der Sonne« zu schicken. Die Begründung für diese Therapie wird genau erörtert, mit einer ausführlichen Besprechung und langatmigen Zitaten von »unveränderlichem physiologischem Beweismaterial«, das zeigen soll, daß die Ursache der Störung ein Defekt der Atmungsfunktion sei.

Einer der Gründe, warum Amphetamin nicht mehr sehr oft zur Bekämpfung der Depression eingesetzt wird, besteht darin, daß Ende der fünfziger Jahre eine neue Gruppe von Drogen, die Antidepressiva genannt werden, entdeckt wurde. Die erste davon wurde ursprünglich bei der Behandlung der Tuberkulose verwendet, wobei man bemerkte, daß manche Patienten nach ihrer Einnahme sehr fröhlich wurden. Die am häufigsten angewandten dieser Mittel sind heute bekannt als trizyklische Antidepressiva und werden in Großbritannien und Amerika unter verschiedenen Handelsnamen verkauft. Die Gattungsbezeichnung der beiden gebräuchlichsten sind Amitriptylin, das ich bekommen hatte, und Imipramin. Es ist so gut wie sicher, daß sie weniger suchtfördernd sind als Amphetamine. Ein Grund dafür ist vielleicht, daß es sehr lange braucht, bis sie irgendeine Wirkung zeigen (eher mehrere Wochen als ein paar Minuten). Es gibt keinen Beweis dafür, daß auf die Hebung der Stimmung, die dieses Medikament bewirkt, tiefe Depression folgt, sobald die Droge abgesetzt wird. Nicht jeder Depressive spricht darauf an[14], aber es ist eindeutig erwiesen, daß sie manchen Menschen hilft[15]. Nur wenige Psychiater würden behaupten, daß diese Mittel eine Heilung herbeiführen, aber sie können dem Patienten vielleicht zu einer Atempause verhelfen, in der die natürlichen Genesungsprozesse wirksam werden können.

Wie ich anhand meines eigenen Falles geschildert habe, können die Nebenwirkungen dieser Medikamente sehr unangenehm sein: Sie umfassen äußerste Trockenheit im Mund, Verstopfung (oder manchmal Durchfall), Sehstörungen, Impotenz beim Mann und Nachlassen des Sexualtriebes bei der Frau, Herz- und Koronarstörungen, Muskelschwäche und -zittern und Schwierigkeiten beim Urinieren. Angesichts so vieler unerwünschter Nebenwirkungen ist es vielleicht nicht überraschend, daß keine Fälle von Abhängigkeit gemeldet wurden. Diese Drogen werden zur Behandlung der Schizophrenie nur wenig eingesetzt, und tatsächlich reaktivieren sie manchmal schizophrene Phasen bei Patienten, die zu dieser Krankheit neigen. Soweit ich weiß, wird kein Patient unbegrenzt unter trizyklischen Antidepressiva gehalten[16].

In den letzten fünf Jahren hat sich nun ein fünftes Mittel – Lithium – unter die ersten zehn der für psychiatrische Zwecke benutzten Drogen katapultiert. Es wurde ursprünglich zur Behandlung von Manie verwendet, aber sorgfältige Studien zeigten, daß Lithium, wenn man manisch-depressive Patienten ständig damit behandelt, die Schwere und das Auftreten sowohl von Manie wie von Depression reduziert. Lithium hat eine interessante Geschichte. Es kommt in natürlicher Form in vielen Mineralquellen vor, und das Trinken solcher Heilwässer wurde von einem altgriechischen Arzt aus Ephesus zur Milderung der manischen Erregung empfohlen. Seine nützliche Wirkung auf Manie wurde von einem australischen Forscher, Cade, im Jahr 1949 entdeckt. Wie so oft, wurde diese Entdeckung zufällig gemacht, und zwar bei einem Versuch des Wissenschaftlers, der auf eine falsche Hypothese gestützt war. Cade fand heraus, daß Meerschweinchen, denen Urin von Manisch-Depressiven eingespritzt wurde, oft daran eingingen, und er glaubte, daß daran Harnsäure schuld sei. Um diese Vermutung zu überprüfen, injizierte er zusammen mit dem Urin ein lithiumhaltiges Salz der Harnsäure, wobei er ein Ansteigen der Toxizität erwartete; zu seiner Überraschung aber stellte er fest, daß die Mixtur weniger giftig war als reiner Harn. Mehr noch, die Meerschweinchen verloren viel von ihrer natürlichen Scheu und wurden ruhiger. Als Cade manischen Patienten Lithiumsalz verabreichte, wurde die Manie stark abgedämpft.

Es vergingen viele Jahre, bevor Lithium ein gebräuchliches Mittel zur Behandlung von manisch-depressiven Psychosen wurde. Seine toxischen Wirkungen mögen an dieser Verspätung mitschuldig gewesen sein, aber J. O. Cole hat in einem Artikel im *American Journal of Psychiatry*[17] die Vermutung geäußert, die Verzögerung sei zum Teil vielleicht darauf zurückzuführen, daß Lithium außerordentlich billig in der Herstellung sei und die pharmazeutische Industrie daher kein großes Geschäft witterte; außerdem konnte, weil es in der Natur vorkommt, kein Patient für seine Verwendung zu therapeutischen Zwecken angemeldet werden. Tatsächlich war es in den Vereinigten Staaten bis 1970 nicht auf dem Markt erhältlich, und jemand, der es wissen muß, ist der Meinung, daß die »Arzneimittelfirmen bei diesem Produkt ständig Geld verloren haben«.

Einmal eingeführt, wurde es zum neuen Wundermittel: Es wurde zur Bekämpfung von Aggressivität angewendet, vor allem bei schwer erziehbaren Kindern und Jugendlichen, aber auch bei der Behandlung von Schizophrenen, Psychopathen, Schwachsinnigen, Alkoholikern und Frauen mit prämenstrualen Beschwerden. Es gibt fast keine Beweise dafür, daß es bei irgendeinem dieser Leiden hilft, aber sein Wert in der Behandlung von Manie und in der Langzeit-Behandlung von manisch-depressiver Psychose ist wohlbelegt. In den letzten Jahren wird es immer öfter auch bei rückfälligen Depressiven angewandt. Erste Anzeichen deuten darauf hin, daß es sowohl die Häufigkeit als auch die Intensität der depressiven Phasen reduziert, und während ich an diesem Buch schreibe, kündigt der Medical Research Council of Great Britain großangelegte und entsprechend überwachte klinische Versuche zur Überprüfung der Wirkung von Lithium an.

Bei richtiger Anwendung ist die Lithium-Therapie wahrscheinlich nicht gefährlicher als jene mit anderen psychotropen Drogen. Allerdings ist der Spielraum zwischen der Dosis, die notwendig ist, um Heilwirkungen zu erzielen, und einer hochgiftigen oder sogar tödlichen Menge ziemlich gering. Aus diesem Grund muß die Lithiummenge im Körper durch Blutproben überwacht und die Dosierung an den Lithiumgehalt des Blutes angepaßt werden. Wenn Patienten erstmals Lithium erhalten, wird ihnen mehrmals in der Woche Blut abgenommen, aber wenn sich der Körper einmal an die Droge gewöhnt hat und die richtige Dosis für den Patienten ermittelt wurde, braucht man den Lithiumgehalt nur noch ungefähr alle zwei Monate einmal zu kontrollieren.

Manisch-Depressive, die über einen langen Zeitraum Lithium bekommen, werden dann oft äußerlich normaler, aber für diese Beruhigung müssen sie manchmal einen hohen Preis bezahlen.

Manche klagen darüber, daß durch das Lithium ihr Leben flau und weniger farbig geworden sei und sein Tempo verlangsamt habe; manche Geschäftsleute behaupten, daß ein gewisses Maß an manischer Energie für ihre Arbeit notwendig sei, und Künstler bestätigen, daß Lithium ihre Schaffenskraft mindere. Viele, die zunächst solche Klagen vorbringen, entdecken zu ihrer Überraschung, daß sie, wenn sie sich einmal daran gewöhnt haben, ohne manische Phasen zu leben, und sich einer gefestigteren Lebensweise anpassen, ebenso produktiv und kreativ sind wie früher oder sogar noch mehr.

Ich habe betont, daß unser Wissen gegenwärtig nicht ausreicht, um psychotrope Medikamente zu synthetisieren, die diese oder jene Geistesstörung beheben könnten. Viele jetzt erhältliche Drogen wurden zufällig, nicht vorsätzlich entdeckt. Sobald ein neues psychotropes Mittel entdeckt wird, versuchen die Arzneimittelfirmen, Varianten der molekularen Grundstruktur herzustellen, in der Hoffnung, ein verwandtes Präparat zu entwickeln, das weniger unerwünschte Nebeneffekte aufweist oder wirksamer ist oder mit dem Patent einer Konkurrenzfirma nicht in Konflikt gerät. Auf diese Weise wurde eine ganze Reihe von Phenothiazinen und trizyklischen Antidepressiva produziert, und viele der gegenwärtig gebräuchlichen sind effektiver als die ursprünglichen Substanzen, aus denen sie entwickelt wurden.

Die Tatsache, daß wir die grundlegende Wirkungsweise solcher Drogen nicht verstehen, ist keine Entschuldigung dafür, daß keine sorgfältigen empirischen Tests ihrer Wirksamkeit durchgeführt werden. Im Gegenteil, eben deswegen sind solche Tests noch notwendiger. Obwohl sich die Situation diesbezüglich bessert, wurden solche Tests erst lange nach der Einführung des Medikaments durchgeführt und auch dann nicht genau und gründlich genug. Dafür gibt es viele Gründe.

Zunächst einmal haben Arzneimittelfirmen, die Medien, die Öffentlichkeit und der Ärztestand Motive dafür, die günstigen Wirkungen einer neuen Droge kritiklos hinzunehmen. Hauptziel der Arzneimittelhersteller ist Profit, und sie sind daran interessiert, so viel von dem neuen Produkt zu verkaufen, wie sie nur können. Daher ist ihre Werbung oft übertrieben, und vor den Gefahren eines neuen Mittels wird nicht genug gewarnt. Viele Werbetexte enthalten implizit die Empfehlung, daß starke psychotrope Medikamente von praktischen Ärzten für relativ geringfügige Leiden verschrieben werden sollten. So wurde zum Beispiel für einen neuen Tranquilizer mit vier Bildern von entzückenden Kindern geworben, deren »Leiden« darin bestanden, daß sie schlechte Esser oder Unruhestifter waren. Ein anderer wurde für die überforderte Hausfrau mit folgendem Text angepriesen: »Sie sagte ja zur Ehe, zu Kindern, zu Häuslichkeit. Aber manchmal scheint die Veränderung zuviel für sie zu sein, zu plötzlich. Sie ist frustriert und einsam. Ihre Sorgenlast zu erleichtern kommt nun ...« ein neuer Tranquilizer.

Diese Art der Werbung wurde vor einigen Jahren abgeschafft, und die Reklame für psychotrope Medikamente ist nun etwas abgeschwächt, aber sehr viel änderte sich nicht. Der Leser, der herausfinden möchte, wie die pharmazeutische Industrie die Intelligenz von Ärzten einschätzt, braucht nur ein Exemplar der für sie bestimmten Zeitschriften zur Hand zu nehmen. Ich griff mir wahllos eine Nummer von *World Medicine* heraus und stieß auf eine Werbung für einen Tranquilizer; darin wurde eine attraktive junge Mutter gezeigt, die fähig ist, Hockey zu spielen und gleichzeitig auf zwei kleine Kinder aufzupassen, vermutlich dank dem Medikament, das als »der Tranquilizer für aktive Patienten« angepriesen wird. Dasselbe Heft enthielt auch eine Reklame für ein Antidepressivum. Das Bild einer fröhlichen, wenn auch etwas chaotischen Kinder-Geburtstagsfeier trägt die Überschrift: »Für die Behandlung von Depression durch den praktischen Arzt«.

Die Allgemeinheit ist natürlich genauso begierig wie die Arzneimittelfirmen, an neue Wunderkuren zu glauben, und die Presse, die die Effekte neuer Drogen oft sensationeller darstellt als die Heilmittelerzeuger selbst, leistet ihr dabei Vorschub. Und schließlich geben Ärzte weder sich selbst noch ihren Patienten gegenüber gerne zu, daß sie bei vielen Leiden nur sehr wenig tun können. Deshalb stürzen sie sich eifrig auf neue Behandlungsarten, und natürlich werden sie von ihren Patienten bestürmt, mit Medikamenten herauszurücken. Im neunzehnten Jahrhundert bemerkte Osler, daß die »Sucht, Medizinen einzunehmen, vielleicht das bedeutendste Merkmal ist, das den Menschen vom Tier unterscheidet«.

Ein weiterer Faktor, der zum kritiklosen Verhältnis zu neuen Heilmitteln beiträgt, ist die archaische Art der medizinischen Ausbildung, zumindest in Großbritannien: Die Unterrichtsmethoden haben eine Tendenz gefördert, sich auf eine Autorität zu verlassen, anstatt Forschungsergebnisse in Frage zu stellen und kritisch zu beurteilen. An vielen medizinischen Hochschulen werden die Studenten immer noch angehalten, alles wie Papageien auswendig zu lernen, und selten dazu ermutigt, das Urteil ihrer Professoren anzuzweifeln. Viele Medizinprofessoren betrachten Diagnose und Behandlung eher als Kunst denn als Wissenschaft, und obwohl dies manchmal berechtigt sein mag, ist es oft ein Vorwand, keine Forschungsarbeit durchzuführen.

Außerdem versuchen die medizinischen Fakultäten in Großbritannien erst gar nicht, die Studenten für Forschung auszubilden. Zukünftige Ärzte lernen kaum, was sie verschreiben, und praktisch überhaupt nicht, wie sie die Literatur beurteilen sollen, mit denen die pharmazeutische Industrie sie eindeckt. Die Hauptinformationsquelle über neue Medikamente für den praktischen Arzt kommt von dieser Industrie: Jeder Hausarzt in Großbritannien erhält gratis zwischen fünfundzwanzig und vierzig verschiedene Zeitschriften oder Rundschreiben, die von den Heilmittelfirmen publiziert werden und für ihre Waren werben. Die Werbung für zur Zeit nur gegen Rezept erhältliche Drogen kann nur an Ärzte gerichtet werden. Bis vor kurzem waren oft weibliche Aktfotos dabei, und die Reklame appelliert immer noch mehr an die Emotion des Arztes als an seine Vernunft. Ein hoher Angestellter einer Werbeagentur meinte dazu: »Großes Tamtam spielt heute für die Karriere eines pharmazeutischen Produktes eine viel entscheidendere Rolle als die wissenschaftliche Beurteilung von Heilmitteln.« Die Arzneimittelfirmen bestechen die praktischen Ärzte auch direkt. Ein Arzt schätzt, daß er sich auf ihre Kosten eine teure Mahlzeit pro Woche leisten könnte, wenn er wollte. Es ist daher kaum verwunderlich, daß viele Hausärzte leichtgläubig Opfer der Reklame werden, mit der die pharmazeutische Industrie sie überhäuft.

Ein dritter, ähnlicher Grund für die ungenügende Erforschung neuer Medikamente besteht darin, daß der Standard der medizinischen Forschung oft niedrig ist. Viele medizinische Zeitschriften veröffentlichen Forschungsarbeiten, die im Ansatz und in der Ausführung nichts taugen. Zeitschriften für Physiologie, Landwirtschaft oder Experimentalpsychologie würden mit solchen Studien kurzen Prozeß machen. Von ungefähr einem Dutzend Arbeiten, die vor kurzem bei einer Sitzung der Royal Society of Medicine präsentiert worden waren, enthielt nur eine statistische Berechnungen, die zeigen sollten, daß die vorgelegten Resultate signifikant sind und nicht nur zufällig erzielt wurden. Diese Arbeit stammte nicht von einem Arzt, sondern von einem Psychologen. In einem vom Council for International Organisation of Medical Sciences veröffentlichten Bericht[18] wird erklärt, daß die meisten publizierten Arbeiten über klinische Versuche mit neuen Medikamenten unter aller Kritik seien, teils, weil es an guten Forschungsmöglichkeiten, und teils, weil es an erstklassigen Forschern fehlt.

Daß man sich mit dem jämmerlich niedrigen Niveau der medizinischen Forschung abfindet, mag historische Gründe haben. Heilkunde war immer von einer mystischen Aura umgeben, und in der Beibehaltung dieser Mystik wird der Ärztestand von der Öffentlichkeit bestärkt. Die Leute wollen um jeden Preis an ihre Ärzte glauben, während sie der Tätigkeit anderer Vertreter der angewandten Wissenschaft, wie der von Ingenieuren und Architekten, mißtrauisch gegenüberstehen. Darüber hinaus werden viele medizinische Zeitschriften durch Inserate der Heilmittelfirmen finanziert, und das ist wohl kaum die beste Art, sich Unabhängigkeit zu sichern.

Ein konkretes Beispiel für die Rückständigkeit der medizinischen Forschung ist die verspätete Einführung des »Zufalls-Kontrollversuchs«. Diese Methode besteht darin, Patienten, die an einer bestimmten Krankheit leiden, aufs Geratewohl verschiedenen Behandlungen zuzuweisen. Die eine Gruppe erhält etwa eine orthodoxe oder keine Behandlung, während die zweite Gruppe der neuen Methode unterzogen wird, deren Wirkung beurteilt werden soll. Alle Patienten werden vor und nach der Behandlung von Ärzten untersucht, die nicht wissen, welcher Gruppe ein bestimmter Patient zugewiesen war. Ähnliche Techniken waren um die Jahrhundertwende in der Landwirtschaft und in der Psychologie eingeführt worden; in der Medizin wurde der erste Zufalls-Kontrollversuch 1952 unternommen. Er stieß bei vielen Ärzten auf beträchtlichen Widerstand. Der erste solche Test der Effektivität von Herzstationen wurde 1971 gegen erheblichen ärztlichen Protest durchgeführt. Die Resultate waren negativ – den zu Hause behandelten Herzpatienten ging es etwas besser als jenen, die in Herzstationen behandelt wurden. Als man das Ergebnis einem der führenden Test-Gegner mitteilte, wurde es unabsichtlich verdreht, das heißt, man berichtete ihm, die Herzstationen hätten bessere Resultate erzielt. Er erklärte auf der Stelle, dies bestätige voll und ganz seine Meinung, daß solche Tests unmoralisch seien, da sie unfair gegenüber der Kontrollgruppe wären, die nicht behandelt wurde. Als er später die richtigen Ergebnisse des Versuchs erfuhr, zog er daraus nicht die Schlußfolgerung, daß die Herzstationen selbst unmoralisch seien[19].

Diese Geschichte bringt uns auf einen weiteren Grund dafür, warum neue Medikamente nicht hinreichend untersucht werden. Es gibt hauptsächlich praktische Schwierigkeiten. Wenn ein

Arzt großes Vertrauen in eine neue Behandlungsmethode hat, mag es ihm unmoralisch vorkommen, diese um eines klinischen Versuchs willen einer beliebigen Gruppe von Patienten vorzuenthalten. Dies dient oft als Vorwand, um keine entsprechend kontrollierten Tests durchzuführen, da, wie im Fall der Herzstationen, eine gute Chance besteht, daß die nicht mit den neuen Methoden behandelten Patienten besser daran sind. Weitere Schwierigkeiten liegen darin, eine genügend große Anzahl von Spitälern und Ärzten zur Teilnahme an klinischen Tests zu überreden, sicherzustellen, daß die Gruppen, die das neue Mittel erhalten, und jene, die Placebos bekommen, einander bezüglich der Schwere der Krankheit gleichen und daß die Fortschritte im Zustand der Patienten objektiv beurteilt werden. Schließlich zeigen sich bei manchen Drogen schädliche Wirkungen erst nach vielen Jahren.

Ein fünfter und letzter Grund für die kritiklose Anwendung und den scheinbaren Erfolg vieler neuer medikamentöser Behandlungen ist der, daß eine neu eingeführte Droge über einen großen Vorteil verfügt – ihren Placebo-Effekt. Je mehr die Produzenten, die Presse, die Öffentlichkeit und die Ärzte an das neue Mittel glauben, desto eher wirkt es, zumindest eine Zeitlang. An der University of California wurden drei echte Tranquilizer und eine wirkungslose Placebo-Tablette an vier verschiedene Gruppen von Patienten verteilt, die über Angstzustände klagten. Die Gruppe, die das Placebo-Präparat erhielt, wies ganz genauso viele Fälle von Besserung auf wie die drei Gruppen, die Tranquilizer erhalten hatten[20]. Mehrere Untersuchungen ergaben, daß der Glaube eines Arztes an eine Droge einen direkten Einfluß darauf ausübt, wie weit diese dem Patienten hilft. Auf Placebos, die von einem Psychiater verordnet wurden, der an ihre Wirkung glaubte, sprachen die Patienten besser an als auf solche, die von einem bezüglich ihres Effekts skeptischen Psychiater verschrieben worden waren. Aus diesen Gründen kann ein neues Medikament auf Patienten eine wirklich nützliche Wirkung haben, die nur vom Glauben abhängig ist und nichts mit seinem direkten Einfluß zu tun hat. Je stärker Ärzte und Patienten an die Drogen glauben, desto mehr hilft sie, und dadurch wird das Vertrauen des Arztes in sie noch mehr gestärkt[21].

Diese Erscheinung beschränkt sich natürlich nicht nur auf die Psychiatrie. Die Geschichte der Medizin ist voll von Beispielen für die enthusiastische Aufnahme von nutzlosen und gefährlichen Behandlungen. Unsere Vorfahren verbluteten durch

Schröpfungen und wurden durch das in Kalomel enthaltene Quecksilber vergiftet. Kalomel war ein Bestandteil vieler Zahnpulver bis 1948, als man entdeckte, daß die krankhafte Zahnfleischverfärbung, an der so viele Babys litten, in Wirklichkeit das Frühstadium einer Quecksilbervergiftung infolge des Schluckens von Kalomel war[22].

Es gibt also mehrere Gründe dafür, warum die Erforschung neuer psychotroper Medikamente nicht so rasch und gründlich vor sich geht, wie sie sollte; keiner davon entschuldigt die Leichtigkeit, mit der neue Drogen unbekannter Wirkung, die neue Gefahren bergen, eingeführt werden. Obwohl die Verschreibung von Amphetaminen und Barbituraten wahrscheinlich mehr menschliches Elend verursacht hat, war die spektakulärste Katastrophe, die von einem psychotropen Mittel heraufbeschworen wurde, die Contergan-Tragödie[23]. 1957 als ein Beruhigungsmittel in Deutschland eingeführt, wurde es im Jahre 1960 dort und in Großbritannien, Kanada und Japan viel angewendet. Im Dezember 1960 erschien im *British Medical Journal* ein Brief mit der Behauptung, daß es Nervenreizung auslöse, und bis Mai 1961 lagen Berichte über nicht weniger als 1300 Fälle dieser gefährlichen Nebenwirkung vor. Obwohl keine entsprechenden Tests an trächtigen Tieren vorgenommen worden waren, behauptete eine Herstellerfirma in einem Prospekt, daß das Mittel »vollständig gefahrlos schwangeren Frauen verabreicht werden kann ... ohne schädliche Wirkungen auf Mutter und Kind«. Noch Ende 1961 wurde es als gänzlich ungefährliches Medikament angepriesen. Es wurde weiterhin verschrieben und in Europa erst im November 1961 aus dem Verkehr gezogen; in Kanada wurde es bis April 1962 und in Japan noch weitere sechs Monate verkauft. Schätzungsweise führte Contergan zur Geburt von ungefähr zehntausend schrecklich verkrüppelten Kindern und fügte auch jenen, die es direkt einnahmen, Schaden zu.

Thalidomid (Contergan) wurde in den Vereinigten Staaten nie zum Verkauf freigegeben, weil die Gesetzgebung der Staaten den Gebrauch eines Medikaments erst gestattet, wenn die Food und Drug Administration sich überzeugt hat, daß es sowohl wirksam wie auch ungefährlich ist. Ein Mitarbeiter dieser Behörde, Dr. Kelsey, wies darauf hin, daß Thalidomid eine ähnliche Zusammensetzung aufwies wie eine Droge, die, wie man wußte, Mißgeburten bei Ratten verursacht hatte. Gesetze zur Kontrolle neuer Heilmittel wurden in Großbritannien erst 1968 erlassen, zum Teil infolge der Contergan-Tragödie. Unbegreiflicherweise sah der Gesetzgeber nur vor, daß die wesentliche Gefahrlosigkeit des neuen Mittels nachgewiesen werden müsse, nicht aber die Wirksamkeit. Die Tatsache, daß es eine gewisse gesetzliche Kontrolle gibt, ist kein Grund zur Selbstzufriedenheit. Die Arneimittelfirmen setzen ihre Werbekampagnen fort und die Ärzte verschreiben weiterhin Barbiturate als Schlafmittel, Amphetamine gegen Übergewicht und starke Antidepressiva wie Amitriptylin für bettnässende Kinder – ein Zustand, der gewöhnlich von selbst verschwindet und normalerweise nicht als ein Fall für eine klinische Intervention betrachtet werden sollte.

Angesichts der suchtbildenden Eigenschaften von Barbituraten und Amphetaminen, der tragischen Folgen ihrer langfristigen Anwendung und der Möglichkeit, auf andere, weniger gefährlich scheinende Drogen überzuwechseln, ist es zweifelhaft, ob sie jemals klinisch verwendet werden sollten. Sie schwererziehbaren Kindern ohne jegliche Anzeichen von Gehirnschädigung einzugeben ist kaum zu rechtfertigen. Die leichten Tranquilizer und manche Antidepressiva scheinen bei Angst und bei Depression zu helfen, wenn diese Tranquilizer auch das Risiko der Abhängigkeit in sich bergen. Da es keine andere wirksame Behandlung für Schizophrenie und manisch-depressive Psychosen gibt, dürften Phenothiazine und Lithium nützlich sein, trotz ihrer ungünstigen Auswirkungen auf manche Aspekte der Persönlichkeit und der intellektuellen Funktionen.

Sämtliche erwähnten Drogen vergiften das zentrale Nervensystem, aber das tut auch Alkohol, den ein Großteil der erwachsenen Bevölkerung aus eigenem Willen zu sich nimmt. Die praktischen Ärzte wissen über die Wirkungen und die optimalen Anwendungsweisen der meisten dieser Medikamente so wenig, daß es ihnen nicht erlaubt sein sollte, diese – mit Ausnahme der leichten Tranquilizer – zu verschreiben. Sie sind nicht weniger leichtgläubig als die übrige Bevölkerung und gewöhnlich viel mehr beschäftigt; Wissen über Heilmittel beziehen sie hauptsächlich aus der von den Arzneimittelfirmen gelieferten Literatur; diese Firmen sind nicht gerade berühmt für Objektivität, was ihre eigenen Produkte anlangt.

Dem Leser wird ein merkwürdiger Tatbestand im Zusammenhang mit den gebräuchlichen psychotropen Drogen nicht entgangen sein: Die meisten werden zufällig entdeckt. Gegenwärtig werden Forschungen über die chemischen Vorgänge im Gehirn in großem Maßstab betrieben, aber das Thema ist so kompliziert, daß die neuen Kenntnisse noch nicht in den Dienst der Linderung von Geisteskrankheiten gestellt werden können. Im Grunde kennen wir die Wirkung keiner der gegenwärtig angewandten

Drogen genau, genausowenig wie wir wissen, warum Aspirin schmerzstillend wirkt. Wahrscheinlich werden wir mit fortschreitendem Wissen in den nächsten Jahren mehr psychotrope Medikamente entdecken, die bei der Linderung der Nervenleiden eine nützliche Rolle spielen werden.

Nichtsdestoweniger ist es unwahrscheinlich, daß Freuds Glaube, wir würden eines Tages imstande sein, sämtliche Geisteskrankheiten mit Medikamenten zu heilen, sich jemals erfüllt. In Kapitel 9 sprach ich darüber, daß die meisten Neurosen vermutlich Erlebnissen entstammen, die im Kontext der genetischen Struktur des Individuums eine ungünstige Rolle gespielt haben. Aller Wahrscheinlichkeit nach haben Neurotiker Gewohnheiten und Denkweisen erlernt, die sie nicht befähigen, mit den besonderen Belastungen, denen sie ausgesetzt sind, fertig zu werden. Falsches Lernen spiegelt sich zweifellos in Verbindungen zwischen Nervenzellen des Gehirns wider, aber die Veränderungen der Gehirnströme, die dem Lernen zugrunde liegen, sind geradezu unvorstellbar komplex: Die Veränderungen der Nervenleitfähigkeit, welche die Erinnerung an ein einziges Erlebnis vermitteln, sind weit über das ganze Gehirn verbreitet. Folglich ist es höchst unwahrscheinlich, daß wir jemals imstande sein werden, die Neurose durch physikalische Behandlungsmethoden zu heilen, ebensowenig wie wir einen Defekt in einem Computer beheben können, indem wir an seinen apparativen Bestandteilen herumpfuschen.

Die Aussichten für Psychotiker sind vielleicht ein wenig anders. Sowohl bei der Schizophrenie als auch bei der manischdepressiven Psychose spielt die erbliche Komponente eine bedeutende Rolle. Wenn dieser Erbanteil in einem Defekt irgendeines Aspekts der chemischen Vorgänge im Gehirn besteht, wird es eines Tages vielleicht möglich sein, diese Krankheiten auf chemotherapeutischem Wege zu heilen, und nicht nur, wie gegenwärtig, manche Symptome abzuschwächen. Auch diese Hoffnung liegt in weiter Ferne. Die Form, welche Psychosen annehmen, wird sicherlich durch Erfahrung bestimmt, und selbst wenn dabei ein chemischer Defekt mitspielt, dann kann dieser Defekt selbst aus einem Fehllernen von Kindheit an resultieren. Obwohl Chemotherapie im späteren Leben das chemische Defizit, das dem Fehlverhalten zugrunde liegt, vielleicht beseitigt, würde sie die schon bestehenden unangepaßten Verhaltensweisen nicht verändern.

21 Ethik und psychische Krankheit

Ich habe nun die gegenwärtig gebräuchlichsten Methoden der Behandlung von psychisch Kranken beschrieben und versucht, ihre Wirksamkeit zu prüfen. Das Bild, das ich gemalt habe, ist düster, aber, wie ich glaube, realistisch. Wenn wir die Behandlung jemals verbessern wollen, dann müssen wir begreifen, wie wenig wir über diese Krankheiten wissen. Keine Richtung besitzt ein Monopol auf die Wahrheit, wiewohl manche vielleicht Teilaspekte dieser Wahrheit erfaßt haben. Medikamente könnten manche Zustände abschwächen, können sie aber nicht heilen. Verhaltenstherapie kann phobischen und von Zwangsvorstellungen geplagten Patienten helfen, aber für andere Leiden ist sie immer noch nur eine vielversprechende Methode. Psychoanalyse scheint nicht zu helfen, und die meisten anderen Formen der Psychotherapie haben ebenfalls nur mittelmäßige Erfolge aufzuweisen; die Persönlichkeit des Therapeuten kann dabei wichtiger sein als die Theorien, für die er eintritt. Wir wissen, daß ein seelischer Zusammenbruch von ganz verschiedenen Krisen ausgelöst werden kann – Eheprobleme, geschäftlicher Mißerfolg, im Krieg erlittene Schocks und sogar allgemeine Unzufriedenheit mit dem persönlichen Schicksal. Wir wissen wenig über die entscheidenden Ursachen. Erbliche Veranlagung kann zweifellos zu Schizophrenie und manisch-depressiver Psychose prädisponieren und spielt bei manchen Neurosen mit. Lernen in der frühesten Kindheit und die elterliche Erziehung können bei der Bestimmung einiger Einzelheiten in der Art, wie sich ein Zusammenbruch äußert, mitwirken, aber wie weit solche Faktoren tatsächlich für eine Geistesstörung verantwortlich sind, wissen wir nicht.

In den abschließenden Kapiteln will ich davon sprechen, was die Gesellschaft im Hinblick auf das Problem tun kann, und auch was der einzelne tun sollte, wenn er selbst oder jemand ihm Nahestehender von einer Neurose befallen wird. Ich werde mit weitgefaßten Problemen ethischer Natur beginnen und dann zu spezifischen Fragen übergehen.

Der Begriff der seelischen Krankheit ist komplex und tükkisch. Wenn jemand über eine Lähmung klagt, die ihn arbeitsunfähig macht, gibt es drei Möglichkeiten: Er leidet an einem organischen Schaden des Nervensystems – einer physischen Krankheit; oder seine Symptome haben psychologische Ursachen, deren er sich nicht bewußt ist, und er ist daher unfähig, sie durch Willenskraft zu beherrschen; oder er simuliert nur – um vom Wehrdienst freigestellt zu werden, sich von der Arbeit zu drücken oder um in ein Krankenhaus zu kommen; er kann also ganz bewußt beschließen, eine Krankheit vorzutäuschen. Charcot, der knapp vor der Jahrhundertwende in Paris arbeitete, war es, der als erster die zweite Möglichkeit klar erkannte. Er betrachtete sie als Hysterie und bezeichnete sie auch als Krankheit.

Nun ist es aber sowohl für die Gesellschaft als auch für den einzelnen, der die Symptome aufweist, selbstverständlich wichtig, zwischen diesen drei Kategorien zu unterscheiden. Wenn jemand ein neurologisches Leiden hat, sollte man ihm seinen Zustand nicht übelnehmen; die passende Behandlung für ihn ist gewöhnlich eine physikalische. Wenn wir sicher sind, daß jemand absichtlich simuliert, haben wir ein Recht, ihm Vorwürfe zu machen, oder gelegentlich sogar ihn zu bestrafen und ihn so zu zwingen, seinen Pflichten nachzukommen. Wenn aber jemand unfähig ist, seine Pflichten gegenüber der Gesellschaft zu erfüllen, weil er, ohne es zu wollen, sich in einem psychischen Zustand befindet, der ihm effektives Funktionieren unmöglich macht, ist es sinnlos und unmenschlich, ihm das übelzunehmen oder ihn zu bestrafen. Wir müssen alle nur erdenklichen Mittel ausfindig machen, um ihm zu helfen. Indem sie Hysterie und andere Neurosen als psychische Krankheiten bezeichneten, haben Charcot und später auch Freud, der am Beginn seiner Laufbahn unter Charcot gearbeitet hatte, jenen, die aus psychischen, weniger aus physischen Gründen arbeits- und funktionsunfähig oder ins Elend geraten waren, zweifellos geholfen.

Szasz und andere führten an, daß es falsch sei, den Begriff Krankheit auf Leute auszudehnen, die aus psychischen Gründen behindert sind. Die Argumente sind komplex, und wenn auch manche davon Wesentliches enthalten, erscheinen andere verworren. Außerdem gibt es ein derart breites Spektrum von Störungen, die heute zu den Geisteskrankheiten gezählt werden, daß es notwendig ist, Unterschiede zu machen. Vielleicht sollten einige seelische Störungen als Geisteskrankheiten bezeichnet werden und andere nicht. Ich werde mit der Frage beginnen, wie weit seelische Störungen unter den Begriff Krankheit, so wie er allgemein verstanden wird, fallen, und dann sowohl die erwünschten als auch die unerwünschten Konsequenzen betrachten, die aus der Einstufung von seelischen Störungen als Krankheiten resultieren.

Gewiß würde jeder der Behauptung zustimmen, daß der Ausdruck Krankheit angebracht ist, wenn ein Körperorgan aus physischen Gründen schlecht funktioniert. Es gibt erhebliches Beweismaterial dafür, daß Abnormitäten in der Biochemie des Gehirns bei der Schizophrenie und der manisch-depressiven Psychose eine Rolle spielen. Wüßten wir mit Bestimmtheit, daß solche Psychosen direkt von anomalen biochemischen Vorgängen im Gehirn verursacht werden, würden wir nicht zögern, sie als Krankheiten zu bezeichnen. Außerdem sprechen beide Leiden, wie viele andere Krankheiten, auf Drogen an; die in Frage stehenden Mittel beeinflussen bekanntlich die biochemischen Systeme, von denen man annimmt, daß sie mit jeder Störung zu tun haben. Vergiftungen werden stets als Krankheit bezeichnet, und fraglos können durch eine direkte Vergiftung des Zentralnervensystems infolge von Alkoholkonsum, der Einnahme von Opiaten oder anderer Drogen über lange Zeit Psychosen entstehen. Es wäre somit sinnvoll, die meisten Psychosenfälle als Krankheit einzustufen. Szasz ist der Meinung, daß sie, falls physische Ursachen eindeutig nachzuweisen sind, »neurologische Krankheiten« genannt werden sollten, nicht »Geisteskrankheiten«, aber das scheint bloße Wortklauberei zu sein: die wichtigsten Wirkungen zeigen sich am Geist, nicht am Körper.

Im Fall der Neurosen ist es schwieriger, eine endgültige Entscheidung zu treffen. Die meisten Menschen würden den schweren Neurotiker für psychisch behindert halten. Was das bedeutet, kann ich am besten durch einen Vergleich mit Computern illustrieren. Ein Computer kann verzerrte oder unverständliche Resultate ausspucken, entweder weil er einen Fehler in der Hardware aufweist (psychische Krankheit) oder weil er falsch programmiert wurde (Fehllernen). Der erstgenannte Schaden kann von Ingenieuren (Ärzten) behoben werden, der zweite von Programmierern (Psychologen), die vielleicht wenig oder gar nichts von der Konstruktion des Computers verstehen, wohl aber vom Verhältnis des Inputs (Umwelt) zu seinem Output (Verhalten).

Der Vergleich ist natürlich zu simpel. Obgleich neurotische Störungen durch unglückliche Erlebnisse ausgelöst werden können, beeinflussen die im Nervensystem entstandenen Verbindungen den übrigen Körper, und es kann sich eine echte physische Krankheit entwickeln. Das vegetative Nervensystem wird dann überaktiv und produziert physische Symptome wie Unregelmäßigkeiten im Herzrhythmus, Schweißausbrüche und hohen Blutdruck; sogar richtige Gewebeschädigungen, wie Magengeschwüre, können entstehen. Außerdem ist es möglich, daß das empfindliche biochemische Gleichgewicht des Gehirns betroffen wird, und aus diesem Grund gelingt es manchmal, den Zustand des Neurotikers durch technische Mittel – Drogen oder Elektroschocktherapie – zu bessern.

Das Auftreten physischer Symptome bei der schweren Neurose und die Tatsache, daß diese durch physikalische Behandlungsmethoden gemildert werden kann, legen wiederum die Vermutung nahe, daß die Neurosen zumindest teilweise als Krankheit betrachtet werden sollten. Ferner kann man nicht behaupten, daß eine neurotische Störung, weil sie oft in hohem Maße psychogen ist, nicht als Krankheit angesehen werden sollte. Starke Kopfschmerzen sind häufig die Folge von Muskelverkrampfungen, wenn der Leidende sich gespannt oder ängstlich fühlt, und es gibt eine Menge psychogener Faktoren, die zur Entwicklung vieler organischer Krankheiten prädisponieren, Tuberkulose mit eingeschlossen. Obwohl das kein schlüssiger Beweis ist, so kam mir mein eigener Zusammenbruch doch sehr wie eine Krankheit vor. Während meiner kurzen euphorischen Phasen gestand ich mir selbst nicht ein, daß mir weiterhin etwas fehlte, aber rückblickend erkenne ich, daß ich nicht ich selbst war. Weiters glaube ich jetzt, wie ich bereits erklärt habe, daß ich aus eigener Kraft nichts hätte unternehmen können, um mir selbst zu helfen, und dies wurde mir während meines letzten Depressionsanfalles klar, als ich hart darum kämpfte, überhaupt weiterzuleben. Die Unfähigkeit, sich durch eigene bewußte Willensanstrengung zu normaler Leistungsfähigkeit zu verhelfen, hat etwas damit zu tun, ob ein Zustand als Krankheit bezeichnet werden soll. Obwohl der Verlauf einer physischen Krankheit sicherlich von der Haltung des Betroffenen beeinflußt werden kann, ist es unmöglich, sie durch Willenskraft zu überwinden, ebensowenig wie man manche Formen der seelischen Störungen durch Willensanstrengung beseitigen kann.

Aus all diesen Gründen scheint es also vernünftig, jeden, der durch eine neurotische Störung schwer behindert ist, als seelisch krank zu bezeichnen. Eines der Argumente, das von der antipsychiatrischen Bewegung gegen die Verwendung des Begriffes »geisteskrank« vorgebracht wird, ist die Schwierigkeit, zu entscheiden, wer so bezeichnet werden soll. Eine Untersuchung, die Professor Rosenhan von der Stanford University[1] unternommen hat, wirft ein Licht auf dieses Problem. Er und sieben Mitarbeiter wollten sich auf psychiatrischen Stationen aufnehmen lassen. Sie meldeten sich an acht verschiedenen Kliniken mit der Beschwerde, Stimmen zu hören. Als sie gefragt wurden, was die Stimmen sagten, antworteten sie, daß diese oft undeutlich seien, aber Wörter wie »leer«, »hohl« und »dumpf« zu sagen schienen. Sie nahmen an, der Psychiater, der mit ihnen sprach, würde dies so interpretieren, daß ihr Leben leer und hohl sei. Im weiteren Verlauf dieses Gesprächs und während ihres gesamten restlichen Aufenthaltes in der Klinik benahmen sie sich völlig normal. Sie erstatteten dem Psychiater detailliert und genau Bericht über ihr bisheriges Leben, einschließlich ihrer Beziehungen zu den Eltern, nächsten Familienangehörigen und Freunden. Alle acht wurden auf psychiatrischen Stationen aufgenommen und bei allen bis auf einen wurde die Diagnose »Schizophrenie« gestellt.

Während sie sich im Krankenhaus aufhielten, benahmen sie sich normal, nur daß sie über alles, was geschah, Aufzeichnungen machten. Anfangs taten sie das geheim, um keinen Verdacht zu erregen, aber nachdem sie herausgefunden hatten, daß ihr »zwanghaftes Schreibverhalten« (wie es in der Krankengeschichte hieß) als ein Teil ihrer Krankheit aufgefaßt wurde, schrieben sie ihre Beobachtungen ohne jede Geheimhaltung nieder. Jeder dieser Pseudo-Patienten blieb in der Klinik, bis der Psychiater seiner Entlassung zustimmte. Im Durchschnitt betrug die Aufenthaltsdauer neunzehn Tage, sie reichte von sieben bis zu zweiundfünfzig Tagen. Niemand vom Klinikpersonal durchschaute die Täuschung, dagegen kam ein Drittel der Mitpatienten dahinter. Bei der Entlassung wurden ihre Krankengeschichten nicht mit »geheilt« versehen, sondern mit der Anmerkung »Schizophrenie in Remission«.

Die Erfahrungen dieser Forscher zeigen, daß es für Psychiater und das andere Klinikpersonal schwierig ist, zwischen Geisteskranken und Simulanten zu unterscheiden. Das ist kaum überraschend: Wenn Sie sich ins Krankenhaus begäben und die Symptome einer akuten Blinddarmentzündung vortäuschten, lägen Sie wahrscheinlich in kürzester Zeit auf dem Operationstisch. Im Falle freiwilliger Hospitalisierung ist es verständlich, daß Psychiater hinsichtlich der Aufnahme von Leuten, die keine stationäre Behandlung brauchen, irren; sie müssen immer die Gefahr des Selbstmordes vor Augen haben, und mit Ausnahme von ein paar Simulanten und – selten – von Forschern ist es unvorstellbar, daß jemand freiwillig auf eine psychiatrische Station aufgenommen werden möchte, wenn er sich nicht in einer schlimmen geistigen

Verfassung befindet. Erstaunlicher ist vielleicht die Tatsache, daß während der Dauer von bis zu zweiundfünfzig Tagen keiner der Psychiater seine ursprüngliche Diagnose revidierte, obwohl die Pseudopatienten im Verlauf ihres Aufenthaltes keinerlei Symptome mehr aufwiesen und behaupteten, daß sie sich gut fühlten und keine Stimmen mehr hörten. Dieses Ergebnis ist um so alarmierender angesichts der Tatsache, daß oft nur geringfügige Übereinstimmung zwischen den Diagnosen verschiedener Psychiater herrscht. Wenn zwei Psychiater unabhängig voneinander Gespräche mit echten Patienten bei der Aufnahme durchführen, dann rechnen sie nur fünf oder sechs von zehn Patienten derselben diagnostischen Kategorie zu, zum Beispiel Schizophrenie, Zwangsneurose, Angstneurose.

Rosenhans Resultate legen nahe, daß psychiatrische Bezeichnungen mit Vorsicht gebraucht werden müssen und daß die Psychiater – wie jedermann – nicht glauben sollten, unfehlbar zu sein, sondern daß sie bereit sein sollten, ihre Urteile angesichts neuen Beweismaterials zu revidieren. Manchen Psychiatern fällt es anscheinend schwer, auch nur zwischen Schizophrenie und Simulieren zu unterscheiden. Wenn das stimmt, um wieviel schwieriger muß es dann sein, zwischen verschiedenen Nuancen neurotischen Verhaltens zu unterscheiden und festzustellen, wie schwer eine Neurose zu sein hat, bevor sie als psychische Krankheit bezeichnet werden kann? Neurotisches Verhalten ist natürlich stets eine veränderliche Größe. Selbst der Gesündeste unter uns weist irgendwann einmal neurotische Züge auf; wir tun Dinge, die, vernünftig beurteilt, eigentlich selbstzerstörerisch sind, wir leiden an grundloser Angst und Unruhe, und ohne darüber nachzudenken, können wir in harmlose Formen von Zwangsverhalten verfallen. Die Trennlinie zwischen normalem Kummer und neurotischer Depression ist schwer zu ziehen.

Manche Leute versuchten, dies als ein Argument gegen den weiteren Gebrauch des Begriffs Geisteskrankheit zu verwenden; es ist allerdings ein schwaches Argument. Auch die Grenzen zwischen vielen psychischen Krankheiten und Gesundheit sind fließend. Ob wir die Atmungsfunktion überprüfen oder den Blutdruck, es gibt keinen Grenzpunkt, von dem wir sagen können, jeder, der diesseits davon ist, ist gesund, und jeder auf der anderen Seite ist krank. Ebensowenig könnten wir behaupten, daß jeder, der weniger als eine bestimmte Anzahl von Haaren besitzt, glatzköpfig ist, und jeder, der mehr hat, nicht. Nichtsdestoweniger gibt es eindeutige Fälle von Kahlheit und von krankhaft hohem Blutdruck, und mir scheint, daß es auch ganz eindeutig Leute gibt, die geistig oder psychisch krank sind, und solche, die es nicht sind. Beim heutigen Stand unserer Ignoranz lohnt es vielleicht nicht, zu versuchen, allzu genau festzulegen, wo die Grenzlinie zu ziehen ist. Es kann leicht sein, daß gegenwärtig das Pendel zu stark ausgeschlagen hat und daß viele von jenen, die psychiatrische Kliniken aufsuchen oder von ihren praktischen Ärzten psychotrope Drogen erhalten, keine organische Störung haben und auf lange Sicht besser daran wären, wenn man sie dazu brächte, selbst die Verantwortung für ihr Verhalten zu übernehmen. Ferner gibt es Fälle, in denen die Psychiater selbst ihre Ansicht darüber geändert haben, was Geisteskrankheit genannt werden sollte und was nicht. Erst vor kurzem beschloß die American Psychiatric Association, Homosexualität nicht länger als psychische Krankheit anzusehen, und dies sollte uns als Warnung dienen; wir müssen uns davor hüten, die Bezeichnung Geisteskrankheit oder psychische Krankheit auf alle Verhaltensformen anzuwenden, die von der Norm abweichen oder von der Gesellschaft mißbilligt werden.

Es scheint logisch, als ungefähre Leitlinie den Schluß zu ziehen, daß jeder, der selbstzerstörerisches oder unangepaßtes Verhalten infolge einer Schädigung des Nervensystems oder einer Störung der biochemischen Vorgänge im Gehirn an den Tag legt, als krank betrachtet werden sollte, gleichgültig, ob die physischen Abnormitäten von genetischen oder psychogenen Faktoren verursacht wurden, oder durch Medikamentenvergiftung und andere Wirkstoffe, oder durch eine Infektion. Solange wir nicht um vieles mehr wissen als heute, muß es zwangsläufig weitgehende Meinungsverschiedenheiten darüber geben, wer unter diese Definition fällt und wer nicht. Es wäre ein hübscher Gedanke, daß jene, die unter den oben erwähnten Zuständen leiden, verschiedene Aspekte ihres Verhaltens nicht länger willentlich kontrollieren können, während jene, die keine solchen physischen Krankheitssymptome aufweisen, die Verantwortung für ihre Handlungen tragen könnten und sollten, aber der gesamte Begriff des Willens und dessen, was willentlich getan werden kann, ist eine der obskursten Streitfragen in der Psychologie und Philosophie. In der Praxis neigen wir dazu, Menschen als geistig oder psychisch krank zu betrachten, wenn sie zwanghaft von der Norm abweichende Handlungen setzen. Zwanghafte Päderasten und Exhibitionisten sehnen sich oft danach, ihre Begierden zu beherrschen.

Ich prüfe nun einige der restlichen Argumente von Szasz und anderen gegen die Verwendung des Begriffes »Geisteskrankheit«. Diese Argumente zielen nicht so sehr auf die Definition der Krankheit und die Natur von Geistesstörungen, als auf die Folgen der Anwendung des Begriffs.

Zunächst führt Szasz an, daß es für einen Menschen nachteilige Wirkungen habe, wenn man ihn als geisteskrank bezeichnet. Seine Mitmenschen fürchten und verachten vielleicht jemanden, der als geisteskrank gilt, entpersönlichen ihn dadurch, daß sie ihn nicht ernst nehmen (›behandeln ihn nicht wie einen Menschen‹ im üblichen Jargon) und berauben ihn seiner legalen Rechte. Das Vorurteil gegen Geisteskrankheit ist derart, daß ein Mensch, wenn er einmal als geisteskrank bezeichnet wurde, auf vielerlei Art benachteiligt wird, zum Beispiel bei der Arbeitssuche, wie ich bereits geschildert habe.

Obwohl Szasz zweifellos mit seiner Ansicht recht hat, daß ein beträchtliches Vorurteil gegenüber den Geisteskranken, sogar gegenüber geheilten, herrscht, irrt er ganz sicher, wenn er annimmt, daß dieses Vorurteil vom Namen herrührt, den wir dem Zustand geben. Alle uns bekannten Gesellschaften haben ein Wort für »Wahnsinn«, und in der westlichen Zivilisation gab es mehr Vorurteile gegenüber den Wahnsinnigen, und diese wurden auch unmenschlicher behandelt, bevor die Bezeichnung »Krankheit« gebraucht wurde. Geistige und psychische Krankheit ist ein schmerzlicher Zustand nicht nur für den Betroffenen, sondern auch für seine Umgebung. Neurotiker neigen zu extremer Selbstsucht und verhalten sich unabsichtlich destruktiv gegenüber anderen, und auch ich benahm mich so. Der Umgang mit einem Neurotiker ist eine frustrierende Erfahrung für dessen Familie und Freunde; manches an seinem Benehmen und vieles an seinen Gefühlen kann irrational und den Umständen unangemessen sein, und selbst mit dem besten Willen ist es oft schwierig oder unmöglich, ihm zu helfen. Außerdem bekommen es wohl auch viele, die mit ihm in Berührung stehen, mit der Angst zu tun, eines Tages die Selbstbeherrschung zu verlieren, und kaschieren ihre eigenen Ängste, indem sie den Neurotiker verachten und bloßstellen. Keines dieser Probleme kann dadurch bewältigt werden, daß man aufhört, extreme Formen psychischer Störungen als Krankheit zu betrachten; im Gegenteil, sie könnten sich noch verschlimmern, da es leichter ist, jemandem sein schlechtes Benehmen zu verzeihen, wenn man ihn für krank hält.

Laing hat einen Teil dieser Argumentation im Zusammenhang mit der Schizophrenie ausgebaut. Vieles von dem, was der

Schizophrene sagt, kann als ein Versuch zur Kommunikation aufgefaßt werden, wenn auch Kommunikation mittels einer verschlüsselten, schwer verständlichen Sprache. Der Psychotherapeut, der eine Haltung der Überlegenheit annimmt, versteht nicht, was der Schizophrene mitzuteilen versucht – er schreibt alles, was der Patient sagt, dem Wahnsinn zu. Ohne Laing nahetreten zu wollen – es ist zweifelhaft, ob Schizophrenie durch irgendeine Form von Psychotherapie geheilt werden kann. Wenn der Psychiater sich aber überheblich verhält und den Patienten nicht ernst nimmt, so trägt er, wie ich im Bericht über meinen eigenen Zusammenbruch gezeigt habe, nichtsdestoweniger dazu bei, daß der Patient sich sehr unglücklich fühlt und daß dies die Krankheit erheblich verlängert. Laings Standpunkt hat einiges für sich, aber eine Änderung der Terminologie genügt hier nicht; wir müssen eher danach trachten, unsere Einstellung gegenüber geistig Behinderten zu ändern.

Das zweite Argument besagt: Indem wir Menschen als psychisch oder geistig krank bezeichnen und schwere Fälle von der Gesellschaft absondern, verbergen wir vor uns selbst das erwiesene Faktum, daß die Gesellschaft die Schuld an der Entstehung von psychischen Krankheiten trägt. Verschiedene Autoren haben verschiedene Aspekte der Gesellschaft dafür verantwortlich gemacht. Laing schreibt die Schizophrenie der Heuchelei innerhalb der Kernfamilie zu: Die Eltern sagen das eine, während sie etwas ganz anderes meinen, und das heranwachsende Kind weiß nicht, wo und wer es ist. Allerdings vermag Laing nicht zu erklären, warum manche Kinder eine solche Behandlung überstehen, während andere psychotisch werden. Manche Autoritäten haben der Gesellschaft insgesamt vorgeworfen, ihren Mitgliedern »falsche« Werte aufzuzwingen. Wie wir gesehen haben, bedeuten falsche Werte bei jedem Theoretiker etwas anderes und schließen sexuelle Tabus mit ein, Sanktionen gegen die Äußerung starker Gefühle, den Kult des Erfolges, eine materialistische Weltanschauung, eine zu autoritäre Erziehung, eine nicht genügend autoritäre Erziehung und so weiter und so fort. Es mag stimmen, daß manche psychischen Krankheiten eine Folge der Organisation der Gesellschaft sind, und vielleicht sollten wir versuchen, die Gesellschaft zu verändern, aber das ist kein Grund, nicht die Existenz psychisch Kranker anzuerkennen und nicht alles in unserer Macht Stehende zu tun, um ihnen zu helfen.

Das Argument, wir würden durch die Behandlung der Geisteskranken das Problem, uns mit den Ursachen in der Gesellschaft auseinanderzusetzen, nur hinausschieben, scheint mir sowohl abstoßend gefühllos als auch merkwürdig unlogisch. Die geistig und psychisch Kranken brauchen Hilfe, und es wäre absurd, sie ihnen vorzuenthalten, mit der Begründung, daß die Gesellschaft an ihrem Zustand schuld wäre. Ferner gibt es nicht den geringsten Grund, warum die Tatsache, daß wir diesen Unglücklichen helfen, uns von dem Versuch abhalten sollte, die Gesellschaft zu verbessern. Das echte Problem bei der Veränderung der Gesellschaft besteht darin, daß wir uns über die zu bewerkstelligenden Änderungen nicht einigen können.

Ein drittes Argument dagegen, Menschen als geisteskrank zu behandeln, ist jenes, daß wir, indem wir sie wie Kranke versorgen, sie von einer solchen Hilfe abhängig machen und daran hindern, die Verantwortung für ihre eigenen Handlungen zu übernehmen. Auch dies könnte ein Argument für die Beschränkung der ärztlichen Hilfe auf jene sein, denen wirklich geholfen werden kann, aber es ist kein Argument gegen die weitere Verwendung des Begriffes »geisteskrank«. Ein Beweis dafür ist, daß Illich[2] vor kurzem eine Reihe ähnlicher Argumente vorbrachte, um die steigende ärztliche Versorgung der physisch Kranken anzugreifen. Er meint, es sei sinnlos, grausam und verletze die Menschenwürde, das Leben der unheilbar Kranken durch langfristigen Einsatz von Herz- und Lungenmaschinen und künstlichen Nieren zu verlängern, daß ein Übermaß an Medizin ebensosehr krank macht, wie heilt; daß es die Patienten daran hindert, die Verantwortung für ihren Zustand zu übernehmen. Obwohl er die Beschränkung der institutionalisierten Behandlung und Krankenfürsorge befürwortet, will er natürlich nicht den Gebrauch des Terminus »physische Krankheit« aufgeben.

Die Frage, wieviel und welche Art von Fürsorge die Gesellschaft für Geistesgestörte vorsieht, bleibt ein wichtiges Problem, und die antipsychiatrische Bewegung erwies sich diesbezüglich als sehr nützlich, da sie die Aufmerksamkeit darauf lenkte. Sowohl in Großbritannien als auch in Nordamerika hat die Inanspruchnahme von psychiatrischen Beratungsstellen in den letzten zwanzig Jahren ungeheuer zugenommen. Die Zahl der ambulant behandelten Patienten an den psychiatrischen Kliniken in Großbritannien war 1970 dreimal so groß wie 1964[3]. Eine solche Steigerung spiegelt keine geänderte Häufigkeit von Geisteskrankheiten oder neurotischen Störungen wider. Wie ich bereits ausgeführt habe, sind geistige und psychische Störungen in den unterentwickelten Ländern ebenso alltäglich wie im Westen. Neurotisches Elend ist vielleicht ein dauernder Bestandteil der Conditio humana. Die wachsende Fürsorge, die die Gesellschaft den Geistesgestörten angedeihen läßt, ist ein Teil der allgemeinen Tendenz des Staates, die Verantwortung für seine schwächeren oder unglücklicheren Bürger zu übernehmen – ob es sich um Arbeitslose, Alte, erziehungsbedürftige Kinder, um physisch Kranke oder geistig Behinderte handelt.

Es mag sein, daß viele von jenen, die gegenwärtig psychiatrische Kliniken aufsuchen, innerhalb der Familie besser aufgehoben wären, aber die große, festgefügte Familie wird in der westlichen Welt immer seltener. In Italien erfüllen die Alten eine traditionelle und nützliche Rolle in der Familie, und sie scheinen glücklicher zu sein als in Amerika und Großbritannien, wo sie häufig in hohem Maß von staatlichen Einrichtungen abhängig sind. Wir können aber eine Neuschaffung der Großfamilie nicht gesetzlich vorschreiben, und da es sie kaum mehr gibt, müssen einige ihrer früheren Aufgaben von professionellen, bezahlten Kräften übernommen werden.

Ein weiterer Grund für die Zunahme psychiatrischer Beratungsstellen liegt vielleicht in der Umverteilung einschlägiger Verpflichtungen. Vor allem die Kirche spielt jetzt eine geringere Rolle in der Gesellschaft, und vermutlich erhalten jetzt weniger psychisch Gestörte Anleitung und Beistand von seiten der Geistlichen. Eine landesweite Untersuchung Ende der fünfziger Jahre ergab, daß zweiundvierzig Prozent der Amerikaner, die Rat und Hilfe wegen persönlicher Probleme suchten, sich zunächst an die Geistlichen wandten[4].

Außerdem konfrontiert die moderne Gesellschaft ihre Mitglieder wahrscheinlich mit mehr psychologischen Problemen als viele frühere Zivilisationen, schon allein deshalb, weil Veränderungen um so viel schneller erfolgen. Innerhalb eines Lebensalters müssen wir uns jetzt an eine vollkommen neue Lebensweise gewöhnen. Vieles davon ist auf technische Neuerungen zurückzuführen – Auto, Flugzeug, Fernsehen, Antibabypille und Computer, dessen Existenz wir jetzt zu fühlen bekommen. Plötzliche und radikale Änderungen unserer Artefakte werden von gleichermaßen drastischen Veränderungen der Sitten und Einstellungen begleitet und führen sie zum Teil auch herbei. Ob nun bewußt oder unbewußt, die Erwartungen der Frauen, der Armen und der Unterprivilegierten sind heute ganz anders als vor zwanzig Jahren. Wenige Menschen begnügen sich – wie während fast der ganzen Vergangenheit – damit, ihr Schicksal einfach hinzunehmen, und sämtliche Begriffe der sozialen Gerechtigkeit befinden sich gewissermaßen in einem Umformungsprozeß. Wenn die Unterprivilegierten höhere Erwartungen haben, denen man nur schwer genügen kann, so stehen die Privilegierten dem gleichermaßen schwierigen Problem gegenüber, neue Anschauungen zu akzeptieren, die ihre Lebensweise bedrohen.

Das Tempo der Veränderung unserer Artefakte bedeutet, daß der lange Prozeß von Versuch und Irrtum, in dem in der Vergangenheit Häuser, Löffel, Stühle entwickelt wurden, nicht mehr ausreichend ist: Millionen von Exemplaren eines neuen Artefakts können hergestellt sein, bevor dieses noch Zeit hatte, sich zu bewähren. Erst viele Jahre, nachdem man begonnen hatte, Hochhauswohnungen zu bauen, förderte die Forschung die psychologischen Probleme zutage, die diese schufen[5]. Wir mußten deshalb auf psychologischer Forschung beruhende Kriterien für die schrittweise Entwicklung neuer Artikel einsetzen, obwohl wir ganz bestimmt in dieser Hinsicht noch einen langen Weg zurückzulegen haben. Genauso wie wir Spezialisten für Entwürfe von Industrieartikeln brauchen, benötigen wir auch Spezialisten, die uns helfen, den Veränderungen der Lebensweise die Stirn zu bieten. Die Veränderungen betreffen nicht mehr nur einzelne Ortschaften oder Sekten wie früher, sondern, infolge des Einflusses der Massenmedien und der bequemen Transportmöglichkeiten, die gesamte westliche Welt. Deswegen dürfte die Rolle des Psychologen eher an Bedeutung gewinnen als abnehmen, sowohl was die Hilfe für den einzelnen bei der Anpassung an die Veränderungen betrifft, als auch in bezug auf die Erforschung der wahrscheinlichen Folgen dieser Änderungen und auf die Beratung im Hinblick auf deren mutmaßliche Auswirkungen.

Zum erstenmal in der Geschichte verfügen wir über die technischen Mittel, um Feuer, Seuchen, Hochwasser und Hunger zu bekämpfen. Wir müssen noch lernen, uns selbst zu kontrollieren, und bis wir soweit sind, ist es wahrscheinlich, daß wir von unserem technischen Wissen einen schlechten Gebrauch machen. Sollen wir das Los der Menschen verbessern, ja, vielleicht wenn wir als Gattung überleben sollen – müssen wir den Menschen selbst besser verstehen, und woher sollte dieses Verständnis wohl kommen, wenn nicht von der systematischen Erforschung des Menschen? Obwohl die Gefahr, daß die Menschen von der Hilfe von Fachleuten abhängig und deshalb weniger fähig werden, sich selbst zu helfen, sehr real ist, so gibt es dazu, wie ich glaube, keine Alternative. Wir können nicht, wie Illich es gerne haben möchte, das Wissen und die Macht, die wir uns erworben haben, einfach beiseitelegen und zur mythischen Schlichtheit des Goldenen Zeitalters zurückkehren.

Die antipsychiatrische Bewegung im allgemeinen und Szasz im besondern sind der Ansicht, daß niemand gegen seinen Willen aus psychiatrischen Gründen in einem Krankenhaus festgehalten werden sollte. Das ethische Problem ist schwierig, und es gibt keine klare Lösung dafür, wenn auch die meisten von Szasz' Argumenten auf Rhetorik beruhen und auf einem irreführenden Vergleich zwischen der Situation des internierten Geisteskranken und der Sklaverei: Der Vergleich ist irreführend, weil das Ziel der Sklaverei darin besteht, die Arbeitskraft des Sklaven auszubeuten oder den Körper des Sklaven oder der Sklavin für sexuelle Zwecke zu mißbrauchen. Die Gründe für die zwangsweise Internierung von psychisch Kranken sind ganz andere: Es soll dadurch entweder der Patient selbst oder die Gesellschaft vor dem Patienten geschützt werden. Wie weit die Gesellschaft das Individuum vor der Selbstzerstörung schützen soll, ist eine Frage, über die man diskutieren kann, und sie bildet den Kernpunkt des Problems, wie schädlich ein Medikament sein muß, bevor es gesetzlich verboten wird. Aus humanitären Gründen würden die meisten von uns die Hospitalisierung von geistig Behinderten unterstützen, bei denen die ernste Gefahr eines Selbstmordes oder einer Selbstverstümmelung besteht. Ebenso würden wir es gerechtfertigt finden, jemanden festzuhalten, von dem wir sicher wüßten, daß er, auf freiem Fuß belassen, einen Mord verübt. In der Praxis besteht das Problem in der Entscheidung, ob jemand, dessen Geist verwirrt ist, wirklich sich selbst oder andere gefährdet, aber die Schwierigkeit, in manchen Fällen eine solche Entscheidung zu treffen, ist kein triftiger Grund, sich davor überhaupt zu drücken.

Wenn man das Prinzip der zwangsweisen Internierung auf psychiatrischen Stationen akzeptiert, ergibt sich ein weiteres Problem: Wie weit soll der Patient gezwungen werden, sich einer Behandlung zu unterziehen? Im Falle der Psychotherapie, die nur mit Worten arbeitet, stellt sich diese Frage kaum; Reden allein wird wahrscheinlich niemanden gegen dessen Willen verändern. Irreversible Gehirnoperationen, medikamentöse Behandlung und die von manchen Verhaltenstherapeuten verabreichten starken Elektroschocks bilden ein anderes Problem. In der Praxis ist die Trennlinie zwischen einer Behandlung mit der Zustimmung des Patienten und einer solchen ohne dieselbe sehr dünn. Viele psychiatrische Patienten, die freiwillig eine Klinik aufsuchen, sind in einem so elenden Zustand, daß sie jeder vorgeschlagenen Behandlung zustimmen. Außerdem sind sie oft vom Psychiater abhängig und leicht beeinflußbar; nur wenige von ihnen verfügen über soviel Wissen, um wirklich einschätzen zu können, ob es klug ist, in eine bestimmte Behandlungsart einzuwilligen. Sicherlich ist es unmöglich, auf ethischer Grundlage irgendwelche scharfe und beständige Leitlinien zu ziehen. Angesichts der Endgültigkeit von Gehirnläsionen und unserer mangelnden Kenntnis von deren Dauerwirkungen glaube ich, daß sie psychiatrischen Patienten niemals vorgeschlagen werden sollten, ob die Behandlung nun freiwillig akzeptiert wird oder nicht. Anderseits kann EST manchmal jemanden vor dem Selbstmord bewahren, und Medikamente, als ein Mittel auf Zeit, helfen eventuell, Mordgelüste zu unterdrücken.

Freiheit ist nicht das einzige Ziel der menschlichen Existenz, und es erscheint sinnvoll, dem Patienten die Entscheidung über gewisse Behandlungsarten abzunehmen – dort, wo eine echte Gefahr des Selbstmords besteht oder wo durch Medikamente Aggressionen reduziert werden und der Patient fähig wird, weniger gehemmt zu leben. Tatsächlich ist es verhältnismäßig selten, daß Geistesgestörte eine Gefahr für andere darstellen. Es ist gegenwärtig nicht möglich, die Ansichten der Menschen zu ändern, indem man sie mit Apomorphin krank macht oder ihnen Elektroschocks gibt, während sie Szenen der Gewalt betrachten. Wenn wir jemals in der Lage wären, das Verhalten anderer auf diese Weise zu kontrollieren, dann wäre es eine schwierige ethische Frage, zu entscheiden, wann die Gesellschaft eine solche Kontrolle ausüben darf. Wenige Leute bestreiten das Recht der Gesellschaft, gewalttätige und gefährliche Kriminelle einzusperren, um die Unschuldigen zu schützen, und wenn wir uns bezüglich der Wirksamkeit unserer Methoden sicher wären, würde es uns auch in diesem Fall menschlicher erscheinen, dem gefährlichen Verbrecher als eine Alternative zu mehr oder weniger ständiger Einkerkerung eine Behandlung vorzuschlagen.

In den meisten Fällen geht es natürlich nicht um so klare Angelegenheiten, wie jemanden von Selbstmord oder Mord abzuhalten. Wie gestört muß einer sein, bevor wir ihn davor bewahren, all seine weltlichen Güter zu verschenken? Szasz hat leicht reden, daß man die Menschen ihrer legalen Rechte beraube, aber ich, der ich selbst psychisch krank war, wenn auch nicht amtlich als geisteskrank erklärt, glaube, daß ich, hätte man mich durch zwangsweise Internierung an Taten gehindert, die mir selbst sehr schadeten, nach meiner Heilung der Gesellschaft dankbar gewesen wäre. Trotz der vielen Grenzfälle zwischen Wahnsinn und Normalsein gibt es Menschen, die so eindeutig geistig zerrüttet sind, daß es unfair wäre, ihnen zu erlauben, die Verantwortung für ihre eigenen Handlungen zu tragen. Ich habe nicht das geringste Verständnis für Laings Ansicht, daß Wahnsinn ein bewunderungswürdiger Zustand sei, in dem der daran Leidende wertvolle übersinnliche Erfahrungen macht: Gewöhnlich nämlich ist der Wahn ein Zustand abscheulichen Leidens und scheußlicher Erniedrigung.

Auch scheint es nicht zu stimmen, daß, wie Laing und Szasz nahelegen, es in der westlichen Welt allgemein üblich sei, Menschen als geisteskrank zu bezeichnen, nur weil sie von den Normen der Gesellschaft abweichen; ein schwer an Schizophrenie Erkrankter ist nicht nur deshalb behindert, weil ihn die Gesellschaft in eine falsche Umwelt stellt. Er hat den Kontakt mit der Realität verloren, ist unfähig, seine eigenen Ziele zu formulieren oder seine Handlungen so zu steuern, daß er diese Ziele erreicht, er leistet für die Gesellschaft nur einen geringen – oder gar keinen Beitrag und kann sich nicht selbst erhalten. Wenn er überhaupt überleben soll, muß er von der Gesellschaft ernährt und versorgt werden. Es besteht ein deutlicher Unterschied zwischen denen, welchen die Art mißfällt, in der die Gesellschaft organisiert ist und die sie auf wohldurchdachte Weise zu ändern trachten – etwa durch die Gründung politischer Parteien, das Verfassen von Broschüren oder durch Bombenlegen –, und dem inkonsequenten Verhalten eines Schizophrenen, das keinen bewußten Zielen dient.

Obwohl Szasz mit seinen Behauptungen, daß die Gesellschaft sich nur vor jenen, die von ihren Normen abweichen, schützen wolle, indem sie sie als geisteskrank bezeichne, vielleicht zu weit gegangen ist, heißt das nicht, daß ein solches Problem nicht besteht. Daß die russische Regierung politische Dissidenten in psychiatrischen Stationen zwangsinternieren und -behandeln läßt, ist ein klarer Beweis dafür. Im Westen wird ein hohes Maß an politischer Meinungsverschiedenheit toleriert, und wo sie die Grenze überschreitet, wie bei der Anstiftung zur Gewalt oder bei terroristischen Aktionen, tritt man dem eher mit Gerichtsverhandlungen entgegen als mit Zwangsaufenthalten in psychiatrischen Kliniken. Allerdings muß es auch hier Grenzfälle geben, wo wir im Zweifel sind, ob Fanatiker durch Einkerkerung gehindert werden sollten, kriminelle Handlungen zu begehen, oder ob ihre Handlungen als Symptome einer Geisteskrankheit zu betrachten und wie psychiatrische Fälle zu behandeln sind. Es ist außerdem notwendig, darüber zu wachen, daß die Beruhigung psychiatrischer Patienten oder die Behandlung von Kindern, bei denen minimale Gehirnschädigungen diagnostiziert wurden, mit Amphetaminen zu deren Wohl erfolgt und nicht, um ihrer Umgebung das Leben zu erleichtern.

Solche Schwierigkeiten können nur behoben werden, wenn wir die Art der psychischen und geistigen Störungen besser verstehen lernen als bisher. In der Zwischenzeit scheint es aus praktischen wie aus menschlichen Gründen wesentlich zu sein, die Existenz der Geisteskrankheit anzuerkennen und Schritte zum Schutz der Wahnsinnigen vor sich selbst und der Gesellschaft vor ihnen zu unternehmen. Die gegenwärtigen Vorkehrungen sind nicht immer zufriedenstellend und werden manchmal mißbraucht. In Großbritannien können Leute für eine Dauer von bis zu achtundzwanzig Tagen in eine psychiatrische Station eingewiesen werden aufgrund einer Erklärung von zwei Ärzten, von denen einer ein Psychiater ist; diese Ärzte haben zu bezeugen, daß die Gesundheit des Patienten und die Sicherheit oder der Schutz anderer Personen nicht anders gewahrt werden können als durch eine solche Internierung. Der Antrag auf Einweisung muß entweder vom nächsten Verwandten oder einem Sozialarbeiter, der den nächsten Verwandten befragt hat, gestellt werden. Wenn Gefahr im Verzug ist, kann ein Patient auf die Erklärung eines einzigen Arztes hin bis zu zweiundsiebzig Stunden eingewiesen werden; diese Vorgangsweise kann auch eingeschlagen werden, um Patienten drei Tage im Spital festzuhalten, die zwar freiwillig dort sind, aber entlassen werden wollen und die nach Meinung des Psychiaters sich selbst oder andere gefährden würden.

Nachdem ein Patient aufgrund einer solchen Achtundzwanzig-Tage-Verfügung eingewiesen wurde, kann der Fürsorger oder der nächste Anverwandte mit der Unterstützung zweier Ärzte um eine Internierung auf längere Zeit, bis zur Dauer eines Jahres, ansuchen. Der nächste Verwandte hat auch das Recht, einen solche Einweisungsbefehl vor Gericht anzufechten. Der Patient und der nächste Verwandte können innerhalb von sechs Monaten nach der ersten Einweisung die Entlassung beantragen und danach alle Jahre (oder zwei Jahre), wenn die Einweisungsbefehle erneuert werden sollen. Der Antrag geht an ein Mental Health Review Tribunal (Behörde zur Überprüfung der geistigen Gesundheit), das sich aus Ärzten, Juristen und höheren Beamten zusammensetzt. Ähnliche Maßnahmen gibt es in den meisten Staaten Amerikas, obwohl dort eine Einweisung gewöhnlich erst auf Verfügung eines Richters oder, in manchen Staaten, einer Jury erfolgt.

Obwohl die meisten Psychiater vermutlich im Interesse ihrer Patienten handeln, befinden sie sich in einer unguten Lage, da sie, wenn sie Patienten entlassen, auch die Interessen der Gesellschaft zu wahren haben. Wie die Resultate von Rosenhans Untersuchungen zeigen, sind sie manchmal nicht gewillt oder nicht fähig einzugestehen, einen Fehler begangen zu haben. Auch der nächste Angehörige des Patienten wird nicht unbedingt in dessen Interesse handeln, wenn es um die Entlassung geht. Es wäre vielleicht sicherer, jedem Patienten einen Anwalt beizustellen, der die Pflicht hätte, seine frühestmögliche Entlassung unter Bedachtnahme auf seine Gesundheit und Sicherheit zu gewährleisten, so daß die Beweislast für eine weitere Internierung dem Psychiater zufallen würde. Einen Menschen oder ganze Gruppen der alleinigen Aufsicht anderer zu überlassen, ist eine Vorgangsweise, die stets zu Mißbräuchen Anlaß geben kann und im Fall der Geisteskranken, die außerstande sind, sich zu wehren, besonders gefährlich ist.

Es wurde häufig darauf hingewiesen, daß Massenentlassungen von Patienten aus psychiatrischen Krankenhäusern an sich keine Lösung des Problems darstellen – weder für die Patienten selbst noch für die Gesellschaft. In Bayshore, Long Island (USA), wurden oft entlassene Patienten dabei ertappt, wie sie »mitten in der Nacht über den Rasen des Nachbarn spazierten. Einige tauchten auf der Hauptdurchzugsstraße auf, wo sie den Verkehr regelten. Viele ehemalige Patienten wandern durch die Straßen Manhattans; viele der Unterstandslosen und Alkoholiker in New York City, die in den Hauseinfahrten übernachten und tagsüber betteln, waren früher Patienten des Central Islip Hospital[6].« Ein Schizophrener kann eine schwere Last für seine Familie sein und sie zur Verzweiflung bringen. Selbst die Einrichtungen zur Nachbehandlung können solche Probleme nicht zur Gänze lösen, da der Großteil der entlassenen Patienten die Termine, die man ihnen gibt, nicht einhält.

Szasz machte darauf aufmerksam, daß die Zustände in vielen psychiatrischen Krankenhäusern die Krankheit oft verschlimmern, so daß der Einweisungsbefehl eine Prophezeiung darstellen kann, die sich von selbst erfüllt. Es ist klar, daß die Psychiater nicht Richter in eigener Sache sein sollten, und da die Mitglieder des Ärztestandes bekannt dafür sind, daß sie selten bereit sind, gegen Kollegen auszusagen, ist es von wesentlicher Bedeutung, daß die Zustände in psychiatrischen Kliniken von neutralen

Nichtmedizinern geprüft werden sollten. In England gab es in jüngerer Zeit mehrere Fälle, in denen Dauerpatienten mißhandelt und sogar vom Pflegepersonal zu Tode geprügelt wurden. In einem Krankenhaus in Lancashire wurde eine Oberschwester des Mordes an einem Patienten überführt. Ein Komitee zur Untersuchung der Zustände in den Spitälern wurde gebildet[7], aus dessen 1972 veröffentlichtem Bericht hervorging, daß das Pflegepersonal Patienten systematisch betrog und bestahl; die Untersuchung bestätigte auch einige Beschuldigungen bezüglich Grausamkeit gegenüber Patienten; so wurden einmal die Pantoffeln eines Kranken und der Morgenrock eines anderen angezündet; das Niveau der Verpflegung wurde verurteilt, und es wurde festgestellt, daß manche Patienten unzulänglich gekleidet in feuchten Räumen bei Temperaturen von etwa fünf Grad Celsius gehalten wurden. 1974 übermittelten zwei Angestellte eines Krankenhauses in Kent den britischen Gesundheitsbehörden ein Dokument, in dem von Grausamkeiten gegenüber Langzeit-Patienten die Rede war. Das Dokument war von vierzig weiteren Mitgliedern des Pflegepersonals unterzeichnet. Sie behaupteten, Zeugen von tätlichen Angriffen anderer Pfleger auf Patienten gewesen zu sein, von grausamem und unnötigem Herumkommandieren und von bewußter Verhöhnung von Patienten durch das Personal. Um den Spitalsbehörden kein Unrecht anzutun, muß betont werden, daß solche Probleme in hohem Maße von der Schwierigkeit verursacht werden, geeignetes Pflegepersonal zu finden, und von den jämmerlich unzureichenden Budgets.

Eine genauere Kontrolle psychiatrischer Stationen ist notwendig. Hätten alle eingewiesenen Patienten Bevollmächtigte zur Verfügung, die ihre Interessen vertreten, könnten diesen Bevollmächtigten auch solche Aufgaben übertragen werden. Die Reichweite des Problems der unfreiwilligen Einweisung kann nach der Zahl der auf diese Art Festgehaltenen zu jeder beliebigen Zeit nachgewiesen werden. In England und Wales werden nur sechs Prozent der Patienten von psychiatrischen Kliniken zwangsweise festgehalten; das heißt, daß die Gesamtzahl ungefähr 7000 beträgt gegenüber etwa 30 000 Personen, die sich in Gefängnissen befinden[8].

In den USA hat dieses Problem allem Anschein nach eine andere Größenordnung. 1972 befand sich über die Hälfte der Patienten von öffentlichen psychiatrischen Kliniken unfreiwillig dort; an die 200 000 wurden gegen ihren Willen eingewiesen. In Amerika können die Bürgerrechte selbst der freiwilligen Patienten ernsthaft verletzt werden. So können Patienten bei der

Aufnahme aufgefordert werden, ein Abkommen mit dem Spitalsdirektor zu unterzeichnen, wonach sie zustimmen, für eine bestimmte Mindestzeit im Spital zu bleiben. Solche Abmachungen sind nicht rechtsverbindlich, aber vielen Patienten ist das vermutlich nicht klar. Selbst freiwillige Patienten können in geschlossenen Stationen festgehalten werden, oder sie dürfen sich zwar auf dem Spitalsgelände frei bewegen, nicht aber außerhalb davon. Manche Kliniken zensieren die Post des Patienten, eine Praxis, deren Legalität zweifelhaft ist. Natürlich ist Disziplin in jeder Institution notwendig, und die Freiheit des Patienten (Besuche zu empfangen, das Bett zu verlassen und so weiter) ist sogar in gewöhnlichen Krankenhäusern eingeschränkt. Nichtsdestoweniger erscheint es fragwürdig, ob die Restriktionen, die viele psychiatrische Kliniken freiwilligen Patienten auferlegen, als im Interesse des Patienten liegend gerechtfertigt sind. Auch hier wird es schwierig sein, die Probleme anders zu lösen als dadurch, daß man Inspektoren einsetzt, die selbst zwar medizinisch nicht qualifiziert sind, aber die Macht besitzen, als gesetzliche Vertreter des Patienten zu fungieren, wo schlechte Behandlung oder unnötige Freiheitsbeschränkungen es erfordern.

In den Vereinigten Staaten hatten sich die Gerichte in jüngster Zeit zunehmend mit den Rechten geisteskranker Patienten zu befassen. In einem der bedeutendsten Fälle *(Wyatt* gegen *Stickney)* wurde Klage gegen den Staat Alabama geführt wegen des Entzugs der gesetzlichen Rechte eines Patienten. Das Gericht entschied gegen den Staat, und das Urteil wurde im Berufungsverfahren vor kurzem vom Fünften Bundesgericht in New Orleans bestätigt. Dieses Urteil wird wahrscheinlich Schule machen. Es stellte fest, daß psychiatrische Patienten ein verfassungsmäßig garantiertes Recht auf ein bequemes Bett mit Paravent oder Vorhängen zur Gewährleistung der Privatsphäre haben, ebenso auf einen verschließbaren Spind für persönliches Hab und Gut, den Erfordernissen der Ernährung angemessene Mahlzeiten, das Recht auf Besuche, regelmäßige Leibesübungen und Aufenthalt im Freien, auf Begegnungen mit dem anderen Geschlecht und (ein netter Zug) auf einen Fernsehapparat im Tagesraum. Ferner haben eingewiesene Patienten ein Recht auf Behandlung.

Es war ein »Muster«-Prozeß, an dem sich mehrere Institutionen, darunter die American Psychological Association, beteiligten, um den Staat Alabama dazu zu bringen, das Niveau seiner psychiatrischen Kliniken zu heben. Das Gericht entschied, daß Pläne zur individuellen Behandlung jedes Geisteskranken erstellt werden müßten, deren Ausführung von einem qualifizierten, auf Geisteskranke spezialisierten Fürsorger zu überwachen wären. Auf zweihundertfünfzig Patienten müßten mindestens zwei Psychiater und vier andere Ärzte sowie vier Psychologen entfallen. Zu der Zeit, da die Klage eingebracht wurde, gab es in zwei psychiatrischen Kliniken in Alabama einen Arzt mit irgendeiner psychiatrischen Ausbildung für fünftausend Patienten und einen Psychologen für eintausendsechshundertsiebzig[9]. In seiner Berufung argumentierte Gouverneur Wallace damit, daß Nervenkliniken die Funktion von Bewahrungsanstalten zu erfüllen, nicht aber Behandlungen zu bieten hätten. Er behauptete, der Staat von Alabama könne sich die Verbesserungen, die das Gericht angeordnet habe, finanziell nicht leisten. Eine Auswirkung des Prozesses besteht darin, daß die Anzahl der Insassen von staatlichen psychiatrischen Kliniken in Alabama auf die Hälfte gesunken ist und das Budget für die psychiatrische Versorgung vervierfacht wurde.

In einem anderen Fall *(O'Connor* gegen *Donaldson)* verurteilte ein Gericht in Tallahassee einen Psychiater zu 23 000 Dollar Schadenersatz und Strafe. Der Patient hatte in seiner Klage behauptet, der Psychiater habe ihn böswillig vierzehn Jahre lang gegen seinen Willen in der Klinik festgehalten, ohne ihn in irgendeiner Weise zu behandeln. Das Gericht ordnete die Entlassung des Patienten an. Im Berufungsverfahren bestätigte der Oberste Gerichtshof, daß ungefährliche Patienten nicht in geschlossenen Abteilungen gehalten werden dürfen, wenn sie imstande sind, außerhalb einer Anstalt zu leben. Er faßte keinen Beschluß darüber, ob eingewiesene Patienten das Recht auf Behandlung haben, und relegierte die Frage des Schadenersatzes an die erste Instanz.

Der Fall Wyatt hatte noch einen weiteren Aspekt. Im Urteil des Bezirksgerichtes von 1972[10] hieß es wörtlich: »Patienten haben ein Recht darauf, nicht der Elektroschocktherapie ... unterzogen zu werden ... ohne ihre ausdrückliche Zustimmung, nachdem sie informiert wurden und einen Anwalt oder eine ihnen nahestehende Person ihrer Wahl konsultiert haben.« Im Fall *Wyatt* gegen *Alderholt* wurde der Direktor des Bryce Hospitals in Alabama wegen Mißachtung des Gerichts angeklagt, weil er diese ausdrückliche Verfügung nicht eingehalten hatte. Es wurde festgestellt, daß sieben Patienten ohne Einwilligung EST erhalten hatten. Bei sechs dieser sieben Patienten lautete die Diagnose auf Schizophrenie, für die EST gewöhnlich nicht als indiziert gilt. Die Ärzte erklärten, daß Elektroschocktherapie in den meisten Fällen nur als Notmaßnahme angewandt wurde, aber auch in solchen Fällen verlangt der zitierte Richterspruch die Zustimmung eines Verwandten oder einer »nahestehenden Person«. Obwohl die Klagen wegen Mißachtung des Gerichtes noch anhängig sind, hat das Gericht nun sein Urteil hinsichtlich der Elektroschocktherapie revidiert und entschieden, daß sie auch als Notmaßnahme angewandt werden darf, aber nur, wenn eine Reihe genau bestimmter Umstände zutrifft.

Die Einweisung von Kriminellen in Anstalten, wo versucht wird, sie durch Verhaltensänderungen zu bessern, wird in den Vereinigten Staaten ebenfalls in Frage gestellt. Es gibt da zwei Probleme. Zunächst einmal wurden manche Rechtsbrecher, die als schwachsinnig befunden wurden, in solche Anstalten überstellt und dort länger festgehalten, als sie im Gefängnis hätten sitzen müssen. 1971 ordnete der Oberste Gerichtshof der USA die Freilassung eines solchen Mannes an, der sechs Jahre in einer Besserungsanstalt in Patuxent, Maryland, festgehalten worden war. Hätte man ihn in ein gewöhnliches Gefängnis gesperrt, wäre er nach fünfzehn Monaten für bedingte Haftentlassung in Frage gekommen. Zweitens: Da jeder, der in eine solche Anstalt eingewiesen wurde, nur durch Kooperation mit den Behörden die Freilassung erreicht, kann übermäßiger Druck dahingehend ausgeübt werden, daß der Betroffene sich Behandlungsformen unterwirft, denen er freiwillig nie zugestimmt hätte. Manches an der Behandlung selbst kann einer Strafe gleichkommen. 1971 entschied ein Gericht, daß einige der Strafen, die in Patuxent erteilt wurden (die Psychologen als »negative Verstärkung« bezeichnen), »der Resozialisierung der Insassen entgegenstehen und keinerlei therapeutischen Wert haben«. Die Gerichtsbehörden von Maryland erwägen gegenwärtig die Schließung von Patuxent.

Es wäre schade, wenn Mißbräuche dieser Art dazu führten, daß alle Bemühungen, Kriminelle mittels Verhaltensänderungs-Techniken zu bessern, eingestellt würden. Solche Reformprogramme sollten allerdings nur Freiwilligen zur Verfügung stehen, schon deshalb, weil sie erfolglos bleiben müssen, wenn der Delinquent nicht den Wunsch hat, sich zu verändern. So sagte einmal ein Insasse von Patuxent: »Schau, Kumpel, die meisten von uns sind gute Schwindler ... Du redest dir die Seele aus dem Leib, in einem netten Ton, und tust, als würdest du all das Zeug einsehen ... Teufel, alles, was ich ihnen erzählt habe, war gelogen. Ein einziger riesiger Humbug.«

Diese Beispiele zeigen, wie sehr Wachsamkeit gegen Verletzungen der Rechte der Geisteskranken notwendig ist. Das Problem scheint in den USA schlimmer zu sein als in Großbritannien, wahrscheinlich, weil die staatlichen psychiatrischen Kliniken oft mit völlig unzureichenden Mitteln geführt werden. Einem Psychiater, der für 5000 Patienten zu sorgen hat, muß bewußt sein, daß seine Aufgabe hoffnungslos ist. Mißbräuche sollten natürlich beseitigt werden; die Tatsache, daß es dazu kommt, bedeutet nicht, daß man die Existenz der Geisteskrankheit nicht anerkennen und, als letzten Ausweg, manche Patienten gegen ihren Willen internieren muß.

Der Leser wird sich daran erinnern, daß ich in diesem Buch wiederholt betont habe, wie schwer es bei jeder Form von Psychotherapie zu vermeiden ist, daß der Therapeut dem Patienten seine Lebensauffassung aufdrängt. Das ist das letzte ethische Dilemma, das ich hier besprechen möchte, und da ich nur sehr wenig über die Sex-Therapie berichtet habe, will ich das Dilemma in diesem Zusammenhang beleuchten.

Die meisten Psychotherapeuten stimmen gegenwärtig darin überein, daß jedermann ein zügelloses Geschlechtsleben haben sollte. Es ist natürlich richtig, daß viele psychische Krankheiten, insbesondere jene, die von extremer Depression oder Angst begleitet sind, mangelnde sexuelle Triebhaftigkeit zeigen. Sexueller Appetit wird normalerweise mehr durch psychologische als durch physiologische Faktoren bestimmt. Obwohl viele Neurotiker Sexprobleme haben, scheinen diese, wie ich weiter oben beschrieben habe, erst an dritter Stelle der von Yaloms Patienten erstellten Liste auf. Viele Kranke und viele Normale haben erstaunlich wenig Ahnung von sexuellen Techniken, und wegen des nach wie vor bestehenden Tabus, darüber offen zu sprechen, wissen sie nicht, wie sie sich selbst oder ihren Partnern zu einem Höchstmaß an sexueller Lust verhelfen können. Die Psychotherapie kann bei der Vermittlung solchen Wissens ganz eindeutig eine nützliche Rolle spielen.

Vorausgesetzt, der Patient will es erfahren, kann es nur gut sein, ihm zu erklären, wo sich die Klitoris befindet, und daß die meisten Frauen Lustgefühle aus der Stimulierung der Klitoris beziehen. Das Problem ist, daß es nicht jeder wissen will, und wenn der Therapeut derartige Kenntnisse weitergibt, kann er es oft kaum vermeiden, seine Ansichten darüber, was normal und wünschenswert ist, seinem Gegenüber aufzuzwingen. So kamen zum Beispiel Masters und Johnson[11] gestützt auf physiologische Messungen zu dem Schluß, daß der vaginale Orgasmus ein

Mythos ist; und viele Therapeuten lehren zum Teil deshalb, daß ein auf Penetration beruhender gleichzeitiger Orgasmus keinen Lustgewinn verspricht. Diese Ansicht setzt sich über die psychologischen Implikationen bei der Erreichung eines gleichzeitigen Orgasmus hinweg, und ich habe Patienten kennengelernt, die sehr beunruhigt waren, weil sie an den Techniken gegenseitiger Masturbation, die manche Therapeuten empfehlen, nie wirklich Gefallen fanden. Ich habe vergessen, von wem dieser glänzende Kommentar zur Sexualtherapie stammt: »Schließlich ist der Geschlechtsverkehr kein Ersatz für Masturbation.«

Gewiß ist der Vibrator ein nützliches Mittel für manche Frauen; aber wenn andere ihn ekelhaft oder in ästhetischer Hinsicht abstoßend finden, dann erhöht man wahrscheinlich durch die Anpreisung seiner Vorteile nur die Verwirrung dieser Frauen. Ich kenne eine Frau, die eine Klinik für Ehetherapie aufsuchte. Sie führte ein normales Sexualleben, machte aber eben eine stürmische emotionelle Phase mit ihrem Ehemann durch. So nebenbei gab sie zu verstehen, daß sie niemals masturbierte. Der Therapeut nahm diese Bemerkung zum Anlaß, ihr zu raten, einen Vibrator zu kaufen und zu benützen. Gehorsam tat sie es und stellte zu ihrer Befriedigung fest, daß sie damit drei oder vier Orgasmen innerhalb von dreißig Minuten erzielen konnte; dann allerdings warf sie den Vibrator weg, da sie fand, daß sie den Geschlechtsverkehr vorzog.

Die sexuelle Aktivität variiert stark von Mensch zu Mensch, aber der Mythos, sie sei für das Wohlbefinden eines Menschen unerläßlich, ist jetzt in der westlichen Welt weit verbreitet, zum Teil infolge der Rührigkeit der Sexualtherapeuten; bewiesen ist er ebensowenig wie die viktorianische Vorstellung, Frauen sollten nicht nach sexueller Lust streben, oder Masturbation führe zum Wahnsinn. Es ist natürlich schwer zu sagen, wie weit die Therapeuten dem Mythos ihrer Zeit verfallen und wie weit sie ihn selbst schaffen, aber wir sind von einer Phase, in der die Menschen sich schämten, Sex zu sehr zu mögen, zu einer Phase übergegangen, in der die Menschen dazu gebracht werden, sich zu schämen, wenn ihr Sexualleben nicht dem jener Sex-Protze entspricht, die über ihre tatsächlichen oder vorgeblichen erotischen Triumphe in *Forum* berichten – einem Magazin, das anscheinend jeder Psychotherapeut, dem ich begegnet bin, abonniert hat.

Ich erinnere mich an einen Patienten in der Klinik, der in einem wahrhaft bemitleidenswerten Zustand war. Er war etwa fünfundvierzig, schüchtern, aber freundlich. Die Bemühungen des Therapeuten, ihn zum Masturbieren zu überreden, brachten ihn aus der Fassung; er lebte allein und hatte eine verzweifelte Scheu vor Frauen. Obwohl er großzügig mit Pornobildern versorgt wurde, lehnte sich sein puritanisches Gewissen dagegen auf, und weit davon entfernt, daß sie ihn angeheizt hätten, riefen sie bei ihm, wie ich vermute, eine noch stärkere Abscheu vor sexueller Betätigung hervor. Versuche, die sexuelle Aktivität von psychisch Kranken zu steigern, bringen diesen wahrscheinlich mehr Qualen als Hilfe.

Daß die Geschmäcker in sexuellen Dingen so verschieden sind, stellt den Sexualtherapeuten vor offenkundige Probleme, denn er hat die heikle Aufgabe, Informationen weiterzugeben, ohne mit seinen (oder ihren) Vorlieben den Patienten zu beeinflussen, der ja ganz andere Neigungen haben kann. Es ist amüsant, daß Alex Comfort in seinem Buch *The Joy of Sex*[12] dem Anlegen von Fesseln seinen Segen gibt, nicht aber dem Auspeitschen oder der Sodomie. Die gleichen Überlegungen gelten für jede Form von Psychotherapie, und wie weit Therapeuten berechtigt sind, ihre Patienten zu ihren eigenen Anschauungen zu überreden, stellt ein schwieriges ethisches Problem dar. Im normalen Leben kann man versuchen, andere dazu zu bringen, ihre Anschauungen zu ändern, wobei man weiß, daß sie unsere Argumente nicht unbedingt akzeptieren werden, aber wenn sie es tun, dann auf eigene Verantwortung. Im Fall eines schwer neurotischen oder psychotischen Patienten liegen die Dinge anders. Ich habe viele Beispiele dafür angeführt, wie abhängig sie von ihren Therapeuten sein können, und sie sind nicht in der Lage, verantwortliche Entscheidungen zu treffen. Es ist allzu leicht für den Therapeuten, ihnen die Richtigkeit seines eigenen Standpunktes einzureden, selbst wenn dieser dem ihren diametral entgegengesetzt ist und wenn seine Akzeptierung von großem Angstgefühl begleitet ist, weil der Patient aufgefordert wird, eine Richtung einzuschlagen, die seinen Neigungen total zuwiderläuft.

Anderseits könnte man fragen: wie soll der Therapeut dem Patienten helfen, ohne ihn zu ändern? Für dieses Dilemma gibt es keine Lösung. Man kann nur hoffen, daß den Therapeuten bewußt ist, wie viele Arten zu leben es gibt, und daß keine dieser Lebensweisen besser ist als irgendeine andere. Der Therapeut sollte ständig davor auf der Hut sein, den Patienten Werte oder Lebensstile aufzuzwingen, die nicht für sie geeignet sind. Einen Patienten zu überreden, sich eine bestimmte Ansicht zu eigen zu machen, wäre vielleicht gerechtfertigt, wenn man wüßte, daß bestimmte Formen der Psychotherapie wirklich eine Heilung herbeiführten; unglücklicherweise haben die gegenwärtigen Formen der Psychotherapie kaum eine Auswirkung auf die Genesung, und es ist daher die Pflicht des Therapeuten, seinen Beruf in Demut auszuüben und daran zu denken, daß das einzig Gute, das er bewirken kann, wahrscheinlich darin besteht, das *gegenwärtige* Elend zu lindern. Unter solchen Umständen kann man kaum Methoden rechtfertigen, die bei den Patienten zusätzlich Unruhe hervorrufen, indem man sie zu überreden versucht, daß sie etwas anderes sein sollten, als sie sind.

In dieser Hinsicht haben sich die Psychoanalytiker vielleicht das meiste zuschulden kommen lassen, da sie ihre Therapie auf einer besonderen Anschauung von der Natur des Menschen aufbauen. Daseinstherapeuten, Humanpsychologen und Gestalttherapeuten, die den Nachdruck auf Selbstverwirklichung legen und die unmittelbare Erfahrung als wichtiger als alles andere hinstellen, sind die nächsten in der Reihe. Die Verhaltenstherapie stützt sich weniger auf Ansichten darüber, was der Mensch sein sollte, und ist weniger mit dem Makel behaftet, die Leute dahingehend zu beeinflussen, daß sie von den Therapeuten aufgezwungene Ziele akzeptieren. Sie verläßt sich eher auf Techniken als auf eine dogmatische Auffassung von der Natur des Menschen und seinen Zielen. Ihre Techniken sind darauf ausgerichtet, dem Individuum zur Erreichung seiner eigenen Ziele zu verhelfen, und obwohl Verhaltenstherapeuten ganz gewiß einem Patienten nicht zur Erreichung von Zielen helfen würden, die sie für falsch halten – ihm etwa keineswegs Mut machen, einen Mord zu begehen –, so können die Techniken in der Weise eingesetzt werden, daß sie dem Patienten helfen, etwas zu erreichen, was *ihm* erstrebenswert erscheint. Deshalb werden die Verhaltenstherapeuten wahrscheinlich am wenigsten von allen den Patienten ihre Ansichten aufzwingen. Vor allem in Nordamerika setzen Verhaltenstherapeuten immer häufiger einen schriftlichen Vertrag mit den Patienten auf, in dem die genauen Ziele und Methoden der Therapie festgelegt werden, bevor irgendein Versuch der Behandlung unternommen wird. Jedoch sind viele Neurotiker sich über ihre eigenen Ziele nicht im klaren, und selbst der Verhaltenstherapeut kann sie unzulässigerweise beeinflussen, wenn er die Ziele der Therapie mit dem Patienten bespricht.

Ich muß gestehen, daß mich Teile dieses Kapitels nicht befriedigen. Als ich einem befreundeten Psychiater erzählte, daß ich nicht glücklich sei über meinen Versuch, den Begriff »psychische und Geisteskrankheit« zu präzisieren, sagte er: »Jeder, der über dieses Thema geschrieben hat und damit zufrieden war, müßte sich auf seinen Geisteszustand untersuchen lassen.« Das Problem mag zum Teil darin bestehen, daß, je mehr wir über die Ursprünge des menschlichen Verhaltens herausfinden, desto mehr sich unsere Ansichten über die menschliche Natur ändern. Wenn feststeht, daß sich jemand sonderbar aufführt, weil er einen Gehirntumor hat oder eine unglückliche erbliche Belastung oder eine entbehrungsreiche Kindheit hinter sich hat, dann halten wir ihn nicht mehr für verantwortlich für seine Taten. Wir operieren mit zwei unterschiedlichen Modellen des menschlichen Verhaltens; nach dem ersten hängt es direkt und ursächlich mit Vorgängen im Zentralnervensystem zusammen, und nach dem zweiten wird es von mehr oder weniger rationalen Denkprozessen verursacht und hängt eher von Absichten ab als von Ursachen. Obwohl die beiden Modelle nicht unbedingt im Widerspruch zueinander stehen, wissen wir nicht, wie wir sie miteinander vereinen sollen, und wir sind oft unsicher, wann das eine passender wäre und wann das andere. Insoweit wir das kausale Modell verwenden, neigen wir dazu, psychische Störung für eine Krankheit zu halten und dem daran Leidenden die Verantwortung abzunehmen.

22 Verbesserte Behandlungsmethoden

Das Unangenehmste am Begriff »Geisteskrankheit« besteht wohl darin, daß er nahelegt, Ärzte seien die richtigen Leute, um Neurotiker und Psychotiker zu behandeln. Aber es gibt Aspekte in Ausbildung und Milieu, die die Ärzte zur Ausübung der Psychotherapie ungeeignet machen können.

Vor allem in Großbritannien stammen die Ärzte vorwiegend aus dem höheren Mittelstand. Dem Bericht der Royal Commission on Medical Education (Kgl. Kommission für medizinische Ausbildung) zufolge kamen 1966 sechsundsiebzig Prozent der neu inskribierten Medizinstudenten aus Adel und Großbürgertum, die ungefähr achtzehn Prozent der Bevölkerung ausmachen; nur zweieinhalb Prozent entstammten den untersten Schichten, die zweiunddreißig Prozent der Bevölkerung bilden. Jene aus den niedrigen Klassen erzielten beträchtlich bessere Erfolge bei den Prüfungen als diejenigen aus den höheren Gesellschaftsschichten. An Londons elitären medizinischen Fakultäten, in Oxford und Cambridge, waren nur etwa dreißig Prozent der Studenten Absolventen von staatlichen Schulen, aber einundsiebzig Prozent der Schulentlassenen, die als geeignet zum Medizinstudium befunden wurden, kommen aus solchen Schulen. Nur fünfundzwanzig Prozent der Erstsemestrigen waren Frauen. Man darf sich die Frage stellen, wie weit die Erziehung an britischen Privatschulen mit ihrer Betonung des »Ohrensteif-Haltens« als Lebensweisheit eine ideale Grundlage für die psychiatrische Praxis ist, die ja, wie es heißt, Wärme und Offenheit erfordert. Man darf sich ferner fragen, inwieweit die Sprößlinge aus höheren Berufsständen fähig sind, den Armen gegenüber »einfühlsames Verständnis« zu zeigen.

Ärzte im allgemeinen neigen dazu, einen eher begrenzten Horizont zu haben; aber noch ein weiterer Faktor beeinflußt das Format der künftigen Psychiater. Es wird sowohl in Großbritannien als auch – in geringerem Maße – in Nordamerika behauptet, daß die Psychiatrie von anderen Mitgliedern des Ärztestandes geringgeschätzt werde; deswegen gebe es zu wenige Anwärter dafür, und die Qualität mancher, die sich für die Psychiatrie entscheiden, sei zweifelhaft. Dieser Standpunkt wird in dem 1973 vom Royal College of Psychiatrists veröffentlichten Brook Report[1] überzeugend dargelegt. Es wird darin der Schluß gezogen, daß die Psychiatrie »nicht die besten jungen Ärzte bekäme«. Tatsächlich sind nicht weniger als sechzig Prozent der in psychiatrischer Ausbildung stehenden Mediziner in Großbritannien Ausländer, und zwei von fünf »haben Psychiatrie als Notlösung gewählt, und diese Zahl ist vielleicht viel zu niedrig geschätzt«. Ein hervorragender britischer Psychiater, Aubrey Lewis, sprach von »dem fatalen Einfluß prominenter und bewunderter Lehrer aus anderen Zweigen der Medizin, die der Psychiatrie gegenüber eine offen spöttische Haltung einnehmen, auf die Studenten[2]«. Ein Zeichen für den niedrigen Status der Psychiatrie in Großbritannien ist wohl, daß es dafür nur halb so viel Lehrkanzeln gibt wie für Chirurgie – trotz der Tatsache, daß die Zahl der Betten in psychiatrischen Abteilungen doppelt so hoch ist wie die in chirurgischen, und Psychiater eine große Zahl von Kranken ambulant behandeln müssen, während Chirurgen nur selten mit ambulanten Patienten zu tun haben[3].

Wenn die Rekrutierung junger Psychiater unbefriedigend ist, so dürfen wir uns weiter fragen, ob die Ausbildung der Ärzte sie befähigt, Psychiatrie erfolgreich auszuüben. Im allgemeinen scheint das gesamte Ethos einer traditionellen medizinischen Ausbildung der Entwicklung der Qualitäten entgegenzustehen, die ein Psychiater braucht. Insbesondere die in Großbritannien angewandten Ausbildungsmethoden können leicht zu autoritären Einstellungen führen. Die Medizin ist nach wie vor ein Beruf mit einer sehr stark ausgeprägten Hierarchie, und man erwartet von Medizinstudenten, daß sie den Primarärzten gegenüber ein Maß an Gehorsam und Respekt an den Tag legen, wie sie in jedem anderen Gebiet des Lebens außerhalb der Armee unbekannt sind. Da die Menschen dazu neigen, ihr Verhalten nach Persönlichkeiten zu richten, die sie respektieren, ist es kaum überraschend, daß viele Ärzte sich gegenüber ihren Patienten autoritär verhalten und ebenso gegenüber Psychologen, Sozialarbeitern und dem Pflegepersonal. Fürwahr, wenn man bedenkt, wie die Ärzte ausgebildet werden, ist es eigentlich erstaunlich, daß so viele von ihnen ihren Beruf freundlich und bescheiden ausüben. Die Arroganz der Ärzte und ihr Widerwille, Fehler einzugestehen, wird natürlich auch durch die Haltung ihrer Patienten gefördert. Die meisten Menschen wollen, wenn sie mit Problemen kämpfen – seien diese nun physischer oder psychischer Natur –, das Gefühl haben, daß hier jemand ist, auf den sie sich verlassen können, und sie bestärken die Ärzte in ihrem Allwissenheitsdünkel.

Einer der schlimmsten Aspekte des British Health Service besteht darin, daß manche Ärzte sich bemüßigt fühlen, Patienten wie Vieh zu behandeln. Ich suchte einmal wegen eines leichten Blasenleidens ein Krankenhaus auf. Es war zwei Uhr, und dreißig Patienten waren in einem kleinen Zimmer zusammengepfercht. Als der Urologe zweieinhalb Stunden später kam, entschuldigte sich niemand vom Spitalspersonal für seine Unpünktlichkeit oder erklärte sie. Als ich – nach einer weiteren Stunde – an die Reihe kam, mußte ich mich mit nacktem Hinterteil auf ein Bett legen. Sechs Betten standen in einer Reihe, durch Wandschirme abgetrennt, und auf jedem lag ein Patient in derselben Positur. Der Urologe schritt die Reihe ab, berührte den Hintern jedes Patienten mit dem Finger und sagte dann: »Anziehen!« Hierauf untersuchte er jeden Patienten einzeln ungefähr zwei Minuten lang. Ich kam noch ein zweites Mal wegen eines Blasenröntgens, und dann noch einmal, um die Befunde zu holen. Der Urologe sagte: »Auf dem Röntgenbild ist nichts zu sehen. Kommen Sie noch einmal zu einer Cystoskopie her.« Ich wußte, daß das eine unangenehme Prozedur ist, und fragte, ob es wirklich notwendig sei, und was sich herausstellen könnte. Er antwortete: »Ich würde Ihnen nicht dazu raten, wenn es nicht notwendig wäre.« Ansonsten verweigerte er jede weitere Auskunft. Zu guter Letzt entschloß ich mich, auf die Cystoskopie zu verzichten, und die Beschwerden verschwanden von allein.

Die Ärzte neigen dazu, Angehörige ihrer eigenen Klasse besser zu behandeln als die Armen. Die Armen in Großbritannien wissen nur wenig über ihre Rechte und benehmen sich Ärzten gegenüber geradezu servil, sind dankbar für das geringste Zeichen von Aufmerksamkeit. Ich war Zeuge, wie Ärzte kranke Arme mit solcher Verachtung behandelten, daß ich mich nur mit Mühe davor zurückhalten konnte, tätlich zu werden. Es kann keine Rechtfertigung geben für einen bezahlten Diener des Staates, die einfachen Leute von oben herab zu behandeln, und doch weiß man, daß die Ärzte das tun. Mehrere Untersuchungen zeigen, daß die Zufriedenheit eines Patienten mit der Konsultation, seine Bereitwilligkeit, die Anweisungen des Arztes zu befolgen, und die Geschwindigkeit seiner Genesung zum Teil davon abhängen, wie weit der Arzt bereit ist, ihn zu beruhigen und mit ihm von Mensch zu Mensch zu sprechen.

Auf all dies werden viele Ärzte antworten, daß ein Großteil

des Problems nicht bei den Ärzten liege, sondern bei der Organisation des Gesundheitsdienstes. Die Ärzte hätten zu viele Patienten zu versorgen und nicht genug Zeit für jeden. Viele Krankenhausärzte, die eine Privatpraxis betreiben, behaupten, daß sie dies täten, weil sie den Arztberuf sonst nicht so ausüben könnten, wie er ihrer Ansicht nach ausgeübt werden müßte – mit genügend Zeit, um voll auf die individuellen Bedürfnisse des Patienten einzugehen. Obwohl dies die ärgsten Fälle von Unhöflichkeit nicht entschuldigt, steckt in diesem Argument sicherlich ein Körnchen Wahrheit. Eine Lösung wäre es vielleicht, wenn Angehörige paramedizinischer Berufe einige der traditionellen Funktionen des Arztes übernehmen könnten.

Ich nehme auch nicht an, daß die Mehrheit der Psychiater so gefühllos ist wie mein Urologe. Die Frage ist, ob die medizinische Ausbildung in Großbritannien dazu angetan ist, gute Psychotherapeuten hervorzubringen. Wenn britische Psychiater tüchtige Psychotherapeuten werden, dann wohl eher trotz und nicht wegen ihrer Ausbildung.

Das Problem ist natürlich keineswegs auf Großbritannien beschränkt. Ein Forscher befragte graduierte Studenten von einundvierzig amerikanischen medizinischen Fakultäten und schloß: »Psychiatrie gilt als einer der am schlechtesten vorgetragenen, kaum im Gedächtnis behaltenen und ganz allgemein unzulänglichen Kurse im Medizinstudium[4].« In der im vorigen Kapitel besprochenen Untersuchung führt Rosenhan einige interessante Beispiele für das autoritäre Verhalten von Psychiatern an Spitälern an, in die er und seine Kollegen aufgenommen worden waren. Sie hatten einen Psychiater nur sehr selten zu Gesicht bekommen. Durchschnittlich verbrachten die Patienten und das gesamte behandelnde Personal – das heißt Psychiater, andere Ärzte und Psychologen – 6,8 Minuten täglich miteinander. Außerdem machten er und seine Kollegen, die vollständig gesund waren, schlimmere Erfahrungen mit Ärzten und Pflegern als ich: Die meiste Zeit über wurden sie nicht wie Menschen behandelt, ihre Beschwerden wurden nicht ernst genommen und man redete mit ihnen wie mit kleinen Kindern.

Zu der Studie gehörte es auch, daß die Pseudopatienten an Mitglieder des Personals herantraten und berechtigte Fragen stellten: so zum Beispiel, wann für sie Spaziergänge außerhalb der Anstalt in Frage kämen und wann sie bei einer Fallbesprechung vorgestellt werden könnten. Auf diese Fragen erhielten sie fast immer ausweichende Antworten, und Rosenhan führt das folgende seltsame Zwiegespräch als typisch an: »Verzeihung, Doktor, können Sie mir sagen, ob ich bald entlassen werde?« Worauf der Psychiater erwiderte: »Oh, guten Morgen, Dave. Wie geht's dir heute?« und wegging, ohne irgendeine Reaktion abzuwarten. Bekanntlich ist es ein Zeichen von Aufrichtigkeit und Wärme, jemandem direkt in die Augen zu schauen. Rosenhan zählte deswegen, wie oft Psychiater und Pfleger dem Pseudopatienten ins Auge blickten, wenn solche Fragen gestellt wurden. In 71 Prozent der Fälle reagierten die Psychiater, indem sie den Kopf abwandten, vor sich hin starrten und weitergingen; ebenso verhielt sich das Pflegepersonal in 88 Prozent solcher Fälle. Nur in 6 Prozent blieben die Psychiater stehen und plauderten, das heißt, behandelten den Patienten wie einen Mitmenschen. Rosenhan behauptet, die Unhöflichkeit den Patienten gegenüber sei nicht nur darauf zurückzuführen, daß Psychiater und Pfleger zu viel Arbeit haben. Universitätsangestellte und praktische Ärzte haben genauso viel zu tun, aber als eines der Mitglieder des Untersuchungssystems an Professoren und Ärzte der Stanford University herantrat, um zu fragen, wo sich eines der Gebäude befinde, blieben alle stehen, blickten ihn an und sprachen mit ihm.

So eindrucksvoll Rosenhans Feststellungen auch sind – sie sollten doch mit einiger Vorsicht behandelt werden. Neurotische Patienten werden sehr abhängig von ihren Therapeuten, und Psychiater glauben zweifellos, daß, wenn sie sich auf der Station mit den Patienten auf beiläufige Gespräche einlassen, diese ihre Zeit immer mehr und unvernünftiger in Anspruch nehmen würden. Man kann jedoch kaum die Psychiater von jeglicher Verantwortung für die unpersönliche Atmosphäre in psychiatrischen Abteilungen freisprechen.

Der Leser wird sich erinnern, daß ich als echter Patient sehr gerührt war, als die Ärztin, die mich behandelte, einmal ihr Auto anhielt, um sich nach meinem Befinden zu erkundigen. Meine Klinik scheint besonders fortschrittlich gewesen zu sein im Vergleich zu jenen, mit denen Rosenhans Pseudopatienten zu tun hatten. Rosenhan selbst sah, wie ein Patient verprügelt wurde, weil er an einen Aufseher herangetreten war und gesagt hatte: »Ich mag Sie.« In einem anderen Krankenhaus wurden die Patienten mit dem Ruf »Auf, auf, ihr Mama-Ficker, heraus aus dem Bett!« geweckt.

Nach Rosenhans Erfahrungen zu schließen, scheinen viele amerikanische Psychiater entweder aufgrund ihrer Ausbildung oder ihrer Persönlichkeit ungeeignet für ihren Beruf zu sein. Er weist darauf hin, daß ihre autoritäre Haltung und ihr Unwille, ihren Patienten ein wenig Zeit zu opfern, den Schwestern und Pflegern ein schlechtes Beispiel geben.

Die medizinische Ausbildung im allgemeinen fördert anscheinend nicht diejenigen Eigenschaften, die für eine erfolgreiche Ausübung der Psychiatrie notwendig sind, nämlich Einfühlung, Offenheit und Wärme. In Großbritannien wurde nicht nur die Art der medizinischen Ausbildung stark kritisiert, sondern auch der Inhalt der Psychiatrie-Vorlesungen. Obwohl bei fünfzehn von hundert Patienten, die vom Hausarzt untersucht werden, die vorherrschende Krankheit psychiatrischer Natur ist und viele andere neurotische Symptome aufweisen, bieten die meisten medizinischen Fakultäten in Großbritannien nur wenig psychologische Schulung während des allgemeinen Medizinstudiums, und eine gänzlich unzureichende Ausbildung in Psychiatrie. Dazu heißt es im Bericht der Royal Commission on Medical Education: »Jeder Arzt, der sich keine Kenntnisse der Humanpsychologie erwirbt (sowohl der normalen wie der anomalen), muß als schlecht ausgebildet betrachtet werden, wie gründlich er auch in seinem Spezialgebiet geschult sein mag, denn dieses Fach durchdringt die gesamte medizinische Praxis. Wir waren bestürzt, als wir feststellten, wie unzureichend an den meisten medizinischen Ausbildungsstätten Psychiatrie gelehrt wird.« Diese Worte wurden vor sieben Jahren geschrieben; leider gelten sie in beinahe demselben Umfang heute noch.

1973 veröffentlichte das Royal College of Psychiatry einen vernichtenden Bericht über die Ausbildung der Psychiater. In dem Bericht wird festgestellt: »Nur zwei Fünftel der angehenden Psychiater erhalten eine angemessene Ausbildung in Psychotherapie – sei es Gruppen- oder individuelle Therapie –, und nach den Kommentaren der Professoren und Assistenten zu schließen, sind diese Zahlen eher optimistisch[5].« Weiters stellt der Bericht fest, daß das neugegründete Royal College of Psychiatrists nicht imstande war, eine Dissertation als Erfordernis für die Mitgliedschaft einzuführen (was jetzt unabdingbare Voraussetzung ist, wenn jemand Facharzt der Psychiatrie werden will) – zu einer Zeit, da »die psychiatrische Ausbildung an den Universitäten so wenig zufriedenstellend ist und es so wenige Lehrer gibt«. Ich habe selbst Kandidaten für die Diplomprüfung in Psychiatrie vorbereitet, und ich war entsetzt über die niedrigen Anforderungen und die Tatsache, daß die Prüfungskommission Lehrbücher empfahl, die bereits seit vierzig Jahren überholt waren. Der Bericht des Royal College schließt, es bestünde die »sehr reale

Gefahr, daß eine steigende Zahl von Ärzten nach Kanada und in die USA geht, um eine umfassende, wohlorganisierte und gut bezahlte Ausbildung zu erhalten[6]«, wenn das Niveau der psychiatrischen Schulung in Großbritannien nicht schnell gehoben wird.

Die Beweise, die ich angeführt habe, legen also die Vermutung nahe, daß es in Großbritannien unbedingt nowendig ist, die Zahl der *künftigen* Psychiater zu steigern und ihre Qualität zu verbessern, und daß der Unterricht in Psychologie und Psychiatrie sowohl für gewöhnliche Ärzte als auch für Psychiater an sich jämmerlich unzureichend ist. Das Ansehen, das die Verhaltensforschung in Nordamerika genießt, hat eine etwas bessere Situation geschaffen, aber Rosenhans Untersuchung und die in letzter Zeit so häufigen erfolgreichen Prozesse gegen Psychiater zeigen, daß in den Vereinigten Staaten manche Angehörige dieses Berufsstandes zu autoritären Haltungen neigen. Psychiater üben dort häufiger eine mehr bevormundende Rolle aus als in Großbritannien, und wie A. J. Mandell[7] feststellte, sind viele Medizinstudenten in Amerika der Ansicht, daß die Psychiater die Polizisten der Gesellschaft sind und Menschen schikanieren, die als Geisteskranke gebrandmarkt wurden.

Neben der Verbesserung von Ausbildungsmethoden können noch andere Schritte unternommen werden, um die Situation zu verbessern. Eine Möglichkeit wäre, zu erkennen, daß eine konventionelle medizinische Ausbildung nicht die geeignete Vorbereitung für den Umgang mit psychiatrischen Patienten ist, und die Verantwortung für die Versorgung und für nicht-physikalische Behandlungsmethoden in die Hände von psychologisch ausgebildeten Kräften zu legen; wie ich bereits bemerkt habe, wurde in Kanada und in den Vereinigten Staaten diese Richtung eingeschlagen.

Den stärksten Widerstand setzen dem Plan, Psychologen und psychiatrischen Sozialarbeitern mehr Verantwortung für die Behandlung geistig und psychisch Gestörter zu übertragen, die Psychiater selbst entgegen. Bei der jährlichen Generalversammlung der A. P. A. im Jahr 1975 sprach deren Präsident offen einige der Befürchtungen der Psychiater aus: »Wenn wir uns nicht von Psychologen, die keine Mediziner sind, und psychiatrischen Sozialarbeitern und Pflegern, die immer häufiger die Befugnis erhalten, selbständig zu praktizieren, unterscheiden, ihnen nicht überlegen sind, geraten dann nicht unsere finanzielle Sicherheit und berufliche Integrität immer mehr in Gefahr[8]?« Trotz mancher Rückzugsgefechte von Psychiatern zur Wahrung ihrer Interessen haben viele Versicherungsorganisationen in Amerika (darunter Blue Cross, das Federal Employees Compensation Scheme und das Defence Department's Scheme für seine Angestellten) anerkannt, daß befugte Psychologen, ohne daß Ärzte dagegen protestieren dürfen, psychisch kranke Patienten behandeln können und daß ihre Honorare durch die Versicherung gedeckt werden.

Psychologen dieses Fachbereichs werden in Großbritannien weniger geschätzt als in Amerika, und selbst wenn die Ärzte tatsächlich gewillt wären, ihnen mehr Verantwortung zu überlassen, gibt es gegenwärtig zu wenige, als daß sich dadurch viel verändern würde. In Großbritannien kommt nur etwa ein solcher Psychologe auf 100 000 Einwohner, während in Nordamerika das Verhältnis mehr als 1 : 8000 ist, das heißt, es gibt dort pro Kopf der Bevölkerung mehr als zehnmal so viele Psychologen dieses Fachbereichs wie in Großbritannien[9].

Psychologen sind natürlich genauso unvollkommene Menschen wie jeder andere, aber ihre Ausbildung ist weniger autoritär als die der Ärzte. Sie hat darüber hinaus mehr Bedeutung bei der Aufgabe, Neurotikern zu helfen, wenn man es als gegeben annimmt, daß Neurosen durch Fehllernen entstehen und nicht durch einen organischen Schaden. Wenn weitere Forschungsarbeit ergibt, daß nur Therapeuten, die Wärme, Offenheit und Einfühlungsvermögen zeigen, den geistig oder psychisch Kranken helfen können, dann sollten diese Eigenschaften das Kriterium für die Auswahl von Psychologen und Psychiatern sein, wenn man auch zugeben muß, daß die gegenwärtigen Prüfungsmethoden nicht sehr befriedigend sind.

Mein Plädoyer für das Einbeziehen von Psychologen in die Behandlung psychischer Störungen steht nicht im Widerspruch zu der Auffassung, daß Psychosen und schwere neurotische Zusammenbrüche als Krankheit angesehen werden sollten. Im Gegenteil, es gibt triftige Gründe dafür, daß Psychologen eine aktivere Rolle selbst bei der Behandlung und Pflege der physisch Kranken spielen, da psychologische Faktoren sowohl bei der Anfälligkeit für Krankheit als auch bei der Genesung nicht unwesentlich beteiligt sind. So wurden zum Beispiel bei einer Untersuchung[10] Patienten eines Spitals für Unterleibschirurgie aufs Geratewohl in zwei Gruppen geteilt: Die Patienten der einen Gruppe wurden vor der Operation voll darüber informiert, wie lang diese dauern und wie es sein würde, wenn die Patienten wieder das Bewußtsein erlangten, welche Art von

Schmerzen sie verspüren würden und so weiter. Die zweite Gruppe erhielt keine derartigen Informationen, sie wurde der üblichen Spitalsroutine unterzogen. Die Patienten, die über die Operation gründlich informiert worden waren, klagten nachher weniger über Schmerzen, brauchten weniger Beruhigungsmittel und wurden schneller gesund; im Durchschnitt wurden sie um drei Tage früher aus dem Spital entlassen als die zweite Gruppe.

Viele Ärzte wenden ein, daß Psychologen allein nicht mit der Betreuung psychisch Gestörter betraut werden sollten, weil es notwendig sei, deren körperliche Verfassung zu überwachen und Medikamente zu geben. Es wurde jedoch darauf hingewiesen, daß Psychologen nach einem dreimonatigen Kursus ebenso fachkundig die Symptome neurologischer oder hormonaler Disfunktionen beurteilen könnten wie die meisten Ärzte und ebenso imstande wären, sich das zur Verschreibung psychotroper Drogen nötige Wissen anzueignen und deren Auswirkungen zu überwachen. Es ist natürlich nicht wichtig, welchen Namen wir der Berufsgruppe geben, welche die psychisch Kranken behandelt – außer insofern, als es um Prestige und Geldbeutel dieser Gruppe geht. Was zählt, ist die Art der Behandlung und die Ausbildung und Persönlichkeit des Behandelnden. Das Wichtigste ist, daß insofern die psychische Störung durch psychogene Faktoren verursacht wurde und durch Psycho- oder Verhaltenstherapie gebessert werden kann, die für die Behandlung des Kranken Zuständigen eine psychologische Ausbildung erhalten sollten.

Einer der Wege zur Verbesserung der psychiatrischen Betreuung besteht darin, sie in den öffentlichen Gesundheitsdienst einzugliedern, eine Politik, die nun sowohl in Großbritannien wie in den USA offiziell unterstützt wird. Eine große psychiatrische Klinik sollte ungefähr fünfzigtausend Menschen versorgen. An einer solchen Klinik sollte eine ganze Reihe verschiedener Berufsgruppen arbeiten, die mit der psychischen Gesundheit zu tun haben; hier sollten Patienten ambulant behandelt werden, solche, die nur tagsüber kommen und internierte Patienten. Darüber hinaus sollten diese Kliniken mit allen anderen Organisationen der betreffenden Gemeinde in Kontakt stehen, auch mit Freiwilligen, die bei der Betreuung der psychisch Behinderten mithelfen wollen. Solche Organisationen sind beispielsweise die örtlichen Kirchen, Alkoholikerberatungsstellen und der Samariterbund.

Aufgrund eines Bundesgesetzes aus der Kennedy-Zeit wurden in den Vereinigten Staaten fünfhundert solcher Zentren errichtet.

Sie scheinen einen gewissen Erfolg gehabt zu haben, aber später verweigerte Präsident Ford ihnen weitere Zuschüsse aus dem Bundesbudget, und ihre Finanzierung ist fraglich geworden. Obwohl nur langsam eingeführt, ist es auch die offizielle Gesundheitspolitik in Großbritannien, psychiatrische Krankenhäuser durch einschlägige Abteilungen in Bezirkskrankenhäusern zu ersetzen, die mit der Entwicklung »eines hochwertigen, umfassenden, lokalen psychiatrischen Dienstes« beauftragt werden. Solche Abteilungen werden wahrscheinlich unterbesetzt sein. Ein Psychiater käme auf etwa sechzigtausend Einwohner. Er hätte dann jederzeit ungefähr fünfhundert Patienten zu betreuen, davon hundert Langzeit-Patienten in einer psychiatrischen Klinik, die sich in einiger Entfernung vom Bezirkskrankenhaus befinden würde. Ferner hätte er etwa dreißig Betten für Kurzzeit-Patienten und eine große Anzahl Ambulanz-Patienten und solcher, die sich tagsüber in der Klinik aufhalten. Sein Team würde durch zehn Gesundheitsinspektoren und zehn Sozialarbeiter ergänzt, und er sollte mit allen praktischen Ärzten in seinem Bezirk in Berührung stehen und ihnen helfen[11]. Es ist bestimmt vernünftig, wenn ein psychiatrischer Dienst so organisiert ist, daß er mit lokalen Organisationen zur Betreuung der Geisteskranken zusammenarbeitet und von ihnen unterstützt wird. Ferner würden Hausärzte, wenn sie enger mit Psychiatern zusammenarbeiteten, wahrscheinlich weniger überflüssige psychiatrische Medikamente verschreiben und Probleme der geistigen Gesundheit besser kennenlernen.

Abgesehen von Verbesserungen in Ausbildung und Organisation würde die Psychiatrie von einer besseren Forschungsarbeit profitieren. Ich war versucht zu schreiben »mehr« Forschung, aber es gibt bereits eine erschreckende Zahl von Arbeiten über geistige und psychische Krankheiten und ihre Linderung. Das Problem besteht darin, daß, abgesehen von den Schwierigkeiten der Durchführung solcher Forschungen, die meisten Arbeiten nicht die erforderliche Exaktheit erreichen. Wie bereits angemerkt, sind nur wenige Psychiater für wissenschaftliche Forschungsmethoden ausgebildet, aber viele überwinden dieses Handikap und können sich mit ausgezeichneten Forschungsarbeiten ausweisen.

Die Psychologen hingegen erlernen in ihren Studien Forschungsmethoden, aber diejenigen, die sich dem Fachbereich der psychischen Krankheiten widmen wollen, sind nicht unbedingt die glänzendsten Repräsentanten ihres Berufs. Ebenso wie der Neurologe oder ein anderer Facharzt auf den Psychiater von oben herabblicken, neigen der Experimental- oder der Sozialpsychologe dazu, ihren Kollegen, der sich mit Kranken befassen will, geringzuschätzen. Dazu kommt die Tatsache, daß – zumindest in Großbritannien – die Karriereaussichten für die Berufssparte ungünstiger sind als in anderen Zweigen der Psychologie. Soviel ich weiß, gibt es nur einen einzigen Lehrstuhl dafür in ganz Großbritannien, und diesen hat ein Professor inne, den die meisten seiner Kollegen und Studenten eher als Experimentalpsychologen bezeichnen würden denn als Psychologen für den Fachbereich »psychische Störungen«. Das Einkommen eines solchen Psychologen ist viel niedriger als das der Psychiater, obwohl er eine ähnliche Arbeit leistet, und wenn er das Doktorat besitzt, hat er ebenso viele Ausbildungsjahre hinter sich. Ein Witzbold, der den Unterschied zwischen einem Psychiater und einem Psychologen definieren sollte, antwortete: »Zehn Dollar die Stunde.« Und schließlich muß sich der Psychologe, insbesondere in Großbritannien, damit abfinden, daß er dem Diktat der Psychiater, mit denen er arbeitet, unterliegt. Unter diesen Umständen ist es kaum erstaunlich, daß die intelligentesten Psychologiestudenten sich nur selten für dieses Fachgebiet entscheiden; akademisches Wissen ist nicht notwendig eine Bedingung *sine qua non* für den erfolgreichen Psychotherapeuten, aber eine Voraussetzung für jeden, der nützliche Forschungsarbeit leisten will.

Wie wir gesehen haben, ist das gesamte Gebiet der Geisteskrankheit vollgepfropft mit ethischen Problemen, und wissenschaftliche Arbeiten darüber bilden keine Ausnahme. Ich habe erklärt, daß das am meisten befriedigende Mittel zur Untersuchung der Wirksamkeit einer Behandlungsmethode die Durchführung von stichprobenartigen Kontrolluntersuchungen ist, bei denen aufs Geratewohl Patienten für die zu überprüfende Behandlung ausgewählt werden und andere für irgendeine andere Behandlungsmethode, oder überhaupt keiner Behandlung unterzogen werden. Viele Psychiater glauben, daß es unethisch sei, Patienten eine Behandlung vorzuenthalten. Typisch für eine solche Haltung ist ein in der *Times* erschienener Artikel des britischen Psychiaters William Sargant. Er attackiert das British Medical Research Council, weil es Versuche mit einem langwirkenden Phenothiazin bei der Behandlung der Schizophrenie unterstützt hat. Bei manchen Patienten, die man mit diesem Medikament behandelt hatte, wurde es ohne deren Wissen abgesetzt; man gab ihnen statt dessen ein wirkungsloses Placebo-Mittel. Einige von ihnen erlitten einen Rückfall – ein Ergebnis, wie Sargant meinte, das »bereits seit vielen Jahren allen Ärzten, die ihre Patienten selbst behandeln, nur allzu bekannt ist«. Über vorgeschlagene Tests mit einem neuen Medikament gegen Schizophrenie, Inderal, schreibt Sargant: »Jene, welche das Mittel bereits angewandt haben, wissen, daß es hilft.« Hier haben wir die typische Arroganz des Arztes: Er weiß.

Wie ich bereits zu belegen suchte, zeigt die gesamte Geschichte der Medizin im allgemeinen und der Psychiatrie im besonderen, daß der Arzt selten weiß, wie nützlich eine neue Behandlungsmethode ist. Der Glaube des Arztes an die von ihm bevorzugte neue Behandlung beeinflußt seine Beobachtungen. Mehr noch, er steckt mit seinem Glauben den Patienten an, und dies allein kann der Heilung förderlich sein, ungeachtet der direkten Effekte der Behandlung. Das ist vielleicht der Grund, warum so viele neue Behandlungen, die man zunächst als großen Durchbruch feierte, ihre Wirksamkeit zusehends einbüßten und nach einigen Jahren als im besten Fall nutzlos und im schlimmsten Fall als schädlich erkannt wurden. In der Praxis können neue Behandlungsmethoden selten allen Patienten, denen sie vielleicht helfen könnten, sofort zugänglich gemacht werden; Patienten durch das Los für eine neue Behandlungsmethode auszuwählen wäre wahrscheinlich gerechter, als diese vom Geld oder Einfluß der Patienten abhängig zu machen. Nichtsdestoweniger können dabei Probleme entstehen: Manchen Wissenschaftlern liegt mehr daran, ihre Karriere durch die Veröffentlichung einer Arbeit zu beschleunigen als durch nützliche neue Entdeckungen. Um die Interessen der Patienten in der medizinischen Forschung zu schützen, wäre es wünschenswert, daß jede derartige Arbeit von Körperschaften genehmigt würde, die zu einem bestimmten Teil aus Laien bestehen. Diese Vorgangsweise ist zugegebenermaßen beschwerlich, wird aber gegenwärtig auf verschiedene Weise in Spitälern und Forschungsinstituten sowohl in Nordamerika wie in Großbritannien durchgeführt.

Auf lange Sicht natürlich müssen Verbesserungen in Betreuung, Behandlung und Verhütung von Geisteskrankheiten wohl davon abhängen, wie viele ihrer Mittel die Gesellschaft dafür zu opfern bereit ist. Die Geldsummen, die für die Behandlung der Geisteskranken ausgegeben werden, kommen zur Zeit nicht an die Beträge heran, die für die physisch Kranken aufgewandt werden. In amerikanischen psychiatrischen Kliniken ist ein Arzt für hundert Betten zuständig, gegenüber einem Arzt für zehn Betten in Stationen für körperliche Leiden. Selbstverständlich ist die Situation von Krankenhaus zu Krankenhaus verschieden, und ich habe bereits eine Klinik in Alabama erwähnt, wo ein Psychiater auf 5000 Patienten kam.

In Großbritannien ist ungefähr die Hälfte der Spitalsbetten mit Geisteskranken oder geistig Behinderten belegt, aber von jeden 100 Pfund des National Health Service fließen nur 14 den Geistesgestörten zu. Pro Aufenthaltstag im Krankenhaus wird dreimal soviel Geld für physisch kranke Patienten ausgegeben wie für jene in psychiatrischen Abteilungen. 1972 befand sich nahezu einer von drei psychiatrischen Patienten auf einer Station mit fünfzig oder mehr Patienten. Es gibt mehr als dreimal so viele Ärzte pro Patient in den Abteilungen für physische Krankheiten als auf den psychiatrischen Stationen, und etwa doppelt soviel Pflegepersonal. Auch hier herrschen von Spital zu Spital stark unterschiedliche Verhältnisse. So hatte 1972 eine psychiatrische Klinik nur einen Facharzt für nahezu 200 stationäre Patienten; dagegen kam in dem Krankenhaus mit der höchsten Verhältniszahl Personal – Patient ein Facharzt auf fünfundzwanzig Patienten[12]. Offenbar sind die Einrichtungen zur Betreuung psychiatrischer Patienten trotz ihrer großen Vielfalt weitaus schlechter als jene für physisch Kranke. Es ist klar, daß zuallermindest Geld nötig ist, um das Niveau der Versorgung der finanziell schlechter gestellten psychiatrischen Kliniken zu heben.

Angesichts meiner Vorbehalte bezüglich der Wirksamkeit vieler Formen der Psychotherapie mag mein Plädoyer für höhere Geldzuwendungen für die Psychiatrie und – zumindest in Großbritannien – für die Erhöhung der Anzahl der Psychologen im Gesundheitsdienst ungerechtfertigt erscheinen; aber es gibt mehrere Gründe dafür, warum es wichtig ist.

Erstens kann die Psychotherapie ohne Frage das Elend der psychischen Krankheit lindern, ob sie nun ihre Dauer verkürzt oder nicht. Zweitens gibt es nicht einmal dort, wo man weiß, daß psychologische Methoden helfen können, genug Psychologen. In Großbritannien leben etwa zwanzigtausend Menschen mit schweren, ihre Lebensfunktionen behindernden Phobien oder Zwangsneurosen, denen durch Verhaltenstherapie geholfen werden könnte, denen aber diese Therapie nicht zugänglich ist, weil sie in Gebieten wohnen, wo sie nicht praktiziert wird. Drittens ist es dringend notwendig, daß mehr Psychologen an der Ausbildung von Psychiatern und gewöhnlichen Ärzten teilnehmen. Und schließlich hängen die Verbesserungen der Behandlungsmethoden von der Verwendung einer größeren Zahl von Psychologen in Großbritannien ab und von mehr Psychologen mit besserer Eignung für Forschungsarbeiten sowohl in Großbritannien wie in Amerika. Da es sich herausgestellt hat, daß die Verhaltenstherapie die Heilung mancher neurotischer Zustände beschleunigen kann, besitzen wir zum erstenmal eine einigermaßen funktionierende nichtphysikalische Behandlungsmethode, und es ist wichtig, ihre Vorteile und Grenzen für das gesamte Spektrum neurotischer und psychotischer Störungen zu erforschen.

Ich habe nun eine Reihe von Schritten besprochen, welche die Gesellschaft unternehmen könnte, um die Behandlung der geistig und psychisch Gestörten zu verbessern. Dazu gehören bessere Ausbildung für Psychiater und Hausärzte, stärkerer Einsatz von Psychologen, insbesondere in Großbritannien, der Zusammenschluß der verschiedenen Organisationen, die bereit sind, zu helfen, bessere Forschung und größere finanzielle Mittel. Viele dieser Verbesserungen werden sich nicht durchführen lassen und würden jedenfalls keine Vorteile erbringen, wenn nicht auch weitere Veränderungen eintreten. Wichtig ist, daß die Gesellschaft ihr Verhältnis zur psychischen Krankheit ändert. Vielen Ideen der antipsychiatrischen Bewegung kann ich mich nicht anschließen: Geisteskrankheit ist kein beneidenswerter Zustand; jene, die daran leiden, müssen behandelt werden – manchmal gegen ihren Willen; wahrscheinlich ist sie ein Bestandteil der Conditio humana und wird nicht durch eine von Eltern oder der ganzen Gesellschaft zugefügte Schädigung verursacht. Nichtsdestoweniger war die antipsychiatrische Bewegung insofern hilfreich, als sie eine gewisse Änderung in der Haltung gegenüber der Geisteskrankheit herbeiführte, und in diesem Sinn erwies sie sich als nützlich. Ein Anzeichen für eine solche Änderung war die 1974 erfolgte Streichung der Frage: »Haben Sie oder hatten Sie... einen Nervenzusammenbruch?« aus den Stellenbewerbungsbogen der US-Civil Service Commission (Staatsdienst).

Man kann nicht oft genug betonen, daß die große Mehrheit der Neurotiker und viele Psychotiker insbesondere mit Hilfe der neuen Medikamente geheilt werden und daß der Zustand der Unheilbaren sich häufig bessert. Es sollte keinen Makel bedeuten, einen geistig-seelischen Zusammenbruch zu erleiden. Ist der Streß so stark, daß er durch die Ritzen in unserem Panzer dringt, dann sind wir alle anfällig dafür. Er trifft die Großen wie Newton oder van Gogh genauso wie die Kleinen. Sargant[13] behauptet, daß mehr als ein britischer Premierminister Selbstmordversuche unternommen habe, bevor er zu diesem Amt aufgestiegen sei. Viele andere litten an Fällen von Depression, von den Zeitungen oft mit »nervöse Erschöpfung« oder »Müdigkeit« umschrieben. Asquith war dem Alkoholismus nahe. Lincoln litt an periodisch auftretender Melancholie und Forrestal verübte Selbstmord in einem Depressionszustand. Eagleton konnte sich nicht um das Vizepräsidentenamt bewerben, als sich herausstellte, daß er EST bekommen hatte.

Sargant schreibt: »Wollten wir in Großbritannien alle jene in hohen Positionen Tätigen entfernen, die EST hinter sich haben, dann würden wir unsere Reihen von einigen sehr fähigen Menschen lichten, und es wäre noch ärger, wenn wir diese Maßnahme auf alle jene ausdehnten, die in ihrem Leben an Depressionen gelitten haben.« Außerdem gibt es – wenn überhaupt – wenige psychiatrische Patienten, die in allem, was sie sagen oder tun, wahnsinnig sind. Wenn man ihnen helfen will, ihre Selbstachtung wiederzugewinnen, so ist es wichtig, daß Ärzte, Pfleger und die gesamte Öffentlichkeit das meiste ernst nehmen, was sie sagen, und nicht glauben, daß ihr Verhalten nur dem Wahnsinn entspringt.

23 Die Wahl der Behandlung

Meine Ansichten darüber, was man tun sollte, wenn man mit einem seelischen Zusammenbruch konfrontiert wird – sei es mit einem eigenen oder dem eines nahestehenden Menschen –, sind im Lauf dieses Buches wahrscheinlich deutlich geworden. Auf die Gefahr hin, mich zu wiederholen, will ich einige der Lehren zusammenfassen, die ich aus eigenen Erfahrungen[1] gezogen habe und aus der Literatur, in die ich mich bei der Vorbereitung dieses Buches vertiefte.

1. Wenn Sie an einem Zustand verzweifelter Angst oder Depression leiden, sollten Sie sich nicht in Psychoanalyse begeben; sie hilft wahrscheinlich nicht, sondern verschlimmert Ihren Zustand.

2. Wenn Sie Ihre Persönlichkeit mit Hilfe der Psychoanalyse erforschen wollen und sich dafür stark genug fühlen, überprüfen Sie die Zeugnisse, die die betreffende Hochschule dem Analytiker ausgestellt hat. Bevor Sie der Behandlung zustimmen, versuchen Sie herauszufinden, welches seine Ideale sind; stimmen sie mit den Ihren nicht überein, suchen Sie sich einen anderen Analytiker. Sie werden sich durch die Analyse wahrscheinlich nicht sehr verändern, und wenn der Analytiker versucht, Sie in einen Menschen zu verwandeln, der Sie nicht sind, wird die Behandlung vermutlich besonders qualvoll und unnütz sein.

3. Wenn Sie Ihren Analytiker oder Psychotherapeuten unsympathisch finden, wird er Ihnen höchstwahrscheinlich nicht helfen können – suchen Sie sich einen anderen. Lassen Sie sich nie gegen Ihren Willen durch die Versicherung, nur eine langdauernde Behandlung könne helfen, zur Verlängerung der Analyse überreden.

4. Wenn Sie eine Phobie oder eine zwanghafte neurotische Störung haben, lassen Sie sich durch Verhaltenstherapie behandeln. Vielen normalen Menschen mit geringfügigen, aber lästigen Ängsten, zum Beispiel vor dem Fliegen oder dem Sprechen in der Öffentlichkeit, kann durch Verhaltenstherapie geholfen werden.

5. Wenn Sie ängstlich sind, zu Schlaflosigkeit und Zornausbrüchen neigen oder ohne äußere Ursache sehr deprimiert sind,

lassen Sie sich nicht von einem Psychoanalytiker oder Psychotherapeuten behandeln, bevor Sie sich auf Ihren physischen Gesundheitszustand haben untersuchen lassen. Wenn Ihnen ein Psychiater die Behandlung eines dieser Zustände anträgt, ohne auf einer vorherigen ärztlichen Untersuchung zu bestehen, gehen Sie zu einem anderen Psychiater.

6. Wenn Ihre normalen Funktionen durch Angst oder Depression gestört sind, versuchen Sie einen Psychiater zu finden, der eklektisch ist in bezug auf seine Methoden. Mißtrauen Sie jedem, der dogmatisch an einer Methode auf Kosten anderer festhält, ob es sich nun um medikamentöse Behandlung, Verhaltenstherapie, die um den Patienten zentrierte Therapie oder Psychoanalyse handelt. Es ist wahrscheinlich, daß verschiedenen Leuten verschiedene Methoden nützen, und Sie brauchen einen Menschen, der sich bemüht, herauszufinden, was richtig für Sie ist.

7. Wenn Sie als freiwilliger Patient eine Klinik aufsuchen, versuchen Sie herauszufinden, wie die Bedingungen in den verschiedenen Spitälern Ihrer Umgebung sind. (Im allgemeinen sind Universitätskliniken besser eingerichtet und verfügen über mehr Personal als andere.)

8. Bevor Sie ernsthaft mit irgendeiner Psychotherapie beginnen, sollten Sie über deren Ziele und Methoden mit dem Therapeuten Einigung erzielen. Können Sie das nicht, suchen Sie sich einen anderen Therapeuten.

9. Stimmen Sie niemals einer Gehirnoperation zur Behebung psychischer Störungen zu, wenn keine Beweise für eine organische Gehirnschädigung vorliegen.

10. Nehmen Sie von einem praktischen Arzt keine psychotropen Medikamente an, außer für kurze Zeit, zur Linderung exogener Streßsituationen. Die praktischen Ärzte kennen oft nicht die Gefahr solcher Mittel und auch nicht die richtigen Anwendungsmöglichkeiten. Wenn Ihre Störung so ernst ist, daß Sie medikamentöse Behandlung brauchen, dann sollten Sie an einen Psychiater verwiesen werden.

11. Leben Sie in Großbritannien und geraten Sie in Schwierigkeiten wegen einer psychiatrischen Behandlung – ob Sie nun selbst betroffen sind oder ein Freund oder Angehöriger –, dann sollten Sie sich an die National Association for Mental Health wenden (Adressen in den Telefonbüchern für London, Cardiff und Leeds); es ist dies eine Vereinigung auf freiwilliger Basis zum Schutz der Interessen von psychisch Kranken, und sie wird versuchen, Ihnen mit Rat beizustehen, wo immer es möglich ist.

12. Sind Sie Brite und nehmen Sie das National Health Service

in Anspruch, denken Sie daran, daß Sie berechtigt sind, die Meinung eines zweiten Facharztes zu hören, wenn Sie mit dem ersten, den Sie aufgesucht haben, unzufrieden sind. Wenn Sie glauben, daß Sie psychiatrische Hilfe brauchen und Ihr Arzt sich weigert, Sie zu überweisen, so gibt es viele psychiatrische Abteilungen in Krankenhäusern, die Patienten ohne Überweisung untersuchen.

13. Mißtrauen Sie jedem Therapeuten, der Ihnen erzählt, es müßte Ihnen erst schlechter gehen, damit es Ihnen dann besser geht.

14. Wenn Sie ernstlich krank sind, sollten Sie lieber Psychotherapeuten ohne formelle Qualifikation meiden.

15. Außer Sie sind psychisch leidlich robust, meiden Sie sogenannte Kontaktgruppen. Gruppentherapie, von einem erfahrenen Psychotherapeuten geleitet, ist etwas ganz anderes.

16. Haben Sie mit Freunden oder Verwandten zu tun, die an einem seelischen Zusammenbruch leiden, nehmen Sie bitte ernst, was sie sagen. Wenn sie nicht schwer psychotisch sind, gründet sich das meiste, was sie sagen, auf die Wirklichkeit, es sollte nicht bloß als ein Krankheitssymptom gewertet werden. Seien Sie mitfühlend, ohne sentimental zu werden, und versuchen Sie, den Glauben des Kranken an sich selbst wiederherzustellen. Alles Positive in seinem früheren oder gegenwärtigen Verhalten, worauf Sie nur hinweisen können, ist wahrscheinlich eine Hilfe. Vermeiden Sie Vorhaltungen und Moralpredigten. Versuchen Sie, dem Patienten Hoffnung für die Zukunft zu machen. Wenn er wieder hoffen kann, so ist das oft der bedeutsamste Schritt in Richtung einer endgültigen Heilung.

17. Denken Sie daran, daß es keine Schande ist, geistes- oder psychisch krank zu sein, und daß die Behinderung selten ein Leben lang andauert. Viele Depressive glauben, daß sie nie wieder gesund werden, aber das ist ein Symptom der Krankheit. In Großbritannien werden fünfzig Prozent der in ein Krankenhaus aufgenommenen psychiatrischen Patienten innerhalb eines Monats entlassen und neunzig Prozent innerhalb eines Jahres. Außerdem bieten die Herstellung immer wieder neuer Medikamente und Fortschritte in den psychotherapeutischen Methoden einige Hoffnung sogar für die chronisch Kranken.

Mir ist natürlich bewußt, daß ich durch meine Anregungen sowohl in diesem Kapitel wie im ganzen Buch mich dem Vorwurf der Voreingenommenheit aussetze. Ich bin selbst Psychologe und habe eine Lanze für die Bedeutung meines Berufes gebrochen; meine Laufbahn war größtenteils der Forschung gewidmet, und ich behaupte, daß wir nur dann wirksame Behandlungsmethoden der psychischen Krankheiten entwickeln können, wenn wir sorgfältigere Forschungsarbeit leisten. Ich habe mich abfällig über die Psychoanalyse geäußert, und habe selbst schlechte Erfahrungen mit Psychoanalytikern gemacht. Auch habe ich auf Fehler in der Ausbildung und Auswahl von Psychiatern und Ärzten im allgemeinen aufmerksam gemacht, so wie ich sie sehe, und meine eigenen Beziehungen zu Ärzten waren nicht immer sehr freundschaftlich. Ich kann den Leser nur bitten, meine Argumente unabhängig von meinen Erfahrungen zu erwägen: Ihre Stärke – oder Schwäche – ist unabhängig von meiner eigenen, persönlichen Geschichte.

Ich bin mir auch bewußt, daß ich, wenn ich die Unzulänglichkeiten der psychiatrischen Betreuung herausgestrichen habe, vielleicht zuwenig über die Schwierigkeiten sagte, denen sich die Psychiater gegenübersehen, und über die Hingabe, mit der viele von ihnen den Kranken zu helfen versuchen. Ihre Schwierigkeiten stammen von unserer mangelnden Sachkenntnis her und von ungenügenden materiellen Mitteln: keines der beiden Probleme ist leicht zu bewältigen. In einem anderen Zusammenhang schrieb ich:

»Der Psychiater läuft Gefahr, ein beliebterer Sündenbock zu werden als seine Patienten. An den Pranger gestellt von der Presse, im Film und auf der Bühne, ist er stets ein Gefangener verzwickter Dilemmas. Läßt er einen gefährlichen oder mit Selbstmord drohenden Patienten einweisen, schilt man ihn einen Kerkermeister; entläßt er einen, hält man ihn für abgebrüht und unfähig. Die Leute bestürmen ihn um Medikamente und beschuldigen ihn dann, sie wie Maschinen zu behandeln. Behandelt er den Patienten psychotherapeutisch, wird ihm unter Umständen gleichzeitig vorgeworfen, Techniken von zweifelhaftem therapeutischen Wert anzuwenden und dem Patienten seine eigene Weltanschauung aufzuoktroyieren. Ist er eklektisch bei der Wahl der Behandlungsmethode, nennt man ihn unentschlossen oder läppisch; tritt er entschieden für die eine oder andere Psychotherapie oder physikalische Behandlung ein, ist er engstirnig. Seine Patienten schreiben ihm anfangs oft göttliche Weisheit zu und hassen ihn am Ende, weil es ihm nicht gelungen ist, ihre Probleme auf magische Art zu lösen. Führt er sorgfältige Versuche mit einer neuen therapeutischen Methode durch, bei denen er eine nicht behandelte Kontrollgruppe einsetzt, schreiben seine Kollegen Briefe an die *Times* und beschuldigen ihn, unmoralischerweise Menschen eine Behandlung vorzuenthalten, von der man intuitiv wisse, daß sie wertvoll sei: führt er solche Kontrolluntersuchungen nicht durch, schreiben andere Kollegen an die *Times* und bezichtigen ihn, ein unwissenschaftlicher Quacksalber zu sein.«

Der Psychiater sitzt also in einer Reihe von Zwickmühlen fest, denen gegenüber die Kernfamilie wie ein Zufluchtsort der Sanftmut und Vernunft wirkt. Dennoch sollte uns das Mitgefühl für seine Nöte nicht blind dafür machen, daß Behandlung und Betreuung von Geisteskranken verbessert werden müssen; mit Rücksicht darauf habe ich mich vielleicht allzusehr auf die Schwächen der heutigen Psychiatrie konzentriert und zuwenig auf ihre Vorzüge und Erfolge.

Abschließend hoffe ich also, genug Informationen beigesteuert zu haben, um jenen, die mit dem Problem der psychischen Krankheit konfrontiert sind, zu helfen, Fehler zu vermeiden, wie ich sie gemacht habe, als ich mich zu ungeeigneten Behandlungsarten überreden ließ. Viele, wenn nicht alle Argumente, die ich aufgezählt habe, werden erfahrenen Angehörigen der Berufsgruppe, die mit Geisteskranken zu tun hat, vertraut sein; allerdings werden sie oft von jenen ignoriert, die dem Dogma einer bestimmten Behandlungsmethode verfallen sind, und nicht genügend überdacht von denjenigen, die beruflich erst mit der Behandlung von Geisteskrankheit anfangen. Es gibt keine für alle Patienten geeignete Methode, genausowenig wie es ein Ziel gibt, das alle Menschen verfolgen sollten. Was immer wir uns zu tun entschließen, hindert uns daran, etwas anderes zu tun. Wir entwickeln unsere emotionelle Sensitivität nur auf Kosten von Zeit und Energie, die jemand anderer vielleicht lieber für Studien oder Geschäfte aufgewandt hätte. Ich glaube auch nicht an den allseitigen Menschen, der gleichermaßen seinen Körper, seine Gefühle und seinen Intellekt ausbildet. Bedeutende Erfolge in Literatur, Kunst, Wissenschaft, Medizin, Politik oder im Geschäftsleben werden oft von Leuten errungen, die von einem einzigen Bestreben getrieben werden und andere Aspekte ihres Lebens vernachlässigen. Ohne solche Menschen wäre die Welt ärmer. Wir sollten uns niemals anmaßen, anderen ihre Ziele zu diktieren; das Äußerste, was wir fordern dürfen ist, daß die Menschen nicht in Verfolgung ihrer eigenen Ziele zu vielen Leuten auf die Zehen treten. Wie meine alte Tante zu sagen pflegte: »Man braucht alle möglichen Typen, um eine Welt zu schaffen.« Psychiater, Psychoanalytiker und Psychologen täten gut daran, sich das zu merken.

Anmerkungen

Diese Anmerkungen sind für den Leser gedacht, der sich mit den Argumenten und dem Beweismaterial eingehender befassen will. Statt alle relevanten Publikationen anzuführen, habe ich häufig nur auf kritische Artikel verwiesen, die dem Leser genauere Hinweise liefern können. Ich habe auf Hinweise auch dort verzichtet, wo allgemeine Übereinstimmung über ein Thema herrschte; der interessierte Leser kann ein auf den neuesten Stand gebrachtes Handbuch der Psychiatrie zu Rate ziehen, wie zum Beispiel Freedman, A. M., Kaplan, H. I. & Sadock, B. J., *Comprehensive Textbook of Psychiatry* (Baltimore, 1975). Wo es möglich war, habe ich am Beginn der Anmerkungen zu den einzelnen Kapiteln auf weitere, für den Leser, der kein Fachmann ist, geeignete Bücher hingewiesen.

Kapitel 8

Allgemein: Ich kenne keine einzige populärwissenschaftliche Quelle, die über die verschiedenen Arten der psychischen Krankheiten informiert und darüber, welche davon am häufigsten auftreten. Bezüglich der Klassifikation stützte ich mich weitgehend auf General Registry Office, *Studies on Medical and Population Subjects,* Nr. 22: *A Glossary of Mental Disorders* (London, HMSO, 1968), das wiederum auf der achten revidierten Auflage der von der Weltgesundheitsorganisation (WHO) herausgegebenen *International Statistical Classification of Diseases, Injuries and Causes of Death* (Genf 1965) aufbaut.

1 Bezüglich Hexen und Drogen s. Rothman, T., *Bulletin for the History of Medicine,* 46, 562–7 (1972).

2 Eine Zusammenfassung der jüngsten Forschungsarbeiten über die Klassifikation der depressiven Krankheiten s. Akiskal, H. S. & McKinney, Jr. W. T., *Archives of General Psychiatry,* 32, 285–305 (1975).

3 Über diese Untersuchung s. Abrams, R. et al., *Archives of General Psychiatry,* 31, 640–4 (1974).

4 Shepherd, M. et al., *Psychiatric Illness in General Practice* (London 1966).

5 Die Zahlen über die Häufigkeit verschiedener Formen der Neurosen stammen von Cooper, B., *Proceedings of the Royal Society of Medicine,* 65, 509–12 (1972).

6 Agras, W. S. et al., *Comprehensive Psychiatry,* 10, 151–6 (1969).

7 Hinweise zu diesen Studien und Besprechungen der epidemiologischen Forschung in der Psychiatrie s. Cooper, A. & Morgan, H. G., *Epidemiological Psychiatry* (Springfield, Ill., 1973) oder Gruenberg, E.

M. & Turns, D. M., in Freedman, A. M., Kaplan, H. I. & Sadock, B. J., *Comprehensive Textbook of Psychiatry*, Bd. I, S. 398–412 (Baltimore 1975).

Kapitel 9

Allgemein: Ich kenne keine neuere populärwissenschaftliche Besprechung der Ursachen der Geisteskrankheit. Bei Marks, I. M. *Psychological Medicine*, 3, 436–54 (1973) findet sich ein lesbarer und nicht allzu detaillierter Überblick über dieses Problem.

1 Neueres Material über die Genetik der Geisteskrankheit wird bei Fieve, R., et al., *Genetics and Psychopathology* (Baltimore 1974) erläutert.

2 Eine Besprechung der Auswirkungen sozialer und kultureller Faktoren auf die Psychopathologie findet sich bei Dohrenwend, B. P. & Dohrenwend, B. S., *Annual Review of Psychology*, 25, 417–52 (1974).

3 Eine Übersicht der Forschungen über das Vorkommen von Geisteskrankheit in afrikanischen Ländern bei German, G. A., *British Journal of Psychiatry*, 121, 461–79 (1972).

4 Eaton, J. W. & Weil, R., *Culture and Mental Disorders* (New York 1955).

5 Goldhamer, H. & Marshall, A. W., *Psychosis and Civilization* (New York 1949).

6 Eine Übersicht der Forschungen über die Interaktionen in Familien mit einem schizophrenen Mitglied s. Jacob, T., *Psychological Bulletin*, 82, 33–65 (1975).

7 Seligman, R. et al., *Archives of General Psychiatry*, 31, 475–9 (1974).

8 Vaillant, G. E. in Ricks, D. et al. (Hrg.), *Life History Research in Psychopathology*, Bd. 3, S. 230–42 (Minneapolis 1974).

9 Zur Beziehung zwischen Kindheit und Erwachsenenneurose s. Rutter, M. L., *Acta Psychiatrica Scandinavica*, 48, 3–21 (1972).

10 Bezüglich der Auswirkungen von belastenden Ereignissen s. Dohrenwend, B. S. & Dohrenwend, B. P. (Hrg.), *Stressful Life Events: Their Nature and Effects* (New York 1974).

11 Brown, G. W. & Birley, J. L. T., *Journal of Health and Social Behaviour*, 9, 203–14 (1968).

12 Glass, A. J. & Bernucci, A. J. (Hrg.), *Neuropsychiatry in World War II* (Washington D. C.: Office of the Surgeon General, Department of the Army, 1966).

13 Eine kurze Übersicht über biochemische Faktoren, die bei der funktionellen Psychose eine Rolle spielen, bei Kety, S. S. in Freedman, A. M., Kaplan, H. I. & Sadock, B. J., *Comprehensive Textbook of Psychiatry*, Bd. I, S. 178–87 (Baltimore 1975).

14 Seligman, M. E. P., *Helplessness* (San Francisco 1975).

15 Freedman, D. G. & Freedman, N. C., *Nature*, 224, 1227 (1969).

Kapitel 10

Allgemein: Freud ist der weitaus beste Interpret seiner eigenen Ideen. Seine *Vorlesungen zur Einführung in die Psychoanalyse* (aus den Jahren 1915 bis 1917; Fischer Taschenbuch Bd. 6348) bilden einen hervorragenden Ausgangspunkt. *Die Traumdeutung* (Fischer Taschenbuch Bd. 6344) und *Die Psychopathologie des Alltagslebens* (Fischer Taschenbuch Bd. 6079) sind ebenfalls sehr gut lesbar.

1 Sigmund Freud, Gesammelte Werke, Studienausgabe, Bd. I., S. 248 f.

2 Freuds Aufsatz über Leonardo in der Ausgabe der Penguin Books (1963) enthält einen Essay von Brian Farrell mit einer gründlichen Analyse der Art, in der Freud historische Tatsachen verzerrte bei dem Versuch, sie seiner Sache nutzbar zu machen.

3 Zur Geschichte der elterlichen Praktiken sind folgende Bücher von Interesse: Ariés, P., *Centuries of Childhood; A Social History of Family Life in New York* (New York 1974; dtsch.: *Geschichte der Kindheit*, München [2]1976); Hunt, D., *Parents and Children in History: the Psychology of Family Life in Early Modern France* (New York 1970); DeMause, L., *The History of Childhood* (New York 1974; dtsch.: *Hört Ihr die Kinder weinen? Eine psychogenetische Geschichte der Kindheit*, Frankfurt 1977); vgl. auch Johansen, E.M., *Betrogene Kinder. Eine Sozialgeschichte der Kindheit* (Frankfurt 1978; Fischer Taschenbuch Bd. 6622).

Kapitel 11

Allgemein: Ein kurzer und in seiner Überheblichkeit charakteristischer Bericht über den Stand der Freudschen Psychoanalyse, von einem heute tätigen Analytiker verfaßt: Siehe Fine, R., bei Corsini, R., *Current Psychotherapies*, 1–33 (Itasca, Ill., 1975); eine ätzende, aber amüsante Attakke schrieb Salter, A., *The Case against Psychoanalysis* (New York 1973).

1 Freud, *op. cit.*, XV, S. 179.

2 Ebda, Bd. III, S. 259.

3 Einige dieser Untersuchungen finden sich bei Eysenck, H. J. & Wilson, G. D., *The Experimental Study of Freudian Theories* (London 1973).

4 Holmes, D. S., *Psychological Bulletin*, 81, 632–53 (194).

5 Hinsichtlich der Normalität von Affen, die ohne Eltern, aber mit gleichaltrigen Artgenossen aufgezogen wurden, s. Harlow, H.F. bei Abrams, A. *et al.* (Hrg.), *Unfinished Tasks in the Behavioral Sciences*, S. 154–73 (Baltimore 1964).

6 Die Wirksamkeit der Psychotherapie im allgemeinen und der Psychoanalyse im besonderen ist ein vieldiskutiertes Thema. Eine neuere Besprechung, die zu negativen Schlußfolgerungen kommt, s. bei Rachman, S., *The Effects of Psychotherapy* (Oxford 1973). Es ist lehrreich, sich einige der diesbezüglichen Stellungnahmen anzusehen, die versuchen, eine etwas positivere Haltung einzunehmen. Zum Beispiel bestreitet Bergin, A. E., bei Bergin A. E. & Garfield, S. L., *Psychotherapy and Behaviour Change*, 217–70 (New York 1971),

Eysencks Schlüsse (Eysenck, H. L., *Journal of Counselling Psychology*, 16, 319–24, 1952), daß Patienten, die mit Psychoanalyse und anderen Formen der Psychotherapie behandelt wurden, keine besseren Resultate zeigen als solche, die keiner solchen Behandlung unterzogen wurden. Bergin führte achtundvierzig Untersuchungen über zweiundfünfzig Gruppen behandelter Patienten an. Bei zweiundzwanzig Gruppen hatte sich die Behandlung als günstig erwiesen, bei fünfzehn keine nachteiligen oder gar keine Effekte gezeigt; bei den übrigen waren die Ergebnisse ohne Beweiskraft. Bergins eigene Schlußfolgerungen sind vorsichtig: »Es scheint sich deutlich zu zeigen, daß die Psychotherapie, so wie sie in den letzten vierzig Jahren praktiziert wurde, eine im Durchschnitt mäßig positive Wirkung zeitigte. Es ist jedoch klar, daß die durchschnittlichen Gruppendaten ... eine Vielfalt von Prozessen verbergen, die in der Therapie vor sich gehen und von denen man weiß, daß sie entweder gar keine oder gar schädliche Effekte hatten.«

7 Die »Placebo«-Wirkung wird in Kapitel 20 ausführlicher besprochen. Dort finden sich auch Hinweise auf diesbezügliche Untersuchungen.

8 Hamburg, D. A. et al., *Journal of the American Psychoanalytic Association*, 15, 841 (1967).

9 Malan, D. H., *Archives of General Psychiatry*, 29, 719–29 (1973).

10 Kernberg, O. F. et al., *Psychotherapy and Psychoanalysis: Final Report of the Menninger Foundation's Psychotherapy Research Project* (Topeka, Kansas, 1972). Eine kritische Besprechung findet sich bei Rachman, S., *Bulletin of the British Psychological Society*, 26, 343–6 (1973).

Kapitel 12

1 Die Bedeutsamkeit der Unterschiede in der Persönlichkeit des Therapeuten wird in Kapitel 15 eingehender besprochen.

2 Freud, zitiert nach der engl. Ausgabe der Gesammelten Werke, Bd. XII, S. 115.

3 Malan, D. H., op. cit.

4 Dewald, P. C., *Contemporary Psychology*, 20, 492 (1975).

5 Zitiert bei Landis, C., *Journal of Abnormal and Social Psychology*, 35, 17–28 (1940).

6 Hinsichtlich Beweismaterials für die Tendenz, Dinge zu überschätzen, die man unter großer Anstrengung erworben hat, s. zum Beispiel Festinger, L., *A Theory of Cognitive Dissonance* (New York 1967).

7 Freud, a. a. O., XI, S. 142.

8 Ebda, X, S. 104.

9 Eysenck, H. J., *Penthouse*, 6, Nr. 9 (1971).

10 Freud, Studienausgabe, Frankfurt 1969, Bd. I, *Vorlesungen zur Einführung in die Psychoanalyse*, S. 434 f. (s. *Allgemein* zu Kap. 10).

11 Freud, ebda.

12 Greenbank, R. K., *Pennsylvania Medical Journal*, 64, 989 (1961).

13 Der Präsident war M. K. Stein; seine Bemerkungen werden wiederge-

geben in Lussier, A., *International Journal of Psychoanalysis*, 53, 13 bis 19 (1972).
14 Cooper, I.S., *The Victim is Always the Same* (New York 1974).

Kapitel 13

Allgemein: Keiner von Freuds Nachfolgern schrieb mit der gleichen Klarheit und mit dem gleichen Schwung. Ich habe mich flüchtig mit Jung, Adler, Reich und anderen befaßt, war aber niemals imstande, sie gründlicher zu lesen. Nähere Informationen über Jung und Reich findet der Leser bei Storr, A., *Jung* (London 1973) und Rycroft, C., *Reich* (London 1973). Es sind faire und höchst lesbare Interpretationen. Auch Kiernan, T., *Shrinks, etc: A Consumer's Guide to Psychotherapies* (New York 1974; dtsch.: *Psychotherapie, Kritischer Führer durch Theorien und Praktiken,* Frankfurt 1974 – als Fischer Taschenbuch Bd. 6374) bietet nützliche, zusammenfassende Übersichten über die verschiedenen analytischen Schulen.
1 Jungs Bemerkung über den Penis bei Storr, A., op. cit., S. 113.
2 Die Beziehung zwischen Jung und Freud wird in C. G. Jung, *Erinnerungen Träume Gedanken* (hrg. von A. Jaffé, Zürich 1963), S. 151 ff. ausführlich behandelt. Siehe auch Cohen, E. D., *C. G. Jung and the Scientific Attitude* (New York 1975). Obwohl schwieriger zu lesen als das Buch von Storr, ist es eine nützliche Darstellung Jungs.
3 Über Extraversion-Introversion s. Jung, C. G., Gesammelte Werke, und Storr, A. op. cit., S. 64.
4 Der Zwischenfall mit dem Patienten, der den Penis der Sonne zu sehen glaubte, ist Jungs Werken entnommen und wird bei Cohen, E. D., op. cit., S. 30, zitiert.
5 S. Storr, A., op. cit. S. 88.
6 Ebda.
7 Die Geschichte über Adler und den Psychiater findet sich bei Mosak, H. H. & Dreikurs, R., in Corsini, R., *Current Psychotherapies*, S. 35 bis 84 (Itasca, Ill. 1973).
8 Die Information über die Ausnahmegesuche an die Karen-Horney-Klinik stammt aus Kierman, T., op. cit. S. 154.
9 Zitiert bei Rycroft, op. cit. S. 66.
10 Ebda, S. 93.
11 Ebda, S. 11.
12 Schweizerisches Archiv für Neurologie und Psychiatrie, 63.

Kapitel 14

Allgemein: Rogow, A., *The Psychiatrists* (London 1971) berichtet über die Ergebnisse von Fragebögen, die er an Psychoanalytiker und Psychiater gesandt hatte. Das Buch enthält auch andere interessante Angaben, meist soziologischer Natur, über diese beiden Berufsgruppen. Es ist sowohl für den gewöhnlichen Leser wie für den Fachmann nützlich, und ich habe es zur Vorbereitung dieses Kapitels sehr eingehend konsultiert.
1 Rogow, A., op. cit. S. 101.

2 Ebda, S. 84.
3 Ebda, S. 99.
4 Bezüglich des Berichts darüber, was einen guten Analytiker ausmacht, s. Rogow, op. cit., S. 50.
5 Geschätzte Anzahl der Psychoanalytiker von Fine, R., in Corsini, R., *Current Psychotherapies,* S. 5 (Itasca, Ill. 1973).
6 Rogow, op. cit., S. 41.
7 Ebda, S. 83.

Kapitel 15

Allgemein: Die Werke von Rogers und Perls zu lesen erfordert zwar nur wenige oder gar keine Vorkenntnisse, wohl aber – meiner Erfahrung nach – beträchtliche Geduld. Rogers, C., *Client-Centred Therapy* (Boston 1954; dtsch.: *Die klientenzentrierte Gesprächspsychotherapie,* München 1976) ist eine gute Einführung in seine Ideen. Was die Gestalt-Therapie mit Do-it-yourself-Übungen anlangt, versuche man Perls, F. S. et al., *Gestalt Therapy: Excitement and Growth in the Human Personality* (New York 1951); neueren Datums ist Fagan, J. & Shepherd, I. L. (Hrg.), *Gestalt Therapy Now* (New York 1970). Auch die diesbezüglichen Kapitel bei Corsini, R. (Hrg.), *Current Psychotherapies* (Itasca, Ill. 1973) sind nützlich.
1 Hinweise auf diese Studie und auf die meisten der im folgenden zitierten Untersuchungen finden sich bei Truax, C. B. & Mitchell, K. M., in Bergin, A. E. & Garfield, S. L. (Hrg.), *Handbook of Psychotherapy and Behaviour Change,* S. 299–344 (New York 1971).
2 Ricks, D. R. in Ricks, D. R. et al., *Life History Research in Psychopathology,* Bd. 3, S. 275–97 (Minneapolis 1974).
3 Siehe Truax, op. cit., S. 340.
4 Mindess, H., *American Psychologist,* 30, 598–600 (1975).
5 Das Zitat stammt von Perls, F. S., in Fagan, J. & Shepherd, I. L., op. cit. S. 19.
6 Perls, F. S. et al., op. cit.
7 Berne hat ein populärwissenschaftliches Buch über die Transaktionsanalyse verfaßt: *Spiele der Erwachsenen* (rororo 6735).

Kapitel 16

Allgemein: Yalom, I. D., *The Theory and Practice of Group Psychotherapy* (New York 1970; dtsch.: *Gruppenpsychotherapie,* München 1974) ist eine gründliche Untersuchung der Gruppentherapie. Es ist verständlich geschrieben – auch für den gewöhnlichen Leser. Es gibt eine Menge populärwissenschaftlicher Bücher über Encounter Groups. Maliver, B., *The Encounter Game* (New York 1973) erzählt deren Geschichte in den USA; es ist in erster Linie für den Laien geschrieben. Lieberman, M.A., et al., *Encounter Groups: First Facts* (New York 1973) enthält die systematischste bis jetzt durchgeführte Untersuchung über die Auswirkungen von Encounter Groups. Ich habe alle drei Quellen sehr häufig zu Rate gezogen.

1 Yalom, I. D., op. cit. S. 70 f.
2 Die Informationen über T-Gruppen sind von Maliver, B., op. cit.
3 Ebda, S. 179.
4 Ebda, S. 179.
5 American Psychiatric Association, Task Force Report. *Encounter Groups and Psychiatry* (Washington D. C., 1970).
6 Maliver, B., op. cit. S. 130.
7 Die Untersuchung der Stanford University s. in Lieberman, M. A. et al., op. cit.
8 Braginsky, B. M. & Braginsky, D. D., *Mainstream Psychology: a Critique*, S. 85 (New York 1974).

Kapitel 17

1 Lowen, A., *The Language of the Body* (New York 1971).
2 Siehe Braginsky, B. M. & Braginsky, D. D., op. cit.
3 Die Zitate stammen aus Maslow, A. H., *Journal of Humanistic Psychology*, 7, 93–127 (1967).
4 Braginsky & Braginsky, op. cit. S. 79 f.
5 Der Bericht über den Fall Woods stammt aus Kiernan, T., op. cit. S. 1–5.

Kapitel 18

Allgemein: Mir ist keine populärwissenschaftliche Arbeit über Verhaltenstherapie untergekommen. Es gibt aber viele Handbücher über dieses Thema, e. g. Rimm, D. C. & Masters, J. C., *Behaviour Therapy: Technique and Empirical Findings* (New York 1974).
1 Skinner hat mehrere populärwissenschaftliche Bücher geschrieben. Das bekannteste ist vielleicht *Beyond Freedom and Dignity* (New York 1971; dtsch.: *Jenseits von Freiheit und Würde*, Reinbek 1973). Trotz seiner Behauptungen über die Nützlichkeit verhaltenstherapeutischer Methoden unternimmt er nirgends den Versuch, eine Gesamtdarstellung der Verhaltenstherapie, so wie sie gegenwärtig praktiziert wird, zu geben.
2 Wolpe, J., *Psychotherapy by Reciprocal Inhibition* (Stanford, Cal. 1958).
3 Hoon, P. W. & Lindsley, O. R., *American Psychologist*, 29, 694 f (1974).
4 Eine kritische Beurteilung der Art, wie Freud im Fall des »Kleinen Hans« (Fischer Taschenbuch Bd. 6715) Tatsachenmaterial benützte, findet sich bei Wolpe, J. & Rachman, S., *Journal of Nervous and Mental Disease*, 130, 135–48 (1960).
5 Über die Effektivität von Reizüberflutung unter Tranquilizer-Einfluß s. Marks, I. M. et al., *British Journal of Psychiatry*, 121, 493–505 (1972).
6 Bezüglich Modellernen als Technik s. Bandura, A., *Principles of Behaviour Modification* (New York 1969).
7 Über diese Untersuchung berichtet Paul, G. L., *Insight vs Desensiti-*

zation in Psychotherapy: an Experiment in Anxiety Reduction (Stanford, Cal. 1966).
8 Der Psychiater war Isaac Marks, und über seine Entdeckungen berichtet Hand, I., Lamontagne, Y. & Marks, I. M., *British Journal of Psychiatry*, 124, 588–602 (1974).
9 Paul, G. L., op. cit.
10 Siehe Marks, I. M. *Journal of Nervous and Mental Disorders*, 156, 420–6 (1973).
11 Vgl. Seligman, M. E. P., *Helplessness* (San Francisco 1975).
12 Schachter, S., *Emotion, Obesity and Crime* (New York 1971).
13 Vgl. Bray, G. R. (Hrg.), *Obesity: a National Symposium* (Washington D. C. 1976).
14 Purcell, L. P. & Berwick, P. T., *Archives of General Psychiatry*, 31, 502–4 (1974).
15 Eine Erörterung dieser Studien siehe bei Notz, W. W., *American Psychologist*, 30, 884–91 (1975).
16 McConnell, J.V., *Psychology Today* (April 1970), S. 14.
17 Fakten über Kriegsgefangene in Korea aus Russell, A.W., *Journal of Clinical Psychology*, 30, Special Monograph Supplement, 111–36 (1974).
18 Russell, A. W., op. cit.
19 Von dem Experiment über die Wirkung von Placebo auf die Schmerztoleranz berichten Davison, G. C. und Vallins, S., *Journal of Personality and Social Psychology*, 11, 25–33 (1969).
20 Eine kritische Besprechung des *Biofeedback* findet sich bei Birk, L., *Biofeedback: Behavioral Medicine* (New York 1974).
21 Sloan, R. B. et al., *Psychotherapy versus Behaviour Therapy* (Cambridge, Mass., 1975).
22 Das Zitat stammt von Teasdale, J. D., in Sutherland, N. S. (Hrg.), *Tutorial Essays in Psychology* (Hillsdale, N. Y., 1976).

Kapitel 19

Allgemein: Eine gute Darstellung der Techniken bei der Manipulierung des Gehirns bietet Valenstein, E. S., *Brain Control* (New York 1973): Es ist wissenschaftlich und doch verständlich und erfordert keine Vorkenntnisse. Ein ausgezeichnetes Buch mit vielen Beispielen sinnloser und gefährlicher Behandlungen, die ohne entsprechenden Beweis für ihre Effektivität in der Medizin weithin angewandt werden oder wurden, ist Malleson, A., *Need Your Doctor Be So Useless?* (London 1973).
1 Bezüglich der unilateralen Elektroschockbehandlung siehe D'Elia, G. & Raotma, H., *British Journal of Psychiatry*, 126, 83–9 (1975).
2 Zur Todesrate bei der Tonsillektomie siehe den *Report on In-patient Enquiry for the Year 1961* des britischen Gesundheitsministers (London 1962) und Wolman, I. J., *Quarterly Review of Paediatrics*, 2, S. 109 (1956).
3 Bawkin, H., *New England Journal of Medicine*, 232, 691 (1955). Diese und andere Studien über Tonsillektomie werden diskutiert in Malleson, A., op. cit.

4 Über die Geschichte der Konvulsiv-Therapie durch die Anwendung von Insulin oder Metrazol und wie diese Therapie zur Elektroschockbehandlung führte s. Valenstein, E. S., op. cit.

5 Die Untersuchung, die endgültig bewies, daß Insulin nicht angewendet werden sollte, stammt von Ackner, B. et al., *Lancet*, I. S. 607 (1957), ihr gingen aber mehrere kleinere Studien voraus, zum Beispiel Bourne, H., *Lancet*, 2, S. 964 (1953).

6 Die Geschichte von dem schadhaften E-Schock-Apparat wird von Jones, J. E., *World Medicine*, 9, Nr. 25, 24 (1974) berichtet.

7 Zur Geschichte der Lobotomie und für weitere Hinweise s. Valenstein, E. S., op. cit.

8 Es handelt sich um die Studien von Robin, A. A., *Journal of Neurology, Neurosurgery and Psychiatry*, 21, 262–9 (1958) und McKenzie, K. G. & Kaczanowski, G., *Canadian Medical Association Journal*, 91, 1193–6. Valenstein, der die Psychochirurgie etwas weniger pessimistisch beurteilt, erwähnt keine von beiden.

9 Zitiert bei Valenstein, E. S., op. cit., S. 310f.

10 Die begrenzten Formen der Lobotomie, die gegenwärtig praktiziert werden, scheinen weniger schädliche Nebenwirkungen zu haben. Einige gründliche Untersuchungen weisen darauf hin, daß sie eine Anzahl von klinischen Vorteilen bringen könnten, vor allem in Fällen, in denen Angst ein hervorstechendes Symptom bildet. Tan, E. et al., *British Journal of Psychiatry*, 118, 155–64 (1971) und Marks, I. M. et al., *British Journal of Psychiatry*, 112, 757–69 (1966), berichten von einer leichten Besserung durch begrenzte Lobotomie bei schweren Zwangsneurotikern und Agoraphoben in einem fünfjährigen Follow-up mit entsprechenden Kontrollgruppen.

11 Die Schilderung von V. Mark's (nicht zu verwechseln mit Marks) und F. Ervins Tätigkeit ist teilweise ihrem Buch *Violence and the Brain* (New York 1970) entnommen und teilweise Berichten, die Peter Breggin, der ein Follow-up des Falles durchführte, privat verbreitete. Eine ausführlichere Besprechung der hier angeführten Fälle und der Gefahren der Psychochirurgie findet sich bei Chorover, S., in Boston University Law Review, und Center for Health Sciences Boston University School of Law, *Psychosurgery: A Multidisciplinary Symposium*, S. 15–32 (Lexington, Mass., 1974).

Kapitel 20

Allgemein: Coleman, V., *The Medicine Men* (London 1975) ist ein aufschlußreicher Bericht über die Aktivitäten der pharmazeutischen Industrie und ihre Beziehungen zu Ärzten; Malleson, A., *Need Your Doctor Be So Useless?* (London 1973) schildert – wohlbelegt und sehr lesbar – einige Fälle, in denen keine Medikamente verwendet werden sollten. Wenn nicht anders angegeben, stützte ich mich hauptsächlich auf ein Handbuch aus jüngerer Zeit: Valzelli, L., *Psychopharmacology: an Introduction to Experimental and Clinical Principles* (New York 1973).

1 Angaben über Aufnahmen wegen Schlafmittelvergiftung in die Royal

Infirmary (Königliches Krankenhaus), Edinburgh, finden sich bei Malleson, A., op. cit., S. 76.
2 Bezüglich Todesfälle infolge von Schlafmittelvergiftung in den USA, s. *Proceedings, White House Conference on Narcotic and Drug Abuse* (Washington D. C. 1962).
3 Sargant, W., *Proceedings of the Royal Society of Medicine*, 51, S. 353 (1958).
4 Bewley, T., *Bulletin of Narcotics*, 13 (1967).
5 Essig, C. F., *Clinical Pharmacology and Therapeutics*, 5, S. 334 (1964) und Essig, C. F., *Journal of the American Medical Association*, 196, S. 714 (1966).
6 Valzelli, L., op. cit., S. 173.
7 Greenblatt, D. S. & Schacter, R.I., *Benzodiazepines in Clinical Practice* (New York 1974).
8 Die Zahl der in Großbritannien verschriebenen Amphetamin-Tabletten wird von Malleson, A., op. cit., S. 63, angeführt und stammt vom Statistical Office of the Ministry of Health (Statistische Abteilung des Gesundheitsministeriums).
9 Über den Gebrauch von Amphetaminen bei Gewichtsproblemen s. Modell, S., *Journal of the American Medical Association*, 173, 1131 (1960).
10 Die Fakten sind Malleson, A., op. cit., S. 63f, entnommen.
11 Valzelli, L., op. cit., S. 218.
12 Wender, P., *Minimal Brain Dysfunction in Children*, S. 12 (New York 1971).
13 Ebda.
14 Chorover, S., *Psychology Today* (October 1973), S. 43. Ich bin Chorover für die Gelegenheit zu Dank verpflichtet, einen längeren, unveröffentlichten Artikel von ihm über die Politik der Psychobiologie lesen zu können.
15 Die klinischen Effekte der trizyklischen Antidepressiva wurden vielen gründlichen Tests unterzogen, mit günstigen Resultaten. Einen der umfangreichsten unternahm das Medical Research Council (Komitee für medizinische Forschung) in Großbritannien. Ein Bericht darüber findet sich im *British Medical Journal*, 1, 881–6 (1965). Weitere Hinweise s. Valzelli, op. cit., S. 197.
16 Zu Lithium s. Johnson, F. N. (Hrg.), *Lithium Research and Therapy* (London 1975), aus dem ich den Großteil meiner Informationen bezogen habe.
17 Cole, J. O., *American Journal of Psychiatry*, 10, 581–95 (1964).
18 Bezüglich der CIOMS-Berichte s. Coleman, V., op. cit. S. 66.
19 Über die Geschichte der Kontrollversuche in der Medizin – die hier zitierte Geschichte inbegriffen – s. Cochrane, A.L., *Effectiveness and Efficiency: Random Reflections on the Health Service* (London 1972).
20 Brill, N. Q. et al., *Archives of General Psychiatry*, 10, 581–95 (1964).
21 Bezüglich weiterer Studien s. Shapiro, A. K., in Bergin, A. E. & Garfield, S. L., *Handbook of Psychotherapy and Behaviour Change* (New York 1971). Darin findet sich auch eine ausgezeichnete Darstellung der Placebo-Effekte.

22 Siehe Malleson, A., op. cit., S. 25, Hinweise auf Kalomel.
23 Ein Resümee der Contergan-Tragödie findet sich bei Coleman, V., op. cit.

Kapitel 21

Allgemein: Viel gelesen sind die Schriften der antipsychiatrischen Bewegung, vertreten u. a. durch Thomas Szasz und R. D. Laing, Laings Krankengeschichten sind interessant, siehe z. B. Laing, R. D., *The Divided Self* (London 1960; dtsch.: *Das geteilte Selbst*, Reinbek 1976), und Laing, R. D. & Esterson, A., *Sanity, Madness and the Family* (London 1964), aber seine neueren Werke sind unklar, und man kann seinen Argumenten nur schwer folgen. Szasz schreibt einen kraftvollen und verständlichen Stil, aber er wiederholt sich oft und scheint an Bellmans Prinzip »Was ich dreimal gesagt habe, ist wahr« zu glauben. Beispiele dafür sind *The Myth of Mental Illness* (New York 1961; dtsch.: *Geisteskrankheit. Ein moderner Mythos*, Olten 1972) und *The Manufacture of Madness* (New York 1970; dtsch.: *Die Fabrikation des Wahnsinns* – als Fischer Taschenbuch Bd. 6321).

1 Rosenhan, D. L., *Science*, 179, 250–8 (1973).
2 Illich, I., *Medical Nemesis* (London 1975; dtsch.: *Die Nemesis der Medizin*, Reinbek 1977).
3 Statistische Daten vom Department of Health & Social Security, *Statistical and Report Series No. 10: Census of Mentally Ill Patients* (London 1975).
4 Über die Rolle des Klerus s. Gurin, G., Veroff, J. & Field, S., *Americans View their Mental Health* (New York 1960).
5 Hinsichtlich der Auswirkungen von Hochhauswohnungen s. zum Beispiel Fanning, P., *British Medical Journal*, 1, 382–6 (1967).
6 Bellak, L. (Hrg.), *A Concise Handbook of Community Psychiatry and Community Mental Health*, S. 9 (New York 1974).
7 Cmnd. 4861, *Report of the Committee of Enquiry into Whittingham Hospital* (London 1972).
8 Über die Zahl der eingewiesenen Patienten in England und Wales s. Department of Health and Social Security, op. cit.
9 National Institute of Mental Health Statistical Note 105: *Legal Status of In-patient Admissions to State and County Hospitals United States 1972* (Washington D. C. 1974).
10 Berichte über Gerichtsverhandlungen aus jüngerer Zeit betreffend die Rechte der Geisteskranken in den USA entnehme ich dem *American Psychological Association Monitor* für die Jahre 1974 und 1975.
11 Masters, W. H. & Johnson, V., *Human Sexual Inadequacy* (Boston 1970).
12 Comfort, A., *The Joy of Sex* (London 1972).

Kapitel 22

Allgemein: Ein gutes populärwissenschaftliches Buch über die Rolle des Psychologen bei der Betreuung der psychisch Leidenden und in der

Medizin im allgemeinen ist Rachman, S. J. & Phillips Vs., C., *Psychology and Medicine* (London 1975; dtsch.: *Arzt und Psychologe. Ein Programm zur Partnerschaft*, München 1976). Der *Report of the Royal Commission on Medical Education* (London 1968) ist bemerkenswert gut geschrieben und interessant für den Laien. Jenen, die Illichs Stil aushalten, ist sein grimmiger Angriff auf die moderne Medizin, *Medical Nemesis* (London 1975), zu empfehlen.

1 Brook, P., *Psychiatrists in Training. British Journal of Psychiatry, Special Publication No. 7* (Ashford, Kent, 1973).
2 Lewis, A., in *Psychiatrie der Gegenwart* (Berlin 1961).
3 Zahlen über Lehrkanzeln berechnet nach *Commonwealth Universities Yearbook* (London 1973).
4 Castelnuovo-Tedesco, P., Archives of General Psychiatry, 16, 668–75 (1967).
5 Brook, P., op. cit. S. 38 f.
6 Ebda, S. 58.
7 Mandell, A. J., *American Journal of Psychiatry*, 130, 529–31 (1973).
8 Zitiert in *American Psychological Association Monitor*, 6, Nr. 7, S. 4 (1975), aus einer Rede von J. Spiegal über »Psychiatry: A High-Risk Profession«.
9 Die Zahlen für Großbritannien stammen aus dem Bericht der British Psychological Society über *Trainings Needs in Clinical Psychology* (unveröffentlicht), und für Amerika aus Angaben des National Institute of Mental Health, zitiert bei Kramer, M., *Milbank Memorial Fund Quarterly, Health and Society* (1975), S. 279–336.
10 Egbert, L. et al., *New England Journal of Medicine*, 270, 825 (1964).
11 Über die offizielle britische Politik gegenüber psychiatrischen Abteilungen in allgemeinen Krankenhäusern s. Crawley, R. & McLachlan, G. (Hrg.), *Policy for Action* (Oxford 1973).
12 Statistische Angaben aus Ennals, D., *Out of Mind*, (London 1973).
13 Sargant, W., *British Journal of Psychiatry*, Notes and News, 9–10 (December 1972).

Kapitel 23

1 Zitat aus Sutherland, N. S., *Psychology Today*, 1975.